Ullstein Sachbuch

Ullstein Sachbuch
Ullstein Buch Nr. 34 011
im Verlag Ullstein GmbH,
Frankfurt/M – Berlin – Wien

Ungekürzte Ausgabe

Umschlagentwurf: Jürgen Spohn

Lizenzausgabe mit freundlicher
Genehmigung des R. Piper & Co. Verlages,
München

Printed in Germany 1979
Gesamtherstellung: Mohndruck
Reinhard Mohn GmbH, Gütersloh
ISBN 3 548 34011 3

CIP-Kurztitelaufnahme
der Deutschen Bibliothek

Wördemann, Franz:

Terrorismus: Motive, Täter, Strategien/
Franz Wördemann. Unter Mitarb. von
Hans-Joachim Löser. –
Ungekürzte Ausg. – Frankfurt/M, Berlin,
Wien: Ullstein, 1979.
([Ullstein-Bücher] Ullstein-Buch;
Nr. 34011: Ullstein-Sachbuch)
ISBN 3-548-34011-3

Franz
Wördemann

Terrorismus

Motive, Täter, Strategien

Unter Mitarbeit von
Hans-Joachim Löser

Ullstein Sachbuch

Inhalt

Vorwort

Diskussionen über den Terrorismus pflegen nicht mit der Frage nach dem dienlichsten Rezept der Bekämpfung zu enden. Die Frage wird an den Anfang gestellt. Deshalb beginnen Diskussionen gar nicht.

Dieses Buch ist keine Sammlung von Rezeptverschreibungen, nicht einmal von Rezeptbeschreibungen, sondern eine Sammlung von Skizzen über das eigentümliche Wesen der terroristischen Aggression. Sie sollen die Konturen dieser besonderen Weise der Gewaltanwendung nachzeichnen, die mit dem Beginn dieses Jahrzehnts so unvermutet in das Leben der Gesellschaft und der Staatengemeinschaft hineingegriffen hat, daß die Verwirrung über das Unerwartete bis heute andauert. Die historisch Beschlagenen meinen, das mute sonderbar an, da doch Terrorismus nichts Neues, vielmehr seit über einhundert Jahren nachzuweisen sei und – sofort fällt das Stichwort Sarajevo – sogar internationale Konflikte ausgelöst habe.

Was seit einigen Jahren auf eine Zahl von Staaten zurollt, hat viele Vorläufer in der neueren Geschichte, zugleich aber Besonderheiten, die die heutige Welle des Terrorismus zur tatsächlich neuen Aggressionsform machen. Der Unterschied liegt nicht so sehr im Wandel von Motivationen, im Bereich von Antrieb und Anstoß, sondern in den Bedingungen einer technologischen Umwelt. Ich will versuchen, die wichtigsten technologischen Mittel in ihrer Wirkung auf terroristisches Denken und Planen zu benennen. Wenn, wie Hannah Arendt sagte, Gewalt immer »instrumental« ist, gewinnen die Instrumente eine Macht, die den Zweck verformen kann.

Drei Schwierigkeiten stellen sich dem Beschreiben in den Weg.

Erstens: Die Kategorien politischer und historischer Analyse decken sich nicht mit den Kategorien, in denen polizeiliche, juristische, auch amtspsychologische Bekämpfung des Terrorismus gedacht, geplant, ausgeführt wird. Abwehr, Recht und amtliche Verlautbarung rücken die Kriminalität der terroristischen Tat nicht nur in den Mittelpunkt, sie schließen alles andere aus. Das hat seine sachliche Begründung: Die Abwehr und das Recht müssen an der möglichst schnellen und unkomplizierten Aburteilung des terroristischen Täters interessiert sein. Schnelligkeit des Zugriffs und die Entschiedenheit der Verurteilung sind die wirksamsten Schutzdeiche gegen ein sich ausweitendes Gefühl der Bedrohung, wie auch das ständige Herausstellen des Verbrecherischen des terroristischen Aktes zur psychologischen Abwehr werden kann, wenn dadurch die offene Sympathie und jenes geheime flüchtige Verstehen begrenzt wird, das nicht auf die sogenannte Sympathisantenszene beschränkt ist.

Der Terrorist wird bekämpft. *Der* Terrorist existiert nicht in der Wirklichkeit. Er ist eine gedankliche Figur, die konstruiert werden muß, um eine abstrahierende Formel für das neue Modell dieser Gewaltausübung zu finden. Wenn die Figur *des* Terroristen diese Hilfe geleistet hat, löst sie sich auf, und in die Arena treten der IRA-Bombenleger, der ETA-Pistolenschütze, der palästinensische Flugzeugentführer, der RAF-Brandstifter, der argentinische Montonero mit dem Maschinengewehr, der italienische Geiselnehmer der linksextremen NAP und der rechtsextremen ON, der spanische FRAP-Maoist, der Franquist in den Rollkommandos der Christkönigskrieger.

Sie bilden verbrecherische Banden, aber auch ein politisches Problem. Manchmal ist es kaum noch erkennbar wie etwa in den Industriestaaten, wo sich die Terroristen jeglicher politischen Realität verweigern; meist aber läßt es sich deutlich ausmachen, wie in den Randregionen Europas oder im Nahen Osten, wo die Verweigerung eines begreifbaren Anspruchs auf Beteiligung an der politischen Machtverteilung den Entschluß, den Kurzschluß zur Gewaltausübung fördert.

Eine untersuchende Beschreibung des Terrorismus diesseits und jenseits der Grenzen und über die Grenzen hinweg muß sich bemühen, die politischen und das heißt: die geschichtlichen Entstehungsbedingungen aufzuzeigen. Politische Entscheidungsbereitschaft – durch den demonstrierten Willen zur Umgestaltung gewaltauslösender Situationen – sind für die langfristige Eindämmung des Terrorismus so wichtig wie ständiges Modernisieren und Verflechten der Methoden, deren sich die Abfangjäger der Sicherheitsdienste bedienen müssen.

Die Kraftzentren des Terrorismus in der Welt von heute liegen nicht, wie vor hundert Jahren, in den Staaten der Mitte Europas, wenngleich diese hochtechnisierten Systeme die verwundbarsten Ziele sind, sondern an den Rändern des Kontinents und weit jenseits seiner Grenzen. Der Terrorismus der Palästinenser hat in den letzten Jahren eine Leitfunktion unter einigen größeren terroristischen Organisationen ausgeübt. Sollte eines denkbaren Tages die Kraft dieses terroristischen Zentrums durch politische Entscheidungen in Nahost gemindert werden, was wäre die

Wirkung unter jenen, die sich auf die Palästinenser als wegweisende Vorhut ihres eingebildeten Kampfes gegen den Imperialismus berufen und sich ihnen, den Stärkeren, angehängt haben?

Hier stellt sich der Beschreibung die zweite Schwierigkeit in den Weg. Denn dies ist unausweichlich: Wer unter der eigentümlichen Angriffsweise der Gewalt, die Terrorismus genannt wird, leiden und die Bürde der Unsicherheit alltäglichen Lebens tragen muß, wird terroristische Gewalt immer an der Art messen, die ihm in seinem Alltag begegnet. Zu erkennen, daß nicht alle terroristische Gewalt aus der ihm bekannten eingegrenzten politisch-psychologischen Situation erwächst, sondern mannigfache Wurzeln haben kann, bedeutet Anstrengung. Eine sich verhärtende Anschauung zu überwinden ist anstrengend.

Ich werde nicht versuchen, alle Zonen zu nennen, in denen heute terroristische Gewalt aufgebrochen ist, denn Überfülle ist zu vermeiden, wenn Beispiele deutlich bleiben sollen, und manches schon Geschriebene kann ich nicht übertreffen. Die »Macht und Ohnmacht der Guerilla« in Lateinamerika ist von Fritz René Allemann so erschöpfend behandelt worden, daß alles, was sich zwischen Rio Grande und Feuerland abspielt, aus den Tatsachen abzuleiten ist, die er ausgebreitet hat.[1]

Das vorliegende Buch ist aus dem Staunen eines Zeitbeobachters entstanden, der nicht Experte sein will, sondern nur die Fähigkeit, sich zu wundern, nachdrücklich pflegt. Und es verwundert schon, daß die terroristische Gewalt die Staaten und die Bürger so unvermutet überfallen konnte. Die Ausformung dieser Weise der Aggression ließ sich an vielen Entwicklungslinien, an mancher Tatfolge, nicht zuletzt an bedeutsamen Büchern ablesen. Wenn Bakunin vor über hundert Jahren ein Klima der Gewalt schuf, in dem die Bomben der Gewaltanarchisten explodieren konnten, dann haben in diesen Jahrzehnten Jean-Paul Sartre und Frantz Fanon ein ähnliches getan. Zu Sartres 70. Geburtstag im Juni 1975 schrieb Jean Améry: »Man mußte ganz eng an das intellektuell-politische Geschehen angeklammert sein, um zu wissen, daß die Kolumbusfahrt in Sartres Aufsätzen über Frantz Fanon und Lumumba unternommen worden war. Die ganze so problematische und unglücklich geführte Diskussion um das Thema Gewalt–Gegengewalt nahm von ihm seinen Ausgang. Es wurde nicht wahrgenommen. Man erblickte nur, was auf der obersten, der ganz offenliegenden Schicht sich abspielte: das politische Scheitern Sartres.«[2]

Damit bin ich bei der dritten und größten Schwierigkeit. Gute Gründe gibt es für die Annahme, daß die in den letzten Jahren weiterentwickelte Technik der terroristischen Gewalt einen »Interessierten Dritten« zu dem Schluß verleitet, hier biete sich ein vorzügliches Instrument für den verdeckten Einsatz im nicht-erklärten zwischenstaatlichen Konflikt und in der Konfrontation von Staatengemeinschaften oder gesellschaftlichen Systemen. Im Modell terroristischer Gewalt ist die Möglichkeit enthalten, die größere Waffe durch den großen Schrecken zu ersetzen, jenseits der Grenzen einige »zur Kriegsführung entschlossene Minderheiten auf eine für Friedenszeiten konstruierte Rechtsordnung treffen« zu lassen (Kurt Biedenkopf) und jede Verbindung zu diesen Minderheiten zu leugnen. Das Bild des *war by proxy*, des Stellvertreterkrieges, auf einer neuen untersten Organisationsstufe der Gewalt zeichnet sich ab. Wenn aber die Frage gestellt wird, ob wir dagegen gerüstet sind, wird der Vorwurf erhoben werden, das sei Spekulation in die Zukunft. Denn die Konsequenzen aus solchen Überlegungen sind unangenehm.

Dieses Vorwort hat ein Datum. Das ist nicht ein Federstrich, mit dem ein Schriftstück abgehakt wird, sondern notwendige Einschränkung. Schon die nächsten Monate können neue Namen und neue Organisationskürzel bringen. Das terroristische Personal ist im beschriebenen Modell der terroristischen Gewalt austauschbar.

Das Wesen eines Modells ist die Beschränkung der Abmessungen von Höhe, Breite, Tiefe. Die Wirklichkeit kann die Maße nach Bedarf und Belieben steigern.

April 1977 F. W.

Die Wochen zwischen Manuskript-Schluß und Drucklegung haben bereits neue Namen gebracht: Siegfried Buback und Jürgen Ponto ermordet, Hanns-Martin Schleyer entführt. Das Zeitmaß der terroristischen Aggression in der Bundesrepublik Deutschland hat sich gesteigert.

Jeder Anschlag war von der aufgerührten Feststellung begleitet, eine »neue Dimension« des Terrorismus sei erreicht worden. Die »Dimensionen« sind seit Jahren vorgezeichnet; nicht ein einziges neues Element wurde dem terroristischen Gewaltmodell hinzugefügt.

Zu notieren ist jedoch:

– Die Schlüsselfunktion der Nachrichtenindustrie wurde erkannt; Bundesrepublik und Medien operierten im Fall Schleyer »geschmeidiger«. Die Nachrichtensperre, die die Einzelheiten der Kontakte betraf, konnte jedoch nicht die öffentliche Erkenntnis verhindern, daß der Staat erneut gezwungen wurde, sich zum Verhandlungspartner von Terroristen zu erklären. Das Dilemma blieb ungelöst.

– Die Sprengwirkung des politischen Waffensystems Terrorismus wird sich in den nächsten Monaten deutlicher denn je beweisen. Die Zeichen stehen auf Sturm. Eine gelassene Demokratie wird auch das überstehen. Dennoch: tiefe Narben werden bleiben – vielleicht aber auch die Erkenntnis, daß die Formel, Terrorismus könne keinen »Erfolg« haben, nichts anderes ist als das Ritual einer Beschwörung.

Oktober 1977 F. W.

1. Teil

Die Verwirrung

»Wir leben nicht mehr in dem Traum, das Herrschende verschwinde vor einer entschlossen kämpferischen, aber immer noch friedlichen Opposition.
Opposition heißt jetzt: Der Schrecken des versteckten Todes und seine plötzliche Gegenwart ...«

New Dawn Party, USA

1. Der Terrorist schafft eine Scheinwelt

Der Gaukler

Der Terrorist ist der fähigste unter den Gauklern unserer Zeit.

In Vietnam standen die Soldaten der amerikanischen Armee an den Reisfeldern und zählten die toten Vietcongs ab. Die Welt lernte den Bilanzausdruck *body count* und wurde in dem Glauben bestärkt, kampftechnischer Erfolg sei eine Frage der Quantität des Todes.

Die Zahl der Opfer, die von den Terroristen getötet wurden, ist im Vergleich zur Größe des Kampfraumes unbedeutend. Der Kampfraum ist die Welt, einmal zerlegt in eingegrenzte Zonen der Gewalt, dann wieder zusammengefaßt zum Aktionsfeld mit der denkbar größten Tiefe.

Der Erfolg des Terroristen wird in jeder amtlichen Rede bestritten, da er nicht in Quadratkilometern besetzten Geländes, nur selten in zählbaren Zusammenbrüchen von Systemen und fast nie im Verschwinden gewählter, durch die Macht allgemeiner Zustimmung abgesicherter Regierungen meßbar ist. Das rituelle Bestreiten des Erfolgs der Terroristen ist ein Ausweis seines tatsächlichen Gewinns. Er gewinnt Einfluß auf Denken und Fühlen, auf Meinung, Urteil, Phantasie.

Dem französischen Fernsehreporter, der in Caracas den Spuren des Terroristen »Carlos« nachgehen wollte, wurde bedeutet, das sei zu gefährlich, denn er suche einen Mann, »der die Massen zum Träumen bringt«. Dort und anderswo ist der Terrorist der *Entertainer*, der mit wenigen Gewaltkunststücken die Möglichkeit einer anderen Welt vorspielt, in der der Handelnde über die Gebundenen lächelt.

Hier und anderswo läßt der Terrorist Hoffnung und Zutrauen schwinden, indem er Angst und Argwohn erzeugt. Er nutzt die erste Notwendigkeit menschlichen Zusammenlebens – die Routine des Vertrauens und die Zuversicht des Alltags, unvorhersehbarer Angriff durch den Nachbarn sei nicht zu befürchten –, um sich verdeckt zu halten und plötzlich hervortreten zu können. Das unvermutete Heraustreten aus der Deckung des Vertrauens, in die er sofort wieder eintaucht, läßt das Fundament des Alltags bröckeln und die Hoffnung auf Beständigkeit gesicherter Existenz unsicher werden.

Die Wirkung der Plötzlichkeit würde leiden, wenn er ständig aus der Deckung träte. Der Taschenspieler erhöht die Wirkung seiner Tricks, wenn er sie nur gelegentlich vorführt – zu *besonderen* Anlässen. Der Gaukler hat seine eigene Ökonomie der Zeit und seine eigene Ökonomie der Mittel. Er braucht nicht den großen Bühnenaufwand, denn er arbeitet mit bescheidenem Requisit.

Terroristen hatten bis zum April 1977 in der Bundesrepublik sechzehn Menschen getötet. Achtundzwanzig wurden bis dahin bei Schießereien und Sprengstoffanschlägen verletzt, dreizehn als Geiseln genommen. Nach den Bilanzregeln des *body count* dürfte diese Zahl von Opfern keinen nennenswerten Einfluß auf ein Kampfgeschehen haben.

Als der Sechzehnte – der Generalbundesanwalt Siegfried Buback – ermordet wurde, hatte sich die innere Landschaft der deutschen Gesellschaft schon so sehr geändert, daß gesagt werden konnte, die Hoffnungen des Neubeginns nach der Katastrophe des Krieges seien »fast vollständig zertrümmert worden«[1]. Die Qualität des Lebens hat sich gemindert, die Bereiche des streng Überwachten wachsen, demokratische Parteien kranken immer mehr an der gegenseitigen Beschuldigung, und die Gefährdung der Toleranz ist bedenklich gestiegen. Das ist noch nicht Zertrümmerung der Hoffnungen; dennoch wird die Formel akzeptiert. Daß die Formel großer Furcht mit einem kleinen Aufwand tatsächlicher Gewalt erreicht wurde, ist ein Erfolg der Terroristen. Der Erfolg ist meßbar an der Distanz zwischen dem Gewaltaufwand gegen Menschen und Sachen und der Gewaltwirkung in den Köpfen. Allgegenwart der Gewalt wird mit einem Minimum an Mitteln vorgetäuscht.

Die Handhabung der Vortäuschung und des Scheins ist die wirkliche Waffe des Terrorismus. Er hat ihre Anwendung systematisiert. Die vereinzelte terroristische Aktion früherer Jahrzehnte ist zum politischen Waffensystem entwickelt worden.

Der Terrorist ist der einzige Gaukler, der durch den Schein die Realität verändert. Zu untersuchen ist die Technik seiner Scheinmanöver.

Beschreibung eines Tages: Freitag, 5. September 1975

Sacramento, Kalifornien; 10.02 Uhr Ortszeit.

Der Präsident der Vereinigten Staaten von Amerika verläßt das »Senator Hotel« in der Hauptstadt Kaliforniens. Einige hundert Zuschauer warten auf ihn. Eine junge Frau in einem knöchellangen rotbraunen Kleid springt plötzlich vor, hebt eine Pistole vom Kaliber .45 und zielt auf Gerald Ford. Der Geheimdienstler Larry Buendorf wirft sich auf die Frau, schleudert sie zu Boden und entwindet ihr die Pistole. Erst dann duckt sich Ford. Die Frau schreit mit auffallend dünner Stimme: »Sie ging nicht los – sie ging nicht los!« Die Pistole war mit vier Patronen geladen. Einige Zuschauer sagten später aus, die Frau sei mindestens zwanzig Minuten auf dem Platz umhergegangen, als habe sie einen günstigen Standort gesucht, um einen Blick auf den Präsidenten zu tun.

Um 11.30 Uhr spricht der Präsident im Kapitol des Staates Kalifornien über Verbrechensbekämpfung und Waffenlizenzierung in Amerika. Den Anschlag von 10.02 Uhr erwähnt er nicht. Aber alle Rundfunk- und Fernsehstationen haben längst ihre Programme unterbrochen. Sofort werden Vergleiche mit dem Attentat auf Präsident John F. Kennedy in Dallas, Texas, gezogen. Präsident Kennedy starb an einem Freitag um 12.30 Uhr.

Der Vergleich besagte überhaupt nichts, er schuf nur eine Scheinverbindung zwischen zwei Sensationen. Das Thema des Tages war gesichert.

London; 12.18 Uhr Ortszeit.

Das Westendhotel »London Hilton« wird von einer Bombenexplosion im Foyer geschüttelt. Ein Angestellter kämpft sich als erster durch den Staub und sieht einen Mann am Boden liegen. Zeugenbericht: »Sein Bein war abgerissen. Ich beugte mich über ihn und versuchte, irgend etwas für ihn zu tun. Ich wollte ihn hindern, sein Bein zu sehen. Zwei Meter weiter lag ein Toter.«

In einer Ecke der zerstörten Foyerhalle entdeckte die Polizei wenige Minuten nach der Explosion eine verdächtig aussehende Reisetasche, aus der einige lose Drähte und Schnüre heraushingen. Ein Bombenräumkommando der Armee setzte einen Roboter ein, der detonationslösende Geschosse in die Reisetasche jagte. Nichts geschah. Die Tasche enthielt gebrauchte Wäsche.

Kurz danach kamen die ersten Abendzeitungen auf die Straße. Sie beschäftigten sich bereits mit einigen Unklarheiten im Zeitablauf: Die »Evening News« in der Fleet Street hatte um 11.57 Uhr eine telefonische Bombenwarnung bekommen und sofort an die Einsatzzentrale von Scotland Yard weitergegeben, die ihrerseits die nächststationierte Funkstreife informierte. Dennoch war im Hotel kein Alarm gegeben worden, worauf Commander David Helm, Chef der »C-Division«, West

End, in einer ersten Erklärung sagte, die Polizei bekomme täglich etwa zwanzig Bombenalarme und könne nicht jedes genannte Gebäude räumen.

Am Samstag, dem 6. September, erschien die Londoner »Times« mit dem üblichen achtspaltigen Umbruch ihrer ersten Seite. Die Explosion im Hilton füllte vier Spalten, der Anschlag auf den amerikanischen Präsidenten drei Spalten. Die achte Spalte berichtete über steigende Verärgerung in Belfast über eine Rede des britischen Nordirlandministers Rees und endete: »Die Ansprache von Mr. Rees muß vor dem Hintergrund ausgedehnter sektiererischer Gewalt in Ulster gesehen werden, die durch Bombenanschläge und Schießereien gestern bis zum Abend vier Schwerstverletzte forderte.«

Terroristische Gewaltakte, die in der Kombination den unbestimmten Verdacht geplanter Gleichzeitigkeit wecken mußten, drängten am 5. und 6. September wirklich wichtiges Weltgeschehen in den Hintergrund. Ein versuchter Pistolenschuß, einige Bomben besetzten die Phantasie.

Der Terrorismus, der früher in bestimmten, engen Zonen, in einzelnen Ländern oder Ländergruppen in zeitlicher Begrenzung auftrat, hat die Grenzen der Zeit übersprungen und die Phase erzwungener räumlicher Begrenzung hinter sich gelassen. Diese Grenzüberschreitung der Gewalt zu bewältigen, bereitet nicht nur politische, rechtliche und abwehrtechnische Schwierigkeiten. Schwieriger bleibt es, die schnelle Ausbreitung dieser Gewalttaktik in das Gitternetz menschlicher Erfahrungen einzuordnen und eine Möglichkeit des Verstehens und Deutens zu finden. Nichtverstehen ist an der Tagesordnung. Nichtverstehen erzeugt Techniken des psychologischen Selbstschutzes.

Zwei Selbstschutzformen sind heute verbreitet. Entweder: Dem Terrorismus wird eine unerklärbare, bestaunte, faszinierende Macht zugewiesen, was einem Akt der Mystifizierung und dem ersten Schritt einer Unterwerfung unter scheinbar Unvermeidliches gleichkommt. Oder: Die Kenntnisnahme verengt sich auf bestimmte, stark herausgestellte Ereignisse; ein Mehr an solcherart Nachrichten will man nicht mehr annehmen. Insgesamt wächst der Widerstand gegen die Hinnahme widriger Nachrichten des Lebens. Der Mechanismus der Selbstverteidigung durch Abschottung macht blind gegenüber der Weite der Erscheinung des Terrorismus und verstellt die Möglichkeit, die Unterschiede der Antriebskräfte wahrzunehmen, die im Grunde miteinander unvereinbar und doch einem Prozeß allmählicher gegenseitiger Annäherung unterworfen sind. Der Prozeß der allmählichen Angleichung wird nicht so sehr durch bewußte Übereinkunft gesteuert, sondern durch Faktoren in den allgemeinen politischen Entwicklungen und im technologischen Fortschritt. Sie sind zu untersuchen.

Die instinktive Blickverengung ist die Weigerung, die tatsächliche Summe der Geschehnisse wahrzunehmen, die jeweils mit vergleichsweise kleinem Mitteleinsatz ausgelöst werden. Beträchtlich ist nicht die Zahl der Opfer, sondern die Zahl der Aktionen und, folglich, die Zahl der notwendigen Abwehrbewegungen. Sie werden durch die Schlagzeilen verdeckt.

Jenseits der Schlagzeilen

Diese Notizen von Szenen sind Kürzel des Geschehens, nicht mehr als Andeutungen des Hintergrunds an jenem Freitag im September 1975.

Hamburg. Dem Haftrichter wird der mutmaßliche Terrorist Helmut Lülf vorgeführt. Lülf wurde von niedersächsischen Sicherheitsbeamten in Amsterdam gestellt, entwaffnet, abgeschoben und am 4. 9. 1975 den Beamten des Landeskriminalamtes Niedersachsen am Grenzübergang Elten-Autobahn übergeben. Lülf, der der Debus-Bande zugerechnet wurde, war verdächtig, durch Raubüberfälle im Raum Osnabrück Geldmittel für die Sprengstoffanschläge der Debus-Bande auf das BdI-Gebäude in Köln und die Hamburger Innenbehörde beschafft zu haben.

Basingstoke bei London. Captain Roger Goad, Offizier der britischen Armee, als Bombenräumexperte zeitweilig der »A Division« der Londoner Polizei unterstellt, wird beigesetzt. Er war in der Vorwoche beim Entschärfen eines Sprengsatzes in der Londoner Innenstadt zerrissen worden.

Washington, D. C. In einem Bankgebäude gegenüber dem Weißen Haus werden die dort lagernden Namenslisten und Bildkarteien von 47 000 potentiellen Präsidentenattentätern überprüft. Die am Vormittag in Sacramento verhaftete junge Frau ist in den Karteien des *Office of Protective Intelligence* der US-Regierung nicht aufgeführt.

Düsseldorf. Das Landeskriminalamt prüft, ob ein Einbruch auf dem Gelände des Munitionsdepots der Bundeswehr in Stommler Busch/Erftkreis von Terroristen begangen wurde. Zwei Wachleute eines zivilen Wachdienstes hatten in der Nacht zwei unbekannte Personen entdeckt, die auf Anruf flüchteten. Die Wachleute gaben je drei Warnschüsse und fünf gezielte Schüsse ab. Die unbekannten Personen ließen auf der Flucht zwei Munitionskisten mit je 1000 Schuß Gewehrmunition, Kaliber 7.62 mm, zurück, die aus dem Munitionsbunker gestohlen worden waren. Vermerk im Bundeskriminalamt: »Durch die Umstände der Lagerung sind weitere Munitionsdiebstähle nicht auszuschließen. Die Stahltür des Munitionsbunkers wurde augenscheinlich ohne Gewaltanwendung geöffnet. Anarchistische Zusammenhänge noch nicht geklärt.«

Tokio. In den frühen Morgenstunden fliegt in einer Vorstadt von Tokio ein Wohnhaus in die Luft, wobei fünf Menschen getötet, acht verletzt werden. Nach Ansicht der Polizei handelt es sich um einen Betriebsunfall in der Bombenwerkstatt einer gewaltanarchistischen Gruppe. Der Sprengstoff detoniert im Zimmer des Mitglieds einer linksradikalen Vereinigung. Am Abend des 5. September werden zwei Mitglieder der Gruppe, die in einem geparkten Wagen in der Nähe des Kronprinzenpalastes warten, von der Polizei verhaftet. Im Wagen findet die Polizei ein größeres Sprengstoffpaket.

Dublin. Mrs. Deidre O'Connell, Frau des inhaftierten IRA-Stabschefs David O'Connell, protestiert öffentlich gegen die Behauptung einer Fernsehgesellschaft, sie sei in der irischen Hauptstadt mit der 21jährigen Margaret McKearney gesehen worden. Scotland Yard in London hatte am Vorabend erklärt, Miß McKearney sei »die wahrscheinlich gefährlichste und aktivste Terroristin« im Operationsgebiet England. Sie rückt jetzt an die Spitze der Liste der *Most Wanted Persons*; die junge Irin, Kurier und Bombentransporteur, führt die steckbrieflich Gesuchten an.

Bonn. In St. Augustin an der Straße von Bonn nach Siegburg hat die GSG 9 (Grenzschutzgruppe 9), eine eigens geschaffene deutsche »Anti-Terror-Brigade«, keinen Einsatz. Sie wartet. Der Dienstplan des 5. September sieht u. a. vor: Zwei Einsatzeinheiten der GSG 9 befinden sich im Standort; eine Einsatzeinheit ist im Urlaub. Die 4./GSG 9 steht in der Ausbildung.

Die 1./GSG 9 hat Alarmbereitschaft und folgenden Dienst:
- 07.00–08.00 Uhr: Eindringen in Objekte, Befehlsschulung.
  08.00–09.00 Uhr: Ausbildung im Nahkampf.
  09.00–12.00 Uhr: Gefechtsausbildung, Überwinden schwerer Hindernisse.
  07.00–12.00 Uhr: Teile der 1./GSG 9, die zur Verfolgung von Tätern und Tätergruppen eingesetzt werden, haben Peilausbildung.

Die 2./GSG 9:
- 07.00–09.00 Uhr: Krafttraining und Seilklettern.
  09.00–12.00 Uhr: Combatschießen mit automatischer Pistole.

Die 4./GSG 9, die Ausbildungseinheit:
- Körperschulung, Karate am Vormittag, später Schwimmausbildung, dazwischen Ausbildung am Revolver .38, Zieh- und Anschlagübungen.

Für das anbrechende Wochenende wird in St. Augustin vorbereitet: Die 1./GSG 9 ist volle Einsatzeinheit und steht mit einer Führungsgruppe des Spezialverbandes in Bereitschaft. Die Führungsgruppe umfaßt einen kleinen Teil des Stabes, Kommandeur, Führungsgehilfen sowie Teile der Fernmelde- und Dokumentationseinheit, ferner Spezialisten aus technischen Bereichen.

Berlin. In Berlin-Steglitz wird das Haus Birkbuschstraße 48 von Zivilbeamten der Polizei wie an den Vortagen rund um die Uhr observiert. Die Polizei ist nahezu sicher, daß sich in der zwei große Räume umfassenden Ladenwohnung (früher ein Lokal, später ein Feinkostgeschäft) die Unterkunft des seit fünf Jahren und neun Monaten zur internationalen Fahndung ausgeschriebenen Ralf Reinders befindet. Die Möglichkeit des Eindringens in das Haus Birkbuschstraße 48 wird am 5. September erwogen, aber verworfen. Der Befehl ergeht am folgenden Dienstag um 16 Uhr. Bei der Besetzung der Ladenwohnung werden neben Ralf Reinders, genannt »Der Bär«, zwei weitere Mitglieder der »Bewegung 2. Juni« verhaftet, die Terroristinnen Inge Viett und Juliane Plambeck. Ralf Reinders gilt als der Planer der Lorenz-Entführung.

An diesem beginnenden Wochenende im September 1975 bereiten sich in der Stille internationale terroristische Ereignisse vor, wie sich aus der späteren Rekonstruktion von Aktionen, aus Fallanalysen und Fahndungsinformationen ergibt:

Republik Irland. Eddie Gallagher und Marion Coyle arbeiten an den Details der Entführung des in Dublin tätigen holländischen Industriellen Dr. Herrema, die schließlich am 3. Oktober durchgeführt wird. Die spätere Gerichtsverhandlung ergibt, daß Coyle und Gallagher in dieser Vorbereitungsphase einen Fehler begehen. Sie halten Herrema fälschlich für einen Vertreter der deutschen Industrie, die sie offenbar als leichter erpreßbar und zugleich einflußreicher einschätzen.

Spanien: Ein Iraki namens Bashir Salah Ka'akbani führt ein Terroristenkommando zusammen, das zehn Tage später die ägyptische Botschaft in Madrid besetzt, den Botschafter sowie drei Angehörige der Vertretung als Geiseln nimmt und fordert, die ägyptische Regierung solle ihre vorsichtige Positionsänderung im Nahostkonflikt rückgängig machen. Ka'akbani war der Madrider Verbindungsmann der PLO bis Anfang 1975 und hatte in dieser Zeit Waffen beschafft und gelagert.

Südjemen. Nach den bisher vorliegenden Informationen muß Ilich Ramirez Sanchez alias »Carlos« um diese Zeit dem Planungschef der marxistischen »Volksfront für die Befreiung Palästinas«, PFLP, dem früheren Arzt Dr. Waddieh Haddad, den Vorschlag gemacht haben, die Ministerrunde der Ölstaaten-Organisation OPEC zu überfallen. Dr. Haddad hatte zu dieser Zeit sein Büro in einem schwergesicherten Bungalow, das auf die Hafenanlagen von Aden herunterblickt. Der Vorschlag von Anfang September wurde am 21. Dezember 1975 in Wien zur Tat.

Amsterdam und Amersfoort, Holland. An diesem Septembertag wird ein Anschlag vereitelt. Die Polizei verhaftet vier Mitglieder der syrischgesteuerten Palästinenserorganisation *Saika*. Sie hatten für den folgenden Tag eine Geiselnahme im D-Zug 0836 geplant. Der Zug, mit Schlafwagen aus Moskau und häufiger für den Transit auswandernder sowjetischer Juden genützt, kann am 6. September auf seiner Reise aus der Bundesrepublik nach Holland unbehelligt den vorgesehenen Tatort Amersfoort passieren. Später wird in London auf Umwegen die amtliche Erkenntnis in die Öffentlichkeit gebracht, daß die Verhafteten 1972 in einem Dorf nahe Moskau politisch indoktriniert und waffentechnisch geschult wurden.

Dutzende von Kleintaten, begrenzt in den Mitteln des Einsatzes und in der Zahl der tatsächlichen oder vorgesehenen Opfer, geplant oder begangen von einem Dutzend Gruppen und Organisationen, die nur begrenzte Übereinstimmung der ursprünglichen Motivation haben, zwingen großen Teilen der Welt eine Rastlosigkeit auf, die den Schein gebündelter und gleichgerichteter Aggression wachsen läßt.

Zu untersuchen sind die verschiedenen Wurzeln und Stränge terroristischer Aggression.

Terror und Terrorismus

Diese Bruchstückbeschreibung eines Tages enthält keine Ortsbezeichnung aus dem sowjetischen oder chinesischen Herrschaftsbereich. Gelegentlich finden Einzelmeldungen über tatsächliche oder vermutete terroristische Anschläge ihren Weg in den Westen. Man weiß von »geheimnisvollen Brandstiftungen« in und bei Warschau im Herbst 1975 und von einer Serie von Bombenanschlägen in den Kaukasusrepubliken der Sowjetunion, in denen die ethnischen Gruppen mehr denn je um ihre Identität fürchten. Geschichte durchbricht die Zementdecke der Ideologie. Von versuchten Flugzeugkaperungen ist hin und wieder die Rede, aber die Serie der Flugzeugentführungen der ersten Nachkriegsjahre hat sich in der früheren Stärke nicht wiederholt (in den Jahren 1945 bis 1952 wurden 21 Flugzeuge in aller Welt entführt; bis auf drei Fälle handelte es sich um Entführungen durch Osteuropäer bei der Flucht in den Westen).[2] In Moskau explodierte Anfang 1977 eine Bombe in der Untergrundbahn, das Prunkhotel der Hauptstadt brannte teilweise aus.

Die heute zugänglichen Informationen bieten jedoch keine verläßliche Grundlage für eine Beurteilung eines sich organisierenden Terrorismus in den totalitären kommunistischen Weltzonen. Sofern es dort eine nennenswerte Aktualität des Terrorismus gibt, ist sie der terroristischen Erscheinung in den nichtkommunistischen Staaten, insbesondere in den westlichen Industriestaaten, nicht vergleichbar. Bleibt hinzuzufügen: noch nicht...

Das Fehlen eines sich ausdehnenden und breitorganisierten Terrorismus in den totalitären Staaten der kommunistischen Zonen wird allgemein auf die unnachsichtige und durch die Rechtswirklichkeit nicht behinderte Herrschaft der Polizeiapparate und Staatssicherheitsdienste zurückgeführt. Diese Annahme ist berechtigt, wenn man das Problem vornehmlich unter dem Gesichtspunkt bloßer Abwehr- und Bekämpfungstechnik betrachtet. Totalitäre Rigorosität in Überwachung und Zugriff ohne tatsächliche Einschränkung durch das Recht ist dann an Wirksamkeit nicht zu überbieten. Aber es ist eine begrenzte Antwort.

Der Terror ist ein Wesensbestandteil des totalitären Staates unseres Jahrhunderts. Der Staat als Machtbereich und Machtform der totalitären Bewegung oder der totalitären Partei setzt in seinen Grenzen nicht den willkürlichen Willen von Machthabern durch, sondern ein übergeordnetes Prinzip, das sich einmal als »Recht der Natur«, ein andermal als »Gesetz der Geschichte«, wie heute im kommunistischen Osten, deklariert. Das positiv gesetzte Recht verfällt dem Tod, und an seine Stelle tritt eine andere Ordnung, die sich als Bewegung versteht und in »jedem Falle auf ein Gesetz der Ausscheidung von ›Schädlichem‹ oder Überflüssigem zugunsten des reibungslosen Ablaufs«[3] hinausläuft.

Das wird deutlich in den Schriften Lenins; das wird ganz unmißverständlich in den frühen Gebrauchsanweisungen der Tscheka. Latsis, einer der Vertrauten Lenins, schrieb im November 1918 in der Tscheka-Zeitschrift »Krasnyj terror« (Roter Terror): »Wir führen keinen Krieg gegen Individuen. Wir vernichten die Bourgeoisie als Klasse. Also darf bei einer Untersuchung nicht der erste Schritt sein, Beweise zu erlangen, daß der Beschuldigte sich durch Tat oder Wort gegen die Sowjetherrschaft vergangen hat. Vielmehr müssen ihm drei Fragen gestellt werden: Welcher Klasse gehört er an? Was ist seine Herkunft? Was ist seine Erziehung, seine Ausbildung und sein Beruf? Allein die Antworten auf diese drei Fragen dürfen über sein Schicksal entscheiden. Denn dies ist das Wesen und die Bedeutung des Roten Terror.«[4] Nur unter solchen Bedingungen wird in die Doppelnatur eines Felix Dsershinskij begreifbar, dieser »Seele von tiefer poetischer Empfindsamkeit, ständig getrieben zum Mitleid für die Schwachen und die Leidenden (...) ständig in der Spannung zwischen seinem hehren Idealismus und der Schlächterei lebend, die sein tägliches Geschäft war.«[5] Spätere Veränderungen in den Formen der Machtausübung haben das Prinzip des staatlichen Terrors nicht berührt.

Hannah Arendt hat, woran auch spätere Kritik wenig zu ändern vermag, die präziseste Benennung des Terrors als Existenzteil des totalitären Staates geschrieben. »Würde das Bewegungsgesetz in positives Recht übersetzt, so könnte sein Gebot nur heißen: Du sollst töten!« Und weiter: »So braucht totalitäre Herrschaft den Terror, um die Prozesse von Geschichte oder Natur loszulassen und ihre Bewegungsgesetze in der menschlichen Gesellschaft durchzusetzen ... Wenn wir also in Übereinstimmung mit der klassischen Theorie in der Gesetzesherrschaft das eigentliche Wesen einer verfassungsmäßigen Regierung sehen, dann können wir Terror als das eigentliche Wesen der totalitären Herrschaft bestimmen.«[3]

Terror, so verstanden, erzeugt unter den Menschen der Terrorzone den Zwang zur Angleichung, da sie sich sonst in den Widerspruch zu der ihnen zugebilligten Funktion als Teil des »Bewegungsprozesses« setzen, sei ihre zugebilligte Funktion die des Bewegers oder die des Opfers. Die Masse kann auf Dauer nicht im Widerspruch zu ihrer vorgeschriebenen Rolle leben. Aber es gibt noch kein historisches Beispiel, das die Möglichkeit unablässiger Dauer dieses Bewegungszustandes beweist, woraus denn auch die Angst derer rührt, die den totalitären Terror betreiben.

1972 besuchte eine Delegation sowjetischer Journalisten eine deutsche Fernsehanstalt. Im Mittelpunkt der Diskussion mit deutschen Redakteuren stand nicht, wie erwartet worden war, das Dauerthema einer behaupteten Entstellung sowjetischer Wirklichkeit durch Berichte deutscher Kamerateams, sondern die Frage, was das Fernsehen in der Bundesrepublik zu tun gedenke, damit nicht das Gift studentischer Rebellion und jugendlichen Aufbegehrens mittels elektronischer Signale und mitgelieferter Sympathie über die Grenze zwischen Ost und West transportiert werde. Die Angst der Gäste war groß.

Terror, verstanden im Sinn Hannah Arendts und in diesem Versuch einer Beschreibung so verwendet, ist eine existenznotwendige Institution der etablierten totalitären Macht, auch solcher etablierter Macht, die in Zielsetzung und Entwicklungsrichtung totalitär ist, selbst wenn sie den erstrebten Zustand des total Totalitären noch nicht erreicht hat. Terror ist die zwangsläufige innere Gewalt der totalitären Macht, gelegentlich verzweifeltes und sinnloses Kampfmittel einer demokratischen Macht, immer aber Äußerung einer etablierten Macht.

Terrorismus ist die Gewaltanwendung durch die kleine und isolierte Gruppe, die nicht über die Kraft verfügt, die etablierte Macht des Terrors oder die allgemein akzeptierte Macht des Rechts und des Gesetzes auf breiterer Front, durch den Aufstand der Masse oder mit konventionellen Methoden anzugreifen.

Lange nach dem 5. September 1975 ...

Die Frau mit der auffallend hohen Stimme, die in Sacramento den amerikanischen Präsidenten zu erschießen versuchte, hieß Lynette Alice Fromme, war 27 Jahre alt und hatte bereits 1972 unter der Anklage gestanden, an der Ermordung des Mitglieds einer gewaltanarchistischen Bande beteiligt gewesen zu sein, war aber aus Mangel an Beweisen freigesprochen worden. Sie wurde am 17. Dezember 1975 wegen des Attentatsversuchs auf Gerald Ford zu lebenslänglicher Freiheitsstrafe verurteilt. Die Mitglieder der Jury weigerten sich, der Presse Auskünfte zu geben; wie sie sagten, aus Furcht vor Vergeltung. Das Bild der Lynette Alice Fromme, die Einzelheiten des Urteils und ihres häufig verrückten Benehmens während der Verhandlung gingen durch alle Zeitungen. Einige Tage später war sie vergessen.

Die Identität der Bombenopfer im »London Hilton« hat kaum jemand außerhalb der Behörden und Versicherungen zur Kenntnis genommen. Opfer des Terrorismus sterben ohne Namen, es sei denn, sie sterben wegen ihres Namens. Die meisten gehen beiläufig in den Tod, bloße Statisten der Tat, ohne Interesse für den Täter und sein Publikum.

Die beiden ganz großen Nachrichten des 5. September 1975 haben sich aufgelöst und sind eingegangen in eine unbestimmte Last der Erinnerung von etwas Geschehenem, die mit jeder Aktion größer wird.

Die Last des Terrorismus erklärt sich aus der Unbestimmtheit der Erinnerung und der scheinbaren Ungreifbarkeit seiner Natur. Verwirrend ist die Vielzahl der Formen, der tatsächlichen und der behaupteten Motive, der Namen, Orte und Zeiten, der Taktiken, Waffen und Objekte des Angriffs. Groß ist die geheime Unsicherheit angesichts der Tatsache, daß weite Teile der Öffentlichkeit der terroristischen Tat wenigstens eine Teillegitimation zubilligen, vor allem dann, wenn sich die Tat in der Ferne ereignet. Denn dies ist eine naheliegende Möglichkeit psychologischen Selbstschutzes: daß die Angegriffenen nur die terroristische Aktion im Teilraum des eigenen Erlebens begreifen wollen und seine Teile für die Natur des Ganzen halten. Die Bevölkerung der Bundesrepublik Deutschland sieht in den anarchistischen Aktivitäten der Baader-Meinhof-Bande, der »Bewegung 2. Juni« oder der Revolutionären Zellen den typischen Ausdruck des modernen weltweiten Terrorismus. Aber sie sind nur ein Ausschnitt und nicht der wichtigste.

2. Der Irrgarten: Gruppen und Gründe

»Es ist Blut im Wasser . . .«

Die Vereinten Nationen riefen im Herbst 1976 ihre Mitglieder zur 31. Vollversammlung an den East River in New York: 144 Staaten von Ägypten bis zur Zentralafrikanischen Republik. Die tatsächliche Souveränität mancher Mitgliedstaaten ist umstritten. Trotz zahlreicher nicht eindeutig klärbarer Fälle ist die Richtzahl 144 die brauchbarste Angabe für einige Überlegungen zur Ausbreitung der Gewalt.

Von den 128 Staaten oder staatsähnlichen Einheiten außerhalb des sowjetischen und chinesischen Blocks, also den westlichen Industriestaaten und den Staaten der Dritten und Vierten Welt, hatten mindestens 45 in den vorangegangenen zwei Jahren die Gewalt der Niederen Stufe (*Low Level Violence*) in auffälliger, oft krisenhafter Weise innerhalb der eigenen Grenzen erfahren, ohne daß ein »Krieg erklärt« worden wäre oder auch nur zusammenhängende Gewalthandlungen stattgefunden hätten, die der noch immer herrschenden Allgemeinvorstellung vom »Krieg« entsprachen. Die Gewalt der Niederen Organisationsstufe in diesen 45 Ländern, deren Staatsformen von der klassischen Demokratie über alle Zwischenebenen bis zur alten und neuen Despotie reichen, äußerte sich in einem breiten Band von großflächigen Operationen bis zu Gewaltakten, die zeitlich und räumlich isoliert schienen. Sie äußerten sich, mit anderen Worten, in Guerilla-Operationen, terroristischen Kampagnen und terroristischen Taten und Tathäufungen, den Aktionsformen aus dem Arsenal einer »revolutionären Kriegführung«.

Daniel P. Moynihan hielt im November 1975, als er noch amerikanischer Botschafter bei den Vereinten Nationen war, eine Rede vor dem Elften Kongreß der Gewerkschaft AFL/CIO in San Franzisko. Der Botschafter, der amerikanische Direktheit mit der Wortkraft seiner irischen Heimat zur wirkungsvollen Waffe verschmolz und sie zum Verdruß der Mehrheit der Vereinten Nationen immer wieder gegen diese Mehrheit einsetzte, hatte ein statistisches Beispiel erarbeitet, das wissenschaftlichen Rang nicht beansprucht, aber ein Licht auf die Lage in der Welt wirft:

»Wir haben durchgerechnet, über welchen Zeitraum der typische Mitgliedsstaat der Vereinten Nationen eine relativ stabile Regierung ohne gewaltsamen Umsturz oder Machtergreifung – einschließlich Revolution – aufweisen kann. Für die Vereinigten Staaten rechneten wir 199 Jahre, für Belgien nahmen wir 144, für Frankreich 127, für Australien 74 Jahre an. Und auf welchen Durchschnittswert kamen wir? Auf elf Jahre! Elf Jahre seit dem letzten Umsturz im Durchschnitt für jedes Mitgliedsland der Vereinten Nationen ... Es ist Blut im Wasser, und die Haie werden rasend.«[1]

Die Schwierigkeit, das Ziel zu nennen

Die Grenzen zwischen Guerillakriegführung und Terrorismus exakt zu bestimmen ist außergewöhnlich schwierig. In der Fachliteratur schwankt die Benennung eindeutiger Merkmale auf verblüffende Weise, was für eine allgemeine Betrachtung des Terrorismusproblems von minderer Bedeutung wäre, wenn nicht die Beurteilung der Erfolgsaussichten des Terrorismus von einer annähernd genauen Unterscheidung abhinge. Fehlbeurteilungen haben sich festgesetzt, und die gedankenlose Dauerbehauptung, der Terrorismus sei »ohne Chance«, ist bei näherem Hinsehen schon heute fragwürdig.

Die Gründe für die Verwischung der Grenzlinien sind zahlreich. Aktionsformen der Guerilla und des Terrorismus können identisch sein, ohne einen identischen Zweck zu verfolgen; Guerillas betrachten den Terrorismus als eine Unterform ihrer Kampfmöglichkeiten, und Terroristen nennen sich Guerillas (»Stadtguerilla«), um sich den Mantel einer Legitimation umzuhängen, die die Öffentlichkeit dem Guerilla eher zubilligt als dem anarchistischen Gewalttäter. »Terrorismus ist ein Begriff aus dem Arsenal der psychologischen Kriegsführung. Die Gefangenen haben dazu erklärt, Stadtguerilla ist weder als politisches Konzept Terrorismus noch ist ihre Aktion in der historischen und militärtaktischen Bedeutung unter den Begriff des Terrorismus zu fassen«,[2] erklärte 1976 der Verteidiger Croissant im Auftrag der Angeklagten im Stammheimer Baader-Meinhof-Prozeß, wobei unverkennbar war, daß er sich strikt an den ihm auferlegten Wortlaut zu halten hatte.

Terrorismus kann die Anfangs- oder Zündphase einer breiteren Guerillakriegführung sein, während einige Terroristen selbst (so der Brasilianer Carlos Marighela in seinem »Mini Manuale« von 1969, einer ausführlichen Gebrauchsanweisung für terroristische Einsätze) nur das

Bombenlegen und Sprengsatzzünden als »Terrorismus« bezeichnen. Das Problem dieser verschwommenen Grenze und die Frage, ob ein scharfer, alle Unklarheiten beseitigender Trennstrich zu ziehen ist, werden noch zu untersuchen sein.

Im Anhang ist eine Liste einiger wichtiger Gruppen des Terrorismus zusammengestellt, die gegenwärtig in der Welt tätig sind (wobei in der Zusammenstellung dem europäischen Aktionsschauplatz ein Vorrang eingeräumt ist). Das Merkmal »terroristisch« wurde bei der Auswahl im breitesten und allgemeinsten Sinn verwendet: als Bezeichnung für illegale Gewaltaktionen, die von der Kleinen Gruppe (der »Kriminellen Vereinigung«) in der Vereinzelung von Raum und Zeit gegen etablierte Macht oder gegen eine andere Gruppe durchgeführt werden, ohne den Charakter feldzugartiger Operationszusammenhänge zu haben. Denn das würde bereits auf die Kampfform der Guerilla hinweisen.

Wann ist eine terroristische Gruppe »wichtig«? Auch hier gibt es keine objektiv gültige Bestimmungsmöglichkeit. Die Merkmale der zahlenmäßigen Stärke, der Aktionsdichte in der Zeit und die Dauer ihrer Tätigkeit, sozusagen die »Seniorität«, scheiden aus. Das plötzliche Auftauchen einer zahlenmäßig sehr begrenzten Gruppe, etwa der Ambonesen in den Niederlanden, kann durch die Art und die damit verursachte publizistische Darstellung der Aktion mehr zu dem alles entscheidenden psychologischen Wirkungspotential des internationalen Terrorismus beitragen als, wiederum im Sinn der stellvertretenden Nennung, die »Türkische Volksbefreiungsarmee« (TPLA), die außerhalb der Türkei kaum bekannt ist, aber in der Türkei sicher einen höheren Schädlichkeitsgrad hat, als die ambonesischen Organisationen in den Niederlanden je haben werden. Die Liste wurde zusammengestellt nach dem Merkmal erkennbarer Kraftentwicklung, vor allem aber nach dem Merkmal der öffentlichen »Bekanntheit«. Dies ist das Bezeichnende: Die vom international wirksamen Terrorismus Getroffenen kennen die Aggressoren, die aus dem Dunkel kommen, meist nur unter schwer verständlichen Namenskürzeln und Buchstabenreihungen, die dem Durchschnittsverbraucher der täglichen Nachrichten wenig oder nichts sagen. Der terroristische Feind ist gewissermaßen abstrahiert, er existiert in einer technischen »Kennung«, was seiner Attacke etwas Unfaßliches, Unbegreifbares verleiht. Die Mystifikation wächst.

Die Liste ist nicht vollständig. Sie könnte es nicht einmal für den Augenblick sein, da die Zeit ihre Hervorbringung von Geschehen ständig beschleunigt und schon morgen Streichungen und neue Eintragungen erzwingen wird. Mehrere Möglichkeiten der Klassifizierung bieten sich an, etwa nach charakteristischen Merkmalen der Gruppen; aber schon hier wäre die Flüchtigkeit des Gruppencharakters einzurechnen. Entscheidend sind die Unterschiede in Motivation und Zielsetzung.

Die heute in der Welt aktiven terroristischen Organisationen und Gruppierungen lassen sich zunächst grob nach folgendem Motivationsschema aufgliedern:

Nationale/Antikolonialistische Befreiungsbewegungen. Hier ist zu beachten: die Organisations- und Kampfform geht häufig zur höheren Stufe des großflächigen Guerillakrieges über (wie in Teilen Afrikas und Asiens), oder Guerillakriegführung und Terrorismus vermischen sich, oder die Guerillakriegführung wird unmöglich und weicht der terroristischen Aktionsform (wie zeitweilig im Nahen Osten).

Regionale (autonomistische oder separatistische) Bewegungen. Sie sind in aller Welt zu finden, werden aber in Europa zusehends ausgeprägter und wichtiger; sie verstehen sich immer mehr als Teile der antikolonialistischen Befreiungsbewegung.

Sozialrevolutionäre Bewegungen. Der Antrieb der Systemveränderung ist heute in den meisten Gruppierungen, allerdings in deutlich unterschiedlicher Stärke, festzustellen; er wird unter den Bedingungen des modernen Industriestaates zu einer ausschließlichen, besonders verhärteten und radikalen Motivation.

»Vigilantische« Absicherung von Gruppeninteressen. Hier handelt es sich um die Abschirmung angeblicher oder tatsächlicher Bedrohung von Gruppenrechten oder -vorrechten, deren Sicherung durch die legitime Macht nicht mehr garantiert erscheint. Darunter fallen viele Formen des rechtsextremistischen Gegenterrorismus in niedergehenden Diktaturen und Gruppenselbstschutz in der Art des amerikanischen Ku Klux Klan.

Opposition in Diktaturen.

Dieser Versuch einer Aufschlüsselung geht davon aus, daß Terrorismus als eine Methode zur Erreichung eines bestimmten Zieles unter bestimmten Voraussetzungen verstanden wird, nicht hingegen als bloßes Verfahren der Vernichtung um der Vernichtung willen. Die absurden Todestänze eines ebenfalls feststellbaren *pathologischen Terrorismus*, der sich bei Einzelnen wie bei Gruppen nachweisen läßt, besetzen die öffentliche Phantasie und erschweren das nüchterne Erkennen der Motivationsvielfalt hinter den terroristischen Aktionen in aller Welt.

Nach Abrechnung der pathologischen Erscheinungen und der Bereicherungskriminalität, die sich (wie in Italien) zunehmend des terroristischen Tattyps bedient, bleibt die Einsicht, daß die Motivationsgruppen insgesamt das darstellen, was versuchsweise »Programmatischer Terrorismus« genannt wurde. Was trennt also die Gruppen und Schichten innerhalb dieses »Programmatischen Terrorismus«? Das bedeutsame Unterscheidungsmerkmal, das sich aus dem Wust der tatsächlichen oder vorgeblichen

Motive herausschält, heißt: Nähe oder Ferne zur Realität.

Es gibt heute Terrorismus, der aus objektiv vorhandenen, schwerwiegenden Störungen der Verteilung von Macht dann entsteht, wenn mögliche Lösungen und Lösungsbereitschaft anhaltend verweigert werden, der also insgesamt auf Ziele gerichtet ist, die nicht wirklichkeitsverneinend, also erreichbar sind.

Es gibt Terrorismus, der sich auf bestimmte Schwächen eines politischen oder gesellschaftlichen Systems beruft, die zwar in Ansätzen objektiv feststellbar sind, aber keine allgemeine tatsächliche Bedeutung haben, sondern von labilen, verstörten oder zerstörten Einzelnen in einem fortdauernden Akt der Denunziation der Wirklichkeit als allgemeine Kriminalität des Systems umgedeutet werden. Das entscheidende Moment ist die fortschreitende Entfernung von jeglicher Realität, wobei der Akt der Entfernung »ideologisch« verbrämt wird.

Diese Analyse besagt nichts über ein Recht zur Gewalt, sondern ist Beschreibung von Antrieben. Ein auffallender Unterschied zu früheren Jahrzehnten ist erkennbar: Die Motive der Gruppen stellen sich heute fast nie in Klarheit und definitorischer Reinheit dar. Die extremen palästinensischen Organisationen, an ihrer Spitze die PFLP des Dr. Habash, bauen auf dem »nationalen Selbstbestimmungswillen« der Palästinenser auf, zielen aber in Wirklichkeit auf die gesellschaftliche Revolution im gesamtarabischen Raum, das heißt, sie verstehen sich als marxistische Organe der Weltrevolution. Die gemäßigteren Organisationen innerhalb der PLO, die noch hinter Yassir Arafat stehen, sehen als Hauptziel ihres vornehmlich mit terroristischen Mitteln geführten Kampfes nur die »nationale Selbstbestimmung« und die Errichtung eines palästinensischen Staatsgebildes, das sie sich dann allerdings nicht unter Übernahme gewohnter arabischer Gesellschaftsformen vorstellen können.

Die anarchistischen Gewaltgruppen in Europa, etwa die Baader-Meinhof-Bande, die »Bewegung 2. Juni« oder die Revolutionären Zellen, streben die Vernichtung der demokratischen Systeme an, betrachten sich aber als Teilnehmer eines weltweiten Kampfes gegen einen »US-Imperialismus«, dem die Selbstbestimmung der kleineren Existenzeinheiten zum Opfer gebracht wird. Im Auftrag der Stammheimer Angeklagten sagte Croissant: »Die Bundesrepublik hat sich zur Führungsmacht in Europa entwickelt, politisch, ökonomisch, militärisch. Sie hat sich als engster Verbündeter der USA zum Ziel gesetzt, daß nicht nur die eigene Innenpolitik, sondern auch die Innenpolitik der anderen westeuropäischen Länder, in denen wirkliche sozialistische Gegenkräfte vorhanden sind, nicht in Widerspruch zur Außenpolitik der USA treten (...) Die Angriffe der RAF gegen die Stützpunkte der USA in Frankfurt und Heidelberg wurden auf dem Höhepunkt des Völkermordes in Vietnam geführt. Sie waren Ausdruck internationaler proletarischer Solidarität. Die Bundesrepublik hat ihr Staatsgebiet als Planungs- und Nachschubbasis für den verbrecherischen Aggressionskrieg gegen Vietnam zur Verfügung gestellt.«[3]

Großgruppierungen des Terrorismus wie die IRA oder die baskische ETA, die sich in der nationalen Auseinandersetzung oder um der ethnischen Selbstbestimmung willen bildeten, unterliegen einem bezeichnenden Spaltungsdruck. »IRA« ist heute ein irreführender Sammelbegriff für zwei sehr selbständige Zweige einer einstigen Gemeinsamkeit, der Official IRA und der Provisional IRA (im Umgangsenglisch kurz Officials und Provisionals oder Provos genannt), deren Einstellungen zur terroristischen Aktion und zur politischen Zielsetzung seit Dezember 1969 stark voneinander abweichen. Die Officials schließen terroristische Aktion nicht völlig aus, binden sich aber an die klassische marxistische Theorie der Revolution; sie streben eine gesamtirische sozialistische Arbeiterrepublik an. Hingegen sind die heute stärkeren Provisionals – jene IRA, die täglich in den Nachrichten ist – stufenweise zum Terrorismus übergegangen. Der Verfall theoretischer Bindungen bedeutete zugleich eine Öffnung, durch die extreme, den Sozialismus linksradikal überholende, »maoistische« Vorstellungen einströmten und sich mit dem glühenden nationalistischen Fanatismus mischten.

Die baskische ETA, die 1959 aus studentischer Unzufriedenheit mit der altersmüden nationalistischen Partei der Basken PNV (*Partido Nacionalista Vasco*) entstand, hat sich in mehrere Richtungen gespalten. Die *Asamblea VI* trennte sich von der *Asamblea V* (*Asamblea* = »Versammlung«; nach den jeweiligen Jahreskonferenzen der ETA benannt) und schlug sich in Teilen zur trotzkistischen »Revolutionären Kommunistischen Liga« Spaniens, was ihr den Vorwurf eintrug, sie sei eine Versammlung von *españolistas*, die den baskischen Nationalismus an Spanien verrate. Aber auch die *Asamblea V* blieb keine wirkliche Einheit. Sie ist ein Dachbegriff für die »Militärische Front« und die »Politisch-Militärische Front«. Die Anhänger der »Militärischen Front« sind den Provisionals in Irland vergleichbar; sie leben die absolute Gewalt, während die »Politisch-Militärischen« zugleich eine politische Alternative anbieten wollen. Was sie wiederum eint, ist die sozialistische Grundvorstellung, die sich aber nach den Vorbildern der Dritten Welt, nach Kuba und Algerien, richtet.

Bezeichnen so dünngewetzte Begriffe wie »trotzkistisch« oder »maoistisch« oder ähnliche Vokabeln aus dem Richtungsgezänk der Revolutionäre wirklich noch das, was sich heute an Gewalt in der Welt ausformt? Im Bereich des Terrorismus scheinen die ursprünglich klaren Grenzen zwischen dem nationalen und antikolonialem Aufstandswillen und dem gesellschaftlichen Umsturzwillen durch ein Denken in »Globaler Gewalt« abgeschliffen zu werden. Dieses Denken hat nicht so sehr in den trockenen Schriftsätzen des Revolutionsanwalts Ernesto Ché Guevara seinen Ausdruck gefunden, sondern in dem Buch des in Martinique geborenen, zum Algerier gewordenen Arztes Frantz Fanon »Die Verdammten dieser Erde«. Das Buch ist eine Schlüsselschrift zur Deutung der Gewalt in der Welt von heute; seine Wirkung in Europa war gesichert, als Jean-Paul Sartre es adoptierte und als Zeugnis für seine Lehre weitertrug. Fanon schrieb:

»Die Dekolonisation geschieht niemals unbemerkt, denn sie betrifft das Sein, sie modifiziert das Sein grundlegend, sie verwandelt die in Unwesentlichkeit abgesunkenen Zuschauer in privilegierte Akteure, die in gleichsam grandioser Gestalt vom Lichtkegel der Geschichte erfaßt werden (...) Die Dekolonisation ist wahrhaft eine Schöpfung neuer Menschen. Aber diese Schöpfung empfängt ihre Legitimität von keiner übernatürlichen Macht: das kolonisierte ›Ding‹ wird Mensch gerade in dem Prozeß, durch den es sich befreit (...) Der Kolonisierte, der beschließt, dieses Programm zu realisieren, sich zu seinem Motor zu machen, ist von jeher auf die Gewalt vorbereitet. Seit seiner Geburt ist es für ihn klar, daß diese sperrige, mit Verboten gespickte Welt nur durch die absolute Gewalt in Frage gestellt werden kann.«[4]

Der IRA-Ire und der ETA-Baske und die anderen in den autonomistischen und separatistischen Gewaltgruppen fühlen sich heute als Kolonisierte; sie nennen sich auch so.

»Die Stadt der Kolonialherren ist eine gemästete, faule Stadt, ihr Bauch ist ständig voll von guten Dingen (...). Die Stadt des Kolonisierten ist eine ausgehungerte Stadt (...) [Aber] weder die Fabriken noch der Besitz noch das Bankkonto kennzeichnen die ›herrschende Klasse‹. Die herrschende Art ist zunächst die, die von woanders kommt, die nicht den Autochthonen ähnelt, die Art der ›anderen‹.«[5]

Nach Frantz Fanon wäre die »Guerilla« der Kolonisierten »als Instrument der Gewalt gegenüber anderen Gewaltinstrumenten nichts, wenn sie nicht zugleich ein neues Instrument im globalen Konkurrenzkampf der Trusts und Monopole wäre«.[6]

Und: »Morgen, nach der vollständigen Befreiung der kolonialen Territorien, wird sich vielleicht die Domäne der Gewalt verlagern, wird sich vielleicht das Minderheitenproblem stellen.«

Das Buch wurde 1961 an dem Dezembertag veröffentlicht, an dem Frantz Fanon im Alter von 37 Jahren an Leukämie starb. Aus seiner Voraussage kann das »Vielleicht« gestrichen werden; die Verlagerung ist erfolgt. Für die Aktionisten der nationalen, subnationalen und sogenannten ethnozentrischen Minderheiten ist heute die »Gewalt die absolute Praxis«, wie sie vor fast zwanzig Jahren von Frantz Fanon für die Kolonisierten in Anspruch genommen wurde.

Manche Schriften der Neuen Linken haben das als »Philosophie der Globalen Gewalt« ausgegeben und nach Lehrsätzen aufgegliedert. Aber was Fanon meinte und was aufgenommen wurde, ist nicht Philosophie im traditionellen Lehrverständnis, sondern Denken und Existieren in den Vorstellungen der Gewalt, die als ausschließliche und unter den Bedingungen dieser Welt als einzig mögliche Weise des Lebens empfunden wird. Auch die Bedeutung eines Michail Bakunin, des eigentlichen Begründers der historischen anarchistischen Bewegung, lag nicht in den Einzelheiten seiner Theorien, noch weniger in den flüchtigen Geheimgesellschaften, die er immer wieder gründete, sondern darin, daß er ein Klima der Gewalt schuf, unter dem die Endjahrzehnte des vorigen Jahrhunderts so sehr zu leiden hatten. Die »Denken in Gewalt« läßt sich nicht in den Kategorien revolutionären Schuldenkens fassen; der marxistische Begriff der Revolution ist ohnehin längst zu eng geworden. Das heißt aber: Die Landschaft, die »Szene«, des internationalen Terrorismus ist nicht in den Planquadraten überlieferter und festgefügter Ideologien zu vermessen; sie muß nach ihren Wegen beschrieben werden.

». . . denn was nicht reine und einfache revolutionäre Aktion ist, wird in einer solchen Organisation nicht geduldet«, lautet der letzte Satz eines Abschnitts in Carlos Marighelas »Mini Manuale« vom Juni 1969. Die Überschrift heißt: »Das Schießen: die Existenzbasis«.[7]

Eben dieses Klima der Gewalt zieht auch die Haufen der Verstörten, Verklemmten und Verwirrten an. Die Szene wimmelt von pathologischen Kleinstgruppen.

Instabilität: ein Gesetz der Szene

Portlaoise heißt das lagerähnliche Gefängnis mit der höchsten Sicherheitsstufe in der Republik Irland. Es ist das Zentralgefängnis für verhaftete und verurteilte Provos der IRA. Im November 1975 erlebte Portlaoise einen aufschlußreichen Kampf zwischen zwei Fraktionen der 110 Provo-Häftlinge. Der Kampf brach aus, als der 27jährige Eddie Gallagher, der Entführer des holländischen Industriellen Dr. Tiede Herrema, an einem Sonntag, dem 9. November, in Portlaoise eingeliefert und von der Verwaltung im 4. Stock des Zentralgebäudes zusammen mit zehn anderen Häftlingen, Angehörigen der *Irish Republican Socialist Party* und sogenannten *Republican Mavericks*, untergebracht wurde. In den Augen der Provos war das eine gezielte schwere Demütigung, denn in der irischen Gewaltszene zählen die Mitglieder der *Irish Repu-*

blican Socialist Party so gut wie nicht und die *Mavericks* überhaupt nicht, denn hinter ihnen steht keine Organisation. Der *Maverick* ist der Herrenlose, und das Wort bezeichnete einst ein streunendes Stück Vieh.

Provo-Häftling Kelvin Mallon, IRA-Unterführer aus Tyrone, ein Mann von der heftigen, flammenden Art seines Landes, und vierzig andere Provos wollten aus dem 2. und 3. Stock gewaltsam ausziehen und sich im 4. Stock niederlassen, um demonstrativ darzutun, daß Eddie Gallagher einer der ihren sei, ein Provo. Schließlich hatte die Freilassung Mallons zu den ursprünglichen Forderungen Gallaghers gehört. Bobby Campbell, IRA-Ältester in Portlaoise, »Disziplinär alten Stils«, wie seine Kritiker sagten, berief eine Häftlingsversammlung ein, die fast den ganzen Tag dauerte und mit dem Beschluß endete, den siebenköpfigen *Army Council* (Armee-Rat), die oberste Instanz der Provisionals in Dublin, um Entscheidung anzugehen. Die Entscheidung kam am 14. November und lautete, Eddie Gallagher, Held der 36tägigen Entführungsaktion, dürfe von den Provos in Portlaoise nicht aufgenommen werden. Der Bescheid aus Dublin führte zu schweren Spannungen zwischen den Gefängnisprovos, zu Spaltungen in der Führung, Neuwahlen, Verrat eines Ausbruchsplans und Tätlichkeiten. Warum mußte Eddie Gallagher unter den *Mavericks* bleiben?

Zwischen der obersten Führungsinstanz der radikalen IRA und den jüngeren Terroristen hatte sich seit Monaten eine Kluft aufgetan. Der Versuch der Älteren, ein Wechselspiel zwischen terroristischer Aktion und einer Art politischen Verhaltens gegenüber der britischen Regierung zu beginnen (der Armee-Rat hatte im Februar eine befristete »Waffenruhe« erklärt), erschien den jüngeren Terroristen wie Verrat an der Gewalt als der »absoluten Praxis«. Die Ränder der Opposition machten sich selbständig, und Eddie Gallagher hatte seine Entführungsaktion, die in der gesamten Welt der IRA pauschal angelastet wurde, aus eigenem Antrieb und gegen den Willen des Armee-Rates durchgeführt.

Etwa zur gleichen Zeit änderte sich das »taktische Muster« der Bombenexplosionen in Großbritannien, vornehmlich in London, das im Herbst 1975 einer Serie schwerster Anschläge ausgesetzt war. Die Polizei schätzte die Zahl der irischen Bombenattentäter in Großbritannien (die nordirische Provinz Ulster ausgenommen) auf etwa 750, unter ihnen aber eine sinkende Zahl von Bombenkommandos der gewohnten Art, das heißt, von Kommandos in der Befehlsdisziplin der IRA-Zentrale, hingegen eine steigende Zahl von jungen IRA-Terroristen ohne straffe Befehlsbindung. Die bis dahin üblichen Warnanrufe bei der Polizei, die mit Codewort ein Bombenattentat ankündigten, hörten mehr und mehr auf. Bei der Objektwahl entfiel schon seit 1974 die häufig geübte gezielte Beschränkung auf Personen oder Personenkreise (z. B. Angehörige der britischen Armee). Politiker wurden in die Todeslisten einbezogen, womit eine langgehegte Theorie starb: daß nämlich die Ermordung und Verstümmelung von britischen Politikern die Endphase im terroristischen Kampf der IRA um die »Befreiung« der Provinz Ulster anzeige. In Wirklichkeit zeigte sich eine Phase der rücksichtslosen Verselbständigung jener an, die nichts anderes wollten als die absolute Gewalt, weil sie nichts anderes mehr kannten und an nichts anderes glaubten.

Der Vorgang schien höchst dramatisch, war aber weder neu noch einmalig. Ähnliches läßt sich, wenngleich es meist in versteckterer Form geschah, bei fast allen terroristischen Großgruppierungen feststellen, bei den Palästinensern ebenso wie bei der baskischen ETA und den lateinamerikanischen Gruppen. Die Verwerfung und Verschiebung von organisatorischen und taktischen Linien und von Abgrenzungen, die gestern noch galten, aber heute schon überholt sind, gehören zum Charakter der jeweiligen Szenen und der Gesamtlandschaft des Terrorismus. Fast kann als Regel gelten, daß der organisatorische und taktische Zuschnitt, den man begriffen hat und an den sich die Öffentlichkeit anzupassen beginnt, schon nicht mehr existiert.

Die »Zweite Generation«

Die Vielfalt der hochtrabenden Namen von Entführungs- und »Rachekommandos«, die auftauchen und verschwinden, was besonders deutlich bei den palästinensischen und deutschen Terroristen zu beobachten ist, gehört nicht notwendig zu dieser ständigen Bewegung. Der Namenswechsel kann geplante Verschleierung einer steuernden politischen Organisation sein, etwa der PLO, die sich bei Bedarf leichter zu distanzieren vermag. Die Namensvielfalt kann der bewußte Versuch einer Vortäuschung numerischer Stärke sein. Aber in der Mehrzahl der Fälle zeigt sie eine Metastasenbildung der Gewalt an, vergleichbar den unkontrollierbaren Wucherungen bei Krebs.

Der anhaltende Druck der Sicherheitsorgane, die seit etwa 1972 präzisere und schärfere, wenngleich nach Ländern und Staaten sehr unterschiedliche Methoden vorbereitender Abwehr und aktueller Bekämpfung entwickeln, trägt zur dauernden Instabilität der Szene bei. Abwehrfachleute der Bundesrepublik Deutschland nahmen um die Jahreswende 1976/1977 für sich in Anspruch, die bekannten Gruppierungen der ersten Phase (die »Erste Generation der Terroristen«) zerschlagen zu haben. Die Bilanz jenes Augenblicks lautete in Kurzfassung: die Baader-Meinhof-Bande existiert nicht mehr, die »Bewegung 2. Juni« ist ein Wrack, die RAF/AO (Aufbau-Organisationen in der Nachfolge der

Baader-Meinhof-Bande) sind dahin, die neueren Revolutionären Zellen bleiben ein Aufklärungsproblem; ein erheblicher Teil der Szene ist ins Ausland abgedrängt.

Für die Argumentation gewaltanarchistischer Terroristen, die nach außen gerichtet ist, hat ein solches Tief wenig Bedeutung, und das Verschleierungsargument, das konventionellen Linien folgt, ist zur Hand: »Freiheit ist, wie die Gefangenen aus der RAF sagen, nur im langdauernden Kampf um Befreiung möglich. Die Guerilla in diesem Staat ist Teil der weltweiten antiimperialistischen Befreiungsbewegung. Die Inhaftierung oder der Tod von Gefangenen kann deshalb die Kontinuität des bewaffneten Kampfes nicht beseitigen. Mit anderen Worten: Man kann zwar einen Revolutionär töten, aber nicht die Revolution.«[8] Der Satz, der Entschlossenheit beweisen soll, verliert sein Pathos, wenn der Revolutionär sich selber tötet: Ulrike Meinhof ging in tiefer Resignation aus dem Leben.

Die deutschen Bekämpfungsbilanzen 1976/1977 sind ohne Zweifel Ausweise eines abwehrtechnischen Erfolgs in jenem Augenblick. Aber was heißt Erfolg im ständigen Formen- und Charakterwechsel der Szene? Die »Verdrängung ins Ausland« hat ihre Vorläufer: die wirklich intensive Zusammenarbeit zwischen palästinensischen und japanischen Terroristen begann unmittelbar nach einer der härtesten Polizeiaktionen in der Bekämpfungsgeschichte des modernen Terrorismus. Am 20. Februar 1972 stürmte japanische Sonderpolizei ein verbarrikadiertes Haus in einem Bergwald nördlich Tokio, in dem sich eine Führungsgruppe der *Rengo Sekigun* (japanische RAF) verschanzt hatte. Es gab Tote und Verletzte. Ein Teil der zeitweilig führungslos gewordenen *Rengo Sekigun* setzte sich unter dem Verfolgungsdruck ins Ausland ab. Der Bruder eines der verhafteten Sekigun-Aktivisten schoß drei Monate später auf dem israelischen Flughafen Lod im Auftrag der palästinensischen PFLP eine größere Gruppe harmloser puertorikanischer Pilger nieder. Das war der Beginn der starken Beteiligung japanischer Terroristen auf dem internationalen Aktionsfeld.

Seit dem Abdrängen der deutschen »Szene« ins Ausland stieg die Beteiligung deutscher Terroristen an Aktionen mit Personal aus mehreren Nationen an. Die Entwicklungslinie läuft deutlich über die verschiedenen »Carlos«-Unternehmen einschließlich der logistischen Vorbereitungen, über den Fall Entebbe bis zur Verhaftung der internationalen Gruppe in Schweden wenige Tage vor der Ermordung des Generalbundesanwalts Buback (April 1977). In dieser Gruppe waren zwei deutsche Terroristen vermutlich als Führungsfiguren tätig.

Die deutschen Bekämpfungsbilanzen von 1975/76 bis zum Frühjahr 1977 nannten, nach Abrechnung der Verhaftungen, Ermittlungsfälle und

Verurteilungen, fast immer einen beständigen »harten Kern« von rund 30 bis 50 Terroristen; um diesen Kern lege sich, hieß es zunächst, ein Ring aktiver »Unterstützer« von schätzungsweise 500 Personen (so Bundesinnenminister Prof. Maihofer nach der Ermordung des Generalbundesanwalts Buback in Karlsruhe). Beide Gruppen sollten, zu diesem Zeitpunkt, in ein Umfeld von 4/5000 Sympathisanten eingelagert sein. Seit dem Attentat auf den Generalbundesanwalt war ein stetes, beinahe unauffälliges Anheben der amtlichen-halbamtlichen Zahlenangaben festzustellen; was geraume Zeit konstante Bezifferung gewesen war, wurde in kleinen Schritten nach oben korrigiert. Im August 1977 nannte ein führender Vertreter des Stuttgarter Innenministeriums in einer »Report«-Sendung des Bayerischen Rundfunks bereits 5/15 000 Sympathisanten. Spiegelten die unauffälligen Zahlenkorrekturen neue Aufklärungserkenntnisse oder wachsende Nervosität oder beides? In jedem Fall ist das Sympathisanten-Umfeld kaum zuverlässig in Zahlen zu fassen, denn niemand hat bisher klare Abgrenzungsmerkmale für einen »Sympathisanten« nennen können. Die Ränder des »Umfeldes« werden um so undeutlicher, je stärker sich die »intellektuelle Verteidigung« von Gewaltnotwendigkeit bemerkbar macht. Andererseits wird das Schwanken der Zahlenangaben über den »harten Kern« das tatsächliche Potential an Tätern nie exakt beschreiben können, denn wo genau liegt die Grenze, an der »Sympathie« oder »Unterstützung« zur verdichteten Tatbereitschaft und anschließender Tat wird? Natürlich können Polizei und Abwehr auf ein Zahlenskelett der »Szene« nicht verzichten, doch auch das zeitweilig kleinere Potential kann Aktionen der großen und größten Wirkung durchführen.

Aber der Verfolgungsdruck hat die terroristische Organisationsform geändert. Das Leben in den größeren illegalen Gruppen der Jahre bis 1976, die in einer gewissen Geschlossenheit in der Konspiration existierten, ist der Einzelexistenz in der Halblegalität gewichen. Der Terrorist der »Zweiten Generation« lebt das Chamäleonleben: Er ist Bürger, und wenn der Zeitpunkt der Aktion kommt, Terrorist.

Sprache ist hellhörig. Um die nachwachsende Schicht der Terroristen zu charakterisieren, hat sie sich der Ausdrucksweise der Waffentechnologie bemächtigt: Zweite Generation ... Die Sprache spürt, daß sich der Terrorist heute als weiterentwickeltes Waffensystem der Gewalt innerhalb der Politik begreift.

Immer stärkerer Verfall der früher klar erkennbaren Definitionslinien kennzeichnet nicht nur das Feld der Motive und Ziele, sondern auch den Bereich der Organisation und der Aktionsräume. Immer breiter werden die Zonen, in denen der mit politischen Motivbehauptungen operierende Terrorismus in die bloße Bereicherungskriminalität übergeht. Italien hat inzwischen unüberwindliche Schwierigkeiten, zwischen politisch motivierten Entführungen und den brutalen Verschleppungen einer mafiaähnlichen *Anonima sequestri* (was ein gescheiter Beobachter der italienischen Wirrnis mit »Entführungs-GmbH« übersetzte[9]), noch eine einigermaßen deutliche Trennlinie zu erkennen. Als Frankreich gegen die Hinrichtung spanischer Attentäter in den letzten Monaten des Staatschefs Franco protestierte, wurden in Paris ganze Straßenzüge in Gewaltzonen verwandelt, wobei sich herausstellte, daß die Gewaltgruppen, die im Bezirk der Champs Élysées Geschäfte zerschlugen und Banken und Hotelhallen verwüsteten, »von militanten Minderheiten der extremen Linken in den trostlosen Vorstädten von Paris, die ein Hort der Jugendkriminalität geworden sind, regelrecht angeworben wurden mit der Aussicht auf eine reiche Beute«.[10]

Etwa zur gleichen Zeit setzte sich in der nordirischen Provinzhauptstadt Belfast die amtliche Auffassung durch, daß der Aufbau und Einsatz einer sogenannten »G-Squad« zur Bekämpfung des organisierten Verbrechens ebenso dringlich sei wie der Einsatz der »A-Squad«, deren Detektive seit Anfang 1975 die politischen Bandenkampfmorde aufzuklären versuchten. Die »G-Squad« sollte nach Scotland-Yard-Vorbild gegen die Syndikate der IRA-Provisionals und der militanten Loyalisten der protestantischen Seite vorgehen. Der Umfang der Syndikate war schon zu dieser Zeit beträchtlich: ein großer Teil der Finanzen beider Fronten stammte aus illegalen Trinklubs, Massagesalons, Protektionserpressungen nach amerikanischem Gangstermuster und betrügerischen Firmengründungen. Ein IRA-Syndikat mit Sitz im Belfaster Viertel Andersonstown, das als eine Festung des katholischen Nordirland im Kampf gegen die protestantische Herrschaft gilt, zog wöchentlich 20 000 Pfund aus einer Kette illegaler Klubs, Metzgereien und Taxiunternehmen, die das Syndikat mit dem Druck terroristischer Aktionen an sich gebracht hatte. Bombenattentate in Nordirland, denen Häuser, Geschäfte und Fabriken zum Opfer fallen, müssen auch unter dem Gesichtspunkt einer Beseitigung kommerzieller Konkurrenz betrachtet werden. Ehefrauen und Freundinnen von IRA-Führern sind in der Verwaltung der Syndikatsunternehmungen tätig.

Die aus den Verhältnissen der Szene erwachsende Instabilität verwandelt sich in den Augen der Öffentlichkeit zur Vorstellung vom »unberechenbaren Terrorismus«, der seine Macht gerade in der Unbestimmbarkeit von Ort, Zeit und Grund der Ausbrüche beweist. Ihm wird über seine tatsächliche Bedeutung hinaus eine Allgegenwart zugewiesen, die zum gefährlichsten Mißverständnis geworden ist und nur aus der anhaltenden Unkenntnis der Mechanismen des Terrorismus und der Entstehungsgeschichte seiner Organisationen zu erklären ist. In einer aktionsschwachen Phase scheinen die allgemeine Angst und die Bedrückung durch die Summe bisheriger terroristischer Taten den Rückzug anzutreten. Wird jedoch eine terroristische Aktion größeren Ausmaßes gemeldet, sind Angst und Bedrückung wieder spürbar und offen da. Denn sie sind immer vorhanden. Die terroristischen Aktionen als Auslöser von Angst und Unsicherheitsgefühlen scheinen in einer Art Zyklus aufzutreten.

Unkenntnis hat eine zweite Seite. Der öffentliche Blick hat sich verengt und sieht Frantz Fanons »privilegierte Akteure, die in gleichsam grandioser Gestalt vom Lichtkegel der Geschichte erfaßt werden«, immer nur in den ständig genannten Gruppierungen von RAF bis PLO, von *Rengo Sekigun* bis IRA und ETA. Der öffentliche Blick nimmt nicht wahr, daß neue Gruppierungen, insbesondere unter den ethnischen Minderheiten, sich formieren und schon vorhandene, aber nur gelegentlich und beiläufig erwähnte, an die Schwelle der größeren Aktion heranrücken und sie überschreiten. Kroaten und Korsen, oft als verstaubte Versatzstücke der Geschichte lächelnd abgetan, sind nur zwei Namensstichworte für die noch verdeckte Szene, die sich allmählich öffnet.

Die steigende Wirrnis der Erscheinungen macht eine Antwort auf eine scheinbar schlichte Frage immer schwieriger. Die schlichte Frage heißt: Was ist Terrorismus?

3. Das Recht sucht einen Weg

London: Ein Nachmittag der Ohnmacht

Das amtliche Gebet war gesprochen, und Mr. Speaker gab die Debatte des britischen Unterhauses frei. Auf der Tagesordnung des 11. Dezember 1975 stand der Antrag, es möge ohne Fraktionszwang in freier Abstimmung beschlossen werden: »Daß dieses Haus die Todesstrafe für terroristische Verbrechen mit Todesfolge verlangt.«

Elf Tage vor der Debatte waren, wie die Demoskopen herausgefunden hatten, 88 Prozent der britischen Bevölkerung für die Wiedereinführung der Todesstrafe. Der Herbst schwerster Blutattentate war noch nicht zu Ende, und ein paar Meilen nordwestlich des Parlamentsgebäudes ging die »Belagerung in der Balcombe Street« an diesem regenkalten und dunklen Nachmittag auf den sechsten Tag zu. Das IRA-Kommando, das sich in der Etagenwohnung des Ehepaares Matthews verschanzt und die beiden alten Leute als Geiseln genommen hatte, hörte die Stimme des Detective Superintendent Peter Imbert von Scotland Yard, der unermüdlich wiederholte: Die Lage sei aussichtslos, und Feilschen komme nicht in Frage. Mrs. Matthews hatte um Medikamente gebeten, um ihre zerschlissenen Nerven zu beruhigen, und scharfe Scheinwerfer der Polizei leuchteten das Zimmer aus, damit die belagerten Provos keine Ruhe fänden. Präzisionsschützen einer Sondereinheit (*Special Patrol Group*) waren ringsum postiert. Im Hintergrund standen Spezialisten der Armee. Das Leben der zwei Alten hing in der Schwebe.

Im Unterhaus begründete zu dieser Stunde der konservative Abgeordnete des Wahlkreises Burton, Ivan Lawrence, den Antrag. Er kam gleich in der ersten Minute auf den Kern des Problems. Der Antrag sei, sagte das Ehrenwerte Mitglied für Burton, eine grundsätzliche Absichtserklärung, folglich werde es zur »Aufgabe der Legislative, die beste Definition eines Terroristen zu erarbeiten«.

Ihm antwortete als erster der schottische Labourabgeordnete Mack-Intosh mit der knappen Bemerkung, er halte es für »Nonsense, über die

Heiligkeit des Lebens zu sprechen, denn wir befinden uns in einer Kriegssituation: wir stehen Leuten gegenüber, die unsere Regierung stürzen und die Richtung der Politik ändern wollen, und dies alles durch Terror und Gewalt«. Er habe sich zu der Auffassung durchgerungen, daß die Frage der Todesstrafe unter dem Gesichtspunkt der »Praktikabilität« zu betrachten sei, müsse dann aber fragen: »Wie wird Terrorismus definiert? Definition kann sich nicht nach der Art der Tatwaffe richten oder nach der Besonderheit einer Gruppe oder nach der Besonderheit eines Motivs. Das ist zu umgehen. Der IRA-*gunman*, der Ross McWhirter niederschoß [englischer Autor, der zum öffentlichen Feldzug gegen den Terrorismus aufgerufen hatte und im Herbst 1975 auf offener Straße von der IRA erschossen wurde, Anm. d. Verf.], brauchte sich nur zu bükken und ihm die Brieftasche wegzunehmen, um aus dem politisch motivierten Tod einen Diebstahl zu machen.«

Die Frage der Folgen und die Grundsatzprobleme der Todesstrafe wurden hin- und hergewendet, aber auf Umwegen kam die Debatte immer wieder zum Punkt der Ohnmacht zurück, der rechtlichen Unbestimmbarkeit des Terroristen. Mr. Carr, der Innenminister des früheren Kabinetts Ted Heath, gab zu Protokoll, er sei jetzt wie damals gegen die Wiedereinführung der Todesstrafe, denn man habe es nicht mit gemeinen Verbrechern zu tun, sondern mit einem hohen Anteil von Fanatikern, die in einem seelischen Zustand gefährlichster Überspannung lebten und ihre eigene Existenz mit einem sehr niederen Preis bedächten: *»They are high on the drugs of fanaticism.«*

Auf den Tag genau ein Jahr zuvor hatte das Unterhaus den Antrag schon einmal diskutiert. 1974 wurde er mit einer Mehrheit von 152 Stimmen abgelehnt. In der Frage der Definition herrschte jetzt nicht ein Jota mehr an Klarheit. Als in den späten Nachtstunden des 11. Dezember 1975 abgestimmt wurde, sank die Mehrheit gegen den Antrag dennoch auf 129 Stimmen.[1]

Seit vierzig Jahren vergebliche Versuche

Das Unterhaus hatte sich mühsam mit einem Problem herumgeschlagen, das bisher von keiner nationalen Gesetzgebung oder internationalen Körperschaft zufriedenstellend gelöst worden ist. Schon ein kurzer Überblick zeigt, daß die Staaten und Staatengemeinschaften auch dann mit bloßen Hilfskonstruktionen arbeiten müssen, wenn innerhalb einer regionalen Staatengemeinschaft Übereinstimmung hinsichtlich des Ziels, nämlich der Eindämmung, Unterbindung und Bestrafung terroristischer Aktion, besteht. Die Hilflosigkeit gegenüber der Aufgabe der verbindlichen Definition des Terrorismus bleibt, gleichgültig, ob es sich um Terrorismus innerhalb nationaler Grenzen oder um den grenzüberschreitenden Terrorismus handelt.

Im Oktober 1934 erschoß ein mazedonischer Separatist den französischen Außenminister Barthou, der hinter den Plänen eines französischen Ostpaktsystems stand, und einen hohen Gast der Republik, König Alexander I. von Jugoslawien, der wenige Stunden zuvor im Hafen von Marseille den Boden Frankreichs zu einem Staatsbesuch betreten hatte. Dieser Doppelmord gab den letzten Anstoß für eine Konvention, die drei Jahre später im Rahmen des Völkerbundes fertiggestellt und von über zwanzig Staaten unterzeichnet wurde, aber nicht mehr in Kraft getreten ist. Die Konvention erklärte »Straftaten, die gegen einen Staat gerichtet sind und darauf abzielen, bei Einzelpersonen, Personengruppen oder in der Öffentlichkeit einen Zustand der Furcht hervorzurufen«, zu sogenannten Weltrechtsverbrechen. Der Begriff wird heute verhältnismäßig selten benutzt; derzeit werden darunter Geldfälschung, Menschenhandel und schwere Rauschgiftverbrechen verstanden. 1937 wurde auch der Vorschlag gemacht, einem internationalen Strafgerichtshof Jurisdiktion über alle Fälle terroristischer Verbrechen zu geben, die internationalen Charakter haben; dieser internationale Strafgerichtshof sollte nationales Strafrecht brechen können. Konvention und Vorschlag gingen im Chaos des Zweiten Weltkrieges unter.[2]

Die Vereinten Nationen haben sich bis heute nicht über Grundsätze einer ähnlich allgemeinen Konvention verständigt. Nach dem Anschlag des palästinensischen »Schwarzen September« auf die Sportler Israels bei den Münchner Olympischen Spielen 1972 wurde der Generalsekretär der Vereinten Nationen zu einer Initiative gedrängt. Die 27. Vollversammlung der Vereinten Nationen setzte im Herbst 1972 das Terrorismus-Problem auf ihre Tagesordnung. Das Scheitern aller Bemühungen der Vereinten Nationen um eine allgemeine und von allen Zonen der Welt annehmbare Verständigung wurde schon in jenem Herbst offenkundig. Der Grund ist an der Unterschiedlichkeit der Formulierungen abzulesen. Generalsekretär Kurt Waldheim hatte die 27. Vollversammlung aufgefordert, über Maßnahmen mit dem Ziel zu beraten, »internationalen Terrorismus und andere Formen der Gewalt zu verhindern, die das Leben Unschuldiger bedrohen oder vernichten oder Grundfreiheiten gefährden«. Die Vollversammlung erklärte sich mit der Aufforderung grundsätzlich einverstanden, da sich schließlich kein Mitgliedsstaat die Blöße geben wollte, einer so allgemeinen Forderung nach dem Schutz von Leben und Freiheit zu widersprechen. Der Auftrag wurde aber gleich bei seiner Erteilung zunichte gemacht, denn die Mehrheit der Vereinten Nationen erweiterte ihn um einen entscheidenden Zusatz.

Am 18. Dezember 1972 wurde ein Komitee beauftragt, der Vollversammlung entsprechende Vorschläge auszuarbeiten. Aber die von der Mehrheit durchgesetzte Richtlinie für die geforderte Detailarbeit lautete jetzt, zu erarbeiten seien »Maßnahmen zur Verhütung des Terrorismus, der unschuldiges Menschenleben gefährdet oder Grundfreiheiten beeinträchtigt, sowie *Studium der solchen Formen des Terrorismus und von Gewalthandlungen zugrundeliegenden Ursachen, die in Armut, Enttäuschung, Mißständen und Verzweiflung ihren Grund haben und die Menschen dazu veranlassen, das Leben von Menschen, einschließlich ihres eigenen, in dem Versuch zu opfern, radikale Änderungen herbeizuführen*«.[3] Die Ideologisierung und politische Rechtfertigung des Terrorismus war mit dem Stempel eines internationalen Mehrheitsbeschlusses versehen worden. Der Stempel ist nicht mehr zu entfernen.

Debatten im (ständigen) Sechsten Komitee der Vollversammlung, im Sonderausschuß vom 18. Dezember 1972 und seinen drei Unterausschüssen, an denen sich 35 Staaten beteiligten, dauerten bis zum August des folgenden Jahres und blieben ohne jedes Ergebnis, da über die Definition des Terrorismus keine Einigung zu erzielen war. Die meisten Staaten der Dritten Welt machten ohne Umschweife klar, daß sie die Legitimation von nationalen Freiheits- und Selbstbestimmungsbewegungen, die sich nur auf diese Weise äußern könnten, nicht angetastet sehen wollten. Diese Haltung hatte klare und voraussehbare historische Logik, denn viele dieser Staaten waren selbst aus Aufstand, Revolution und Gewalt hervorgegangen. Sie hatte politische Logik, denn andere Freiheits- und Selbstbestimmungsbewegungen warteten auf ihre Stunde: die Entkolonialisierten als natürliche Verbündete der Entkolonisierenden – und umgekehrt. Die Staaten des Ostblocks mußten aus der Logik ihrer politischen und militärischen Strategie beipflichten.

Die terroristischen Großaktionen der folgenden Jahre haben keine wirkliche Verschiebung in diesem grundsätzlichen Gegenüber bewirkt. Die Unmöglichkeit einer Einigung wurde von der wachsenden Mehrheit geradezu rauschhaft gefeiert, als Yassir Arafat, Chef der PLO, im November 1974 revolverschwingend die Rednertribüne der Vollversammlung der Vereinten Nationen betrat.

Ein bezeichnendes Randereignis dieser Konfrontation: Der V. Kongreß der Vereinten Nationen über Verbrechensverhütung und die Behandlung von Rechtsbrechern, der im September 1975 in Genf tagte, befaßte sich zwar mit der Tatsache des Terrorismus, aber nur beiläufig und unter der strikten Weigerung, das Wort in die Beratungen aufzunehmen. Der Kongreß behandelte das Thema ergebnislos unter dem Titel »Gewalt mit transnationaler und vergleichbarer internationaler Bedeutung«.

Diplomaten sind nicht dafür bekannt, daß sie in der schnellen Behebung eines Übels die Krönung ihrer Kunst sehen. Aber selbst unter solcher Einschränkung beruflicher Erfolgsaussichten muß altgedienten Diplomaten an New Yorks East River ähnlich zumute sein wie Simon Bolivar, dem Befreier des nördlichen Südamerika von spanischer Herrschaft. In der Stunde des Sterbens sagte er mit einem Blick auf die Jahrzehnte des Kämpfens und die andauernde Rechtlosigkeit in den neuen Staaten: »Mir ist, als hätte ich ein Meer gepflügt.«

Rückzug auf Teilbereiche

Das Recht wurde zur Suche nach Umwegen gezwungen. Bei dieser Suche, die nicht ganz ergebnislos geblieben ist, geht es darum, Regelungen für Teilbereiche von Tattypen zu finden, die eine Umgehung der Definition des Terrorismus zulassen. Die Suche ist der Versuch, das politische Problem auszuklammern, um die Möglichkeit der Zusammenarbeit einer denkbar hohen Zahl von Staaten zu erreichen.

Die Suche ist mühsam und Beruhigung angesichts erster Teilerfolge scheint verfrüht, wenn man die Liste erreichter Konventionen mit dem Ablauf der Wirklichkeit vergleicht. Das Beispiel der diplomatischen und rechtlichen Mühen um die Eindämmung der Luftpiraterie ist aufschlußreich.

1963 wurde ein »Abkommen von Tokio« geschlossen, das auf Betreiben der ICAO (*International Civil Aviation Organisation*) zustande kam und die Unterzeichnermächte zu einigen begrenzten Maßnahmen verpflichtete. Es blieb praktisch wirkungslos. Ihm folgte das »Übereinkommen von Den Haag«, das im Dezember 1970 fertiggestellt, anschließend von zahlreichen Staaten unterzeichnet wurde und im Herbst 1971 in Kraft trat. Mit dem Haager Übereinkommen wurde ein folgerichtiger nächster Schritt getan: Es ging über die Festlegung begrenzter praktischer Maßnahmen hinaus und verlegte das Problem in die innerstaatlichen Rechtsbereiche. Das geschah durch die Feststellung entsprechender Straftatbestände, die in den jeweiligen betroffenen Staaten streng geahndet werden sollten. Die Auslieferung der Täter an die geschädigten Staaten trat in den Vordergrund. Aber das Haager Übereinkommen betraf nur Entführungen, nicht andere terroristische Aktionen im internationalen Flugverkehr wie Sabotageakte, gewalttätige Handlungen gegen Fluggäste, falsche Bombenalarme. Diese Lücke wurde 1971 durch das »Übereinkommen von Montreal«, das eine diplomatische Konferenz vorbereitet und fertiggestellt hatte, großenteils geschlossen. Die Zeittabelle dieser Konventionen muß mit der Dichtigkeitskurve der Luftpiraterie[4] verglichen werden.

Jahr	Entführungen weltweit (einschl. Versuche)	Konventionen
1930–1960	50	
1961–1966	29	1963 »Tokio«
1967	7	
1968	35	
1969	91	
1970	86	»Den Haag«, fertiggestellt
1971	59	»Den Haag« tritt am 14. 10. in Kraft; »Montreal« im September fertiggestellt, aber noch nicht in Kraft.
1972	64	
1973–1975	21	

Die Zahlenreihe der Entführungen und Entführungsversuche, die Sabotage gegenüber geparkten Maschinen nicht einschließt, verlangt einige Erläuterungen.

Insgesamt 21 Flugzeuge wurden von 1945 bis 1952 entführt. Davon waren 18 Entführungen aus dem Ostblock, Mittel zur Flucht von Osteuropäern, die in den demokratischen Staaten des Westens mindestens mit Sympathie, oft mit größter Zustimmung registriert wurden. Ähnlich war es in den Jahren nach 1959, als Fidel Castro die Macht in Kuba übernahm. Die frühen Entführungen aus Havanna wurden in den USA und in Westeuropa als akzeptable Mittel der Rettung wohlwollend betrachtet. Die öffentliche Meinung im Westen änderte sich erst, als die Luftwege zwischen den USA und Kuba zu Schauplätzen allgemeiner Wegelagerei wurden und in der übrigen Welt die palästinensischen Terroristen die Kaperung als Kampfmittel einsetzten.

Der Rückgang der Zahlen setzte ein, als die Übereinkommen von Den Haag und Montreal sich noch nicht auswirken konnten. Der Rückgang ist vermutlich durch andere Faktoren eingeleitet worden. Neben der Verschärfung der Bekämpfung und der Verfeinerung der Erkennungsmethoden sind zu nennen:

Die bilaterale Vereinbarung zwischen Kuba und den USA, die durch die Vermittlungshilfe der Schweiz zustande kam (inzwischen aber von Kuba gekündigt wurde); die internationale Belastung des Ansehens und der Verkehrsfähigkeit einer größeren Anzahl arabischer Staaten durch die mörderischen Aktionen der Palästinenser; vor allem die Steigerung arabischen Selbstbewußtseins nach dem Yom-Kippur-Krieg, das die Nichtniederlage in einen Sieg umdeutete, und die Entdeckung des Öls als Waffe. Die letztgenannten Faktoren kommen aus schwankendem politischen

Grund und sind folglich keine Garantie für einen langfristigen Rückgang der Luftpiraterie.

Die Zahlenreihe macht nicht deutlich, daß die Zahl der Opfer an Leben und Gesundheit in den späteren Jahren stark anstieg. Die Brutalisierung der terroristischen Tat ist völlig unabhängig von der Zahl der Aktionen.

Rigoristen der Terrorismusbekämpfung ziehen daraus den knappen Schluß, die Konventionen hätten versagt. Das ist voreilig. Treffender wäre die Feststellung, daß sie zwar schwache, aber nicht nutzlose Rechtsinstrumente sind, deren Zeit noch kommen könnte, deren wirkliche Kraft aber von der Bereitschaft zu Sanktionen gegenüber jenen Staaten abhinge, die Flugzeugentführern Landerechte gewähren. Diese Bedingung trifft auf zwei Schwierigkeiten. Im Weg stehen der außenpolitische Opportunismus zahlreicher Staaten und die schwerwiegenden wirtschaftlichen Abhängigkeiten von den Rohstoffländern in der Dritten Welt. Vor allem führt Sanktionspolitik wieder in das Feld der internationalen Auseinandersetzung hinein, auf dem von der einen Seite als Mittel des politischen Kampfes gewertet wird, was die andere Seite als Verbrechen bezeichnet. Das Problem der Definition des Terrorismus, die Verständigung über seinen Charakter, läßt sich nicht umgehen.

Rückzug auf die Region

Flugzeugentführungen, Sabotage an Flugzeugen und Gefährdung von Luftverkehrseinrichtungen bilden eine von mehreren Aktionskategorien, deren sich der Terrorismus bedient. Kidnapping von Diplomaten und anderen »völkerrechtlich geschützten Personen« (im angelsächsischen Jargon inzwischen zu »Diplonapping« geworden) ist eine weitere Kategorie, der durch eine Konvention begegnet werden soll, die 1973 von der Vollversammlung der Vereinten Nationen gebilligt wurde. Sie sieht vor, daß Täter ausgeliefert oder im Staat des Tatorts bestraft werden. Für diese Konventionen und weitere Bemühungen in der Gesamtheit der Vereinten Nationen gilt das knappe und nüchterne Urteil eines Fachmanns der österreichischen Regierung: »Nach den Übereinkommen von Den Haag, Montreal und New York besteht im Ergebnis eine Art von Wahlrecht zwischen Auslieferung und Strafverfolgung, obwohl an sich der Auslieferung der Vorzug gegeben werden sollte. Die Nachteile des Strafverfahrens im Aufenthaltsstaat, dessen Zuständigkeit von der Zufälligkeit des Betretungsortes abhängig ist, sind naheliegend: Abgesehen von den bei der Aufklärung von Auslandstaten bestehenden Beweisschwierigkeiten, *fehlt es häufig an einem von der Öffentlichkeit verstandenen echten Interesse an der Strafverfolgung*. Auch die zur Rechtfertigung des Universalprinzips herangezogene ›Solidarität der Staatengemeinschaft‹, die in der gemeinsamen Verantwortung für die Durchsetzung eines Strafanspruchs zum Ausdruck kommen soll, mag wohl nur in Bereichen engerer zwischenstaatlicher Zusammenarbeit zu überzeugen. Nicht selten kommt es zur Durchführung von pro-forma-Verfahren, verbunden mit einer möglichen Belastung zwischenstaatlicher Beziehungen, wenn man nicht vorzieht, Zuflucht zum Opportunitätsprinzip zu nehmen, schon um das mit solchen Verfahren und dem anschließenden Vollzug einer Freiheitsstrafe vielleicht verbundene Sicherheitsrisiko zu vermeiden.«[5]

Der zweite Umweg, den das Recht sich sucht, um anwendbar zu werden, ist folgerichtig die Beschränkung auf eine Gruppe von Staaten mit gleichem Rechtsverständnis. Es ist eine Art Stellvertreter-Recht für das Recht, das in der Gesamtheit der Welt aus politischen Gründen nicht erreicht werden kann.

Die 19 Mitglieder des Europarates können sich, auch wenn der Rat in der Tagesdiskussion politischen Geschehens keine besondere Rolle zu spielen scheint, einiger auffallender Erfolge bei der zwischenstaatlichen Rechtszusammenarbeit rühmen. Er wurde zum Ausgangspunkt einer zweiten, der regionalen Selbstbeschränkung, die der ersten Selbstbeschränkung – den Spezialkonventionen für einige Tatkategorien – entspricht.

Der »Europäische Ausschuß für Strafrechtsprobleme« hat in Straßburg (17.–21. Mai 1976) einen »Entwurf eines Europäischen Übereinkommens zur Bekämpfung des Terrorismus« ausgearbeitet, der trotz nachträglicher Bedenken insbesondere der französischen Regierung am 10. November 1976 vom Europarat als Konvention verabschiedet worden ist. Die Regelungen der Konvention übersteigen innerstaatliches Recht in jenen Staaten, die die Konvention ratifizieren; Gültigkeit beginnt bei drei Ratifizierungen. Die Konvention zählt die Straftaten auf: von der Luftpiraterie über »Diplonapping« und allgemeine Geiselnahme bis zur »Straftat, bei der eine Bombe, eine Handgranate, eine Rakete, eine automatische Schußwaffe oder ein Sprengstoffbrief oder -paket verwendet wird und durch diese Verwendung Personen gefährdet werden«. Der Artikel 1, der diese Aufzählung enthält, beginnt mit dem Satz: »Für die Zwecke der Auslieferung zwischen Vertragsstaaten ist *keine* der folgenden Straftaten als *politische Straftat* oder als mit einer als politische Straftat *zusammenhängende* oder *durch politische Motive inspirierte* Straftat anzusehen.«[6] Mit anderen Worten: die Definition der »terroristischen« Straftat ist auch hier umgangen worden, weil sich der allgemeine Begriff des »Terrorismus« vom Element des »Politischen« nicht klinisch sauber trennen läßt. Das Element des »Politischen« mußte aus der rechtlichen Umschreibung herausgenommen werden, weil selbst in einer Staatengruppe mit grundlegend gleichem Rechtsverständnis eine einhellige Auffassung des politischen Gehalts einer Straftat nicht vorhanden ist. Jetzt soll nur noch die »objektive Schwere der Tat und die in ihr zum Ausdruck gekommene Rücksichtslosigkeit menschlichem Leben gegenüber«[7] den Ausschlag für die Auslieferung oder die Bestrafung im Staat des Tatorts geben.

Im nationalen Bereich, im umfriedeten Bezirk innerstaatlichen Rechts, ist der Weg, die terroristische Tat ausschließlich als gemeines Verbrechen zu betrachten, noch am ehesten gangbar. Aber schon hier ist stille Doppeldeutigkeit zu spüren. In der Bundesrepublik werden Banküberfälle, Sprengstoffanschläge, Entführungen und Mord als gewöhnliche kriminelle Taten verfolgt und geahndet, immer aber auch als Angriffe auf die staatliche Ordnung und das vereinbarte gesellschaftliche System betrachtet, diskutiert und verstanden – Wirklichkeit kann nicht geleugnet werden. Da schwingt aber auch die überlieferte Auffassung mit, der politische Gewalttäter sei bis zu einem gewissen Grad entschuldbar und könne milder bestraft werden. Der politische Täter ist geblieben, obwohl der Überzeugungstäter nach 1945 mit guten Gründen aus dem deutschen Strafrecht verbannt wurde.

Moderner Terrorismus ist aber nicht mehr national eingrenzbar. Das Pendeln zwischen zwei Auffassungen wird im Rahmen der zwischenstaatlichen Übereinkommen schwerer ins Gewicht fallen, da außerrechtliche Kräfte einzuwirken beginnen: andere historische Bedingungen und folglich andere Beurteilungsmaßstäbe; unterschiedliche Beurteilungen gegebener politischer Situationen; mangelnde Unterrichtung über innere Verhältnisse des anderen Staates; gezielte Falschinformation durch organisierte Sympathisantengruppen; öffentliche oder veröffentlichte Meinungen, die aus Gründen eigener nationaler Erfahrungen oder Interessen dem Straftäter aus dem anderen Land eben jene Rolle zusprechen, die das Recht ihm verweigern soll. Selbst noch die öffentliche Romantisierung des »Helden« aus einem fremden Staat, der trotz Massentourismus und Kommunikation eben doch der ferne Fremde bleibt, steht dem Recht im Weg. Der Auslieferungsfall des deutschen RAF-Terroristen Rolf Pohle, der im Spätsommer des Jahres 1976 zuerst vor dem Athener Landgericht und dann, in der Berufung, vor Griechenlands höchstem Gericht, dem Areopag, verhandelt wurde, hat diese Einwirkungskräfte beispielhaft deutlich gezeigt. Der Verlauf der Verhandlungen hat kraß daran erinnert, daß die zum Urteil aufgerufenen griechischen Richter bis hinauf zur höchstrichterlichen Bank des Areopag von der politischen Lage in der Bundesrepublik nur eine verschwommene oder gar keine Vorstellung hatten. Was in der Bundesrepublik gemeinhin als schlichter Unsinn gilt, nämlich eine politisch-moralische Berechtigung der RAF-Gewalt wegen klar erkennbarer Unterdrückungstaten durch die deutsche Legislative und Exekutive, schien griechischen Richtern zunächst nicht ganz ohne Sinn und Wahrscheinlichkeit zu sein. Da die rechtliche Beurteilung eines Falles vom Charakter der Umwelt, in der eine Tat begangen wurde, nie gänzlich gelöst werden kann, wird Kenntnis der tatsächlichen politischen Situation und der Bedingungen ihres Wachsens im Nachbarstaat innerhalb der Gruppe der grundsätzlich Gleichgesinnten eine immer größere Rolle spielen. Ist diese Voraussetzung bei den Unterzeichnerstaaten des künftigen »Europäischen Übereinkommens zur Bekämpfung des Terrorismus« schon heute gegeben oder morgen wahrscheinlich?

Die Bundesrepublik und mit ihr die regionale Gruppe der Europarat-Staaten konnten von Glück sagen, daß im Fall Pohle der Areopag eine Auslieferung empfahl, die von der griechischen Regierung noch am Tag der Spruchverkündung, dem 1. Oktober 1976, vollzogen wurde. Aber die eine Nein-Stimme unter den Sieben auf Griechenlands höchstrichterlicher Bank ist interessanter als der blanke außen- und wirtschaftspolitische Opportunismus der französischen Regierung bei der Freilassung des Palästinensers Abu Daoud im Januar 1977, denn diese eine Nein-Stimme zeigte die fortbestehende Unsicherheit der Spaltung in der Frage der Bestimmbarkeit des terroristischen Gewaltaktes an.

Die zweifelnden griechischen Richter zu verurteilen und ihre begrenzte Kenntnis der deutschen Situation zu schmähen, wäre wahrhaft überheblich. Was würde ein deutscher Richter insgeheim denken, wenn er heute in einem ähnlichen Fall über die Auslieferung eines terroristischen Täters einer autonomistischen Organisation zu entscheiden hätte? Wäre er nach genauer Selbstprüfung ganz ohne Verständnis für die Ziele eines Basken im Norden des Spanien nach Franco, in dem die harten Polizei-Einheiten der Guardia Civil nach wie vor ihre eigenen Glaubensvorstellungen durchsetzen wollen und die rechtsextremen Terroristen der Christkönigskrieger (*Guerilleros del Cristo Rey*) auf eigene Faust prügeln und totschlagen? Wäre er im Fall eines IRA-Mannes ganz ohne Verständnis für die Gewalt gegen den verkrusteten Herrschaftsanspruch der protestantischen Minderheit der Ulster-Loyalisten? Hätte er genügend Kenntnis der jeweiligen tatsächlichen Lage?

Revolutionäre Politik sei nicht justitiabel, sagte der RAF-Terrorist Pohle vor dem Areopag in Athen. Dieser Anspruch des Gewalttäters will alle rechtlichen Unterscheidungen von »absoluter« politischer Straftat (z. B. Hochverrat) und »relativer« politischer Straftat beiseite fegen. »Revolutionäre Politik« ist im Verständnis der Terroristen immer Gewalt, da Gewalt dic »absolute Praxis« ist. Gegenüber dieser Gewalt hat in den Augen der Terroristen das Recht kein Recht mehr. Aber damit erhebt der Terrorist einen zweiten gefährlichen Anspruch, hoffend, daß er nicht ohne Echo bleibe: den Anspruch auf den Status des gleichgestellten Kämpfers, des Kombattanten in dem Konflikt, den er »Krieg« nennt und gegen eine Rechtsordnung angezettelt hat, die für den Frieden gedacht ist.

Gedanken eines alten Mannes

Das Recht bedarf, wenn es Selbstverständlichkeit sein will, der ungebrochenen Zustimmung. Ist die Ablehnung des Terrorismus, der sich als politisch begründet ausgibt, in dieser Zeit fortschreitender Politisierung aller Lebensbereiche tatsächlich rückhaltlos und ohne verstecktes Verständnis? Die Empörung über brutale Taten und die öffentliche Verdammung im Moment des Geschehens sind unzweideutig. Dennoch meint man ein verstecktes Verständnis, das nicht in greifbaren Formeln »rational« werden muß, immer dann zu spüren, wenn eine Phase gedrängter terroristischer Aktionen zu Ende geht und einer Phase scheinbarer Tatenlosigkeit weicht. So wenig, wie moderner Terrorismus sich technisch auf den nationalen Raum begrenzt, so wenig begrenzen sich Darstellung und Erläuterung von Gewalt auf den jeweiligen Raum der Anwendung. Entfernung verwischt die Schärfe der Tat; und die historische Erfahrung, daß auch die eigene Nation und der eigene Staat durch Akte der Gewalt, durch Revolution und Blut entstanden sind oder geformt wurden, machen das versteckte Verständnis für die Anwendung von Gewalt in anderen Staaten oder in Teilen anderer Nationen möglich. Der autonomistische ETA-Baske, der APC-Korse, der IRA-Ire gehen vor wie Rote-Armee-Fraktionen oder Revolutionäre Zellen oder Rote Brigaden: sie bomben, sie nehmen Geisel, sie morden. Sie sind Teile einer großen Gewaltszene, aber jene Teile, denen teils offenes, teils verstecktes Verständnis entgegengebracht wird und die somit der Gewalt einen Hauch von Legitimation verleihen können – selbst jener Gewalt, die aus der Denunziation der eigenen, nahen Wirklichkeit entsteht. Darauf rechnet der Terrorist, der sich als Guerilla tarnt und – wie die Angeklagten im Baader-Meinhof-Prozeß (Januar 1976) und die IRA-Häftlinge in nordirischen Gefängnissen – den Status von »Kriegsgefangenen« verlangen.

Séan MacBride ist Ire. Sein Vater wurde 1916 von britischen Truppen standrechtlich erschossen; Séan MacBride war damals 12 Jahre alt. Seine Mutter gründete die nationalistische Frauenorganisation *Daughters of Ireland* (Töchter Irlands) und kam prompt mehrmals ins Gefängnis. Séan MacBride half ihr zweimal bei der Flucht. Im Alter von vierzehn Jahren schmuggelte er Waffen vom Kontinent nach Irland. Sein Aufstieg in der IRA war unaufhaltsam; er wurde ihr Oberkommandierender, und er kannte alles, das Leben im Untergrund und die Kämpfe in den Straßen der Städte und in den Hügeln seines Landes.

Das Leben dieses alten Mannes hat den Bogen von der Gewalt zur Gewaltlosigkeit durchmessen. Er verließ die IRA 1937, wurde berühmter Verteidiger in Dublin, Außenminister der Republik Irland, Vizepräsident der OEEC, Vorsitzender des Ministerausschusses des Europarats, Stellvertretender Generalsekretär der Vereinten Nationen und Kommissar der Vereinten Nationen für Namibia. 1974 bekam er den Friedens-Nobel-Preis. Was ist die Summe der Erfahrung eines solchen Lebens?

1976 wurde er gefragt, was er für die Gründe der steigenden Gewalt und Brutalität in der Welt halte. Séan MacBride fragte zurück:

»Ist es eine Krankheit, an der diese Generation leidet? Liegt irgend etwas in der Atmosphäre, das die Person des Menschen geändert hat? Eine Erklärung, die mich wenigstens etwas befriedigt, finde ich dann, wenn ich die steigende Gewalt mit der ungeheuerlichen materiellen und wissenschaftlichen Revolution in Verbindung setze, die etwa in den letzten dreißig Jahren stattgefunden hat. Es ist wahrscheinlich die größte Revolution, die die Menschheit je erlebt hat. Wir haben ungewöhnliche Fortschritte in der Wissenschaft gemacht; wir machten materielle und medizinische Fortschritte. Aber nichts von diesen Fortschritten wurde von einem entsprechenden Anstieg der Moral und der ethischen Verantwortung begleitet. Im Gegenteil, mir kommt es vor, als sei der Fortschritt nur begleitet von einem nahezu völligen Zusammenbruch öffentlicher und privater Moral in dieser Welt. Aber warum das? Man kann leicht die Kirchen und Religionen beschuldigen, sie hätten uns nicht die notwendige Führung zukommen lassen. Sie sollten uns die moralische und ethische Führung geben, die wir brauchen, um ein Gegengewicht gegen die materialistische Revolution zu haben, die ja weitergeht. Aber sie haben versagt. Vielleicht sollte man ihnen nicht einmal eine Schuld anlasten. Kirchen waren schließlich nie für das Mithalten im schnellen Wechsel gemacht. Kirchen ruhen auf unabänderlichen Grundsätzen, die sie nicht angetastet sehen wollen. Kirchen sind in Fragen der Praxis von großem Zögern. Sie sind gar nicht mit der Fähigkeit ausgestattet, mit dem Wechsel, den wir erleben, fertig zu werden. Ich glaube, dies ist der wirkliche Grund – dies und der Zusammenbruch der Moral von Regierungen. Ist es der Zusammenbruch der Moral von Regierungen, die den Zusammenbruch der öffentlichen Moral bewirkt hat? Oder ist es umgekehrt? Liegt es an dem mehr allgemeinen Zusammenbruch der öffentlichen Moral, daß Regierungen sich oft wie Gangster verhalten haben? Aber so ist es doch in vielen Teilen der Welt. Hier in Amerika versucht man gerade, die Auswirkungen der letzten Regierung [gemeint ist die Nixon-Präsidentschaft, Anm. d. Verf.] zu überwinden. Aber so etwas ist ja nicht ein Einzelfall. Das ist in aller Welt geschehen. Es gibt in dieser Welt nur noch wenige Regierungen ohne einen wirklich großen Skandal. Und in dieser Welt gibt es nur noch wenige Regierungen, die wirklich demokratisch sind ...«[8]

Fachleute der Abwehr, Spezialisten der Bekämpfung, Experten für die juristische Einzäunung des Terrorismusproblems werden den Gedanken eines alten Mannes vielleicht mit einer milden Skepsis gegenüberstehen. Sie sind kein Ausweis analytisch-technischen Denkens, spüren aber einer allgemeinen Unsicherheit nach, die in die Tiefe der Seelen reicht und nicht mehr durch das chaotische Lärmgezänk tagespolitischer Auseinandersetzungen und Feindschaften erklärt werden kann. Da, wo der einstige IRA-Befehlshaber die Erklärung sucht, ist Verstörung und Ratlosigkeit vor der Überorganisation des Lebens und das Gefühl der Ohnmacht vor der Möglichkeit einer Korrumpierung der Macht, die durch steigende Technologie immer gesichtsloser wird. Herbert Marcuse, der rat- und hilflose Philosoph des Aufbegehrens, hatte es leicht, als er vor Jahren den Bildersturm propagierte. Nichts von alldem rechtfertigt Gewalt, aber danach fragt Gewalt nicht. Es genügt ihr, wenn ihr Berechtigung zugesprochen oder in einem flüchtigen Augenblick ein Begreifen zugedacht wird. Auch durch den bloßen Atemzug versteckten Einverständnisses bekommt sie, was sie sucht: einen Hauch von Legitimierung.

Die Eindämmung und Bekämpfung des Terrorismus vornehmlich rechtspolitisch und mit den Mitteln eines rigoros verschärften Rechts, sei es innerstaatlich oder zwischenstaatlich, angehen zu wollen, überfordert die Rechtssysteme möglicherweise bis zur Verformung. Bekämpfung des Terrorismus ist *auch* eine Sache des Rechts. Sie ist vor allem eine Sache der Politik.

4. Der Terrorist ist kein Guerilla

Die »Verrechtlichung« des Guerilla

Der Terrorist tritt auf in der Montur und in der Pose des Guerilla.[1] Er nimmt den Namen und benennt seinen Tatort: Stadtguerilla und Betriebsguerilla.

Das kommt nicht zuerst aus der Vergleichbarkeit und teilweisen Überlappung bestimmter Bewegungs- und Tatformen, sondern vornehmlich aus dem Bestreben, mit dem Namen des Guerilla auch die wachsende Legalität des Guerilla als Kombattanten, als eines regulären und rechtmäßigen Kämpfers, auf sich zu ziehen. Nicht nur im allgemeinen Verständnis, gerade im Bereich des Rechts wird dem Guerilla immer deutlicher Legitimität und Legalität zugesprochen. Verteidiger angeklagter Terroristen argumentieren denn auch vor dem Richter mit der »Verrechtlichung« des Partisanen und des Guerilla.

Diese Verrechtlichung wird in immer kürzeren Abständen international beglaubigt. Eines der ursprünglichen Merkmale des Guerilla, nämlich »Irregulärer« zu sein, wird abgetragen und durch die Gewährung des Status des Regulären ersetzt.

In der Haager Landkriegsordnung von 1907 traten Milizen, Freikorps und organisierte Mitkämpfer spontaner Volkserhebungen zum erstenmal rechtlich an die Seite der Armee. Die nächsten Schritte auf der Stufenleiter zur rechtlichen Gleichstellung der früher Irregulären taten die Genfer Konventionen von 1949. Sie wurden aus den Erfahrungen des Zweiten Weltkrieges geboren, vom Schutzgedanken für Kämpfende und Nichtkämpfende bestimmt, durch eine Diplomatische Konferenz unter der Ägide des Internationalen Roten Kreuzes (IRK) entworfen und beraten. Dreiundsechzig Regierungen beschickten die Konferenz.

Die Regeln der Genfer Konventionen von 1949 sind nicht von irgendwelchen Kriegserfahrungen geprägt, sondern deutlich durch die Kriegserfahrungen in Europa, insbesondere durch die Erfahrung der Widerstandsbewegungen. Daß sich in China durch Mao Tse Tung ein anderer

Typ des Guerillakrieges herausgebildet hatte, der sich schon zur Zeit der diplomatischen Beratungen als Muster des modernen Guerillakrieges auswies, hatte noch kaum einen Einfluß auf die Genfer Konferenz. Die Konventionen von 1949 waren auch nicht als grundsätzliche Änderung der Haager Landkriegsordnung gedacht, was allein daraus erhellt, daß an den vier äußeren Bedingungen für die Gleichstellung mit regulären Truppen nicht gerüttelt wurde: Verantwortliche Vorgesetzte; festes sichtbares Zeichen; offenes Tragen der Waffen; Einhaltung der Regeln und Gebräuche des Kriegsrechts. Das Gegenbild des Regulären blieb im Grunde der Heckenschütze, der *Franctireur*.

Beabsichtigt war eine Erweiterung des Schutzes der Zivilbevölkerung, mithin eine Erweiterung der Eingriffsmöglichkeiten des IRK. Die Konvention zum Schutz der Zivilbevölkerung sollte deshalb nicht mehr nur für zwischenstaatliche Kriege gelten, also nicht mehr nur für Kriege nach dem Verständnis des klassischen, europäisch geprägten Völkerrechts, sondern auch für andere bewaffnete Konflikte: Bürgerkriege und Aufstände und Widerstandsbewegungen wurden den klassischen Kriegen gleichgesetzt.

Noch stand also 1949 der Partisan, der Guerilla, außerhalb des Rechts, aber die Begriffe begannen zu verschwimmen, denn (in den Worten von Carl Schmitt): »Die Genfer Konventionen erweitern den Kreis der den regulären Kämpfern gleichgestellten Personen vor allem dadurch, daß sie die Mitglieder einer ›organisierten Widerstandsbewegung‹ den Mitgliedern von Milizen und Freikorps gleichstellen und ihnen auf diese Weise die Rechte und Vorrechte der regulären Kombattanten verleihen. Dabei ist nicht einmal ausdrücklich eine militärische Organisation zur Bedingung gemacht (Art. 13 der Verwundeten-, Art. 4 der Kriegsgefangenen-Konvention).«[2]

Die fünfundzwanzig Jahre, die der Diplomatischen Konferenz von 1949 folgten, haben die früheren Begriffe, die im Grunde auf die Kriegsanschauungen des achtzehnten und frühen neunzehnten Jahrhunderts in Europa zurückgingen, so sehr niedergerissen, daß das IRK die Notwendigkeit neuer Konventionen sah. Seit 1974 tagten in Genf wieder diplomatische Vertreter, diesmal aus rund 130 Ländern, verstärkt durch Beobachter aus etwa einem Dutzend Befreiungsbewegungen der Dritten Welt. Die Gegensätze, die sich bei den Terrorismusdebatten in der Vollversammlung der Vereinten Nationen gezeigt hatten, spiegelten sich in dieser neuen Genfer Konferenz.

Ausgangspunkt war das Interesse des IRK am Schutz der Zivilbevölkerung auch im innerstaatlichen Konflikt und im Zeitalter des Guerillakrieges. Das zieht notwendig den nächsten Schritt auf der Leiter zur rechtlichen Gleichsetzung des modernen Typs des Kämpfers nach sich:

der Kämpfer des Befreiungskrieges – das ist in der heutigen Norm der Guerilla – wird nach dem Willen der Staatenmehrheit der Dritten Welt »regulär« werden. Dabei werden die vier äußeren Merkmale auf ein einziges Merkmal herabgesetzt; das verbleibende Merkmal bietet keine reale Unterscheidungsmöglichkeit mehr, denn es besteht nur noch im Tragen sichtbarer Waffen *oder* eines Abzeichens. Wie immer die Einzelformulierungen der fast zweihundert neuen Paragraphen aussehen und sich auswirken: Der Guerilla tat 1977 den Sprung über die Schranke des Rechts, die ihn früher von dem Regulären trennte, in die Legalität des anerkannten Soldaten einer besonderen Kampfart.

Der Terrorist zieht sich den Kampfanzug des Guerilla über. Für ihn ist es ein Tarnanzug, denn er will sich nicht vom Hintergrund der Legitimität und der Legalität abheben. Er will den Schein der Rechtmäßigkeit erwecken. Wer seiner Sprache folgt, ihn Guerilla – ob Stadt oder Betrieb – nennt, erfüllt den Plan des Terroristen, da er den Schein über sich bestimmen läßt.

»Stadtguerilla« ist ein Public-Relations-Begriff des Terroristen.

Der Guerilla wird Soldat der Truppe

Irregularität eines Partisanen und Guerilla muß sich auf »Reguläres« beziehen. Im Bereich des Rechts ist die Regularität der Status des Kombattanten mit den daraus folgenden Rechten und Pflichten gegenüber anderen Kombattanten und gegenüber der Zivilbevölkerung, der Masse der Nicht-Kombattanten, den *Innocent Bystanders*, den »Unschuldigen«.

Die Genfer Konventionen von 1949 hatten die »Staatlichkeit der Kriegführung und eine darauf aufgebaute Hegung des Krieges«, wie Carl Schmitt formulierte, nicht völlig aus den Augen verloren. Daraus ergab sich noch immer die Möglichkeit klarer Unterscheidung von Krieg und Frieden, von Gegner, Feind und Verbrecher, von Staatenkrieg und Bürgerkrieg. Aber die Hegung, die Eingrenzung, wurde niedergelegt. »Das Bündnis der Philosophie [gemeint ist die Theorie des Klassenkampfes, Anm. d. Verf.] mit dem Partisanen, das Lenin geschlossen hat, entfesselte unerwartet neue, explosive Kräfte«.[3]

Lenin hat nur ein halbes und halbherziges Bündnis geschlossen. Die wirkliche Allianz, die zur Verschmelzung wurde, kam durch Mao Tse Tung, der die bewußte Einbeziehung *aller*, das heißt: auch und gerade der Masse der Nicht-Kombattanten, in die Mechanik der Guerillakriegführung vorantrieb und die Explosivität der neuen Kräfte um ein Vielfaches steigerte.

Im strategischen und selbst im taktischen Bereich hat der Begriff des

Partisanen und des Guerilla damit Änderungen erfahren, die nicht weniger einschneidend als die Verschiebungen des rechtlichen Status sind. Den Guerilla hat es seit Beginn der Geschichte organisierten Kämpfens gegeben; allein dadurch, daß sich einige, aus welchem konkreten Situationsanlaß immer, außerhalb der Organisation der Kämpfenden stellten und auf eine Weise operierten, die sich den erprobten, schulmäßig anerzogenen, schulmäßig angewendeten Regeln des Kampfes entzog. Der Partisan und der Guerilla unterschied sich von der Truppe immer und vor allem durch die Nichtanwendung der Regularität des Kampfverfahrens. Sein häufiges Versagen in der Geschichte seit den Tagen des Altertums ließe sich wohl, bei genauer Untersuchung jeweiliger Umstände und Vorgänge, in der Mehrzahl der Fälle durch einen verfrühten Übergang zur regulären Kampfführung erklären. Im unmittelbaren Zusammenprall der Kräfte, nach Erreichen eines vermuteten Gleichstands der Stärke und unter den schulmäßigen Regeln – der Regulärität – des Kämpfens, mußte der Minderorganisierte, der bis dahin wegen der Benutzung der irregulären Kampfführung an Stärke zugenommen hatte, nun die Auseinandersetzung verlieren.

Die strategische Vorstellung des Guerilla war traditionell bestimmt durch den Versuch der kleinen Gruppe, den organisierten Stärkeren zu verunsichern, seine Bewegungen zu stören, seine Verbindungen zu kappen, seine Besetzung von Ort und Raum zu erschweren oder – im günstigsten Fall – unmöglich zu machen. Die Taktik dieses »Kleinkrieges« ist gekennzeichnet durch den schnellen Überfall auf einzelne oder kleine Einheiten der feindlichen Armee, auf einzelne Objekte oder eine Mehrzahl jeweils einzelner Objekte. Die Formen taktischen Vorgehens waren seit je auf das äußerste aufgefächert. Erzwungen wurde die Auffächerung durch die Bedingungen der Landschaft, geprägt wurde sie vom Charakter der Guerillas, profiliert durch den Willen und die Persönlichkeit des jeweiligen Führers, gefördert oder behindert durch die Einstellung – den Mut, die Zurückhaltung, die Verzagtheit – der Bevölkerung, in deren umhüllenden Schutz der Guerilla sich nach der schnellen Aktion zurückzog.

Hier ist nicht der Ort, den kriegsgeschichtlichen Wandel der Guerilla ausführlich nachzuzeichnen. Aber es muß, will man einer Eingrenzung des Begriffes Terrorismus näherkommen, festgehalten werden: Nicht nur der rechtliche Status, auch der kampftechnische Begriff des Guerilla hat sich weitgehend verschoben; er deckt sich nur noch zu einem Teil mit dem herkömmlichen Begriff. Der Guerilla streift seine vorrangigen Merkmale ab, die er durch die Geschichte des Krieges getragen hat, und tut mit dem Sprung in die Legalität des Kombattanten zugleich den Sprung aus der kampftechnischen Irregularität in den Bereich zunehmend konventioneller Kriegführung.

Die Formel des Guerillakrieges, die Mao Tse Tung geschaffen hat, ermöglicht es »den Schwachen, sich unbeherrschbar zu machen«, stellt Sebastian Haffner in einem einleitenden Essay zu Maos Schriften fest.[4] Er nennt auch die zweite, wichtigere Entwicklung: Mao Tse Tung führte seinen jahrzehntelangen Krieg als Revolutionär (darin läge noch nichts Neues) und als »Schöpfer eines Gegenstaates; und er führte ihn mit den Mitteln der Totalguerilla, durch die Gewinnung, Mobilisierung und Organisation der bäuerlichen Massen Chinas. Seine Armeen und sein Staat wuchsen sehr langsam aus einem Boden, den er selbst zunächst aufzupflügen und zu säen hatte. Er riß nicht dem alten China den Knüppel aus der Hand und drehte ihn um; sondern er drehte, sehr langsam, die Hand um, die den Knüppel hielt, bis sie ihn fallen ließ. Was sich zwischen 1927 und 1949 in China unter der Führung Maos abgespielt hat, ist ein ganz anderer Vorgang, politisch wie militärisch, als der, über den in Rußland zwischen 1917 und 1921 Lenin und Trotzki präsidierten.«[5]

Gegengewalt im bestehenden Staat zu üben ist weniger aufwendig als einen Gegenstaat im bestehenden Staat zu errichten. Den Gegenstaat zu errichten, der der erste und notwendige Schritt zur *politischen* Eroberung ist, bedeutet die Besetzung von Raum innerhalb des bestehenden Staates. Der Gegenstaat muß, wenn er politische Wirksamkeit haben soll, auch Dauer haben, damit eine neue Organisation als Ausgangspunkt der Ausdehnung und als Beispiel geschaffen werden kann: Das ist die Besetzung der Zeit. Die Besetzung von Raum und Zeit verlangt immer höhere Formen der militärischen und politischen Organisation und zwingt zum Übergang, mindestens zur Annäherung der Guerilla an die konventionellen Formen und Regeln der bewaffneten Macht.

Die landgebundene Basis des Guerilla wandelt sich vom vereinzelten Punkt, auf den man sich in den Schutz der Verborgenheit zurückzieht und von dem aus Versorgung und neuer Ausgang zur einzelnen Aktion ermöglicht wird, zur immer größeren Fläche, auf der eine andere gesellschaftliche Organisation und eine andere Regierungsgewalt aufgebaut werden. Sie sind dazu da, sich auszubreiten.

Hier offenbart sich mehr als nur ein gewissermaßen technischer Unterschied von »Landguerilla« und »Stadtguerilla«. Ein Wesensunterschied zeigt sich: Der Neue Guerilla besetzt tendenziell den Raum, um später das Denken gefangen zu nehmen – der Terrorist besetzt das Denken, da er den Raum nicht nehmen kann.

Jede Beobachtung moderner Guerillakriegführung bestätigt, daß der Guerilla zur immer größeren Einheit und schließlich zum vielfach gegliederten Verband strebt. Guerillagruppen – früher die »Partisanenbanden« – erweitern sich zu Bataillonen, die Bataillone wachsen sich zu Brigaden aus, und manchmal werden Brigaden zu Divisionen. Sie werden im Verlauf ihrer Ausweitung und Aufgliederung nach den Grundsätzen der konventionellen Armeen geführt, die ihrerseits von den Schulregeln abzuweichen beginnen und sich, in Teilen, stärker auf bestimmte taktische Merkmale der Guerilla zubewegen. Ein Prozeß der Angleichung hat angehoben, der in der Guerilla stärker ist als in der konventionellen Armee, tendenziell also auf die »reguläre« Armee zuläuft. Die Guerilla rückt, gerade weil sie zur bevorzugten politischen, revolutionären Kriegsform geworden ist, an den konventionellen Krieg heran. Zunehmende Großorganisation und zunehmende Ausstattung mit schweren Waffen sind die äußeren Zeichen.

Das bedeutet aber auch, daß diese Guerilla der Voraussetzungen der mehr konventionellen Kriegführung bedarf. Wenn der Guerilla aufgrund der jeweiligen Umstände diese Voraussetzungen versagt werden – wenn ihr keine ausreichende Landbasis zur Verfügung gestellt oder unter Zwang vom Gegner überlassen wird, wenn ihr ein zeitlicher und operativer Zusammenhang von Einzelaktionen, eine Weiträumigkeit des Angriffs, die Tiefe des Raumes nicht zugestanden werden –, splittert sie sich auf und verliert sich in isolierte Aktionen, mit denen sie die Voraussetzung der politischen Wirksamkeit, den geschlossenen und ausdehnungsfähigen Raum, nicht erreichen kann.

Noch einmal: diese Formel beschreibt Tendenzen. Die Schwierigkeit reinlicher Unterscheidung zwischen Neuer Guerilla und Terrorismus ist einmal darin begründet, daß die typische terroristische Aktionsart – die vereinzelte Tat, die sich hauptsächlich in der Form des Verbrechens im Alltag äußert (Mord, erpresserischer Menschenraub, Bombenanschläge, Brandstiftung usw.) – von der Guerilla *auch* als taktisches Mittel eingesetzt wird. Die Schwierigkeit reinlicher Unterscheidung ist ferner darin begründet, daß politische Bewegungen, vornehmlich die »Befreiungsbewegungen« in der Dritten Welt, die terroristische Aktion während der Anfangsphase anwenden, oft ausschließlich anwenden, um eine Situation zu schaffen, die den Übergang zur neuen armee-angeglichenen Guerilla ermöglicht. Dafür ist der Weg der algerischen FLN heute schon klassisches Beispiel. Die Geschichte der palästinensischen Guerilla, der Bewegung der Fedayin, ist das deutlichste Beispiel einer Umkehrung des algerischen Vorgangs: Die aussichtslos gewordene Guerilla streicht das

Konzept der Annäherung an den konventionellen, fast »regulären« Kampf und geht, weil nichts anderes übrigbleibt, zum Terrorismus über. Die Geschichte der irischen IRA ist ebenso aufschlußreich für diesen Schritt, wenngleich die Enge des Kampfraums die Fülle terroristischer Aktionen auf den ersten Blick wie zusammenhängende Guerilla-Operationen erscheinen läßt.

Entscheidend bleibt bei allen Überschneidungen und Verwischungen im Gebiet der Taktik der immer deutlicher werdende Unterschied im strategischen Zieldenken, der durch die auseinanderlaufenden Linien »Besetzung des Raumes – Besetzung des Denkens« beschrieben ist. Guerilla und Terrorist tun manchmal das gleiche; sie meinen immer Verschiedenes.

Das sind theoretische Überlegungen. Warum sind sie notwendig?

Den Terroristen heute als Guerilla zu verstehen, birgt die Gefahr, seinen »Erfolg« an den angenähert-militärischen Vorstellungen des Guerilla zu messen. Daß der Terrorist nichts »Dauerhaftes« an äußerlicher Veränderung schafft, weder Raum erobert noch Institutionen oder Funktionen der Machtausübung völlig außer Kraft setzt, wird als Ausweis der Unmöglichkeit seines »Erfolges« gewertet. Seine Erfolglosigkeit wird einfach vorausgesetzt und zum politischen Glaubensartikel gemacht.

Den Terroristen heute als Guerilla zu verstehen verwehrt den Einblick in die Besonderheit seiner Art, den Akt der Aggression zu vollziehen. Der Terrorist hat eine nur ihm eigene Methode des Angreifens:

Terrorismus ist eine Weise der Aggression, die darauf zielt, in den Angegriffenen einen Zustand der Angst, Nervosität, Hysterie hervorzurufen, der die Angegriffenen zur Änderung ihres Verhaltens veranlassen soll; und zwar soll die Gemeinschaft der Angegriffenen verleitet werden, für den und anstelle des Terroristen das zu tun, was der Terrorist aufgrund seiner Schwäche nicht unmittelbar erreichen kann.

Zweitrangig wird, welcher Aktionsform, welcher »Tat«, sich der Terrorist bedient; die Wahl des Tatmittels richtet sich allein nach der Wirkung in den Köpfen der Angegriffenen, nicht nach den Kriterien äußerlicher Erweiterung eines absteckbaren Machtbereiches.

Daß sich diese Weise der Aggression von der Kategorie des beherrschten Ortes und des beherrschten Raumes löst, beweist sich endgültig, wenn nicht erst tatsächliche Gewalt, sondern die Drohung mit der Tat schon Veränderung des Verhaltens bei den Angegriffenen bewirkt. Dieser Zustand ist erreicht.

Terrorismus ist die auf das äußerste zugespitzte Form psychologischer Kriegsführung, die ausgeübt wird von der organisatorisch auf das äußerste verkleinerten, verborgenen Gruppe. In dieser psychologischen Kriegsführung wird das verführende Wort durch die verleitende Tat ersetzt.

Der Terrorist hat das bewaffnete Feldlager des Guerilla verlassen und geht seiner eigenen Strategie nach. Ihn zu bekämpfen wird um so schwieriger, je ausschließlicher sich die Aufmerksamkeit auf die Verhinderung einzelner Taten richtet und dabei die Verhinderung seiner tatsächlichen Ziele aus dem Blick verschwindet.

2. Teil

Drei Wegzeichen

»Der Mangel an Kraft, einen konventionellen, also begrenzten Krieg zu führen, zwingt den Terroristen, sich eine Theorie vom totalen Krieg zu eigen zu machen. Und seiner Strategie ist die Richtung eingegeben: immer die Grenzen zu überschreiten, die bis dahin von den Herrschenden und den Beherrschten beachtet wurden.«

Irving Howe, New York

5. Die Strategie: Spirale der Wirkung

Der 9. Thermidor

1794 muß der Juli über Paris unerträglich heiß gewesen sein. Die Berichte aus jener Zeit nennen immer wieder die drohenden Gewitterwände und die drückende Last von Hitze und Schwüle in den Straßen der Hauptstadt der Großen Revolution. Selbst der tägliche Zug der Karren mit den Verurteilten wird nicht mehr mit Flüchen, Hohn und Geschrei überschüttet. Die Straße von Paris ist stumm und selbst voll bleierner Angst. Das *Régime de Terreur* des Robespierre geht wie ein Uhrwerk ohne einen Atemzug des Zögerns seinem absurden Höhepunkt entgegen. »Terror ist nichts anderes als Gerechtigkeit, schnell, sicher und unbeugsam ... Terror ohne Tugend ist tödlich! Tugend ohne Terror ist machtlos!« hatte Robespierre am 5. Februar 1794 im Konvent gesagt. Allein in Paris ließ Monsieur Sanson, der Henker, der auch schon für den König arbeitete, in diesen Julitagen über 1250 Köpfe in die Weidenkörbe fallen. Die Straße wittert, daß etwas geschehen wird.

Ohne Joseph Fouché, »der einzige unter den zahllosen Gaunern des Konvents, der ein Genie ist«[1], wäre im Juli 1794 vielleicht nichts oder manches nicht so schnell und genau geschehen. Robespierre hat ihm bedeutet, daß er unter den nächsten Opfern der Guillotine sein werde, aber Fouché will nicht wehrlos sterben. Der Mann der Armee, Barras, über Fouché: »Er intrigiert aus ganzer Seele und mit Emsigkeit.«[2] Der fast undenkbar gewordene Angriff auf Robespierre, der doch den Konvent, den Wohlfahrtsausschuß, das Tribunal, die Stadt und das Land beherrscht, wird von Fouché jetzt innerhalb weniger Tage organisiert. Dem Angriff liegt ein einziger, sehr klarer Gedanke zugrunde: Der Macht des Schreckens die Verkündung des Schreckens zu verwehren.

Den 27. Juli 1794, in der Beschlagnahme der gewohnten Zeit durch die Revolution der 9. Thermidor, ist glühend schon am frühen Morgen. In der Hitze explodiert die Angst im Lärm, genau wie Fouché es gewollt hat. Im Konvent, der Stätte der ritualisierten Schreckensverkündung, brandet

Aufruhr hoch, und die Glocke des Präsidenten Thuriot zerreißt jede zusammenhängende Rede. Robespierre kann nicht sprechen. Das Ritual zerbricht. Ein Abgeordneter namens Louchet steht auf. Niemand kennt ihn so recht; kaum jemand wird nach diesem Tag noch von ihm reden. Er sagt: »Ich beantrage das Verhaftungsdekret gegen Robespierre!«

Das völlig Unglaubliche ist geschehen. Zwar braucht es noch einige wenige Stunden bis zu seiner Vollendung, aber am Nachmittag ist die Macht des Robespierre gebrochen, und am späten Abend werden er und alle, die ihn unterstützen, vom Konvent in Acht erklärt. Das bedeutet, »daß sie, sobald sie verhaftet sind, ohne Prozeß, ohne Urteil hingerichtet werden«[3]. Etwas Widerstand flackert auf. Es nützt nichts, denn die Basis der Macht, die Unterwerfung in Angst, ist zerbrochen. Vierundzwanzig Stunden später werden Robespierre, Saint-Just, Fleuriot, die anderen Mitglieder der Führungsgruppe vom gleichmütigen Monsieur Sanson hingerichtet: in die Weidenkörbe fallen an diesem Abend nur *zweiundzwanzig* Köpfe ...

Warum, wenn es um das Verstehen des Terrorismus im letzten Viertel des 20. Jahrhunderts geht, diese Seite aus dem Tagebuch der Geschichte?

Die Arbeitsformel der Gewalt

»Der Terror packte die Menschen so furchtbar, daß seine seelischen Folgen den Sturz Robespierres und der jakobinischen Diktatur lange überlebt haben. Man hat die Angst vor der ›terreur‹ geradezu als ein soziales Grundgefühl des modernen Menschen bezeichnet. Die Resignation und der Pessimismus, die zum 19. Jahrhundert gehören, beruhen auch auf dem tiefen Mißtrauen gegen den Menschen nach diesen Erschütterungen des Selbstbewußtseins« (Richard Nürnberger).[4]

Das Selbstbewußtsein einer Nation von etwa 27 Millionen, von denen an die 40 000 stumm zu den Guillotinen und mehr als 300 000 ebenso stumm in die Kerker gingen, wurde über längere Zeit von nur zweiundzwanzig Männern erschüttert, die in der Minute, da sie organisierten Terror nicht mehr verkünden konnten, plötzlich zu wehrlosen Nullen der Macht schrumpften. In einer Studie über die Strategie des Terrorismus hat der Amerikaner David Fromkin diesen Schluß gezogen: »Was sich als auffallendstes Element aus diesen Ereignissen herausschält, ist die erregende Ungleichheit zwischen der objektiven Schwäche der Robespierre-Gruppe, die klein an Zahl und ohne große militärische Rückendeckung war, und ihrer unglaublichen subjektiven Macht, die ihnen das Töten, das Einkerkern und das Kontrollieren der Vielen erlaubte. Eigentlich gab es keinen Grund, die Gruppe zu fürchten; keinen, außer der Tatsache, daß andere sie fürchteten und deshalb ihre Befehle ausführten. Ihre Macht war unwirklich. Sie war der Trick des Gauklers. Keine Zitadelle mußte gestürmt, keine Armee brauchte niedergeschlagen zu werden, um sie der Macht zu entheben. Sobald die Öffentlichkeit nicht mehr zur Kenntnis nahm, was sie zur Kenntnis gaben, gingen die Ausübenden des Terrors zurück in die Reihen der politischen Nichtse.«[5]

Das sei, wird der Schulhistoriker einwenden, eine sehr zugespitzte Betrachtung des *Régime de Terreur* (von dem der Terror seinen Namen hat) und auch eine Mißachtung anderer Kraftlinien, die beitrugen, diese Schreckensstunde der Geschichte abzukürzen. Aber in der Zuspitzung zeigt sich mit beispielhafter Deutlichkeit die Strategieformel des Terrors von oben im Rahmen organisierter Politik und des Terrorismus, der, von unten ansetzend, den Rahmen der jeweiligen politischen Organisation sprengen will. In der Strategie des Terrorismus geht es im Kern immer um die Loslösung des Elementes der erzeugten, der bewirkten Furcht vom Element der tatsächlichen Gewalt. Anders ausgedrückt: Die Strategie des Terrorismus beruht auf dem Ungleichgewicht von zwei Quantitäten, auf dem Ungleichgewicht der Quantität »Mitteleinsatz« (Gewalt) zur Quantität »Wirkung« (Schrecken und Furcht).

Die Verkennung dieser Wirkungsformel führt in der politischen Auseinandersetzung um Notwendigkeit und Grenzen staatlicher Abwehr zu bezeichnenden Fehleinschätzungen jeweiliger Situationen. Theo Rasehorn, Vorsitzender Richter am Oberlandesgericht Frankfurt (Main), wehrte sich im April 1976 heftig gegen eine übersteigerte Bewertung der Bedrohung in der Bundesrepublik durch die Aktionen der Täter vom Typ der Baader-Meinhof-Gruppe.[6] Er argumentierte:

»Aber lassen wir nüchterne Zahlen sprechen und den Anteil der Terroristen an der Gewaltkriminalität untersuchen. Für 1974 ergeben sich hiernach folgende Zahlen:

Von 3945 Morddelikten entfallen 5 auf Terroristen, somit 1,2 Promille.

Von 6009 Brandstiftungen entfallen 57 auf Terroristen, somit 0,9 Promille.

Von 18 965 Raubüberfällen entfallen 5 auf Terroristen, also 0,3 Promille.«[7]

Der Richter argumentierte gegen die Stacheldrahthindernisse an Regierungsgebäuden und Botschaften und gegen Strafprozesse in »Bunkern« wie in Stuttgart-Stammheim: »Man schätzt die Situation richtig ein, wenn man in den Hindernissen keinen Schutz gegen Terroristen, sondern gegen eine hysterische öffentliche Meinung sieht.«[8] Er zog daraus die Folgerung: »Kein Wunder, daß die Baader-Meinhof-Terroristen größenwahnsinnig werden: selten haben so wenige Menschen mit derart bescheidenen Mitteln und banalen Ideen so viele Menschen in Unruhe versetzt!«[9]

Die tiefe Skepsis des Richters Rasehorn gegenüber der Gefahr einer Überreaktion demokratischer Staaten darf, trotz der Bissigkeit seiner Auswürfe, nicht achtlos beiseite geschoben werden; denn in der Tat geht es bei den Auswirkungen des Terrorismus in den bisherigen Stadien seiner Entwicklung um die Veränderungen der Haltung von Öffentlichkeit und Regierungen. Nur ist das Zahlenargument falsch. Nicht »selten«, nicht in einem Ausnahmefall, sondern *immer* haben einige Terroristen mit verhältnismäßig bescheidenen Mitteln die große Zahl in Unruhe und Unsicherheit versetzt. Daß die »Ideen« der deutschen RAF wahrhaftig banal sind, weil die Denunziation der Wirklichkeit immer ein Akt geistiger Banalität ist, kann zunächst unberücksichtigt bleiben. Von Bedeutung ist, daß die Aktionen der deutschen Terroristen exakt dem strategischen Muster des Terrorismus entsprechen, wie die zitierten Zahlen eindeutig beweisen.

Die »terroristische Szene« in der Bundesrepublik ist kein Ausnahmefall. Die deutsche Situation kann nicht mehr für sich allein, getrennt von der internationalen Situation, betrachtet und bewertet werden.

Die Kraft der Schwachen

Die Oktoberrevolution in Rußland wurde nicht von Terroristen gewonnen, sondern von organisierten Massen, die sich der bewaffneten Gewalt bedienten. Die klassische Revolution gründet wie der Krieg auf der Strategie der Starken, die von der Überlegenheit der eigenen, mindestens aber von der Vergleichbarkeit der Kräfte beider Seiten ausgeht. Terrorismus ist die Strategie der Schwachen, die wissen, daß der direkte Vergleich der Kräfte sinnlos ist. Sie setzen deshalb auf die punktelle Gewalt. Die Besonderheit dieser Strategie liegt darin, daß sie ihre Ziele nicht durch den jeweiligen Akt der Gewalt erreicht oder auch nur erreichen will, sondern durch die Reaktion, die mit dem Akt der Gewalt hervorgerufen, »provoziert« wird. In jeder anderen Strategie ist Gewalteinsatz der Anfang und die erzielte Folge das Ende der Sache. »In der Logik des Terrorismus sind die Folgen der Gewalt nur der erste Schritt, gewissermaßen eine Stufe zu Zielen, die weiter entfernt sind. Während militärische und revolutionäre Aktion auf ein physisches Ergebnis ausgerichtet sind, will die terroristische Aktion ein psychologisches Ergebnis.«[10]

Das angestrebte psychologische Ergebnis ist das Erzeugen von Unsicherheit, eines sich verbreitenden Gefühls von Bedrängnis und Bedrohung aus dem Dunkel (weshalb denn auch, was selten geschieht, die

Zahl der Androhungen von Mord- und Sprengstoffanschlägen – in der Bundesrepublik im Jahr 1974: rund 535; im Jahr 1975: rund 800 – in die Summe der Verunsicherungsaktionen eingerechnet werden muß). Das Gefühl von Bedrängnis und Bedrohung soll sich zur Furcht steigern. Was Hannah Arendt über die Furcht als Prinzip öffentlich-politischen Handelns in der »Tyrannis« sagt, kann im übertragenen Sinn auch für die Furcht gelten, die die terroristische Gewalt erzeugen will: »Furcht (...) steht im engsten Zusammenhang mit jener Grundangst, die wir alle in Situationen völliger Ohnmacht erfahren haben, nämlich in Situationen, in denen wir aus gleich welchen Gründen nicht handeln können. Macht entspringt immer nur dort, wo Menschen zusammen handeln; ein Mensch allein oder eine Gruppe von Menschen, denen die Möglichkeit des Handelns genommen ist, ist immer ohnmächtig (...) Furcht ist die Verzweiflung in der Ohnmacht, der jedes menschliche Wesen irgendwann einmal ausgesetzt ist, insofern menschliches Handeln immer auch eine Grenze hat. Furcht ist daher eigentlich gar kein Prinzip des Handelns, sondern im Gegenteil die Verzweiflung, nicht handeln zu können; innerhalb des politischen Bereichs ist sie eine Art antipolitisches Prinzip.«[11]

Das antipolitische Prinzip Furcht kann heißen, daß der Wille zum Widerstand gegen nicht akzeptierbare Forderungen abbaut, wenn der Preis, der für das Widerstehen ständig zu zahlen ist, auf die Dauer zu hoch wird. Das war an einem Donnerstag des Jahres 1976 in einer Szene von wenigen Minuten Dauer wie unter einem Brennglas zu beobachten.

Auf dem ugandischen Flughafen Entebbe warteten die Geiseln, die bei der Entführung der Air-France-Maschine durch ein PFLP-Kommando in die Hände der Palästinenser und Idi Amins gefallen waren, hilflos darauf, wie sich ihr Schicksal wenden werde. Der sechsundzwanzigjährige israelische Medizinstudent Moshe Peretz notierte auf einer Air-France-Tüte die Ereignisse des Tages: »Donnerstag, 1. Juli. 8.00 Uhr. Routine. Frühstück. Wäschewaschen. Kinder auf dem Rasen. Hausarrest. – 14.00 Uhr. Zweite Gruppe von Franzosen zieht ab. Nur Israelis bleiben, zwanzig französische Jugendliche und Besatzung. Terroristen verlesen Namenslisten der Israelis. Aufgerufener muß Hand heben. Terrorist beobachtet Gesicht für längere Zeit, macht Zeichen hinter den Namen. Zeichen für Leben oder Tod? ...«

In Israel waren solche Einzelheiten noch unbekannt. Aber bekannt geworden war die Tatsache der »Aussonderung« von Juden. Die nur dünn vernarbte Erinnerung an die unmenschlichsten Stunden in der Geschichte des Volkes, den Prozeß der »Separation« in den deutschen Konzentrationslagern, brach wieder auf. Die unmittelbare Angst um das Leben von Männern, Müttern, Kindern und die nicht gestorbene traumatische Erinnerung an die Art der Sterbensvorbereitung trieb die Angehörigen der Geiseln vor das israelische Verteidigungsministerium in Tel Aviv, wo Ministerpräsident Rabin mit Teilen seines Kabinetts tagte. In dieser Stunde war eine Entscheidung über die Durchführbarkeit eines militärischen Einsatzes noch gar nicht abzusehen; die Chancen standen eher schlecht.

Die Demonstration der Angehörigen war nicht mehr mit den üblichen Begriffen zu messen. Eine Lawine von hemmungslos Schreienden sprengte das bewachte Tor zum Hof des Verteidigungsministeriums. Bewaffnete Militärpolizisten wurden zur Seite geschleudert. Ein einzelner kleiner Mann, Transportminister Yaakov, stand stumm vor dieser Menschenbombe aus Angst, Verzweiflung, Wut und Ohnmacht.

Im Tagebuch des Moshe Peretz steht unter 18.00 Uhr: »Soeben Information erhalten, die uns vor Freude tanzen läßt. Hören, daß Israel alle Forderungen erfüllen will ...« Wenn die israelische Regierung zu diesem Zeitpunkt wirklich gemeint hätte, was sie nach draußen sagte (und bis heute ist nicht einwandfrei sicher, daß sie es zu dieser Zeit nicht meinte), wer hätte über sie richten wollen?

Die psychologische Schraube wird in der durchdachten Aktionskette noch um eine Windung stärker angezogen. Furcht allein kann zwar, muß aber nicht das tatsächlich anvisierte Ziel sein. Ist sie nicht das unmittelbar gewünschte Ergebnis, wird sie zur Stufe auf dem Weg zu einer höheren Ebene der Reaktion, auf der die Betroffenen unter dem Druck zu Handlungen übergehen, die ihrerseits das erreichen, was der Terrorist eigentlich will.

»Im Gegensatz zum Soldaten, zum Guerilla und zum Revolutionär ist der Terrorist immer in der paradoxen Lage, daß er Aktionen unternimmt, deren direkte physische Konsequenzen von ihm nicht unbedingt gewünscht werden. Ein simpler Mörder bringt jemanden um, weil er will, daß dieser jemand tot ist; ein Terrorist schießt jemanden nieder, obwohl es ihm persönlich völlig gleichgültig ist, ob dieser jemand lebt oder stirbt. Er wird es zum Beispiel tun, um eine brutale Polizeimaßnahme zu provozieren, von der er glaubt, sie werde politische Bedingungen schaffen, die ihrerseits wieder der revolutionären Agitation und Organisation des Umsturzes Vorschub leisten. Der Akt des Mordens ist in beiden Fällen gleich, aber der Zweck des Aktes ist unterschiedlich; jeder Akt spielt in der Strategie der Gewalt eine völlig andere Rolle. Nur eine Erkenntnis des Zwecks, für den ein Akt unternommen wird, führt zur Kenntnis der besonderen Natur dieses Akts.«[12]

Den stärkeren Angegriffenen zu Handlungen veranlassen, die es in seinen ursprünglichen Handlungsvorstellungen nicht gab, die aber nun, da sie begangen werden, den Plänen des schwächeren Angreifers entgegenkommen und sie gewissermaßen für ihn verwirklichen – das ist der Grundsatz des Judo, bei dem Gewicht und Handlungen des Gegners genutzt werden, die eigenen Schritte gegen ihn zu verstärken.

Nichts anderes steckt auch hinter der Formel der Terroristen aus dem verhärteten Protestbereich der Industriestaaten, man müsse »den Staat zur Kenntlichkeit entstellen«. Das soll heißen, die staatliche Macht sei über den Umweg der Provokation und unter dem Druck sich ausbreitender offener oder geheimer Furcht zu repressiven Handlungen von solcher Härte zu veranlassen, daß die staatliche Macht sich als unterdrückende »Gewalt« offenbare. Damit zeige sich der Staat, sagt die terroristische Judo-Logik, als das, was von ihm behauptet wurde, als er es gar nicht war: als organisiertes Instrument der Unterdrückung menschlicher Freiheit.

Woraus folgt: Eine der entscheidenden Aufgaben der notwendigen Abwehr des Terrorismus ist die Notwendigkeit ständiger Selbstkontrolle der Abwehr.

Historische Belege

Dieser Strategieformel kann entgegengehalten werden, der Terrorismus »unserer Tage« habe zwar Veränderungen im gesellschaftlichen Klima, in der Art des Lebens und in der Haltung von politischen Organisationen und Regierungen gezeitigt, sei aber vom »Erfolg« weit entfernt.

Uruguay wird häufig als Lehrbuchbeispiel für die Möglichkeit einer Umwandlung einer gesamtgesellschaftlichen Situation durch den Terrorismus zitiert. Aber selbst das Beispiel Uruguay ließe sich als Einwand gegen die Strategieformel verwenden. Zwar hat die terroristische Attacke der Tupamaros in der zweiten Hälfte der sechziger Jahre die einstige »Schweiz Südamerikas«, den demokratischen Paradefall des Kontinents, über den Umweg der provozierten Überreaktion des Staates in eine nur schlecht getarnte Militärherrschaft verwandelt. Aber die Tupamaros, die sich als Nutznießer der Umwandlung sahen, sind tot oder irgendwo verstreut. Allein die Diktatur, die nach ihnen kam, lebt weiter und wird von den Massen hingenommen. Dennoch muß zunächst einmal gefragt werden, ob die terroristische Intervention der Tupamaros nicht lediglich eine Entwicklung ruckartig beschleunigte, die sich ohnehin anbahnte, nämlich den Aufstieg der Militärs im Rahmen einer kontinentalen Umwandlung der Herrschaftsform. Die Tupamaros, so gesehen, wären dann nicht die eigenständigen Bewirker einer neuen Situation gewesen, sondern nur ein zusätzlicher Treibsatz, der das Tempo einer Wandlung erhöhte, die bereits angelaufen war.

Die Einwände gegen die Strategieformel beruhen auf dem verengten

Verständnis in mancher westlichen Gesellschaft, Terrorismus sei nur die Interventionsmethode eines zur Tat entschlossenen »gesellschaftlichen« Protests, wie ihn zum Beispiel die Bundesrepublik in der Phase der Baader-Meinhof-Kampagne erlebte. Von tatentschlossenen Protestgruppen westlicher Gesellschaften wird die besondere Strategie unter Bedingungen angewandt, die als Bedingungen eines projizierten Feindbildes bezeichnet werden können. Eine tatsächlich offene Gesellschaft kann, sofern sie insgesamt und auf Dauer gelassen und selbstbewußt reagiert, nicht unmittelbar in das verwandelt werden, was sie nicht ist: ein Zwangssystem der Unterdrückung von Freiheiten, das als Berechtigungsausweis für die Gewalttat vorgezeigt werden kann. Ist also festzustellen, Terrorismus sei langfristig aussichtslos, bleibe »ohne Chance«, erledige sich selbst? In dieser Annahme liegt die Gefahr der Selbsttäuschung. Auch wenn die freiheitliche Substanz der Staaten westlicher Prägung erhalten bleibt, das Leben ihrer Bürger wird grauer, was zunächst eine beklagenswerte Einbuße an Farben der Fröhlichkeit ist, und es wird enger, furchtsamer, ängstlicher. Da aber wird der Verlust an »Lebensqualität« zum Verlust des Sicherheits- und Stabilitätsgefühls. Die tiefreichende Bedeutung dieses Verlusts wird sich weisen, wenn politische Gesamtlagen, sei es wegen wirtschaftlicher Rezessionen, steigender Arbeitslosigkeiten, zunehmenden außenpolitischen Drucks, sich zuspitzen und verhärten.

Die Gefahr der Selbsttäuschung wird gefördert, wenn die »Stadtguerilla« an dem verkürzten Schema eines »direkten Erfolgs« gemessen wird. Das Kopieren der lateinamerikanischen Stadtguerilla durch die europäischen Protestterroristen war von Beginn Ergebnis einer gedanklichen Faulheit, eine Übernahme taktischer Formen aus Bequemlichkeit, ein kolossaler Irrtum also. Insofern hat der Industriestaaten-Terrorismus seine Eigenständigkeit eingebüßt, auch wenn er unter dem Antrieb der gesellschaftlichen Verweigerung weiter mordet und bombt. Er wandelt sich in Wirklichkeit zum Menschen- und Materialreservoir anderer, stärkerer Gruppen. Der Einwand gegen die Strategieformel ist nur von Gewicht, wenn die Analyse kurzsichtig auf eng begrenzte Staatenfelder innerhalb der Gruppe westlicher Industriegesellschaften beschränkt wird.

Die antikolonialen Organisationen des Terrorismus haben in den Nachkriegsjahrzehnten die Erfolgsmöglichkeiten der Umwegstrategie bewiesen. David Fromkin berichtet von einem Treffen in New York 1945, bei dem ihm und anderen Zeugen von einem Gründungsmitglied der jüdischen terroristischen Organisation Irgun Zwai Leumi die Strategie des Vorgehens gegen die britische Mandatsmacht im damaligen Palästina auseinandergesetzt wurde: »Seine Organisation hatte nicht mehr als 1000, höchstens 1500 Mitglieder und stand zur jüdischen Gemeinschaft in fast so großem Gegensatz wie zur britischen Mandatsmacht. Dennoch wollte er Großbritannien bekämpfen, das damals noch eine Großmacht war, deren Streitkräfte am Ausgang des Zweiten Weltkrieges nach Millionen zählte. Er wollte Großbritannien aus Palästina vertreiben.

Wie konnte ein solcher Kampf bei einem Stärkeverhältnis von Tausend-zu-Eins gewonnen werden? Er sagte, seine Organisation werde Liegenschaftsinteressen angreifen. Nach vorheriger Warnung, so daß Evakuierung gesichert sei, würden seine Leute Gebäude in die Luft sprengen. Dies, so sagte er weiter, werde Großbritannien zur Überreaktion zwingen: die Briten würden das Mandatsgebiet in eine riesige Garnison verwandeln und dafür große Teile der Armee aus anderen Teilen der Welt abziehen. Aber ein Großbritannien nach Kriegsende könne es sich finanziell nicht leisten, eine so große Armee im Mandatsgebiet oder irgendwo anders in der Welt auf längere Zeit zu unterhalten. Die Belastung werde nicht ohne Folgen bleiben; wirtschaftlicher Druck müsse die Attlee-Bevin-Regierung schließlich zwingen, den Rückzug aus Palästina anzutreten oder irgendeinen unbedachten, übereilten, von vornherein verlorenen Zug zu tun ... Zwei schwache Stellen hatte diese Strategie der Irgun Zwai Leumi. Sie wäre völlig wirkungslos geblieben, hätten die Briten nicht genau so auf die Zerstörung der Gebäude reagiert, wie es von ihnen erwartet wurde. Wenn sie nichts getan, allenfalls eine bescheidene militärische Garnison unterhalten, keine Verstärkungen geschickt hätten, den Irgun-Anschlägen wären noch ein paar Gebäude zum Opfer gefallen und die Besitzer zur Versicherungskasse getreten – die Irgun als kompletter Fehlschlag. Und zweitens: der Plan, Gewalt gegen Sachen zu richten, ohne Menschen zu schädigen, erwies sich als Illusion (...) Fast einhundert Menschen wurden getötet, als die Irgun das King-David-Hotel in Jerusalem in die Luft sprengte.«[13]

Zahlreiche andere Momente spielten in die Überlegungen der damaligen Mandatsmacht Großbritannien hinein, und geleugnet werden kann auch nicht, daß sich die Irgun Zwai Leumi um ihren politischen Kredit unter der jüdischen Mandatsgemeinschaft brachte, was nicht die britische Regierung, aber Ben Gurion später gegen sie nutzte. Unbestritten bleibt jedoch, daß die terroristische Judo-Kampagne der Irgun einen ganz entscheidenden Anteil am britischen Rückzug aus dem Mandatsgebiet Palästina hatte.

Das strategische Muster, das hier so klar zutage tritt, läßt sich in anderen antikolonialen Aufständen der Nachkriegszeit ebenfalls verfolgen, wenngleich die Ausgangslagen jeweils verschieden sind. Algeriens FLN hat sich in den fünfziger Jahren dieser Strategie bedient, um überhaupt erst ein Identitätsbewußtsein der eingeborenen Bevölkerung zu schaffen, ohne das die spätere, die letzte Phase des Guerillakrieges gegen die französische Armee fast unmöglich gewesen wäre. Die terroristische Aktionskette der FLN verleitete die Macht Frankreich zur blinden Verdächtigung aller Nichtfranzosen; erst dadurch wurde eine politische Situation erzeugt, die eine Einbeziehung größerer Teile der eingeborenen Bevölkerung in den allgemeinen Aufstand gegen Frankreich ermöglichte. Der frühe Terrorismus der FLN gegen alle und jeden kann rückblickend der entscheidende Moment im Kampf der Kleinen Gruppe der Gewalt gegen die zentrale Macht genannt werden. Das konventionelle Kampfdenken wurde aus den Angeln gehoben.

Erstaunlich bleibt, daß ein ganz besonders klares Beispiel der terroristischen Strategie des Umwegs heute kaum noch erwähnt wird. General Georgis Grivas, Gründer und Chef der EOKA (*Ethniki Organosis Kyprion Agoniston* – Nationale Organisation der Zypriotischen Kämpfer) hat die britische Herrschaft über Zypern bis zur Unhaltbarkeit durch eine Kampagne erschüttert, die an kaum einem Punkt die Merkmale und Ausmaße des klassischen Guerillakrieges erreichte, sondern fast ausschließlich nach dem Strategiemuster des Terrorismus operierte und sich der räumlich und zeitlich vereinzelten terroristischen Kleintaktiken bediente. Grivas – »Dighenis der Führer«, wie er sich nannte – setzte seine Kommandos so ein, wie terroristische Kommandos heute von Palästinensern, Iren, Basken eingesetzt werden: »Sie waren in eben der Weise entbehrlich, wie Terroristen entbehrlich sind, die keine militärische Macht aufbauen, sondern politische und psychologische Wirkung erzielen wollen und sei es durch die Selbstaufopferung.«[14] Die Memoiren des Dighenis sind voll von Hohn über die konventionellen Gegenschläge der Briten; das levantinische Stolziergehabe, das aus jedem zweiten Satz des General Grivas spricht, darf nicht darüber hinwegtäuschen, daß seine Memoiren zu den Standardschriften über die terroristische Strategie gerechnet werden müssen.

Die neuere Geschichte ist voll von Belegen für die Wirksamkeit der Umwegstrategie der terroristischen Gewaltgruppe. Es lohnt, den Blick nicht nur auf die antikolonialen Befreiungsbewegungen der Nachkriegszeit zu richten. Aufschlußreich ist die Zeit vor dem Ausbruch des Bürgerkrieges in Spanien. Das Land wurde nicht allein von den Gewaltakten der spanischen Anarchisten, deren historische Besonderheit so ausgeprägt ist, daß sie nicht ohne weiteres mit den frühen mittel- und osteuropäischen Anarchistengruppen verglichen werden können, in Schrecken und lähmende Furcht versetzt. Eine entscheidende Verschärfung der Furchtsituation geht auf die bewußte terroristische Kampagne der Rechten, insbesondere der Falange zurück. Ihre *escuadristas* rasten mit maschinengewehrbestückten Kraftwagen durch die Wohnviertel Madrids, und ihre *pistoleros* agierten in der Provinz, vor allem in Andalusien. Eine genaue »Aufteilung« der Attentate, Morde, Sprengstoffanschläge auf die Konten der Anarchisten und der Falangisten ist heute unmöglich. Tief in die terroristische Gewalt verstrickt waren beide Seiten, und beide Seiten hatten als identisches Ziel, »eine Atmosphäre der Hysterie und Panik zu erzeugen, in der ordnungsliebende Menschen keinen anderen Ausweg mehr sähen, als die Geschicke des Landes einer Diktatur zu überantworten«[15]. Die psychologische Grundlage für Bürgerkrieg und spätere Hinnahme der Diktatur war auf dem Umweg über die völlige Verunsicherung und Verängstigung der Bevölkerung geschaffen worden. Erschreckend ist der Detailvergleich der Taktiken im Spanien von damals und im Spanien der letzten Jahre: Polizistenmord, Richtermord, Bombenattentate auf Politiker. Das ganze Arsenal der terroristischen Taktiken findet sich 1975–1976 ebenso wie 1935–1936. Weder das Muster der Strategie noch das Muster der Einzelaktion noch das Muster der Reaktion haben sich wesentlich geändert. Damals gingen die *escuadristas* und *pistoleros* zum rechten Gegenterrorismus über, heute sind es die *Guerilleros de Rey Cristo*, die Christkönigskrieger. Der Unterschied liegt in der Zahl der Aktionen. Aber die Zahl allein ist nicht ausschlaggebend.

Die Schwäche der Strategie

Heute wird die Meinung gehandelt, terroristische Gewalt in der beschriebenen strategischen Anwendung habe sich im Grunde nur unter den Bedingungen einer inzwischen abgeschlossenen Phase des antikolonialen Kampfes gegen fremde Herrschaft als erfolgreich bewiesen. Terroristische Gewalt hat sich dort ohne Zweifel besonders bewährt, aber das kann nicht heißen, da liege das Feld ihrer Anwendbarkeit. In den Jahren seit der palästinensischen Mandatszeit, seit Algerien und Zypern hat sich der Charakter des »antikolonialen Kampfes um Selbstbestimmung« gewandelt. Er ist als Vorstellung auf die subnationalen ethnischen Gruppen übergegangen, und »die Domäne der Gewalt verlagert sich«, wie Frantz Fanon schrieb, auf das Minderheitenproblem. Die baskische ETA hat sich schon bei ihrer Gründung am algerischen Beispiel orientiert, und selbst bretonische Separatisten, die sich eine »revolutionäre Armee« geschaffen haben, drohen heute mit dem »bewaffneten Kampf gegen die kapitalistische Kolonialmacht« Frankreich. Das ist nicht bloßes Ausleihen einer Formel, gedankenlos wie die Übernahme eines fremden Stadtguerilla-Konzepts durch die deutschen Protestterroristen. Die Übernahme der Formel ist hier Ausdruck des feststellbaren Strebens zur Auflösung bisheriger zentralistischer Einheiten. Eine neue Form eines sehr realen »Nationalismus« meldet sich an.

Charles Cagnon, Sprecher der *Quebec Liberation Front*, deren Bombenanschläge und Entführungen die kanadische Regierung Trudeau 1970 zur Erklärung des Ausnahmezustandes verleitete, hat es deutlich gesagt:

»In allen Teilen der Welt ist es derzeit viel eher möglich, fortschrittliche Kräfte durch einen nationalen Kampf in Bewegung zu bringen als durch die Idee der Weltrevolution. Wer einen Kampf im Namen einer Weltrevolution beginnen will, wird zweifellos eine Reihe von Militanten mobilisieren können. Jahre würden vergehen (...) langes Gerede würde es geben, kaum Aktion (...) *Aber über den Weg des nationalen Kampfes kann man Massen für die Weltrevolution mobilisieren.*«[16]

An dem Terrorismus, unter dem die internationale Gemeinschaft seit einigen Jahren leidet, ist nicht zuerst interessant, was er »erreicht«, sondern was er an Möglichkeiten der Aufspaltung, der großräumigen Verunsicherung, der provozierten Fehlreaktion und des indirekten Zugriffs für die Zukunft gezeigt hat. Es sind die Umrisse eines Kriegsbildes unterhalb der bisher untersten Schwelle: unterhalb des Guerillakrieges. Terrorismus ist, anders als der Guerillakrieg, ein Gewaltkonflikt unter den Bedingungen des Nichtkrieges, der auch »Frieden« genannt wird.

Der Terrorismus zieht aus der Tatsache, daß seine Strategie kompliziert und angesichts der Vereinzelung seiner verwirrend vielfältigen Formen schwierig zu erkennen ist, einen doppelten Nutzen. Nicht nur rechnet er mit der fehlkalkulierten Abwehr, sondern ebenso mit dem Nichterkennen seiner grundsätzlichen Schwäche. Er macht das Verhalten der Angegriffenen zum Angelpunkt seiner Strategie, aber damit gibt er, der Angreifer, das Kernstück seiner Strategie in die Entscheidungsverfügung des Angegriffenen. »Das bedeutet, daß Terrorismus zwar nicht immer verhindert, aber immer geschlagen werden kann. Der Angegriffene kann sich stets weigern, das zu tun, was er nach dem Willen des Angreifers tun soll.«[17]

Die Elemente terroristischen Angriffs sind der nüchternen Analyse durchaus erkennbar. Sie können berechnet werden. Terroristische Gewalt ist nicht eine unfaßbare mystische Größe, die irgendwie unerklärbar aus irgendeinem nebulosen »Abgrund der Zeit« aufsteigt. Die Stufen der Entwicklung sind über mehr als ein Jahrhundert deutlich auszumachen.

6. Die Geschichte: Dolch und Dynamit

Der Mann aus Augsburg

Er hieß Johann Most. Er ist nur noch eine Fußnote der Geschichte, die keiner lesen will. Aber im letzten Viertel des letzten Jahrhunderts war der Buchdrucker aus Augsburg ein großer Mann auf der Weltbühne der Gewalt, ein Beispiel für das verkürzte Denken, das aus der Weigerung, sich mit den Möglichkeiten einer Situation auseinanderzusetzen, zur »Philosophie der Tat« führt. Johann Most selbst schritt nie zur Tat; er beschrieb, verkündete und verherrlichte sie als den einzigen Weg des Erfolgs, der gegangen werden müsse, da alle anderen Wege versperrt seien. Ob sie wirklich versperrt waren, hat er nicht geprüft – es ist dasselbe Kurzschlußverhalten, das hundert Jahre später bei den Terroristen der amerikanischen und europäischen Szene zu beobachten ist.

1846 wurde er geboren. Das war das Jahr, in dem Pierre-Joseph Proudhon sein Buch »Philosophie der Staatsökonomie oder Notwendigkeit des Elends« veröffentlichte. Dem Franzosen Proudhon erschien die Monarchie als Hammer, der das Volk niederschlägt; aber Demokratie war für ihn als »Tyrannei der Mehrheiten« vom gleichen Übel. Er erklärte sie zur Axt, die das Volk spaltet und entzweit. Dieses Volk wollte Proudhon zur spontanen Selbstverwirklichung führen und ihm zeigen, wie es die Gesellschaft aus eigenen Antrieben neu ordnen könne. »Grundlage dieser Neuordnung sollte die Arbeit eines jeden einzelnen und der Austausch mittels einer Volksbank sein, die jedermann zinslose Kredite zur Verfügung stellen sollte. Proudhon gründete 1849 eine solche Bank, der ein ›Allgemeines Syndikat der Produktion und Konsumation‹ angeschlossen war, doch gelang es ihm in der kurzen Frist bis zu ihrer gewaltsamen Schließung nicht, das von den Statuten vorgeschriebene Grundkapital von 50 000 Franc zusammenzubringen, obwohl sich immerhin 27 000 Mitglieder einschrieben.«[1] 1851 formulierte er einen Satz, der seine Idealvorstellung umreißt: »An die Stelle der Gesetze werden wir Verträge setzen. Es wird keine von einer Majorität oder sogar einstimmig erlassene Gesetze mehr geben. Jeder Bürger, jede Stadt, jede industrielle Vereinigung wird sich ihre eigenen Gesetze geben. An die Stelle politischer Mächte werden wir ökonomische Kräfte setzen.«[2]

Pierre-Joseph Proudhon gilt als der Begründer einer anarchistischen Tradition, die auch heute, entgegen der landläufigen Meinung, noch keineswegs ausgestorben ist. Er war ein so widersprüchlicher Mann, daß er später von den verschiedensten politischen Strömungen, bis hin zu manchen konservativen Gruppierungen, in Anspruch genommen wurde; seine »libertäre Vision« findet sich in allen späteren anarchistischen Richtungen wieder. Aber dieser Vater des Anarchismus war nicht »der Anarchist«, wie er heute in einem völlig verengten Sinn verstanden wird: der Anarchist als bloßer Brandstifter, als Bombenwerfer und Attentäter, der mit langläufiger Pistole oder Dolch auf Potentaten losstürzt.

Dieser Anarchismus der äußersten Gewalttätigkeit bildete sich erst in jenen zwei Jahrzehnten heraus, in denen Johann Most heranwuchs. Der junge Buchdrucker wurde sehr früh sozialdemokratischer Reichstagsabgeordneter, schwenkte dann aber zu jenen über, die damals »Bakunisten« genannt wurden und nichts anderes mehr kannten als eben die Gewalt. Mosts Frontwechsel geschah im Lauf der langen Debatten, wie den Verfolgungen der Sozialisten nach dem Erlaß der Bismarckschen Sozialistengesetze 1878 zu begegnen sei. Most emigrierte nach London, wo er 1879 mit der Herausgabe der Zeitschrift »Die Freiheit« begann. Aber 1882 mußte er Wohnsitz und Redaktion nach New York verlegen. Die Untertitel der Zeitschrift nennen den Weg des Johann Most: erst hieß sie »Freiheit – Sozialdemokratisches Organ«, aber Most wurde wegen seiner Radikalität aus der Sozialdemokratischen Partei ausgeschlossen; daraufhin nannte er das Blatt »Freiheit – Organ der revolutionären Sozialisten« und schließlich »Internationales Organ der Anarchisten deutscher Sprache«.

Aber es blieb nicht bei der journalistischen Tätigkeit des Wochenblattherausgebers. 1884 ging Most unter die revolutionären Fachschriftsteller; er wurde zu einer Art Marighela seiner Generation, als er ein Taschenbuch mit diesem Titel verfaßte: »Revolutionäre Kriegswissenschaft. Ein Handbüchlein zur Anleitung betreffend Gebrauch und Herstellung von Nitro-Glycerin, Dynamit, Schießbaumwolle, Knallquecksilber, Bomben, Brandsätzen, Giften usw.« In dieser Schrift finden sich technische Angaben zum Bau von Paket- und Briefbomben, die bis heute gelten und nur in der Detailtechnik aufs äußerste verfeinert wurden. Die öffentliche Bekanntgabe seiner technischen Bauanleitungen begründete er so: »Über die Bedeutung, welche die modernen Sprengstoffe für die soziale Revolution in Gegenwart und Zukunft haben, braucht heutzutage nichts mehr gesagt zu werden. Es liegt auf der Hand, daß dieselben im nächsten Abschnitt der Weltgeschichte den ausschlaggebenden Faktor bilden. Nichts ist daher natürlicher, als daß sich die Revolutionäre aller Länder mehr und mehr bemühen, sich solche zu beschaffen und die Kunst, sie praktisch anzuwenden, zu erlernen.«[3]

Im Sommer 1974 erschien in der Bundesrepublik eine technische Bastelanleitung für Terroristen unter dem Titel »Kochbuch« mit genauen Anweisungen für Waffengebrauch, Drogeneinsatz, Sprengstoffverwendung. Es war eine Übersetzung der amerikanischen Untergrundveröffentlichung »Anarchist's Cookbook«. Neunzig Jahre nach seiner Erstveröffentlichung hatte Mosts »Revolutionäre Kriegswissenschaft. Ein Handbüchlein . . .« einen unmittelbaren Nachfolger gefunden. Nur eine Arabeske der Geschichte?

Bakunin und die revolutionäre Unrast

Johann Most war, wie so viele in seiner Zeit, übergewechselt in das Lager der reinen Gewaltanarchisten, für die der Satz des Michail Alexandrowitsch Bakunin (1814–1876) alleinige Gültigkeit hatte: Lust an der Zerstörung sei schöpferische Lust.

Bakunins Spielart des Anarchismus, der die Gewalt zur »absoluten Praxis« erhebt – hundert Jahre, bevor Frantz Fanon das Wort in Algerien niederschrieb –, ist als eine Ideologie von Revolutionären in nichtrevolutionären Situationen bezeichnet worden. Das ist eine treffende, wenngleich trockene Umschreibung des schieren und besinnungslosen Willens, das bestehende Leben der Gesellschaft zu zerstören, Platz zu schaffen für einen Traum durch die bloße Tat, die nach der willkürlichen Beschreibung der Realität ringsum nichts anderes sein kann als die nackte Gewalt. Das ist nicht nur eine Frage einer Ideologie, das ist ebenso und noch mehr eine Frage der seelischen und geistigen Konstitution des Träumers der Ungeduld, der den Weg eines mühsamen, langwierigen, entsagungsreichen Ausgleichens durch Übereinstimmung, durch unnachgiebiges Bemühen der »demokratischen« Verständigung radikal ausschließt. In diesem ungezügelten Willen liegt das, was der Voluntarismus des Michail Bakunin genannt wurde und im Ausgangsviertel des letzten Jahrhunderts zu terroristischen Kampagnen in Europa und Amerika geführt hat, die sich nach der bloßen Zahl durchaus mit den derzeitigen Erfahrungen vergleichen lassen. Nach einer Untersuchung soll Nordamerika im Jahre 1892 insgesamt 500 terroristische Aktionen, Europa nicht weniger als 1000 erlebt haben.[4]

Hier ist eine innere Abstammungslinie zu den heutigen Terroristen aus den Protestgruppen gegen die moderne Industriewelt erkennbar. In einem klugen Essay über die Geschichte des Anarchismus, die nicht allein in der Verabsolutierung der Gewalt bestand, durch Bakunin und die Folgen aber das Gesicht bloßen Vernichtungsdrangs bekam, hat Erwin Oberländer diese Linie der inneren Verbindung zwischen damals und heute aufgezeigt:

»Als das studentische ›mouvement contestaire‹ in Berkeley (1964), Berlin (1966) und Nanterre/Paris (1968) konkrete Formen annahm, das heißt sich mittels der gewaltsamen ›direkten Aktion‹ gegen die ganze von Bürokratisierung und Konformität geprägte Industriegesellschaft westlicher und östlicher Provenienz wandte, fanden sich die Anhänger dieser Bewegung in einer Position wieder, die viele Gemeinsamkeiten mit dem klassischen Standpunkt der Anarchisten aufwies.

Bei dem Versuch, den ihrer Meinung nach überall zu beobachtenden Teufelskreis von Manipulation der Erziehung, Mißbrauch der Technologie, Erstarrung der politischen Verhältnisse, Rüstungswettlauf und Ausbeutung der Dritten Welt durch die Verneinung jeder institutionalisierten Autorität zu durchbrechen, haben sich die Theoretiker der Neuen Linken existentialistischer, neomarxistischer, rätekommunistischer, syndikalistischer und auch anarchistischer Argumente und Methoden bedient (...)

Wesentlich deutlicher als im Bereich der Argumente war die Übereinstimmung zwischen dem traditionellen Anarchismus und der Neuen Linken im Bereich der Methoden. Einem revolutionären Voluntarismus ausgesprochen Bakuninscher Prägung entsprach die weitverbreitete Neigung zur Gewalttätigkeit, die wohl ebenso wie die berüchtigte anarchistische ›Propaganda durch die Tat‹ am Ende des 19. Jahrhunderts nur als irrationaler Versuch gedeutet werden kann, in einer im Grunde nichtrevolutionären Situation den gewünschten Umsturz durch einen spontanen Willensakt entschlossener Minderheiten herbeizuführen. Ebenso wie schon Bakunin erwarteten die Theoretiker der Neuen Linken wie etwa Herbert Marcuse oder Frantz Fanon den Anstoß zur Revolution nicht vom – ihrer Meinung nach subjektiv weitgehend integrierten – Proletariat der Industriestaaten, sondern vom ›emanzipierten‹ Individuum beziehungsweise dem nichtintegrierten ›Substrat der Geächteten und Außenseiter‹ (Marcuse), das sich seinerseits mit den vorwiegend bäuerlichen Massen der Dritten Welt (bei Bakunin waren es die Bauern an der Peripherie Europas – Spanien, Italien, Rußland) verbünden sollte. Es ist unter diesen Umständen naheliegend, daß von allen anarchistischen Theoretikern Bakunin seitens der Neuen Linken das größte Interesse entgegengebracht worden ist. Erfolg war seinen Ideen allerdings auch im neuen Gewand nicht beschieden. Vielmehr hat die schon bei Bakunin feststellbare Ambivalenz zwischen der Forderung nach spontaner Selbstverwirklichung und der Neigung zur Bildung streng hierarchisch gegliederter geheimer Leitungsgremien schließlich auch die Neue Linke nicht verschont, in der der libertäre Geist der sechziger Jahre zu Beginn der siebziger Jahre durch eine nicht weniger extreme Neigung zur Dogmengläubigkeit und Organisationsbesessenheit ersetzt zu werden scheint.«[5]

Michail Alexandrowitsch Bakunin, der Adelssohn aus dem russischen Gouvernement Twer, war ein Philosoph mit Lehrjahren in der Schule Hegels, aber das Gegenteil eines Systematikers; er war ein Planer und Gründer von Geheimgesellschaften und geheimen Allianzen, aber das Gegenteil eines Organisators. Er brach in die Jahrzehnte seines Jahrhunderts ein, so wie er im persönlichen Umgang erschien, riesig von Gestalt, laut und prustend, zerzaust und rastlos, abgehetzt und schwitzend. Er jagte in seinen frühen Jahren von Land zu Land, wo immer eine Barrikade in Aussicht war, wurde da verhaftet und dort abgeschoben, saß in der Petersburger Festung Schlüsselburg, war als Verbannter in Sibirien, floh über Japan und ging gleich wieder, diesmal von London und Stockholm aus, an die Vorbereitung des nächsten Aufstandes, den der Polen gegen Rußland. In Italien schließlich, das er auch mit seinen Geheimgesellschaften überziehen wollte, aus denen nie etwas wurde, fiel er dann in Krankheiten, konnte aber der Lust am Aufstand immer noch nicht widerstehen, mußte in Verkleidung fliehen und ging wieder in die Schweiz, wo er früher schon Jahre des Exils verbracht hatte. Im Spital von Bern starb er, ein ausgebrannter Mann. Revolutionäres Pathos, kindliche Gläubigkeit, Unrast, die volle Hemmungslosigkeit und die Traumwelt des Gauklers und Komödianten, in der es keinen Zweifel an der möglichen Überwindung der Realität gibt – der Vater der anarchistischen Gewalt und der »Satan der Revolte«.

Nicht die theoretischen Schriften des Michail Bakunin, auch nicht sein Revolutionärer Katechismus von 1865/66 (»Es ist nicht wahr, daß die Freiheit eines Individuums durch die Freiheit aller anderen begrenzt wird. Der Mensch ist nur in dem Grade wirklich frei, in welchem seine von dem freien Gewissen aller anderen frei anerkannte und von ihm wie aus einem Spiegel zurückstrahlende Freiheit in der Freiheit der anderen Bestätigung und Ausdehnung ins Unendliche hin findet«[6]), auch nicht seine Entwürfe für die Geheimgesellschaften haben die taktischen Formen der anarchistischen Gewalt wirklich geprägt. Die Gewalt in jenen Jahrzehnten wuchs, weil Bakunin ein Klima für die Gewalt schuf. Die Parallelen zur Zeit hundert Jahre nach Bakunin sind nicht zu übersehen. Er irrte noch, als er sich zum Sterben legte. Wenige Tage vor seinem Tod sagte er: »Heute haben die Völker aller Nationen den revolutionären Instinkt verloren. Sie sind alle mit ihrer Lage sehr zufrieden, und die Furcht, das, was sie haben, noch zu verlieren, macht sie inoffensiv und untätig.«[7]

Bakunin wurde 1867 Mitglied der marxistischen I. Internationale. Aber die Kluft zwischen den bindungslosen, gewaltergebenen Anarchisten und den zentralistischen, »bürokratischen« Tendenzen des Londoner Generalrats unter Karl Marx war unüberbrückbar; Marx und Bakunin blieben folglich unversöhnliche und oft gehässige Gegner. Die bröckelige Einheit der I. Internationale zerfiel 1872 in Den Haag. Die Anhänger Bakunins versuchten sich an ihrer eigenen »Autonomistischen Internationale«, die nie wirklich funktionierte. 1876, im Todesjahr Bakunins, scheiterte ein halbherziger Einigungsversuch mit den Marxisten. Der heutige Gegensatz zwischen den radikalen und terroristischen Gruppen dessen, was als Neue Linke begann, und der dogmatischen Kirche des Marxismus, dem Kommunismus Moskauer Prägung, ist nicht neu, wenngleich er vielen unverständlich erscheint. Er ist seit Bakunins Tagen vorgegeben.

Es blieb in den siebziger Jahren des vorigen Jahrhunderts bei der nackten Tat der Gewalt. Von dem italienischen Anarchisten Cafiero stammt das Wort, das auch heute noch über den Aktionen der Protestterroristen stehen könnte: »Wir müssen also handeln, handeln und immer wieder handeln. Dadurch, daß wir handeln, arbeiten wir für die Theorie und die Praxis zugleich, *denn die Aktion bringt die Ideen hervor und verbreitet sie in der Welt.*«[8] Diesen Satz, der das Klima der Gewalt damals und heute in drei Zeilen beschreibt und den Terrorismus dieser Art als bloßen und blinden Aktionismus erscheinen läßt, notierte Carlo Cafiero in den Dezembertagen vier Jahre nach Bakunins Tod.

Es war der Vorabend des Jahres 1881.

Das Jahr 1881

Im Juli 1881 gaben sich die organisatorisch zersplitterten Gewaltanarchisten alle Mühe, sich zusammenzureden. In London trafen sich 43 Delegierte; bezeichnend war, daß achtzehn von ihnen dort im Exil lebten. Aber sie gaben an, anarchistische Einzelgruppen in Belgien, Holland, Deutschland, Frankreich, England, Mexiko, in der Schweiz und in den USA – insgesamt 50 000 Anhänger – zu repräsentieren.[9] Was an Gemeinsamkeit herauskam, war die gemeinsame Überzeugung, daß es keine gemeinsame Organisation geben könne, denn das widerspreche dem anarchistischen Prinzip der absoluten Freiheit. Das Gemeinsame war: Jedem sein eigener Anarchismus.

Der Londoner Kongreß ist dennoch aus zwei Gründen bemerkenswert. Um den Eindruck von Einheit und den Schein von Verbindung zu halten, wurde ein dreiköpfiges internationales Auskunftsbüro gegründet, das seit dem Tag seiner Gründung armselig vor sich hin kümmerte. Aber um dieses Büro wucherte bald die Legende. Formal war die »Schwarze Internationale« gegründet, aber wirklich existiert hat sie nur in der Phantasie verängstigter Massen und ziemlich verwirrter Regierungen, die diese »Internationale« der zentralen Steuerung und globalen Ausrichtung der terroristischen Aktionswellen beschuldigten, die Europa bis zum ersten Weltkrieg heimsuchten. Frankreich nannte das Jahrzehnt nach 1890 gar die »Dynamit-Dekade«. Internationalisierung des terroristischen Anarchismus bestand damals lediglich in der Tatsache der Existenz von Anarchisten in verschiedenen Staaten. Daß sie sich gegenseitig besuchten, einander Briefe schrieben und untereinander Schriften tauschten, ist nicht als eine frühe Internationalisierung des Terrorismus zu verstehen.

Der Londoner Kongreß hatte aber auch laut und dringend zur bedenkenlosen Gewalttat aufgerufen und von den Anarchisten verlangt, sie sollten sich dem Studium »der technischen und chemischen Wissenschaften als Angriffs- und Kriegsmittel widmen«. Unter revolutionärer Nutzung der Chemie wurde damals das Mixen von Sprengstoffen verstanden. Carlo Cafieri hatte in seinem Vorabendessay geschrieben: »Alle Mittel, die nichts mit der Legalität zu tun haben, sind uns recht.«

In der Erinnerung geblieben sind ein paar Namen von Präsidenten und gekrönten Häuptern, die um die Jahrhundertwende durch Dolch, Dynamit oder Pistole ums Leben kamen: Der vierte Präsident der Französischen Republik, Marie François Sadi Carnot – 1894 in Lyon durch den Italiener Casaria erstochen; Kaiserin Elisabeth von Österreich – 1898 in Genf von einem Italiener ermordet; Umberto I., König von Italien – 1900 in Monza von einem Anarchisten erschossen; der 25. Präsident der USA, William McKinley – 1901 in Buffalo ermordet. Aber das waren nur die geglückten Attentate auf herausragende Personen. Kaum noch bekannt sind die verhinderten und mißglückten Anschläge, zum Beispiel auf die deutschen Kaiser. Und vollends vergessen ist die Unzahl von Anschlägen in den Straßen der europäischen und amerikanischen Städte.

Johann Most aber hatte seinen großen journalistischen Auftritt schon vier Monate vor dem Londoner Anarchistenkongreß. Am 19. März 1881 veröffentlicht er in seiner Zeitschrift »Die Freiheit« unter der Überschrift »Es lebe der Tyrannenmord« einen ellenlangen Leitartikel, der sich in Blut und blutiger Genugtuung nicht genugtun kann. Seine ersten Absätze lauten:

»Am vergangenen Sonntag mittags, als das Ungeheuer gerade von einer jener Belustigungen zurückkehrte, die in einer Augenweide an wohlgedrillten Herden stupider Blut- und Eisensklaven zu bestehen pflegen und die man militärische Revuen nennt, hat die Bestie der Richter des Volkes, das deren Todesurteil längst gesprochen, ereilt und mit kräftiger Hand abgetan.

Fünfmal war es dieser Kanaille geglückt, den Grenzstein zwischen Diesseits und Jenseits mit dem Rockärmel zu streifen; und schon war er abermals im Begriffe, von dem ›Finger Gottes‹ zu faseln, der sein vermaledeites Leben neuerdings gerettet habe, als die Faust des Volkes ihm für immer den Mund stopfte.

Einer jener kühnen jungen Männer, die die sozialrevolutionäre Bewegung Rußlands hervorbrachte, Rousakoff – mit Ehrfurcht sprechen wir seinen Namen aus –, hatte unter den Wagen des Despoten eine Dynamitbombe geworfen, die zwar am Gefährt und der nächsten Umgebung desselben eine große Verwüstung anrichtete, den gekrönten Raubmörder jedoch unversehrt ließ.

(...) andere fallen sogleich über den edlen Vollstrecker des Volkswillens her, dieser aber zückt mit der einen Hand einen Dolch gegen das Gesicht des Autokraten und lenkt den Lauf eines Revolvers mit der anderen Hand gegen die Brust desselben. Er wird im Nu entwaffnet; und die betreßte, bezopfte und von Korruption durch und durch zerfressene Umgebung des Kaisers atmet auf ob der vermeintlich beseitigten Gefahr. Da fliegt eine neue Bombe heran; diesmal fällt sie zu Füßen des Despoten nieder, zerschmettert ihm die Beine, reißt ihm den Bauch auf (...)

Die Personen der Szene sind wie gelähmt, nur der energische Bombenwerfer verliert seine Fassung nicht und vermag glücklich zu flüchten. Der Kaiser aber wird nach seinem Palast geschleppt, wo er noch ein und eine halbe Stunde lang unter gräßlichen Schmerzen über sein Leben voller Verbrechen nachzudenken vermag. Endlich krepiert er.

Dies zunächst der einfache Sachverhalt.«

Der einfache Sachverhalt, den Johann Most mit lustvollen Wortgirlanden behängte, war das Petersburger Attentat auf Zar Alexander II. am 14. März 1881. Die erste Bombe, geworfen von dem jungen Nikolaj Iwanowitsch Rysakow, beschädigte nur die Karosse des Zaren; die zweite, tödliche Bombe warf Ignatij Joakimowitsch Grinewitzkij, Student des Technologischen Instituts. Beide waren Mitglieder der terroristischen Organisation *Narodnaja Wolja* (»Volkswille«). Most nahm in seinem Leitartikel die *Narodnaja Wolja* für seinen Gewaltanarchismus in Anspruch:

»Die Träger der herrschenden Klasse erblicken eben in dem stattgehabten Vernichten eines Autokraten mehr als den bloßen Tötungsakt an sich. Sie stehen vor einem erfolgreichen Angriff auf die *Autorität als solche.* Gleichzeitig wissen sie alle, daß jeder Erfolg die wunderbare Kraft hat, nicht allein Respekt einzuflößen, sondern auch zur Nachahmung anzueifern. Da zittern sie denn einfach von Konstantinopel bis nach Washington um ihre längstverwirkten Köpfe.

Uns ist dieser Schrecken ein Hochgenuß, gleichwie wir mit den freudigsten Gefühlen die Heldentat jener Sozialrevolutionäre von St. Petersburg vernommen haben, welche am letzten Sonntag einen Tyrannen schlachteten.

In dieser Zeit der allgemeinsten De- und Wehmütelei; in einer Periode, wo in vielen Ländern nur noch alte Weiber und Kinder, mit Tränen in den Augen, die ekelhafteste Furcht vor der Zuchtrute der Staatsnachtwächter im Leibe, auf der politischen Bühne umherhumpeln; jetzt, wo die echten Helden so selten geworden sind, wirkt eine solche Brutustat auf bessere Naturen wie ein erfrischendes Gewitter.«

Most irrte doppelt. Einmal überschätzte er die Geduld der britischen Behörden; dieser Leitartikel brachte ihm das Verbot seiner Zeitschrift und ein Urteil über 16 Jahre Zuchthaus ein. Most setzte sich nach New York ab, wo seine gewaltpropagandistische Tätigkeit später bittere Wirkung haben sollte.

Aber Most und seine Genossen irrten vor allem mit dem Versuch, die wenigen Mitglieder der *Narodnaja Wolja* als Symbole hemmungsloser Gewalt zu feiern. Der »Volkswille« kam aus einer anderen Richtung des Gewaltdenkens. Es gab damals einen Versuch, das deutlich werden zu lassen. Am 19. September jenes Jahres 1881 fiel in New Jersey der 20. Präsident der USA, James Abram Garfield, einem Attentat zum Opfer. Von der *Narodnaja Wolja* war dieser Kommentar zu hören: »In einem Land, dessen Bürger frei ihre Ideen verkünden können und in dem der Wille des Volkes nicht nur die Gesetze schafft, sondern auch den Mann ernennt, der das Recht in die Tat umsetzt (...) da ist ein politisches Attentat nichts anderes als der Beweis einer despotischen Neigung, die eins ist mit jener Despotie, zu deren Vernichtung wir uns in Rußland verpflichtet haben.«[10]

Ist es heute noch sinnvoll, den Richtungskämpfen und Grundsatzfehden der Terroristen aus einer Zeit vor einhundert Jahren nachzuspüren, eine Ahnentafel der Gewalttäter zu zeichnen, den Archivstaub von Namen und Gruppen zu fegen, die nur einigen Fachleuten der Revolutionsgeschichte etwas sagen? Die Antwort heißt: Sinnvoll ist es, weil sich damals schon in großer Deutlichkeit Gruppenmerkmale innerhalb des Gesamtterrorismus abzeichneten, die auch heute noch zur Unterscheidung von Organisationscharakter und taktischen Stufen dienen können, die dem jeweiligen Organisationscharakter entsprechen.

An der Vorgeschichte *Narodnaja Wolja* läßt sich der Beginn der taktischen Stufenleiter ablesen.

In den sechziger Jahren des vorigen Jahrhunderts bildeten sich in Rußland die radikalen Ideen heraus, die später zu den revolutionären Bewegungen führten. Der Typus des Berufsrevolutionärs und des Berufsterroristen entstand, in der Literatur wie auch in der Realität. Einer der wichtigsten Köpfe dieser frühen Bewegung, der Sozialist Nikolaj Tschernyschewskij, schrieb 1862 im Gefängnis einen utopischen Roman »Was tun?«, der trotz seiner literarischen Bedeutungslosigkeit eine »faszinierende Wirkung ausübte«[11]. In diesem Buch erschien plötzlich – erster Grund der Wirkung – ein Mann, der Revolution und Terrorismus zum ausschließlichen Inhalt seines Lebens machte; aber er kam nicht allein, sondern in Gemeinschaft – zweiter Grund der großen Wirkung – mit einer emanzipierten Frau, die ebenfalls nur für die Gewalt da war. Die heute mit Erstaunen diskutierte Beteiligung junger und fanatisierter Frauen in den Organisationsgruppen des Terrorismus ist ein hundert Jahre altes Thema; seine neue Bedeutung hat es allenfalls durch die sprunghaft steigende Zahl führender Terroristinnen.

In Petersburg trat gleich zu Beginn dieser ersten Organisationsphase des Terrorismus das Urbild des verschwörerischen Terroristen in die Wirklichkeit, Sergej Netschajew, den Bakunin in seinem Schweizer Exil bei der ersten Begegnung im März 1869 in die Arme schloß. »Ich habe jetzt mit mir einen jener jungen Fanatiker, die keinen Zweifel kennen, die nichts fürchten ... sie sind großartig, diese jungen Fanatiker, Gläubige ohne Gott und Helden ohne Phrasen.«[12] Die Begeisterung für Netschajew hielt nur ein gutes Jahr; dann brach sie, denn selbst einem Bakunin war die totale Amoralität eines Netschajew zuviel. In Petersburg versuchte Netschajew, eine geheime Gruppe *Narodnaja Rasprawa* (»Volkes Rache«) aufzubauen. Er hatte den Einfall, vier Mitverschwörer dadurch auf sich und seine Sache zu verpflichten, daß er sie zur Ermordung eines fünften anhielt – das Verbrechen, das jeden Rückweg verstellt. Das Prinzip hat sich erhalten, wie in der 1971 erschienenen Schrift Horst Mahlers »Kollektiv RAF – Über den bewaffneten Kampf in Westeuropa« nachzulesen ist. Mahler erklärt, daß junge Menschen dadurch überredet werden müßten, daß sie das Mittel des bewaffneten Kampfes praktisch entdekken. »Entwöhnung vom Gehorsam gegenüber der bürgerlichen Rechtsordnung ist für ihn ›wesentliche Voraussetzung für die Revolutionierung der Massen‹. Der ›eingeschliffene Gehorsamsreflex‹ muß durch wiederholte bewußte und praktische Normverletzung überwunden werden.«[13]

Netschajew verschwand nach einem sensationellen Prozeß im Kerker der Peter-Pauls-Festung, wo er seinen düsteren »Katechismus eines Revolutionärs« schrieb, ein Dokument, das noch heute für die Psychologie des terroristischen Täters von besonderem Erkenntniswert ist. Der Schullehrer aus Petersburg hat den Kerker nicht mehr verlassen, aber sein Fanatismus, sein wilder Glaube, daß Moral nicht existiere und Gewalt, Täuschung, Mystifizierung, Raub und Mord gerecht seien, wenn sie der »Sache« nützen, ist stetig fortschreitend zum ersten Prinzip des Terrorismus geworden. Sergej Netschajew lebt noch in Dostojewskijs Roman »Die Dämonen«, im übrigen ist er vergessen. Aber das, was noch zu seinen Lebzeiten, die »Netschajewtschina« genannt wurde, beherrscht heute die Szene.

Zu Beginn jener siebziger Jahre gingen die russischen Studenten »ins Volk«; sie nannten sich *Narodniki*, die Volkstümler, und predigten den Sozialismus. Die *Narodniki*-Bewegung war ein Fehlschlag. Die Kritik an den Gründen des Versagens und der Verfolgung führte einen früheren Verbannten, A. D. Michailow, mit einigen Freunden zur Gründung, eigentlich zur Wiederbegründung einer dahindämmernden Gruppe, der *Semlja i Wolja* (»Land und Freiheit«). Sie sahen ihre Aufgabe nicht in der Agitation für eine neue Verfassung, sondern in der Organisation der sozialen Revolution. Terrorismus sollte für sie nur ein Mittel der Selbstverteidigung sein; Polizisten und Beamte wurden »exekutiert«, wenn sie einen Revolutionär brutal mißhandelten. Michailow, der unter dem Decknamen »Cato der Zensor« bekannt war, wurde zum Sicherheitsbeauftragten seiner revolutionären Gruppe, zu einem besonders wendigen, findigen, organisatorisch hochbegabten Fachmann dessen, was sich der *Defensive Terrorismus* nennen läßt.

Die Organisationselemente moderner terroristischer Gruppen sind in der Vereinigung Cato des Zensors schon zu finden. Er bildete mehrere Sektionen, von denen die erste, die »Administrative Sektion«, die Richtlinien bestimmte und die Beschaffung notwendiger Dokumente, gefälschter Pässe, Reiseerlaubnisse usw. besorgte. Am Ende der Skala stand die sogenannte »Störsektion«, der drei besondere Aufgaben zugewiesen waren: Gefangenenbefreiung, »Hinrichtung« prominenter, namentlich benannter Beamter und Beauftragter des Regimes und schließlich die Wahrung der »revolutionären Ehre«, das heißt die Exekution von Spitzeln und Verrätern. Die Störsektion wurde in den folgenden Jahren wegen ihrer überaus regen Tätigkeit sehr gefürchtet. Aber gerade ihre Aktionen führten schließlich zur Spaltung der Bewegung, die sich nach dem Muster vollzog, das auch heute in »revolutionären« Bewegungen zu beobachten ist, die sich einen sogenannten »militärischen Arm« schaffen, etwa in der baskischen ETA und der irischen IRA. Die Spaltungsfrage heißt: Was ist wichtiger – Politik und Propaganda oder terroristische Aktion?

Die Spaltung der *Semlja i Wolja* kam 1879. Zwei Gruppen entstanden, die »Schwarze Abteilung«, die für die Propaganda eintrat und von Beginn an wirkungslos blieb, und die *Narodnaja Wolja* unter Cato dem Zensor, die vom strikten Defensiven Terrorismus zum *Offensiven Terrorismus* überging. Kurz vor dem Spaltungskongreß von Woronesh trafen sich die Mitglieder der kommenden *Narodnaja Wolja* unter Michailows Leitung. Der Wechsel von der Stufe des Defensiven Terrorismus zur Stufe des Offensiven Terrorismus wurde begründet. »Neue Kräfte müßten« – so beschreibt Hugh Seton-Watson, einer der besten Schilderer russischer Geschichte, die Argumente des Zensors – »mit neuen Methoden für das Ziel agitieren. Die neue Methode könne nur systematischer Terrorismus sein, der sich nicht auf Racheakte für gefallene Kameraden beschränken dürfe, sondern sich gegen die höchste Zielscheibe in Rußland richten müsse – den Zaren selbst. Die Exekution des Zaren würde das Regime zur Kapitulation zwingen.«[14]

Am 14. März 1881 besorgte die *Narodnaja Wolja* die »Exekution« des Zaren. Sie hat nicht die Kapitulation des Regimes bewirkt, sondern das Gegenteil. Ansätze zu einer liberaleren Innenpolitik, die gerade auf Geheiß des Zaren versucht worden waren, wurden endgültig verschüttet. Das Jahr 1881 endete mit der Gründung der berüchtigten russischen Geheimpolizei Ochrana. Was von der *Narodnaja Wolja,* der vielleicht ersten durchorganisierten Gruppe des Terrorismus, übrigblieb, war der Name, eine geheime Bewunderung für den »Mut« einiger junger Leute und Respekt vor ihrer organisatorischen Leistung. »Lenin selbst, der ihren Ideen nicht zustimmte, bewunderte und befolgte ihre Organisationsmethode.« Was aber vergessen wurde, ist die bedeutsame Tatsache, daß die Mitglieder der *Narodnaja Wolja* in den wenigen Jahren ihrer Existenz stets in dem klaren Bewußtsein eines moralischen Dilemmas lebten und daß sie sich eng an die Regel hielten, nur der Repräsentant des Regimes, der Zar, seine Offiziere, seine Beamten, dürften dem Dolch oder dem Dynamit zum Opfer fallen.

Sie taten den Schritt vom Defensiven zum Offensiven Terrorismus, aber sie blieben im Bereich dessen, was der *Selektive Terrorismus* genannt worden ist: Der Unschuldige darf nicht Opfer sein.

Manche Gewaltanarchisten aus der Gefolgschaft des Michail Bakunin kannten weder das moralische Dilemma noch die strenge Zurückhaltung in der Wahl der Ziele, der Opfer für den Mord. Als der »Bakunist« Emile Henry sich 1894, mitten in der französischen Dynamit-Dekade, vor Gericht verantworten mußte, weil er in Paris eine Bombe in ein Café geworfen hatte, die einen Besucher tötete und zwanzig verletzte, gab er eine Antwort, die damals sensationell war und deshalb heute noch zitiert wird, obwohl der Satz längst eine Selbstverständlichkeit des modernen Terrorismus ist. Der Richter hielt ihm vor, er habe mit seiner Bombe doch sinnlos unschuldige Leute zu Schaden gebracht. Henry antwortete: »Es gibt keine Unschuldigen.«

Die Stufe des bewußt ungezielten, des *Willkürlichen Terrorismus* wurde ebenfalls, wiewohl nur selten, schon im vorigen Jahrhundert erreicht.

Defensiver und Offensiver Terrorismus, Selektiver und Willkürlicher Terrorismus – diese taktischen Stufen sind in einzelnen Studien noch weiter und genauer unterschieden worden. Es ist nicht notwendig, die Feinheiten dieser taktischen Kategorien in allen Einzelheiten nachzuzeichnen. Die genannten Stufen sind aber auch heute Unterscheidungsmerkmale, mit denen Härtegrad und Hemmungslosigkeit der einzelnen Organisationen des Terrorismus gemessen werden können. Und oft ist im Lebensweg des einzelnen Täters der Schritt von der ersten zur nächsten und übernächsten Stufe zu beobachten; von dem Sichverweigern vor der Realität über den gezielten Angriff auf die Repräsentanten einer tatsächlichen oder eingebildeten Unterdrückung bis zum Mord an irgendwem, da es nicht mehr um den Irgendwen, sondern um die Tat des Mordens geht. Wegweiser auf dieser Straße zum wahllosen Mord ist der Haß, der sich selber nährt. Ulrike Meinhof ist ein Beispiel; ihre letzte Stufe war dann der Mord an sich selbst, aus Verzweiflung, aus Einsamkeit, für die sie nicht gemacht war, oder aus Erkenntnis der Sinnlosigkeit. Aber Ulrike Meinhof war nur eine Randfigur, bedeutsam für eine kurze Spanne auf der deutschen »Szene«, unbedeutend und fast ohne Interesse auf der »internationalen Szene«. Da gibt es Härtere. Sie kennen die Skrupel nicht mehr, und deshalb bleibt für sie die letzte Stufe der Tat, der Willkürliche Terrorismus, eine Übung, über die nicht mehr nachzudenken ist.

Zur Zeit der *Narodnaja Wolja*, die samt ihrer Vorläufervereinigung oft als erste durchorganisierte Gruppe des Terrorismus genannt wird, war er noch die Ausnahme.

Mollies, Wobblies, Vigilanten

Johann Most, der Mann aus Augsburg, kam 1882, da er in London nicht bleiben durfte, nach New York. In einer neueren internationalen Untersuchung über die Entstehung des Terrorismus wird er wie ein sonderbarer Käfer aus einer exotischen Welt beschrieben: »In den Vereinigten Staaten hat es kaum je eine theoretische Verteidigung des Terrorismus und der individuellen Akte der Gewalt gegeben. Der einzige philosophische Appell, den Terrorismus anzuwenden, kam in den Vereinigten Staaten von den Anarcho-Kommunisten der achtziger Jahre, insbesondere von Johann Most (...) Als er eintraf, veranstalteten die amerikanischen Sozialisten so etwas wie einen Heldenempfang; aber sehr bald entfremdete er sich die Besonnenen unter den Sozialisten durch seine Behauptung, es sei nötig, die persönlichen Repräsentanten des kapitalistischen Systems ebenso zu vernichten wie das System selber.«[15]

Amerika hatte längst seine eigenen, sehr oft wilden Spielarten des Terrorismus. Auch Johann Most blieb kein Mann ohne Folgen. Als im Mai 1886 auf dem Haymarket-Platz in Chikago eine Protestdemonstration gegen die Erschießung von Streikposten in den McCormick-Werken von der Polizei sehr brutal aufgelöst wurde, explodierte plötzlich eine Bombe; sieben Polizisten und vier Demonstranten wurden getötet. Bis heute ist nicht erwiesen, wer der Bombenwerfer war. Acht Anarchisten kamen vor Gericht, aber keinem der Angeklagten konnte eine Verbindung zu dem Bombenwerfer nachgewiesen werden. Daß sie Mosts Handbüchlein »Revolutionäre Kriegswissenschaft« besaßen und selbst für den Gebrauch von Dynamit plädiert hatten, genügte zur Verurteilung. Vier kamen an den Galgen, einer beging Selbstmord, drei erhielten lange Freiheitsstrafen. Die Bombe aber, so wurde später gesagt, »killte die gewerkschaftliche Bewegung für den Acht-Stunden-Tag«.

Die Verknüpfung mit gewerkschaftlichen Forderungen ist ein besonderes Merkmal der frühen terroristischen Bewegungen in den USA, die ohnehin die gewaltsamste Arbeitskampfgeschichte aller Industrieländer hatten. Lange Jahre vor Johann Most gab es in den Kohlebergwerken von Virginia die *Molly Maguires*, kurz die *Mollies* genannt, eine irische Bergarbeitergruppe, die sich den Namen einer legendären Volksheldin aus der alten Heimat gab. Bei genauem Hinsehen war es keine sozialrevolutionäre Bewegung, sondern eine, zum Teil mittelständische, terroristische Rache-Organisation gegen antikatholische Schotten, Nordiren, Walliser und Engländer dieser Region. Die *Mollies* ermordeten mindestens fünfzehn ihrer Gegner. Genutzt wurden ihre terroristischen Aktionen, nachdem die Organisation gesprengt war, zur Zerschlagung der gewerkschaftlichen Gruppen in den Zechen von Virginia. 1877 wurden zehn irische *Mollies* hingerichtet.

Nicht sehr viel anders war es mit den *Industrial Workers of the World* (IWW), kurz *Wobblies* genannt. Sie wurden verfolgt, weil sie in ihren Schriften die »direkte Aktion« propagierten. Ihnen wurde eine Bombenexplosion in San Francisco im Juli 1916 zur Last gelegt, als eine große Parade, Teil einer Propagandakampagne der Regierung, die die Bevölkerung auf den Kriegseintritt vorbereiten sollte, durch die Stadt zog. Die Verurteilung von zwei führenden *Wobblies* wurde eine cause célèbre, da später nachgewiesen werden konnte, daß das Beweismaterial gefälscht war. Diese wortradikale Gewerkschaftsbewegung, die trotz der ständigen

Propagierung einer »direkten Aktion« kaum je zu einer nennenswerten Tat schritt, wurde nach dem Prozeß von San Francisco mit Hilfe der Paragraphen der für Kriegszeiten geltenden Spionageabwehrgesetze praktisch zur Strecke gebracht: Die aus jenen Jahrzehnten stammende amerikanische Überzeugung, daß Terrorismus eigentlich immer mit »gewerkschaftlichen« Problemen verbunden sei, wurde erst in den sechziger Jahren dieses Jahrhunderts von der Erkenntnis abgelöst, daß er auch aus dem Haß gegen die Autorität überhaupt und aus pathologischem Verzweiflungsverhalten gegenüber einer gesellschaftlichen Umwelt wachsen kann. Die *Weathermen* aus dem amerikanischen Untergrund des letzten Jahrzehnts beriefen sich zum Teil wieder auf Johann Most aus Augsburg.

Der besondere amerikanische Terrorismus kam sehr früh aus einer ganz anderen Richtung, dem sogenannten Vigilantentum. Es war nichts anderes als eine rechtsorientierte Form des Defensiven Terrorismus, terroristische Daueraktion privater Gruppen, die oft die laute oder schweigende Billigung ganzer gesellschaftlicher Schichten hatte. Die Vigilanten setzten den Gewaltakt nicht gegen die gesamtgesellschaftliche Struktur ein, sondern gegen bestimmte Teile der Gesellschaft; einmal, um so etwas wie eine öffentliche Ordnung in einer fast gesetzlosen Umwelt aufrechtzuerhalten (das Dauerthema des Wildwestfilms), zum anderen aber, was historisch wichtiger ist, um bestimmte schichtengebundene Vorstellungen von Ordnung aufrechtzuerhalten oder ihnen wieder Geltung zu verschaffen, wenn die Regierung das nicht leisten konnte oder wollte. Das bekannteste, nicht das einzige Beispiel dieses Vigilantentums war der *Ku Klux Klan* (KKK), der 1867 in Pulaski, Tennessee, gegründet wurde, um die im Bürgerkrieg zusammengebrochene weiße Oberherrschaft in den Südstaaten wieder herzustellen. »Die weißen Bürger des Südens«, so faßt Golo Mann zusammen, »nicht mehr stark genug, das Schicksal der Union zu kontrollieren, waren doch noch, was sie bis zum heutigen Tage sind, stark genug, in ihrem eigenen Land die Herren zu sein. Die Mittel, mit denen sie die neuen Verfassungszusätze am Ort praktisch außer Kraft setzten, waren ihrerseits illegal und terroristisch.«[16] Eine Kongreßuntersuchung ergab schon 1871 eine erschreckende Bilanz: 153 Schwarze wurden im Untersuchungsjahr in einem einzigen County in Florida getötet; über 300 Schwarze waren in den Umlandgemeinden von New Orleans ermordet worden. Der Terrorismus des KKK und verwandter Gruppen ist nicht ausgestorben. Während der Bürgerrechtsunruhen in den sechziger Jahren dieses Jahrhunderts wurden zahlreiche Bomben- und Mordanschläge von Sicherheitsfachleuten den späten Kapuzenmännern zugeschrieben.

Erstaunlich bleibt, daß in den breiten öffentlichen Diskussionen über den weltweiten Terrorismus heute die rechtsradikale Gewalt fast außer

Betracht bleibt. Daß sie in der Bundesrepublik keine Rolle mehr spielt, ist kein Argument für die Scheuklappe. Schon jenseits der Alpen, in Italien, und jenseits der Pyrenäen, in Spanien, wird sie heute in Stärke vorexerziert. Die spanischen Christkönigskrieger der Nach-Franco-Zeit sind nichts anderes als brutale Vigilanten mit Polizeiduldung und der Billigung durch Schichten der Gesellschaft, die eine andere Ordnung durch eine andere Regierung nicht wollen.

»Terrorismus ist nichts Neues . . .«

Johann Most, Bakunin, Netschajew und Cato der Zensor; Ku Klux Klan, Narodnaja Wolja und die »Schwarze Internationale«; Dynamit-Dekade, Königsmord und das Klima der Gewalt – Randnotizen zu einer Geschichte, die noch nicht geschrieben wurde. Im Katalog der historischen Stichworte fehlen viele, deren Enkel heute auf der »Szene« eine große Rolle spielen, von den Feniern, den Großvätern der IRA, über die nationalistischen Terroristen des Balkans bis zu den Vorläufern der Montoneros Argentiniens. Aber es geht hier nicht um einen Entwurf einer Geschichte des Terrorismus, sondern um den Hinweis, daß Motive und Organisationsformen, Stufen der Angriffstaktik und schließlicher Verfall über mehr als hundert Jahre hinweg auszumachen sind. Ist also das beruhigende Argument berechtigt, es sei alles schon dagewesen – *déja vu* und der Terrorismus, wie er sich nun darstelle, biete »nichts Neues«, mithin müsse man ihn unter die unvermeidlichen Belästigungen rechnen, die die Geschichte eben mit sich schleppe? Denn schließlich habe auch ein Bakunin damals, wie ein »Carlos« heute, staatliche Grenzen als nichtvorhanden betrachtet.

Der frühere Terrorismus vermochte mächtige Regierungen zwar zu verwirren, der heutige Terrorismus aber kann Regierungen erpressen und zu Teilkapitulation zwingen. Dieser Schritt ist jedoch nur möglich, geworden, weil die *Vereinzelung* des terroristischen Gewaltaktes, die den Terrorismus bis zur zweiten Hälfte dieses Jahrhunderts kennzeichnete, hinfällig geworden ist. Früher blieb er, trotz aller Kampagnen, trotz hektischer Reisen seiner großen Namen, trotz der theoretischen Begründungen seines allgemeinen Charakters, in geschlossenen nationalen Räumen gefangen; er war, wie das Verbrechen insgesamt, eine Summe von individuellen und im Grunde unzusammenhängenden Taten, die letztlich ignoriert werden konnten und schon im Nachbarstaat fast ohne Belang waren.

Die Einbeziehung der »Unschuldigen«, deren Existenz Emile Henry vor seinem französischen Richter leugnete, in den Akt der Aggression geschah gelegentlich und war entweder ein Attentatsunfall oder eine pathologische Ausnahmeerscheinung. Sie ist heute vorherrschendes Prinzip, und die Ausnahme sind jene Gruppen, die sich – noch – dagegen sperren, was oft nur eine taktische, keine grundsätzliche Zurückhaltung ist. Der Schritt nicht nur zur Brutalisierung, sondern zur Totalisierung wurde getan.

Guerillakriege, die als beinahe-militärische Operationen begannen, sinken immer häufiger zu terroristischen Kampagnen ab. Das ist nicht eine »hilflose Degenerierung« aus der Einsicht militärischer Erfolglosigkeit, sondern Folge der Erkenntnis, daß die terroristische Aktionsart innerhalb geschlossener Räume, mehr aber noch über die Grenzen hinweg, die praktikabelste Form organisierter Gewaltanwendung wird. Weltweite und gleichzeitige Kenntnisnahme des auffallenden terroristischen Aktes hebt die Wirkungsbegrenzung der regionalen oder lokalen Tat auf. Der Terrorismus hat den Charakter seiner Anwendung geändert. Er ist fester Teil der Stufenleiter organisierter zwischenstaatlicher Gewalt geworden. Der Export der terroristischen Gewalt hat erst in den letzten Jahren ernsthaft begonnen – trotz Michail Bakunin und Johann Most.

7. Die Gegenwart: Totaler Krieg und Gewaltexport

Rückzug des Konventionellen Krieges

Ein aufgeregtes Wort wird heute auf dem politischen und publizistischen Markt gehandelt. Es heißt »Weltbürgerkrieg« und ist so unscharf, daß sein Erfolg von vornherein gesichert war. Das Wort ist der etwas ungelenke Versuch, eine Entwicklung auszudrücken, die mit Zahlen besser zu kennzeichnen ist: Die Formen der Gewaltkonflikte verändern sich weltweit bei gleichzeitiger Verschiebung der Konfliktzonen. Europa, das bis zum Ersten Weltkrieg eindeutiges Konfliktzentrum war, ist seit dem Zweiten Weltkrieg an den Rand gerückt.

Die Forschung tut sich schwer mit der ganz exakten, alle Einwände ausschließenden Zahlenbeschreibung der Formenveränderung gewaltsamer Konflikte. Nur der Begriff des zwischenstaatlichen Konventionellen Krieges hat noch genügend Klarheit, um sofort allgemein verständlich zu sein. Mit diesem Begriff verbindet sich die Vorstellung einer, wie immer gearteten, formellen Erklärung des Zustands der Feindseligkeit zwischen zwei oder mehreren Staaten und die großräumige, offene Austragung der Feindseligkeit mit den militärischen Gewaltmitteln der Staaten: den Armeen, Marinen, Luftflotten und dem Arsenal von der leichten bis zur schwersten Waffe.

Der Konventionelle Krieg ist zahlenmäßig auf dem Rückzug. Das heißt nicht, daß seine Zeit vorüber sei; er kann jederzeit mehr oder weniger unvermutet an einem Punkt in den Wetterzonen der Welt ausbrechen. »Der Krieg ist der großen Eventualfall der Geschichte«, schrieb Alastair Buchan 1969 als ersten Satz seiner Studie über die Zukunft des Krieges und fügte hinzu, gewöhnlich sei er an Orten und zu Zeiten ausgebrochen, da er am wenigsten erwartet wurde.[1] Die Feststellung, der Konventionelle Krieg sei zahlenmäßig auf dem Rückzug, bedeutet, daß das Konfliktbild der Welt zunehmend von den verschiedenen Anwendungsformen der Gewalt auf Niederen Stufen der Organisation beherrscht wird (der englische Fachbegriff der *Low Level Violence* ist in seiner treffenden Knappheit kaum wiederzugeben). Unterhalb der Schwelle zum Konventionellen Krieg beginnen die Unschärfen in der Bestimmung der einzelnen Formen der Gewaltanwendung im nicht formell erklärten Konflikt, denn in der Wirklichkeit dieser Kämpfe sind die Übergänge von der einen zur anderen Gewaltform fließend und von Faktoren abhängig, die ständig wechseln.

Den Rückzug des Konventionellen Krieges und das allgemeine Ansteigen der Gewaltformen der Niederen Stufen verdeutlicht die hier abgebildete Übersicht der Landesverteidigungsakademie Wien aus dem Jahr 1976.[2] In der Untersuchung des Zeitraums von 1900 bis 1975 wird unterschieden zwischen »Konventionellen Kampfhandlungen, Zwischenstaatlichem Krieg« im beschriebenen Sinn und »Guerillakrieg, Revolution, Bürgerkrieg, Aufstandsbewegung« als bezeichnenden Formen der nicht-konventionellen Kampfhandlung.

Die Aufstellung kann verfeinert werden, wenn die offenbar zugrunde gelegte untere Begrenzung der Anwendungsformen der Gewalt noch weiter gesenkt wird, so daß z. B. lateinamerikanische Guerilla-Unternehmen eingerechnet werden können, die noch nicht Guerillakriege waren. Immerhin hat der legendäre ehemalige Berufsoffizier Luis Carlos Prestes, um nur ein frühes Beispiel zu nennen, schon in den zwanziger Jahren in den Steppen und Buschwäldern des brasilianischen Hinterlandes einen Guerilla-Feldzug geführt, der an Mobilität wie an taktischer Phantasie und Intelligenz selten wieder erreicht wurde.[3] Unabhängig von Mao Tse Tung hat Prestes das Mobilitätsprinzip des »Langen Marsches« eingeführt, und selbständig ist er auch vom vorwiegend militärischen Denken in lateinamerikanischen Rebellionen zur politischen Bestimmung des Operationszieles übergegangen. Die Kampagne der *Coluna Prestes*, der Kolonne des *Cavaleiro da Esperança*, »Ritter der Hoffnung«, wie die Brasilianer den Prestes bald nannten, war über Jahrzehnte Vorbild für Guerillas.

Eine entsprechend erweiterte Aufstellung wird der in der Grafik sichtbar werdenden Tendenz verstärktes Gewicht geben. Sie besagt, daß nur noch ein Fünftel aller bewaffneten Konflikte seit 1945 Kriege konventioneller Art waren; daß sich ein weiteres Fünftel durch Fremdmächte-Intervention vom Guerillakrieg zum meist kurzfristigen Konventionellen Krieg mit weiterlaufender Guerilla-Tätigkeit wandelte; daß also in 80 Prozent der Konflikte der Nachkriegszeit die Formen der Gewalt der Niederen Organisationsstufen angewendet wurden. Das Konfliktbild der Welt fing schon in der ersten Hälfte dieses Jahrhunderts an, sich zu wandeln; in der zweiten Hälfte hat es sich grundlegend geändert.

Auch die noch geführten Konventionellen Kriege änderten sich. Sie wurden kürzer, und konventionelle Armeen haben oft ebenso gegen die

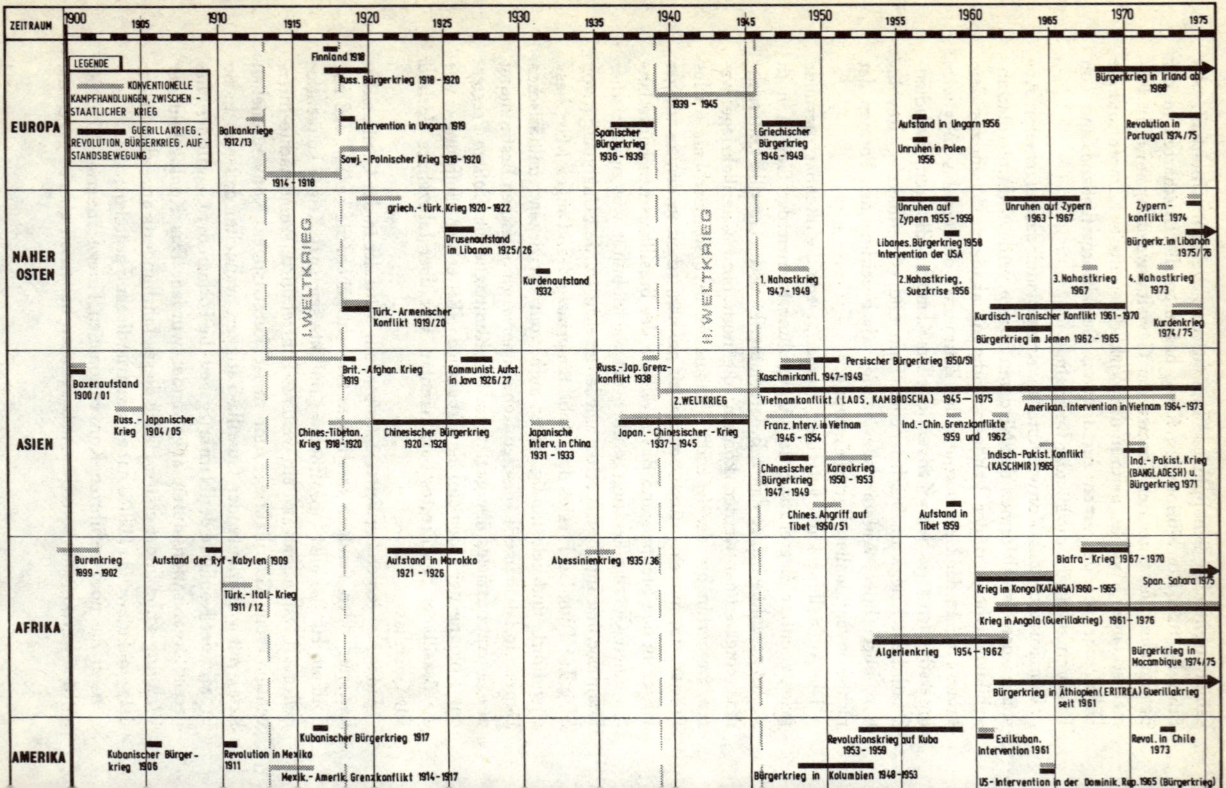
ZEITRAUM
1900
1905
1910
1915
1920
1925
1930
1935
1940
1945
1950
1955
1960
1965
1970
1975
LEGENDE
KONVENTIONELLE KAMPFHANDLUNGEN, ZWISCHEN - STAATLICHER KRIEG
GUERILLAKRIEG, REVOLUTION, BÜRGERKRIEG, AUF - STANDSBEWEGUNG
EUROPA
Balkankriege 1912/13
1914 - 1918
Finnland 1918
Russ. Bürgerkrieg 1918 - 1920
Intervention in Ungarn 1919
Sowj. - Polnischer Krieg 1918 - 1920
Spanischer Bürgerkrieg 1936 - 1939
1939 - 1945
Griechischer Bürgerkrieg 1946 - 1949
Aufstand in Ungarn 1956
Unruhen in Polen 1956
Bürgerkrieg in Irland ab 1968
Revolution in Portugal 1974/75
NAHER OSTEN
I. WELTKRIEG
griech. - türk. Krieg 1920 - 1922
Drusenaufstand im Libanon 1925/26
Türk. - Armenischer Konflikt 1919/20
Kurdenaufstand 1932
II. WELTKRIEG
1. Nahostkrieg 1947 - 1949
Unruhen auf Zypern 1955 - 1959
Libanes. Bürgerkrieg 1958 Intervention der USA
2. Nahostkrieg, Suezkrise 1956
Unruhen auf Zypern 1963 - 1967
3. Nahostkrieg 1967
Kurdisch - Iranischer Konflikt 1961 - 1970
Bürgerkrieg im Jemen 1962 - 1965
Zypern - konflikt 1974
Bürgerkr. im Libanon 1975/76
4. Nahostkrieg 1973
Kurdenkrieg 1974/75
ASIEN
Boxeraufstand 1900/01
Russ. - Japanischer Krieg 1904/05
Chines. - Tibetan. Krieg 1918 - 1920
Brit. - Afghan. Krieg 1919
Chinesischer Bürgerkrieg 1920 - 1928
Kommunist. Aufst. in Java 1926/27
Japanische Interv. in China 1931 - 1933
Russ. - Jap. Grenz - konflikt 1938
2. WELTKRIEG
Japan. - Chinesischer - Krieg 1937 - 1945
Persischer Bürgerkrieg 1950/51
Kaschmirkonfl. 1947 - 1949
Vietnamkonflikt (LAOS, KAMBODSCHA) 1945 — 1975
Amerikan. Intervention in Vietnam 1964 - 1973
Franz. Interv. in Vietnam 1946 - 1954
Ind. - Chin. Grenzkonflikte 1959 und 1962
Chinesischer Bürgerkrieg 1947 - 1949
Koreakrieg 1950 - 1953
Indisch - Pakist. Konflikt (KASCHMIR) 1965
Ind. - Pakist. Krieg (BANGLADESH) u. Bürgerkrieg 1971
Chines. Angriff auf Tibet 1950/51
Aufstand in Tibet 1959
AFRIKA
Burenkrieg 1899 - 1902
Aufstand der Ryf - Kabylen 1909
Türk. - Ital. - Krieg 1911/12
Aufstand in Marokko 1921 - 1926
Abessinienkrieg 1935/36
Biafra - Krieg 1967 - 1970
Span. Sahara 1975
Krieg im Kongo (KATANGA) 1960 - 1965
Krieg in Angola (Guerillakrieg) 1961 - 1976
Algerienkrieg 1954 - 1962
Bürgerkrieg in Mocambique 1974/75
Bürgerkrieg in Äthiopien (ERITREA) Guerillakrieg seit 1961
AMERIKA
Kubanischer Bürger - krieg 1906
Revolution in Mexiko 1911
Kubanischer Bürgerkrieg 1917
Mexik. - Amerik. Grenzkonflikt 1914 - 1917
Revolutionskrieg auf Kuba 1953 - 1959
Bürgerkrieg in Kolumbien 1948 - 1953
Exilkuban. Intervention 1961
US - Intervention in der Dominik. Rep. 1965 (Bürgerkrieg)
Revol. in Chile 1973

Uhr wie gegen den Feind gekämpft. Je schneller der Feldzug, um so mehr konnte durch die Waffen entschieden werden, bevor die Weltmächte aus Sorge vor einer denkbaren Steigerung zum Großen Konflikt Waffenstillstände erzwangen, die einer Nichtlösung der jeweils strittigen Frage gleichkamen. Der Yom-Kippur-Krieg 1973, in dem die militärischen Geländegewinne der buchstäblich letzten Kampfstunden Gewicht und Position in den anschließenden Verhandlungen bestimmten, ist das treffendste Beispiel in der öffentlichen Erinnerung an die Konflikte der letztten Jahre. Im Gegensatz zu dieser Verkürzung des Konventionellen Krieges wurde die zeitliche Ausdehnung eines Konflikts zum ersten Merkmal bei der Anwendung der Gewalt der Niederen Stufen.

Internationale Rahmenbedingungen

Die Gründe dieser Wandlung sind in zwei Richtungen zu suchen.

Konventionelle Kriegführung unter den Bedingungen neuzeitlicher Waffentechnologie wird zunehmend unanwendbar, wenn weitestgehende Zerschlagung wirtschaftlicher Produktivkraft, weitestgehender Verlust der Bevölkerung, weitestgehende Dauerschädigung von Landschaft und Umwelt als Existenzraum vermieden werden sollen. Auch der Konventionelle Krieg ist heute schon zu zerstörerisch.

Die waffentechnische Vorratshaltung für den Konventionellen Krieg wird für Mittel- und Kleinmächte zu kostspielig. Sie sind auf die Ausstattung durch die Welt- und Großmächte angewiesen, die ihrerseits den Einsatz der gelieferten Waffen soweit wie möglich auszuschließen versuchen oder, im Fall eines tatsächlich erfolgenden Einsatzes, die räumliche und zeitliche Verwendung eingrenzen, um die Steigerung zum nichtgewollten Großkonflikt, gar zum nuklearen Schlagabtausch, zu vermeiden.

Die Anwendung des hochzerstörerischen Konventionellen Krieges als Mittel politischer Willensdurchsetzung wird in der Weltöffentlichkeit immer umstrittener. Daß die einheimische Bevölkerung eines kriegführenden Staates der westlichen Industriewelt die Weiterführung eines solchen Krieges unmöglich machen kann, zeigt das Beispiel der USA. Die Einstellung des Vietnamkrieges durch die Regierung war kaum etwas anderes als die Durchführung einer Entscheidung, die lange vorher in der Öffentlichkeit und durch die Öffentlichkeit in den USA gefällt wurde.

Die Großform des bewaffneten Konflikts, der Konventionelle Krieg, ist unpraktikabel geworden. Das bedeutet in der Konsequenz eine Ausweitung der Gewaltformen der Niederen Stufe der Organisation. Aber selbst Guerilla-Unternehmungen, die sich ausweiten und seit längerem schon in Theorie und Praxis zu Feldzügen größeren Stils streben, unterliegen der Regel der wachsenden Unanwendbarkeit. Die Verlagerung der Gewaltanwendung auf die immer kleinere Gruppe wird fortschreiten. Die terroristische Kleingruppe, das terroristische Kommando, bietet sich an. Ihr Einsatz durch andere Zentralen als die eigene terroristische Organisation, der Einsatz durch interessierte Dritte, ist eine absehbare Folge der Wandlung des Konfliktbildes.

Das terroristische Kommando, dessen Strategie der mehrfachen Ebene – gekoppelt mit den noch zu untersuchenden Steigerungen des Zerstörungspotentials der Kleinen Gruppe – Gesellschaftssystem und Staatenzonen verunsichern und druckanfällig machen kann, rückt auf zum denkbaren und möglicherweise bevorzugten Kampfmittel im nicht-erklärten, nicht-konventionellen zwischenstaatlichen Konflikt: der Terrorist als Ersatzsoldat. Er ist ein Ersatzsoldat mit vorzüglichen Zusatzeigenschaften. Er braucht nicht »Flagge zu zeigen«, sich nicht als Kämpfer des Anderen auszuweisen. Die konventionelle Armee, die Bürgerkriegsarmeen, auch die Guerilla-Einheit machen ihre Zuordnung kenntlich. Des Terroristen Beschäftigung kann jederzeit geleugnet, mit lautem Protest bestritten, sogar mit eindrucksvollen Gestikulationen »bekämpft« werden. Für ihn existieren außerdem keine Grenzen, keine neutralen Länder, keine neutralen Personen. Der Terrorismus weitet sich aus zum Problem der *Äußeren* Sicherheit. Er wird zu einem Fall der Verteidigungspolitik.

Die Suche nach den Gründen für die Wandlung des allgemeinen Konfliktbildes muß noch in einer zweiten Richtung betrieben werden. Die innerstaatliche, die revolutionäre Auseinandersetzung beherrscht in immer stärkerem Maße das Bild. Das begann mit Macht, als der Erste Weltkrieg zu Ende ging und der Russische Bürgerkrieg losbrach; er war das erste große Zeichen der Ära des neuen Konfliktes. Heute sind selbst Konflikte, die als kriegsähnliche zwischenstaatliche Auseinandersetzungen erscheinen, in ihrer Mehrzahl nicht so sehr Versuche, nationale Expansionspolitik durch Eroberung größerer Territorien zu betreiben, sondern ein Aufeinanderprallen »ideologischer« gesellschaftspolitischer Vorstellungen oder gewaltsame Abspaltungs- und Umgruppierungsvorgänge. Einheiten, denen die innere gesellschaftliche Übereinstimmung fehlt, lösen sich auf, und ihre Teile verklammern sich mit Einheiten gleichgerichteter innerer Vorstellungen. Das gilt vor allem für die Dritte Welt, deren Regionen die Konfliktschwerpunkte der heutigen Welt sind. Die »Wandlungsprozesse und Konflikte innerhalb und zwischen den neuen Staaten führten dazu, daß hier gerade Instabilität zum Normalen wurde. In der Kette der Staatsstreiche und Revolutionen, der sozialen Umwälzungen und Bürgerkriege in diesen Kontinenten, bei der Tendenz zu Militärregimen und repressiver Innenpolitik wurde die terroristische Aktion schnell zum Bestandteil des Arsenals oppositioneller Gruppen.«[4] Nicht die terroristische Aktion allein, so muß dieses Urteil wohl eingeschränkt werden, sondern die Formen der Niederen Organisationsstufen der Gewalt überhaupt. Die terroristische Aktion ist ihre zugespitzte Konsequenz.

Hier zeigt sich eine »Internationalisierung« der Konflikte. Sie wird über die Dritte Welt, gerade nach der Zeitspanne der Entkolonialisierung, hinaus- und in die Industriewelt zurückgetragen. »Die meisten dieser Staaten hängen in wichtigen Sektoren, vor allem der Wirtschaft, von westlichen Industriestaaten ab. Wo die Inhaber der Macht von westlichen Staaten gestützt werden oder westliche Wirtschaftsunternehmen als Komplizen des politischen Systems erscheinen, geraten deren Niederlassungen und Repräsentanten in die Angriffslinie oppositioneller Gewalt. Dadurch gewinnt die Instabilität eine internationale Dimension.«[5] In seiner Schlüsselschrift zur Gewalt »Die Verdammten dieser Erde« bezeichnet Frantz Fanon die Entwicklung noch eindeutiger, denn er geht über die Beschreibung der bloßen Mechanik hinaus: »Die kolonisierten Völker machen die Erfahrung, daß keine Mächtegruppe es sich leisten kann, ihre lokalen Zwischenfälle zu ignorieren. Von dieser Atmosphäre weltweiter Erschütterungen ergriffen, hören sie auf, sich auf ihren regionalen Horizont zu beschränken.«[6] Dem entsprechen heute das Selbstverständnis und auch die Erfahrung der europäischen und amerikanischen Autonomie- und Separatismusgruppen.

Man muß, zum vollen Verständnis der Situation, den nächsten Schritt des Algeriers Fanon zur Kenntnis nehmen. »Das kolossale Werk, den Menschen, den ganzen Menschen zur Welt zu bringen, wird nur mit Hilfe der europäischen Massen gelingen. Die Massen Europas müssen sich darüber klarwerden, daß sie sich in den kolonialen Fragen oft, allzu oft mit unseren gemeinsamen Herren verbündet haben. Heute müssen sie sich entscheiden, sie müssen aufwachen, zu einem *neuen Bewußtsein* kommen und ihren verantwortungslosen Dornröschenschlaf ein für allemal aufgeben.«[7] Dem entspricht das Selbstverständnis der verhärteten Protestgruppen in Europa und Amerika, deren »neues Bewußtsein«, wenn es auch Fluchtbewußtsein ist, sich in der terroristischen Aktion entlädt.

Dies läßt sich die Internationalisierung der politischen Rahmenbedingungen nennen, unter denen die Täter sich treffen.

Die »Totalisierung« des Krieges ist kennzeichnend für das 20. Jahrhundert. Sie begann mit den Massenheeren des Ersten Weltkrieges und wurde deutlicher, je weiter die Jahrzehnte voranschritten. Der Zweite Weltkrieg brachte die Massenzerstörung der Städte als Knotenpunkte der Infrastruktur im Gebiet der feindlichen Macht. Die ungenauen Großwaffen, die Bomben der Luftflotten, vernichteten das Leben von Millionen Menschen, die in der früher tatsächlich gültigen, jetzt mehr und mehr theoretischen Eingrenzung des Krieges die »Nicht-Kombattanten«, die am eigentlichen Kampfgeschehen Nichtbeteiligten waren. Allenfalls läßt sich sagen, daß der Zweite Weltkrieg vom total Totalen Krieg noch durch eine fadendünne Linie getrennt war. Die ungenauen Großwaffen wurden gegen die Städte als Zentren der Rüstung, der Kriegswirtschaft und des Verkehrs eingesetzt – nicht, *weil* man wußte, daß sie Nichtbeteiligte zuhauf töten würden, sondern *obwohl* man dies wußte. Die Kategorie der Nichtbeteiligten wurde eingeengt, aber im Rahmen des Konventionellen Krieges nicht in einem Akt bewußter Kalkulation abgeschafft.

Selbst die Hiroshima-Bombe, der nukleare Ernstfall, läßt sich noch aus der Logik der Waffenungenauigkeit erklären. »Die Hiroshimawaffe zerstörte ein Gebiet, das etwa hundertmal so groß war wie das Gebiet, das durch die größte der nichtatomaren Großbomben [*blockbusters*] verwüstet wurde. Unausweichlich rückte der ›Nebeneffekt‹ – das Töten von Menschen – in den Mittelpunkt der Aufmerksamkeit. Das verstärkte endgültig den Prozeß einer abbröckelnden Scheu vor dem Töten von Zivilisten, der bereits früher im Krieg eingesetzt hatte, als offensichtlich wurde, daß die Ungenauigkeit vorhandener Waffen enorm groß war. Zum Beispiel kamen die Briten zu der Annahme, daß bei einem Bombenmassenangriff ein Viertel ihrer Bomben in ein Geviert von etwa 75 Quadratmeilen um das Angriffsobjekt fallen würden (...) Atomwaffen erschienen damals als eine Möglichkeit, mit ein paar, statt mit ein paar tausend Waffen das riesige Gebiet der Ungenauigkeit abzudecken, in das Bomben fallen würden.«[8]

Die bewußte Abschaffung der Kategorie der Nichtbeteiligten ist entscheidendes Merkmal des revolutionären Krieges. Er wird überlegt und mit voller Absicht gegen die Regeln des Konventionellen zwischenstaatlichen Kriegs, an diesen Regeln vorbei geführt. Der revolutionäre Krieg versucht, innerhalb des Bereichs der etablierten Macht von Staaten oder Staatengruppen einen »Gegenstaat« zu schaffen. Die Schaffung eines Gegenstaates oder eines vergleichbaren politischen Gebildes ist nicht erreichbar durch eine Folge bloßer militärischer Operationen; sie braucht den Menschen, *jeden* Menschen, seine Zustimmung, seine Kooperation, mindestens seine letztlich widerstandslose Hinnahme des Geschehens im politisch-sozialen Umwandlungsvorgang. Das Mao-Wort, der Kämpfer des revolutionären Krieges müsse sich in der Bevölkerung bewegen »wie der Fisch im Wasser«, beschreibt diesen Vorgang der schließlichen Einbeziehung aller in den Konflikt. Der revolutionäre Krieg kann in seinem Fortschreiten die Existenz des Nichtbeteiligten gar nicht anerkennen, denn jeder ist beteiligt – und sei es zunächst nur als Teil einer Öffentlichkeit, um deren Entscheidung zur Zustimmung oder zum Abbau eines Widerstandes der Kampf geführt wird. Alle Formen des revolutionären Krieges zielen *auch* auf den Nichtbeteiligten und zwar um so ausschließlicher, je weiter sie sich von den Formen des Konventionellen Krieges entfernen. Es gibt keine Neutralen mehr. Der Terrorismus, der sich noch mehr als der Guerillafeldzug von konventionellen Kampfformen absetzt und als Kampf der Kleinsten Gruppe auf der Strategie des Umwegs über die psychologische Wirkung aufgebaut ist, darf die Kategorie der Nichtbeteiligten nicht zur Kenntnis nehmen, wenn er folgerichtig sein will. Die entschlossensten terroristischen Organisationen in der heutigen Welt beweisen stets von neuem ihre Konsequenz, denn ihre Aktionen sind gezielt gegen die Nichtbeteiligten gerichtet.

Die katholischen Pilger aus Puertorico, die 1972 im israelischen Flughafen Lod von japanischen Helfern der PFLP niedergeschossen wurden – was hatten sie mit der palästinensischen »Sache« zu tun? Die internationalen, durch den Zufall einer computerbetriebenen Platzbuchung zusammengewürfelten Reisenden in den brennenden Flugzeugen von Rom und Athen im Jahre 1973 – was hatten sie mit dieser »Sache« zu tun? Die biederen holländischen Kleinstädter, die 1975 zur Einkaufsfahrt den Lokalzug von Beilen bestiegen – was hatten sie mit dem Selbständigkeitstraum der Südmolukker aus einem Winkel des Pazifik zu tun? Die amerikanischen Geschäftsleute, die im September 1976 schnell von einem zum anderen Punkt im Städtegeflecht der Ostküste wollten und über den Atlantik nach Paris entführt wurden – was hatten sie mit dem Widerstand der Kroaten gegen die Zentralisierungspolitik Belgrads zu tun? Die abendlichen Biertrinker in den Pubs englischer Mittel- und Kleinstädte, die Dinnergäste aus aller Herren Länder in den Weltklasserestaurants von London (und eines Tages vielleicht von Brüssel oder Zürich) – was haben sie mit der Last der Historie in der Nordprovinz der irischen Insel am Rande Europas zu tun?

Die Fragen nach der unmittelbaren Beziehung, nach der »Beteiligung« am besonderen Konflikt, sind irrelevant. In einer auf immer engerem politischen, wirtschaftlichen, technischen und psychologischen Verbund beruhenden Welt werden die Rahmenbedingungen der terroristischen

Aktion internationalisiert; folglich werden auch die Objekte der Aktion internationalisiert. Für diesen Terrorismus unter den Bedingungen der Jetztzeit gibt es die Nichtbeteiligten nicht mehr. Die Neutralität der Person ist somit doppelt abgeschafft. Aber das konstituiert noch keinen »Weltbürgerkrieg«, sondern die Ausweitung eines bestimmten Kampfraumes im transnationalen oder transkontinentalen Maßstab.

Séan MacBride, Befehlshaber der IRA in den Tagen des puren irischen Nationalismus, sagte beim Blick auf die IRA-Jahre nach dem Ersten Weltkrieg: »Es war stehende Regel, Sicherheitsvorkehrungen zu treffen, um die Verletzung Unschuldiger und ziviler Personen zu vermeiden. Bei jeder Aktion, ob Hinterhalt oder direkter Angriff, mußte dafür gesorgt werden, daß die Bevölkerung gegen die Auswirkungen unserer Kämpfe geschützt war. Sehr oft wurde die Kampfzone vorher geräumt (...) Oder zur Frage der Entführung: ich kann mich nicht erinnern, daß es in den Jahren 1918-1921 einen einzigen Fall von Geiselnahme gab.«[9]

Heute gilt als feste Erkenntnis, daß Mao Tse Tung der entscheidende Strategie-Denker des neuzeitlichen Guerillakrieges war. Er glich die Waffenschwäche der Guerilla aus und kehrte sie dadurch in Kraft und Überlegenheit, daß er die »politische«, in Wirklichkeit die psychologische Wirkung auf die Masse, auf die Öffentlichkeit, in die rein militärische Kräftegleichung einführte. Wenn dem so ist, dann folgt ihm der im internationalen Rahmen tätige konsequente Terrorist bei jeder seiner Aktionen in doppelter Weise: nicht nur nimmt er die internationale Öffentlichkeit in den Konflikt hinein und macht sie zum Ziel der psychologischen Wirkung – er erreicht diese Wirkung, indem er sie zum ersten und hauptsächlichen Opfer macht.

Die Sprengung der Grenzen oder: die Internationalisierung des Aktionsfeldes

Die Maschinenpistolen und Handgranaten des Japaners Kozo Okamoto und seiner zwei Genossen aus der japanischen Roten-Armee-Fraktion (*Rengo Sekigun*) töteten 1972 auf dem Airport Lod, Zielhafen der internationalen Flüge nach Israel, 26 Personen, darunter 11 katholische Pilger aus Puertorico. 80 Personen wurden größtenteils schwer verletzt. Beim späteren Prozeß erklärte Kozo Okamoto, der einzige Überlebende des Terroristen-Kommandos, Henker und Opfer seien im Tod vereinigt und träten gemeinsam in ein neues Leben, als Sterne, deren Licht ewigen Frieden über die Erde breiten würde.

Der Anschlag war von der PFLP des Dr. George Habash geplant und organisiert worden; sie hatte die drei japanischen Terroristen angeworben und eingesetzt. Der Sprecher der PFLP, Hassan Kanafani, Maler und Literat, hatte eine Erklärung, die nichts von der poetisch verbrämten Verwirrung des Japaners, aber viel von der kalten Rationalität der PFLP-Planer hatte: »Unser Stil von Operation ist nicht die Erfindung eines Einzelnen, sondern die Konsequenz unserer Lage. Wenn wir Palästina dadurch befreien könnten, daß wir von den Südgrenzen des Libanon Rosen auf die Israelis regnen lassen, dann täten wir das. Es ist hübscher. Aber ich glaube nicht, daß das etwas bringt.«[10] Einen Monat später starb Kanafani, als sein Sportwagen in den Straßen von Beirut explodierte. Sein offenbarer Zynismus darf nicht darüber hinwegtäuschen, daß er die Situation präzise umrissen hatte.

Am 1. Januar 1965 begann der unter traditionellen Vorstellungen geführte Guerillakrieg der palästinensischen Fedayin nach einer fast siebenjährigen Vorbereitungsdebatte mit einem Unternehmen der *al-Fatah* gegen Israel. Die Ergebnisse waren schon am ersten Einsatztag nichtssagend; sie blieben es auch. Die Fatah – älteste, stärkste, vorwiegend nationalistisch orientierte Gruppe innerhalb der Dachorganisation PLO – führte bis zum Juni 1967 insgesamt nur 122 Sabotageakte gegen Israel und tötete dabei 14 Israelis. Bis zu diesem Juni 1967 glaubte die arabische Welt, der Held des arabischen Aufbruchs, Ägyptens Gamal Abdul Nasser, stehe kurz vor dem großen Ziel, dem Triumph über den Staat Israel. Sechs Tage im Juni genügten, den Traum sterben zu lassen. Nach der vernichtenden arabischen Niederlage im Krieg von 1967 war die militärische Lage hoffnungsloser als je zuvor; allein die Guerillavorstellungen der Fatah und der verschwägerten palästinensischen Organisationen schienen einen Ausweg zu bieten. Damit hob ein Schauspiel von Täuschung und Selbsttäuschung an, das kaum ein vergleichbares Beispiel hat: Die Guerilla der Fatah erweckten den Eindruck, als sei die Initiative im Kampf gegen Israel auf sie übergegangen und werde täglich aufs neue von Erfolgen gekrönt. Die Fedayin wurden in der Tat zu einem gewichtigen Faktor in der arabischen Politik; mehr noch, sie wurden zum Idol der jungen Radikalen in der westlichen Welt. Nur vor dem eigentlichen Ziel, dem militärischen Guerillakampf gegen Israel, versagten sie vollkommen. Militärisch war ihre Strategie nichts anderes als eine Katastrophe. Einigen Fedayin-Chefs kam diese Einsicht, aber die meisten waren entschlossen, in ihrer Phantasiewelt weiterzuleben.

Unter den palästinensischen Gruppen stellte sich die PFLP des Dr. George Habash, 1967 gegründet, als die härteste Einheit heraus. Ihre Entschlossenheit beruhte nicht zuletzt auf einem konsequenten revolutionären Denken, das über die enge nationalistische Zielsetzung des Yassir Arafat (die »Palästinität« des Kampfes genannt) hinausging und eine rücksichtslose gesellschaftliche Umwandlung des gesamtarabischen

Raumes anstrebte. Dieses Denken zog vor allem junge arabische Intellektuelle an, die in die Aktionsplanungen der PFLP den Charakter besonderer Klarheit und Exaktheit einbrachten.

Die PFLP vertrat die Ansicht, der Zionismus – in ihrer Vorstellung nur ein Teil des Feindes, der insgesamt definiert wurde als »Israel, der Zionismus, der Imperialismus und die arabische Reaktion«[11] – müsse überall und mit allen wirksamen Mitteln angegriffen werden. Sie tat den Schritt von der Guerilla-Unternehmung zum Terrorismus. Sie verzichtete fast völlig auf militärähnliche Unternehmen. Ihre Leute griffen Ziele nicht wegen ihres tatsächlichen oder angeblichen militärischen Wertes, sondern nur wegen der psychologischen Wirkung der Aktion an. Sie verübten Bombenanschläge auf Bus-Bahnhöfe, Supermärkte und die Hebräische Universität. Aber die Personalverluste waren erheblich. Die Zellenstruktur der PFLP in Israel ließ sich nicht aufrechterhalten, da die israelische Abwehr ihr zu viele Verluste beibrachte.

Am 28. Juli 1968 kaperte ein dreiköpfiges PFLP-Kommando eine Boeing 707 der EL AL kurz nach dem Start in Rom. Sie wurde vom Kurs Tel Aviv abgezwungen und nach Algerien dirigiert. Diese Entführung war nicht ein spontaner Akt, auch nicht eine Unternehmung mit einem ganz bestimmten, eng begrenzten Zweck, sondern der Beginn einer klar kalkulierten neuen Taktik: nicht nur die Guerilla-Operationen durch den terroristischen Akt ersetzen, sondern die terroristische Aktion über die Grenzen des eigentlichen Kampfraumes, des Raums der Konfliktgegner, hinaustragen.

Selbst in Spezialuntersuchungen wird gelegentlich gesagt, auch diese Aktion sei ein Fall simpler Befolgung eines Rezepts aus Marighelas »Mini Manuale« gewesen. Dort wird in der Tat die Flugzeugentführung als eine Erpressungsmöglichkeit unter anderen genannt, aber sie bleibt immer auf den eigentlichen, den beschränkten Kampfraum bezogen. Als die EL-AL-Maschine über der italienischen Küste gekapert wurde, war das »Mini Manuale« noch gar nicht geschrieben. Kein Zweifel kann bestehen, daß die Planer der PFLP eigenständig eine Erweiterung der strategischen Möglichkeiten des Terrorismus durch die bewußte Erweiterung des Aktionsfeldes, durch die Sprengung der räumlichen Grenzen des Konflikts, vornahmen. Denn es blieb nicht bei dieser Kaperung; die Aktionen jenseits der Grenzen steigerten sich, und die Objekte der terroristischen Attacken waren nicht mehr nur israelisch. Im August 1969 wurde eine amerikanische TWA-Maschine nach Damaskus entführt und dort gesprengt. Kurz darauf schmuggelte eine Splittergruppe der Habash-Organisation, die PFLP-General Command, eine Bombe an Bord eines Swissair-Flugzeuges, das noch über der Schweiz zerrissen wurde, wobei 47 Menschen den Tod fanden.

Die nach den Regeln des inzwischen schon »klassischen« Guerillakrieges geführten Feldzüge bedürfen einer Landbasis im eigentlichen Kampfraum oder in einer Region, die unmittelbar an den Rand des Kampfraumes anstößt. Die Landbasis der Fedayin lag nie in Israel, nicht einmal in den besetzten Gebieten; aber die Fedayin stützten sich auf das an Israel anstoßende Gebiet Jordaniens. Im September 1970 ging auch diese Basis verloren und mit ihr eine entscheidende Voraussetzung des Guerilla-Krieges. Der Hergang ist bezeichnend.

Am 6. September 1970 versuchten PFLP-Kommandos in Europa vier internationale Linienmaschinen mit Reiseziel New York in ihre Gewalt zu bringen. Der Anschlag auf den EL-AL-Flug London-New York schlug fehl. Ein amerikanischer PanAm-Jumbo, aus Amsterdam kommend, konnte auf der jordanischen Wüstenpiste Dawson's Field, die die PFLP zur Aufnahme der Kapermaschinen hergerichtet hatte, nicht landen; das Kommando an Bord dirigierte ihn über Beirut nach Kairo, wo der Jumbo gesprengt wurde. Die beiden anderen Flugzeuge, eine Swissair- und eine amerikanische TWA-Maschine, landeten auf Dawson's Field, einige Dutzend Kilometer nördlich der jordanischen Hauptstadt Amman. Um sich zusätzlich britische Geiseln zu verschaffen, entführte die PFLP in den nächsten Tagen noch eine VC-10 der britischen Gesellschaft BOAC auf der Route Singapur-Beirut-London. Fünf Staaten, die USA, Großbritannien, Israel, die Schweiz und die Bundesrepublik, wurden erpreßt. Dieser Vorgang ist »eine bis dahin beispiellose Übung im internationalen Tauschhandel« genannt worden. Die Internationalisierung der Opfer wurde mit kühler Berechnung auf einen ersten Höhepunkt getrieben.

Die jordanische Armee hatte einen Ring um die entführten Maschinen, die Geiseln und die PFLP-Bodenkommandos gezogen, den die PFLP natürlich nicht respektierte. Erste Schießereien zwischen jordanischen Armee-Einheiten und Palästinensern brachen aus. Am 12. September 1970 wurden die Maschinen gesprengt; ein Teil der Geiseln erhielt die Freiheit zurück, ein anderer wurde zurückgehalten, um die Verhandlungen zwischen der Terroristenzentrale und den fünf Regierungen weitertreiben zu können. In dem hektischen Durcheinander ging die jordanische Armee immer schärfer gegen die Palästinenser vor. Der Tausch von Geiseln gegen palästinensische Terroristen in den Gefängnissen der erpreßten Regierungen kam zwar zustande, aber in den harten, nicht mehr aufzuhaltenden Kämpfen der jordanischen Armee gegen die Palästinenser, die einen Teil des jordanischen Souveränitätsbereiches praktisch besetzt und zu ihrer Guerilla-Landbasis ausgestaltet hatten, wurden die Guerillas aus dem Land getrieben. Sie verloren ihre Basis und mußten eine erste Dezimierung erdulden. Die zweite Dezimierung kam sechs Jahre später durch die syrische Intervention im libanesischen Bürgerkrieg. Der jordanische September 1970 wurde der »Schwarze September« der palästinensischen Fedayin.

In einem begrenzten militärischen Sinn wäre die von der PFLP inszenierte »beispiellose Übung im internationalen Tauschhandel« ein Fehlschlag gewesen, denn die Guerilla-Strategie war an ihr zerbrochen, die notwendige Basis verloren gegangen. Aber die PFLP hatte sich längst von dieser Strategie abgewandt.

In einem weiteren Sinn war »Unternehmen Dawson's Field« ein bemerkenswerter Erfolg, nämlich als Bestätigung der PFLP-Linie: Terrorismus statt militärischer Guerilla *und* Terrorismus jenseits der Grenzen im internationalen Raum. Auch die bis dahin auf die raumgebundenen Guerilla-Operationen festgelegte Fatah des Yassir Arafat ging nun auf die neue Strategie über. Die Organisation des »Schwarzen September« bildete sich als terroristischer Arm der Fatah und begann 1971 mit ihren Auslandsaktionen. Sie steigerten sich von der Ermordnung des jordanischen Außenministers Wasfi Tal in Kairo bis zur Geiselnahme bei den Münchner Olympischen Spielen 1972 und zur Ermordung von zwei amerikanischen und einem belgischen Diplomaten in der saudi-arabischen Botschaft im sudanesischen Khartum 1973.

Entscheidender Punkt dieser Entwicklung vom Juli 1968 bis zum September 1970 ist die Erfahrung des Terrorismus, daß sich das Aktionsfeld nicht mit dem nationalen oder regionalen Kampfraum zu decken braucht – auch dann nicht, wenn der Terrorismus von der Einzelaktion vergangener anarchistischer Tage zur durchorganisierten und geplanten Aktionskette übergeht. Mit der Internationalisierung der politischen Rahmenbedingungen für die Täter und der Internationalisierung der Opfer ging die Internationalisierung des Aktionsfeldes einher. Wie bei allen historischen Prozessen ist es dabei zunächst von untergeordneter Bedeutung, daß die Schwierigkeiten »der Lage«, wie Hassan Kanafani gesagt hatte, diesen Weg erzwangen. Das kann nur als Beweis für die bessere Anwendbarkeit der Gewalt der Kleinen Gruppe gewertet werden. Das Ergebnis zählt: Die Grenzen wurden gesprengt.

Die Anwendung der terroristischen Umwegstrategie auf den internationalen Raum, konsequent zuerst von den Planern der palästinensischen PFLP betrieben, wurde zum Muster für das, was heute »Internationaler Terrorismus« genannt wird. Vom Gewaltcharakter der jeweiligen terroristischen Gruppe, vom Grad ihrer Entschlossenheit oder ihrer Verzweiflung, vor allem von der »Qualität« ihres Führungspersonals hängt es ab, ob aus der nachgewiesenen Möglichkeit die Aktion wird.

»*Internationaler* Terrorismus kann also definiert werden als ein Akt der Gewalt oder eine Kampagne der Gewalt außerhalb der akzeptierten Regeln und Prozeduren internationaler Diplomatie und Kriegführung (...) Internationaler Terrorismus ist eine Art der Kriegführung; so wie er jetzt von Revolutionärs- und anderen Dissidentengruppen angewendet wurde, eine neue Art von Kriegführung. Das ist Kriegführung ohne Territorium und ohne Armeen, wie wir sie kennen. Das ist Kriegführung ohne räumliche Eingrenzung. Sporadische ›Schlachten‹ können weltweit stattfinden. Das ist Kriegführung ohne Neutrale und mit nur wenigen, meist ohne jeden zivilen Nichtbeteiligten.«[12]

Dieser Umschreibung durch Brian Jenkins von der amerikanischen Rand Corporation, einem der besten Kenner des heutigen Terrorismusproblems, ist zuzustimmen. Drei Bemerkungen sind anzuknüpfen.

In dem Wort »sporadisch« steckt der Hinweis auf die Zeit als Teil der Gesamtrechnung. Sie spielt nicht die erste Rolle, denn Zeit, in der nur wenige Aktionen stattfinden, hebt die tiefe psychologische Wirkung des schon Geschehenen nicht mehr auf. Sie verdrängt die Angsterfahrung bis zum nächsten terroristischen Ausbruch, aber sie löscht sie nicht.

Die Wandlung des Konfliktbildes seit dem Ende des Zweiten Weltkrieges ist nicht nur vom Rückzug des Konventionellen Krieges und vom Ansteigen der Gewaltformen der Niederen Organisationsstufen gekennzeichnet, sondern auch von der Verlagerung der Konfliktzone. Die historische Konfliktregion ersten Ranges, Europa, wurde bis auf wenige Ausnahefälle praktisch frei vom größeren Gewaltkonflikt; er wanderte ab in die Regionen der Dritten Welt. Wird diese Entwicklung jetzt unterbrochen?

Internationalisierung des Terrorismus wird nicht allein vom Entschluß der einen oder anderen Gruppe bewirkt; sie ist abhängig von verschiedenen Voraussetzungen, die früher nicht gegeben waren, heute aber in immer noch steigendem Maß angeboten werden. Dazu gehören:

- die heutige Formen der Mobilität;
- die Entwicklung der Waffen und die wachsende, kaum noch abzuschirmende Verwundbarkeit der zivilisatorischen Systeme entwickelter Staaten und Staatengruppen;
- die elektronische Weltkommunikation, ohne die der erforderliche Transport des Schreckens nicht möglich ist. Sie ist der Transmissionsriemen vom begrenzten Mitteleinsatz zur großen Wirkung. Ohne die öffentliche Verkündung der Tat und des Täters ist der Täter so gut wie nichts. Daran hat sich seit Robespierre und Fouché nichts geändert.

Diese Bedingungen sind technischer Natur. Der hohe Stellenwert, der hier den technischen Mitteln eingeräumt wird, ist umstritten. Der üblichen öffentlichen Betrachtung gilt der intellektuell und moralisch nicht mehr kontrollierte Ausbruch eines »anarchistischen« Zerschlagungswillens als beherrschendes Wesensmerkmal des Terrorismus. Nach dieser Auffassung bedienen sich der Gewalttäter und der Terrorist neuer technischer Mittel eher beiläufig, wie eines Werkzeuges, das zufällig zuhanden ist. Darf der Einfluß der technischen Mittel auf den Charakter der Gewalt derart niedrig veranschlagt werden, oder ist den Argumenten zu folgen, die zur gegenteiligen Ansicht führen?

Hannah Arendt hat sich 1970 unter dem Eindruck der Studentenrebellionen und der amerikanischen Rassenaufstände um größere Genauigkeit der sprachlich abgeschliffenen Begriffe Macht, Stärke, Gewalt gemüht. *Macht*, sagt sie, »entspricht der menschlichen Fähigkeit, nicht nur zu handeln oder etwas zu tun, sondern sich mit anderen [Menschen] zusammenzuschließen und im Einvernehmen mit ihnen zu handeln«. Über Macht verfüge niemals ein Einzelner, denn sie sei immer im Besitz einer Gruppe und existiere nur mit der Gruppe. »Wenn wir von jemand sagen, er ›habe die Macht‹, heißt das in Wirklichkeit, daß er von einer bestimmten Anzahl von Menschen ermächtigt ist, in ihrem Namen zu handeln.«[13] Macht ist also nicht denkbar ohne die Meinung der größeren Zahl; das ist unabhängig von der Art, wie die Meinung zustandekommt. Macht existiert nicht nur in demokratischen Staaten.

Stärke wird als individuelle Eigenschaft verstanden, die sich mit »der gleichen Qualität in anderen (...) Personen messen kann, aber als solche von ihnen unabhängig ist. Stärke hält der Macht der Vielen nie stand; der Starke ist nie am mächtigsten allein, weil auch der Stärkste Macht gerade nicht besitzt.«[14] Hier wird die Verwandtschaft von Stärke und Gewalt offenbar. »*Gewalt* ist (...) durch ihren instrumentalen Charakter gekennzeichnet (...), da die Gewaltmittel, wie alle Werkzeuge, dazu dienen, menschliche Stärke bzw. die der organischen ›Werkzeuge‹ zu vervielfachen, bis das Stadium erreicht ist, wo die künstlichen Werkzeuge die natürlichen ganz und gar ersetzen.«[15] Den Extremfall der Macht sieht Hannah Arendt »in der Konstellation: Alle gegen Einen, der Extremfall der Gewalt [liegt] in der Konstellation: Einer gegen Alle. Und das letztere ist ohne Werkzeuge, d. h. ohne Gewalt*mittel* niemals möglich.«[16]

Das ist Präzisierung einer Erkenntnis, die nicht neu ist. Bei Friedrich Engels heißt es, daß Gewalt als »reale Vorbedingung zu ihrer Betätigung ... Werkzeuge erfordert«[17]. Hannah Arendt folgert, daß »die technische Revolution, eine Revolution in der Herstellung von Geräten, besonders weitreichende Folgen auf dem Gebiet der Gewaltbetätitung, also vor allem der Kriegführung, [hatte]. Es liegt im Wesen der Gewalthandlung, daß sie wie alle Herstellungsprozesse im Sinne der Zweck-Mittel-

Kategorie verläuft. Wird diese Herstellungskategorie auf den Bereich der menschlichen Angelegenheiten angewandt, so hat sich noch immer herausgestellt, daß die Vorrangstellung des Zwecks im Verlauf der Handlung verlorengeht (...) Denn das Resultat menschlichen Handelns läßt sich niemals mit der gleichen Sicherheit voraussagen, mit der das Endprodukt eines Herstellungsvorgangs bestimmt werden kann: *daher sind die zur Erreichung politischer Ziele eingesetzten Mittel für die Zukunft der Welt zumeist von größerer Bedeutung, als die Zwecke, denen sie dienen sollen.*«[18]

Der kalkulierte palästinensische Entschluß, im Kampf um ein begrenztes Ziel Mittel neuer Größenordnungen einzusetzen, führt zu der Frage, ob diese Mittel noch in einem angemessenen Verhältnis zur Bedeutung des Zieles stehen oder ob die Mittel bereits aus einem begrenzten Ziel ein überdimensioniertes Problem gemacht haben – kurz: ob also die neuen Mittel schon gewichtiger geworden sind als die alten Ziele. Die Antwort, die sich hier von selbst einstellt, ist die Probe auf die These von der Richtungsänderung der Gewalt durch ihre Werkzeuge. Folglich muß jeder Versuch, die heutigen Anfänge des grenzüberschreitenden Terrorismus zu beschreiben, ohne den Blick auf die Technologie ein halbes Unterfangen bleiben.

3. Teil

Technologie und Terrorismus

»Die ganze Welt scheint ein Artefakt zu werden, das der Mensch sich macht. Wir leben nicht mehr im Eisernen Zeitalter, erst recht nicht im Goldenen oder Silbernen, sondern im Kunststoff-Zeitalter. Das wird Konsequenzen für eine Theorie des Partisanen haben.«

Carl Schmitt, 1970

8. Mobilität

Fallbeschreibungen

1.

Die Air-France-Linienmaschine auf der Route Paris – Tel Aviv – Bombay traf am Freitag, dem 24. September 1976, planmäßig auf dem Ben-Gurion-Flughafen Lod bei Tel Aviv ein. »Besondere Vorkommnisse: keine.«

Eine junge Holländerin, Ludina Janssen, 23 Jahre, aus Breda stammend, passierte Paß- und Zollkontrolle: keine merkbaren Beanstandungen. Kurze Zeit später war sie verhaftet, und die Verhöre begannen. Die israelitischen Sicherheitsbehörden gaben die Erkenntnisse weiter.

Drei Tage später, am Montag, dem 27. September 1976, wurde ein einunddreißigjähriger Holländer, Marius Nieuwburg, ebenfalls verhaftet. Diese Verhaftung fand in Bombay statt.

Wiederum zwei Tage später, am Mittwoch, dem 29. September, führte die holländische Polizei Razzien in Amsterdam, Nieuweroord und Breda durch. Sie entdeckte in Unterkünften einer legalen Organisation, der 1966 gegründeten *Rode Jeugd* (Rote Jugend), Druckpressen und Flugblätter der IRA und der deutschen RAF.

In Israel hatte die verhaftete Ludina Janssen bei den Verhören »voll kooperiert«, wie die amtliche Formel für Aussagefreudigkeit heißt. Die Sicherheitsbeamten erfuhren in kürzester Zeit, daß Ludina Janssen einen Komplizen an Bord der Air-France-Maschine hatte, der nach dem Zwischenaufenthalt in Tel Aviv in den Fernen Osten weitergereist war. Die sofort informierte indische Polizei griff ihn in Bombay. Ludina Janssen und Marius Nieuwburg hatten den Auftrag, die Bedingungen auf der Air-France-Maschine von Paris nach Bombay zu erkunden – notwendige Aufklärungstätigkeit für die Vorbereitung einer Kaperung. Auftraggeber war der PFLP-Planungschef Dr. Haddad, der bei dem israelischen Unternehmen in Entebbe, Uganda, entkommen war.

Ludina Janssen gab noch mehr preis. Zusammen mit einem Dutzend anderer junger Europäer war sie im Sommer 1975 in einem Trainingslager nahe Aden im Südjemen im Gebrauch von Waffen und Sprengstoff ausgebildet worden. Ihren Aussagen zufolge sollte sich gleichzeitig eine kleine Gruppe von Terroristen mit Vorbereitungen für eine Aktion auf dem Ben-Gurion-Flughafen befassen. Das Kommando traf nicht mehr ein.

2.

Im März 1975 verhörte die japanische Polizei den »Soldaten« Yun Nishikawa, Mitglied der Japanischen Roten-Armee-Fraktion. Die Verhöre des Yun Nishikawa förderten eine moderne Odyssee besonderer Art zutage.[1]

Im Mai 1973 verläßt er als »Rekrut« der Japanischen RAF den Hafen Yokohama. Über Nachodka und Wladiwostok reist er mit der Transsibirischen Bahn nach Moskau, von dort weiter nach Helsinki. Von Finnland geht die Reise quer durch Westeuropa nach Spanien, von dort quer durch Nordafrika nach Beirut. In der libanesischen Hauptstadt wird er feierlich in die Japanische RAF aufgenommen und gleich wieder in Marsch gesetzt, quer durch Europa bis nach Schottland hinauf und zurück über London nach Berlin, wo er bis Ende März 1974 bleibt. Die Zentrale in Beirut ruft ihn aus Berlin ab und schickt ihn nach Aden im Südjemen, wo er von palästinensischen Instrukteuren im Nahkampf ausgebildet wird.

Er weiß nicht, daß ganz in der Nähe das Büro des PFLP-Planungschefs Dr. Haddad ist, ein Bungalow, der über die Docks von Aden hinwegblickt und früher einmal das Haus eines britischen Kolonialbeamten war. Von hier aus hielt Dr. Haddad Funkkontakt mit Beirut; seine Funksprüche waren verschlüsselt, denn die Franzosen in Djibouti und das *British Royal Signal Corps* mit seinen Stationen im Mittelmeer versuchten mitzuhören.

Yun Nishikawa reist im Frühjahr 1974 über Bagdad, wo er Befehle empfängt, nach Europa. Aktionen gegen japanische Wirtschaftsvertreter im Rhein-Ruhr-Gebiet werden vorbereitet, müssen aber abgeblasen werden. Während dieser Zeit wird ein anderer japanischer »Soldat«, Yamada alias Yutaka Furuya, von der französischen Polizei verhaftet. Um ihn zu befreien, wird die Geiselaktion in der französischen Botschaft in Den Haag vorbereitet und im September 1974 erfolgreich durchgeführt: elf Geiseln werden genommen, darunter der französische Botschafter, und schließlich gegen Yamada, der in einem Pariser Gefängnis sitzt, ausgetauscht. Die Terroristen und der befreite Yamada erhalten ein Fluchtflugzeug und 300 000 Dollar Lösegeld. Sie fliegen nach Damaskus, wo sie der PFLP überstellt werden. Die syrischen Behörden beschlagnahmen das Lösegeld; die niederländische Regierung hat es später wiederbekommen.

Nishikawa ist wieder im Nahen Osten, bleibt dort aber nur wenige Monate. Im Februar 1975 wird er wieder mit zwei Genossen in Marsch gesetzt, diesmal zur Erkundung und Vorbereitung von Aktionen in Skandinavien. Sie fliegen nach Kopenhagen, später nach Stockholm. Sie beobachten das Wohnhaus des libanesischen Botschafters, werden festgenommen und nach Japan abgeschoben. Dort beginnen die Verhöre des Reisenden in Sachen Terrorismus, Yun Nishikawa.

3.

Zwei arabische Terroristen und zwei Japaner brachten am 31. Januar 1974 ein Fährboot im Hafen von Singapur in ihre Gewalt, nachdem sie an der Shell-Ölraffinerie im Hafengebiet Sprengladungen gelegt hatten. Die vier Terroristen, die einige Passagiere der Fähre als Geiseln hielten, bekamen das Angebot freien Geleits in irgendeine ihnen zusagende Botschaft. Sie lehnten ab. Eine Lösung schien nicht in Sicht, da präzise Forderungen nicht erhoben wurden.

Am 6. Februar besetzte ein Kommando aus Palästinensern und Japanern die japanische Botschaft in Kuwait. Sie drohten mit der Ermordung des Botschafters und seiner Mitarbeiter, wenn den vier in Singapur nicht die freie Reise nach Kuwait gestattet werde. Die Regierung in Tokio schickte für den Transport nach Nahost ein Langstreckenflugzeug nach Singapur, aber Kuwait verweigerte zunächst noch jede Landeerlaubnis.

Zeitlich parallel hatte sich eine weitere Geiselaffaire ereignet. Am 2. Februar kaperten drei Mann, deren Nationalität unbekannt war (sie hatten zwar pakistanische Pässe), das griechische Schiff »Vori« im Hafen von Karachi. Kapitän und Erster Ingenieur mußten als Geiseln an Bord bleiben. Die drei Terroristen behaupteten, Mitglieder einer bis dahin unbekannten Gruppe, der *Moslem International Guerillas*, zu sein und verlangten die Freigabe von zwei Arabern, die in Athen wegen Mordes an fünf Reisenden auf dem Athener Flughafen Ellinikon zum Tode verurteilt worden waren. Zwei Tage nach dem Überfall im Hafen von Karachi wurden die drei Terroristen nach Kairo geflogen, wo sie »in Transit« blieben. Die pakistanische Regierung hatte zu verstehen gegeben, sie sei mit der griechischen Regierung zu einer Verständigung gelangt. Die Freilassungsabsichten der griechischen Regierung hatten sich aber allem Anschein nach schon vorher verdichtet, so daß die »Verständigung« eher einem Spiel der Vorwände glich. Die Kaperung der »Vori« war ein willkommenes Alibi, vom Zufall den Griechen zugeschoben, und die Pakistani griffen schnell nach der Chance, »ihre« Täter weiterzuschieben.

Kuwait, das bereits ein Mordkommando von fünf Terroristen beherbergte, die auf dem Flugplatz von Rom 33 Menschen in einer geparkten Maschine hatten verbrennen lassen, gab schließlich dem japanischen Drängen halb nach. Die vier Terroristen aus Singapur trafen mit der japanischen Sondermaschine im Luftraum über Kuwait ein, erhielten Landeerlaubnis und wurden mit den Geiselnehmern in der japanischen Botschaft in Kuwait zusammengeführt. Anschließend flogen sie unter freiem Geleit in die Republik Südjemen.

Flugrouten und Ortsnamen, Gruppenbezeichnungen, Nationalitäten und Aufnahmestaaten wechseln. Aber das Muster der Bewegungen zwischen den Kontinenten wiederholt sich mit eintöniger Regelmäßigkeit. Die Akten der Sicherheitsbehörden werden zur ermüdenden Lektüre. Sie verraten freilich nichts vom menschlichen Leid, von den wachsenden Bergen der Angst, den seelischen Erschöpfungen und Verwundungen, die hinter jedem Fall zu finden sind. Aber sie zeigen das Ausmaß steigender Unsicherheit nicht nur auf den internationalen Verkehrswegen, die manchmal an die von Wegelagerern bedrohten Landstraßen Europas im 17. und 18. Jahrhundert erinnern, sondern vor allem in den Beziehungen der Staaten untereinander. Und sie offenbaren die bemerkenswerte Bindung von Energie, Personal und Mitteln, die an die Bereinigung eines jeden Falles gesetzt werden müssen. Dieses Muster der Mobilität ist nur unter den Bedingungen der modernen Verkehrs- und Kommunikationstechnik möglich geworden und wird inzwischen von der internationalen Gemeinschaft als unabänderlich hingenommen.

». . . wie ein Tier im Dschungel«

Die Aufklärung solcher Bewegungen zwischen den Kontinenten, Staaten und Fronten ist nicht annähernd vollständig. Noch immer ist nicht bekannt, von wo sich das »Carlos«-Kommando, das an einem Dezembersonntag 1975 die OPEC-Ministerrunde mitten in Wien überfiel, auf den Weg machte.

Die täglichen Kleinbewegungen innerhalb von Staaten und über die Grenzen von Nachbarstaaten, die Reisen des potentiellen terroristischen Personals, der Kuriere, Werber, Mittelsmänner, Materialbeschaffer, Fälscher, werden von den Polizeien der meisten westlichen Staaten verhältnismäßig wirksam überwacht. Die Einschränkung lautet: Soweit solche Kleinbewegungen im Meer des grenzüberschreitenden Massentourismus und des Berufs- und Güterverkehrs auszumachen sind. Das wird nie gänzlich gelingen, obwohl die technischen Anstrengungen der Sicherheitsbehörden erheblich und nicht ohne beträchtliche Teilerfolge sind. Zweifellos schneidet die systematische Arbeit der deutschen Polizei, die auf einer fortschreitenden Zentralisierung zumindest der Informations- und Führungsstränge beruht, im internationalen Vergleich gut ab. Insbesondere Einführung und Ausbau der elektronischen Datenverarbeitung (EDV) haben den Nachteil der kriminalpolizeilichen Bestandsaufnahme- und Meldeverfahren aus vorelektronischen Zeiten überwunden. Die alten Verfahren arbeiteten, da es nicht anders ging, mit der stillen Voraussetzung, Täterkreise und Merkmale ihrer Arbeitsweise seien von einer gewissen Dauer und Beharrung. Aber Mobilität ist nicht allein Bewegung in Zeit und Raum, sondern Bewegung auch in Art, Verfahren, Personenwechsel und Querverbindung. Die Finanzierung der aufwendigen terroristischen Netze und Aktionen läuft ja nicht nur über Zuwendungen durch Staaten wie beispielsweise Libyen, sondern erfolgt durch Beteiligung an nicht-terroristischen Verbrechen, wobei der Rauschgiftschmuggel womöglich noch ergiebiger ist als der Bankraub. Die Masse täglicher Information von unten hatte in der vorelektronischen Zeit nur geringe Auswirkung auf das Gesamtverhalten der Sicherheitsbehörden. Die Mobilität der Information durch den Computer, der Schnelligkeit und Verbund von Einzelwissen ermöglicht, ist eine der schärfsten Waffen gegen die »extreme Ausuferung der Tätermobilität in den letzten Jahren«[2].

Diese Waffe wird die Vorbeugung und Abwehr im Vorfeld der Tat und im Umfeld der Täter erhöhen, aber entscheidende Lücken sind nie zu schließen. Keine elektronische Datensammlung und -verarbeitung kannte den Hamburger Millionärssohn und Anhänger der »Roten Hilfe« Ulrich Wessel, der am Überfall auf die deutsche Botschaft in Stockholm 1975 beteiligt war. Keine Datenbank hatte die weit über hundert Namen aus der »Zweiten Generation« deutscher Terroristen, die nach der Entschlüsselung der Papiere entdeckt wurden, die der im Herbst 1976 auf einer hessischen Autobahn zufällig verhaftete Rechtsanwalt Siegfried Haag bei sich trug. Mobilität der Information durch den Computer ist nur möglich, wenn Information vorher in den Computer eingegeben wird. Die Last der Erkundung bleibt an den Nachrichten- und Aufklärungsdiensten hängen, die auf die Infiltration und Beobachtung von Gruppen und »Umfeldern« angewiesen bleiben.

Der technische Großapparat der Vorbeugung und Fahndung im vertrackten Geflecht der Städte, Straßen und Stationen der Industriewelt formt die Gegenseite um. Der terroristische Täter paßt sich an, oder er zerbricht am Apparat der Sicherheit, oder – und dies ist heute das Wahrscheinlichste – er weicht nur aus und wechselt über die Grenze zur stärkeren und besseren Gruppe.

Von dem Berliner Michael Baumann, »Bommi« genannt, da Bombenbastelei zu seinen Spezialitäten gehörte, Mitglied der Gruppe »2. Juni«, stammt eine der aufschlußreichsten Schriften über die Psychologie terroristischer Täter. Er hat sie nicht geschrieben, sondern offenbar diktiert; seine Sprache zerbirst manchmal unter der Last des Jargons der Subkultur und wird oft bis zur Unkenntlichkeit verbogen. Aber sie gibt in wenigen Sätzen den wirren Menschen preis, den »ausgeflippten Typ«, der oft hinter dem Akt der Gewalt steht. Baumann beschreibt die Wirkung des technologisch hochgezüchteten Apparates auf den Täter:

»Genau dieser Instinkt, daß du unbewußt genau das Richtige machst, das ist eigentlich die höchste Form, die du bei den Guerillageschichten erreichen kannst, also einen Instinkt kriegst, wie ein Tier im Dschungel. Bei so einer Bankkiste kommst du das erstemal raus. Du stehst ja quasi neben dir und beobachtest, was du da machst, das ist ja schon wieder eine Aciderfahrung. Wenn du dich sicher fühlst, dann klappt es auch. Wenn du den Aufhänger für deine Sicherheit bei der Technik suchst, die kann immer noch versagen. Da hast du viel weniger Einfluß als auf dich selbst, ist doch logisch . . . Das war genau der Fehler der RAF, daß sie dem Apparat der Bullen ihren eigenen Apparat entgegengesetzt haben, der immer schwächer ist. Die Gegenseite hat einfach eine viel längere Erfahrung auf diesem Gebiet. Die haben auch einen viel größeren, besseren Apparat, das ist ja auch genau ihre Geschichte, das haben sie auch erfunden, die Methoden der Materialsammlung, der Identifizierung usw. Da haben sie inzwischen schon einen Computer für, da sind sie echt besser, da sind sie die großen Fachleute.

Blues ist niemand von denen, das können die nie ticken, wie du dich verhältst, also genau das machst, was niemand erwartet.«[3]

Meldungen über Fortschritt und Erfolg bei Verhinderung und Bekämpfung sind fast ausschließlich für den begrenzten, in diesem Fall den nationalen Raum zu verzeichnen, der mit einer einheitlichen Systematik von Aufklärung und Abwehr überzogen werden kann. Fortschritt und Erfolg sind am ehesten dann zu erzielen, wenn der Gegner von der Art ist, die in der ersten Phase in der Bundesrepublik tätig war: zwar brutal und mörderisch in der Einzelaktion und radikal in der Mißachtung des Lebens der »Nichtbeteiligten«, aber dennoch offen und verwundbar wegen des Mangels an seelischer Dauerhärte und langfristig denkender Präzisionsgehirne. Die inzwischen kaum noch zu überblickenden Schriften, Kassiber und »Analysen« der Protestterroristen sind keine Ausweise von Rationalität, wie es bei erster, flüchtiger Kenntnisnahme scheinen mag. Da krankt strategische Planung am Skorbut des Intellekts, und die äußerste Kälte fehlt, die dem Druck des Sicherheitsapparates zu widerstehen vermag. Michael Baumann hat auch das, auf seine Art, zu erklären versucht:

»Aber diese allgemeine Lustfeindlichkeit hat dann die Sache langsam zerbrechen lassen. Da sind dann immer mehr Typen ausgedropt dran.

Da wurde dann dem Vorwurf der RAF Rechnung getragen. Die sagten, ihr rennt durch zich Wohnungen, fickt lauter Bräute und raucht Haschisch, das macht euch wohl Spaß, diese Sache. Diese Sache darf keinen Spaß machen, das ist hier ein harter Job.

Da steht rigides Studententum für mich dahinter, das ist die totale Lustfeindlichkeit. Da fehlt jede Ekstase, ohne die eine Revolution gar nicht laufen kann. In der Pariser Kommune sind sie singend auf die Barrikaden geklettert und nicht mit einem verbissenen Gesicht und der Stempelkarte im Rücken. Die haben nicht gesagt, wir müssen hier Revolution machen, sondern haben gesagt, das ist jetzt hier unsere Stunde, entweder ja oder nein. Da war das Ekstatische bei, daß es dir egal ist auf der einen Seite, aber daß du trotzdem irgendwo noch lebst (...)

Wir haben es nie geschafft, die Sensibilität innerhalb der Gruppe zu halten, weil der Druck von außen dann doch so groß ist, daß er dich einholt. Darin liegt das ganze Scheitern der Guerilla in den Metropolen, weil man die neue Qualität nicht bewahren kann, als Gegner genau so wird wie der Apparat selber. Du holst dich an irgendeiner Stelle wieder ein.«[4]

Auch die RAF der deutschen Szene hat, bei aller Radikalität und Rücksichtslosigkeit, in ihren bisherigen Führungsfiguren nicht die »Qualität« gezeigt, die notwendig ist, um in der Isolierung von der Bevölkerung und unter dem Druck der Organisation der Sicherheit zu überleben. Aber dies ist die Beschreibung einer Phase, die zu Ende geht.

Der Raum und die Zeit

Neuzeitliche Guerillabewegungen haben sich stets am Problem der »Basis« waidwund gerieben, sofern sie es nicht schafften, in einer absehbaren Zeit zum sogenannten »Volkskrieg« zu werden, wie es in China oder Vietnam gelang. Wenn dies aber gelang, dann durch eine der jeweiligen Situation angepaßte politische Propaganda, in der die Lehrsätze des Marxismus-Leninismus theatralischen Verkleidungswert hatten, oder durch den äußeren Druck auf die Zivilbevölkerung oder durch eine wirksame Verbindung beider Elemente. Die »politische« Einbeziehung des Volkes ist, bei näherer Betrachtung, nichts anderes als Überredung unter dem tatsächlichen oder angedrohten Druck der Gewalt.

Die tiefen Schwierigkeiten der isolierten Guerilla und des Terrorismus, zu äußerlich greifbaren, gewissermaßen territorialen und systematischen Erfolgen zu kommen, zeigen sich am deutlichsten in Lateinamerika. Terroristische Einzelaktionen und Aktionsketten verraten dort oft eine Vehemenz und einen taktischen Einfallsreichtum, die weder in Nordamerika noch in Europa zu finden sind, nicht einmal im Nahen Osten. Sie bewirken, wenn sie sich wie in Argentinien halten können, eine heftige Verunsicherung des allgemeinen Lebens und damit die drastische Reaktion von Regimen, die ihrerseits kaum noch an einen demokratischen Konsensus als Existenzgrundlage der Regierungsmacht gebunden sind. Guerilla und Terrorismus bleiben ohne den angestrebten »greifbaren« Erfolg, weil sie das Problem der Basis nicht lösen können, die vor der rücksichtslosen Verfolgung gesichert ist.

Der Franzose Régis Debray, der ehemalige theoretische und praktische Gehilfe des Ché Guevara, hat das in seiner späteren Arbeit »Kritik der Waffen« (1974) unverblümt beschrieben. Der Mann mit der bitteren Erfahrung der Vergeblichkeit in eben jenen Zonen, wo nach der Theorie die Revolution der Massen vor der Tür stehen müßte, hat jetzt als feste Erkenntnis, *»daß die Organisation ihre eigenen Basen dadurch aushöhlt, daß sie sie am laufenden Band wieder aufbauen muß. Sie verbraucht ihre Kräfte bei dem Bemühen, sie zu erhalten.«*[5] Und weiter: »Nur wenn es ihr gelingt, das Volk zunehmend in den Krieg einzubeziehen, kann die Avantgarde der Ausblutung oder gänzlichen Aufreibung entgehen, nur dann kann sie den Kampf in allen seinen Formen hinziehen und verbreitern. Nur läßt sich kein längerer Kampf, ob es sich nun um einen nationalen Befreiungskrieg oder einen revolutionären Bürgerkrieg handelt, ohne die Etablierung von Stützpunkten in der Etappe führen. Die *Etappe* hat sich in den letzten Jahren als das *strategische Problem für die Entfaltung des bewaffneten Kampfes* in der Stadt und auf dem Land herausgestellt.«[6]

Seine nach Schultheorie schmeckende Schlußfolgerung trifft das Problem des im nationalen Kampfraum operierenden Terroristen haargenau: »Ohne tiefreichende Unterstützungsbasen ist ein langer Krieg nicht denkbar. Sie bedingen einander gegenseitig. In China gestattete ein immenses Territorium strategische Rückzüge nach der Devise: ›Terrain überlassen, um Zeit zu gewinnen.‹ In Vietnam verbot der knappe Boden einen ›langen Marsch‹ und zwang dazu, den Feind in einem ständigen Rollentausch zwischen Front und Hinterland zu verwirren, ihm in seinem Rücken wieder Boden wegzunehmen, um Zeit zu gewinnen und den Augenblick der Entscheidung hinauszuschieben. Aber in welchen konkreten Modalitäten es auch vor sich gehen mag – es ist immer die Ökonomie des Terrains, die der Ökonomie der Zeit ihre Begründung und ihr Maß gibt.«[7]

Der technologische Sprung, der innerhalb von zwei bis drei Jahrzehnten über den schnellen und ungehinderten Weltverkehr eine Verkehrswelt hervorbrachte, in der die Stundenreisen über Ozeane zur Selbstverständlichkeit wurden, hat dieses »Basis-Problem« auf seine Art gelöst. Internationalisierung des Terrorismus, wie sie von den Palästinensern aus bei dem Régis Debray beschriebenen Zwang heraus in Gang gesetzt wurde, heißt auch Internationalisierung der terroristischen Basis.

Die Sprengung der geographischen Grenzen des Kampfraumes ermöglicht die radikale Trennung von Etappe und Einsatzort (oder »Tatort«, wenn man bei der polizeilichen Betrachtung des Problems bleiben will). Die angreifbare, verwundbare Etappe wird nicht aufgelöst, sondern in ein Netz von kleinen Stützpunkten über die Staaten und Kontinente verteilt. Sie sind im »Dschungel der Metropolen« versteckt, getarnt und organisiert nach den Methoden, deren sich auch die Spionage und das transnationale Bandenverbrechen bedienen. Die Schwierigkeit der Erhaltung und Versorgung ist auf ein leicht erhöhtes Maß des Alltags reduziert. Die logistischen Punkte sind in wenigen Stunden von überallher erreichbar und können als Einzelstützpunkte ohne schwere Einbuße aufgegeben werden. Die Etappe, die »Basis«, wird in Teile zerlegt, die Teile selbst werden mobil und austauschbar. Sie wandern und entziehen sich dem Zugriff.

Als Jean Herranz, Leiter der Nahost-Abteilung der französischen Spionageabwehr (DST – *Direction de la Surveillance du Territoire*) am 27. Juni 1975 mit zwei Kollegen einen Stützpunkt des »Carlos« im Haus Nr. 9, rue Toullier, im Quartier Latin von Paris auszuheben versuchte, da war es für das Netz nur wichtig, daß »Carlos« entkam. Im Haus Nr. 11 der rue Amélie, wo seine Freundin Silva Ampera Masmela inmitten einer regelrechten Waffensammlung hauste, war der nächste Punkt. Und der wiederum nächste Punkt war im Londoner Stadtteil Bayswater in der Hereford Road. Das Netz – oder im neueren militärischen Sprachgebrauch, die »Dislozierung der Logistik« – und der schnelle Zugang zu internationalen Verkehrswegen machten »Carlos« nicht nur das Überleben möglich, sondern sicherten ihm Aktionsfähigkeit ohne wirkliche Unterbrechung.

Die Internationalisierung der Etappe erleichtert die Zusammenführung des terroristischen Personals im internationalisierten Täterkreis. Die Mühe des Kontakts bleibt, aber danach wird es ziemlich einfach, die Landsknechte der Gewalt, die überall zu finden sind, die Aufstandsträumer und Herostraten mit jenen zusammenzubinden, die eine Zeitlang in Vietnam und dann in Palästina das »Spanien dieser Generation« sahen. Die Internationalisierung der Etappe hebt den früheren Zwang zur Unterhaltung einer einheitlichen und geschlossenen Gruppe auf; gleichzeitig mindert sie die Schwierigkeiten bei der Beschaffung, Verteilung und Lagerung von Mitteln aller Art. Sie steigert die Präzision und sichert den größtmöglichen Überraschungseffekt bei Anschlägen, da die Annäherung an das Objekt des Angriffs in absolut unauffälligen Einzelschritten vor sich gehen kann.

Aber »Basis«, Etappe, heißt ebenso sehr: Möglichkeit des Rückzugs nach der Aktion. Auch dieses Problem ist aus der Zwangsbindung an den geschlossenen Kampfraum herausgenommen worden. Es ist ziemlich gleichgültig, ob nach dem Rückzug vom Einsatzort die Aufnahmebasis in Libyen, in Nordkorea, im Irak, im Südjemen, in Uganda oder demnächst in einem anderen Land liegt. Sie ist in jedem Fall technisch erreichbar; zu sichern ist des jeweiligen Staates politische Bereitschaft zur Aufnahme von Täter und Opfer. Gerade der Fall Entebbe im Sommer 1976 hat gezeigt, daß auch die Mobilität der Abwehrinformation nichts ergeben kann, was nicht zuvor als Information eingespeist worden ist: Uganda war als mögliche Auffangbasis nie in den Informationskreislauf einbezogen worden – so wenig wie die Person des Bombenexperten Ulrich Wessel vom Stockholmer Kommando.

Der internationale Terrorismus hat die »strategische Tiefe« gewonnen, die das Andauern der Aktionen über lange Zeiträume ermöglicht. Die Ökonomie des Terrains, die der »Ökonomie der Zeit ihre Begründung und ihr Maß gibt«, ist über die Kontinente ausgedehnt worden. Die Ökonomie der Zeit verliert für den internationalen Terrorismus ähnlich wie der Raum den Zwang der Begrenzung.

Auch hier ist eine Pointierung der Guerilla-Lehren des Mao Tse Tung festzustellen. Joachim Schickel hat in einem Rundfunkgespräch mit dem Staats- und Völkerrechtler Carl Schmitt herausstellt, daß die üblichen Titel der Mao-Schrift »On Protracted War« oder »Über den Langwierigen Krieg« das chinesische Original nicht genau wiedergeben. Es müsse heißen: »Über den Krieg, den man lange erträgt, den man lange aushält.«[8]

Furcht, die der Terrorismus erzeugen will, wirkt in der Zeit. Durch die Sprengung der Bindung an den Raum ist dem Terrorismus ein Maß an Zeit gegeben, das nicht vorstellbar war, als die Technologie das schnellere Springen über die Grenzen noch nicht möglich machen konnte.

Das heißt aber, daß auch die Zeit zur Waffe wird.

1963 veröffentlichte Carl Schmitt die Studie »Theorie des Partisanen«. Er sprach dem Partisanen und dem ursprünglichen Guerillakämpfer vier klassische Merkmale zu: die Irregularität, das politische Engagement, die Mobilität und schließlich den »tellurischen Charakter«. Diese Formel geht auf das lateinische Wort *tellus* – der Boden, das Erdreich, die Landschaft, die Erde als nährende Gottheit – zurück. Das Merkmal der Erdgebundenheit und Verwurzelung im heimatlichen Raum erachtet er als wichtig »für die trotz aller taktischen Beweglichkeit grundsätzlich defensive Situation des Partisanen, der sein Wesen verliert, wenn er sich mit der absoluten Aggressivität einer weltrevolutionären oder einer technizistischen Ideologie identifiziert (...) Doch wird auch der autochthone Partisan agrarischer Herkunft in das Kraftfeld des unwiderstehlichen technisch-industriellen Fortschrtts hineingerissen. Seine Mobilität wird durch Motorisierung so gesteigert, daß er in Gefahr gerät, völlig entortet zu werden. In den Situationen des Kalten Krieges wird er zum Techniker des unsichtbaren Kampfes, zum Saboteur und Spion. Schon im Zweiten Weltkrieg gab es Sabotagetrupps mit Partisanen-Schulung. Ein solcher motorisierter Partisan verliert seinen tellurischen Charakter und ist nur noch das transportable und auswechselbare Werkzeug einer mächtigen, Weltpolitik treibenden Zentrale, die ihn im offenen oder im unsichtbaren Krieg einsetzt und nach Lage der Dinge wieder abschaltet.«[9]

Als Carl Schmitt 1963 seinen »motorisierten Partisanen« beschrieb, der der uns heute schon altmodisch anmutet, gab es noch nicht die totale Sprengung des Kampfraumes durch den Terroristen oder höchstens in kaum wahrnehmbaren Ansätzen. Aber das Problem, das mit der hochtechnologischen Mobilität entstand, ist glasklar vorweggenommen worden. Die »Entortung« des Terroristen ist geschehen, auch wenn die wirklich »mächtige Zentrale« noch nicht in Erscheinung getreten ist. Aber sie kennt ihre möglichen Werkzeuge.

Die »Entortung« jenes Terrorismus, der seine Bindungen an den heimatlichen Raum stufenweise in gesamtrevolutionäre Vorstellungen aufgehen läßt, schafft aber offensichtlich auch einen neuen Typ des einsatzsteuernden Terroristen, des rechnenden Planers und kalten Organisators am Reißbrett. Gerade dieser Typus ist unter den Intellektuellen der palästinensisch-arabischen und der japanischen Organisationen zu finden. Wenn aber die Effektivität abhängt von der Qualität der Rechner und Planer von der Art eines Dr. Haddad aus dem Stab der PFLP oder eines Ali Hassan Salameh, alias Abu Hassan, einem der beiden Köpfe hinter dem »Schwarzen September« der Fatah, dann wird diese Gruppe zwangsläufig zum Vorrangziel einer Bekämpfung, die rücksichtslos wirksam sein will. Nur stößt diese Möglichkeit der Bekämpfung an die Schranke des Rechts. Sie muß die Schranke überspringen, wenn sie tätig wird, denn sie kann nichts anderes tun, als den grenzüberschreitenden Terrorismus mit seinen eigenen Techniken und Taktiken anzugehen.

Das geschah bereits, wenngleich – natürlich – in aller Stille. Bald nach dem Überfall des »Schwarzen September« auf die israelischen Sportler in Münchens Olympischem Dorf wurde eine israelische Organisation außerhalb des nahöstlichen Kampfraumes aktiv. Sie ist unter dem Namen *Mivtah Elohim* und unter dem englischen Kürzel WOG zwar bekannt, aber nicht publik geworden.[10] WOG steht für »Wrath of God«, der Zorn Gottes. Die WOG-Gruppen bestanden aus nahkampferfahrenen Männern und Frauen, die meistens in den Fallschirmjäger- und Kommandoeinheiten der *Zahal*, der israelischen Armee, gedient hatten. Sie gingen vor wie die Terroristenkommandos der Palästinenser. Sie reisten auf den internationalen Verkehrswegen an und übernahmen nach einer Einweisung durch örtliche Agenten die »Erledigung« aufgespürter arabischer Terroristen oder ihrer Verbindungsleute in den Städten Europas. Schon im Oktober 1972 war Paris der Schauplatz eines WOG-Einsatzes; Rom folgte im selben Monat. Dann wieder Paris. Den Palästinensern, die Hilfe von syrischen und irakischen Agenten erhielten, fiel es außerordentlich schwer, den WOG-Gruppen beizukommen – aus einem sehr simplen Grund: WOG war ein ebensolcher internationaler »Wanderzirkus« der direkten Gewalt wie der »Schwarze September« oder die PFLP-Gruppen. Im Juni 1973 »erledigte« WOG den Algerier Boudia, dessen Platz in der terroristischen Hierarchie dann von »Carlos« eingenommen wurde.

Aber WOG stieß an die Schranken des Rechts, denn WOG war letztendlich abhängig von einer Institution des Rechts, nämlich der israelischen Regierung. Ein WOG-Unternehmen in der norwegischen Stadt Lillehammer im Juli 1973 verlief nicht planmäßig; die norwegische Regierung griff ein, und Oslo gab zu verstehen, daß dieser Untergrundkrieg nicht geduldet werde. Andere europäische Hauptstädte schlossen sich an. Alles dies geschah nicht öffentlich.

Die Planer und Rechner der palästinensischen Terrorismus-Organisation leben seitdem und bis heute gefährlicher im Nahen Osten als in Europa.

Erinnerungen an ein Gespräch 1972

Sein Dienstzimmer in einem alten, grauen, aber schattig-kühlen Gebäude in Tel Aviv war schmal und ein bißchen ärmlich eingerichtet – wie das Buchhalterbüro einer kleinen Firma irgendwo in der europäischen Provinz. Der israelische General G. hinter dem abgewetzten Holzschreibtisch verwaltete und kontrollierte aus diesem Zimmer die besetzten Gebiete. Der General war jung, sehr durchtrainiert, sprach ein beneidenswert schönes Englisch und konnte die Ausbildung an westlichen Generalstabsakademien nicht verbergen. Sie hatte eine offensichtlich angeborene Begabung bis zur Perfektion gesteigert. Da saß ein kühler Kalkulierer von federnder innerer Sicherheit, dem präzise Organisation der Kräfte zur zweiten Natur geworden war.

Der General, verantwortlich für die Jagd auf eingesickerte palästinensische Terroristengruppen, hielt nicht viel vom Kampfcharakter dieser Gegner an den Grenzen Israels. Sie hätten sich, sagte er, meist ergeben, wenn sie umzingelt seien und nicht mit der Waffe, sondern mit dem Megaphon bearbeitet würden. Warum, fragte er, wurde das nicht auch in Fürstenfeldbruck versucht, wie seine Seite geraten habe? Der Tod der Israelis von München war zu dieser Stunde, draußen in den Straßen von Tel Aviv, noch immer Tagesgespräch, die Welle der Erbitterung noch nicht abgeebbt.

Wie auch immer, meinte der General, die arabischen Terroristen an den Grenzen Israels seien jedenfalls keine Profis. Wer sind denn die Professionellen? »Wir«, sagte der General prompt. Und nach einer Sekunde der Überraschung über sich selbst setzte er verlegen hinzu: »Verzeihung, wir *waren* es . . .« In diesem Monat »erledigte« WOG in Paris den syrischen Journalisten und Verbindungsmann des Terroristen Boudia, Chodr Kannou, und in Rom den PLO-Vertreter Wael Abu Zwaiter.

Mivtah Elohim, WOG, Zorn Gottes, ist keine Lösung, weil die Mauern des Rechts durchbrochen werden, die die legale Macht von der terroristischen Gewalt grundsätzlich trennt, und der Terrorismus den Erfolg hat, daß er kopiert wird. Aber spätestens seit der berechtigten Notwehraktion Israels gegen Uganda und die PFLP, als aus dem terroristischen Fall Entebbe das militärische Unternehmen Entebbe wurde, hat sich gezeigt, daß die Sprengung der Grenzen des Kampfraumes und die weltweite Mobilität in internationale Dimensionen hineinführen, die über den Kommandokrieg der *Mivtah Elohim* in den Straßen der Städte weit hinausreichen.

Der General G. war an der militärischen Planung für Entebbe führend beteiligt.

9. Waffen und Objekte

Kalkulation

Der große Schrecken hat seinen Namen, und seine Folgen wurden an Beispielen durchgerechnet: Wie viele Tote würde ein Anschlag des »Nuklear-Terrorismus« auf Tel Aviv oder Kairo fordern?

Das Berechnungsverfahren ist einfach. Man nehme die »Encyclopedia Britannica« als Quelle für die benötigten Angaben über die Bevölkerungsdichte eines bestimmten Zielgebietes und setze die dort zu findenden Zahlen in Bezug zu einigen anderen Größen, darunter den Reichweiteangaben bekannter und beschaffbarer Raketensysteme. Die Rechnung sieht dann so aus: »FROG: 72 km, SCUD B: 300 km, JERICHO: 450 km und LANCE: 72 km. Bei Fehlen vertraulicher Angaben über die mittlere Abweichung für jedes einzelne dieser Systeme ist von einer durchschnittlichen mittleren Abweichung von weniger als 1000 m und mehr als 100 m auszugehen. Anzunehmen ist ferner die nukleare Nutzlast eines Sprengkopfes in der Größenordnung 0,1 kt. Für jede dieser beiden Städte ist die doppelte Bevölkerungsdichte einzusetzen, um der gesteigerten Personenkonzentration in den Innenstädten Rechnung zu tragen. Ergebnis: Tel Aviv – 9800 Personen pro Quadratkilometer; Kairo – 39 200 Personen pro Quadratkilometer.«

Die Bewertung dieser Kalkulation lautet dann: »Diese Art Bombe würde, obwohl sie nur ein Hundertstel der Nutzstärke der Hiroshima-Bombe hat, enorme Verwüstung anrichten. Bei geringer nuklearer Nutzstärke wird Tod vor allem durch den prompten radioaktiven Ausfall bewirkt, der bei abnehmender Nutzstärke langsamer sinkt als Sprengwirkung und andere Waffeneffekte (...) Im Gegensatz dazu würde ein konventioneller Sprengkopf von 1000 lb hochexplosiven Materials in Tel Aviv eine Todesquote im unteren Hunderterbereich, in Kairo wegen der höheren Dichte im oberen Hunderterbereich haben.«[1]

Diese Kalkulation ist nicht einem aufgeregten Illustriertenartikel entnommen. Sie wurde am 25. Mai 1975 auf der *Los Alamos Conference* vorgetragen, veranstaltet vom *California Seminar on Arms Control and Foreign Policy*. Sie ist das Ergebnis von Recherchen, die die Historikerin Roberta Wohlstetter im Auftrag der *United States Energy Research and Development Administration* durchführte.

Zwei Fragen stellen sich:

- können Personen außerhalb hochorganisierter Forschungseinrichtungen und außerhalb industrieller Fertigungsbereiche einen solchen nuklearen Sprengkopf bauen?
- können Personen außerhalb dieser überwachbaren Installationen sich das zum Einsatz notwendige nukleare Material beschaffen?

Nuklearbastler

Die Antwort auf die erste Frage ist heute selbstverständlich: Ein durchschnittlich bis gut begabter Student der Physik mit entsprechenden handwerklichen Fähigkeiten oder handwerklicher Hilfe ist, wie Experimente nachgewiesen haben, durchaus in der Lage, einen groben nuklearen Sprengsatz im Do-It-Yourself-Verfahren herzustellen. Der amerikanische Nuklearwissenschaftler Dr. Theodore Taylor, der maßgeblich daran beteiligt war, die klobige Konstruktion der Hiroshima-Bombe auf handliche und für die moderne Waffenentwicklung entscheidende Abmessungen zu reduzieren, hatte das mit einigen Kollegen schon vor Jahren behauptet. Das MIT (*Massachusetts Institute of Technology*) setzte im Spätherbst 1974 das »Projekt Nova« an, um mit einem *undergraduate*-Studenten die Behauptung zu prüfen. Das experimentelle Projekt wurde zum Teil von einer Bostoner Fernsehgesellschaft unterstützt, die ein Bildungsprogramm betreibt. »Projekt Nova« bewies, daß eine Person mit »bescheidenem technischen Fertigungswissen unter Benutzung allgemein zugänglicher Handbücher« den Bau bewältigen könne.

Eine technisch-wissenschaftliche Diskussion hob an, bei der eingewendet wurde, ein solch »kruder« Sprengkopf sei mit dem hohen Risiko eines Betriebsunfalls belastet, bei dem der Nuklearbastler vergiftet oder zerrissen werde; die Nutzstärke könne möglicherweise 0,1–1 kt (Kilotonnen) nicht ganz erreichen und die Wahrscheinlichkeit einer geglückten Zündung unter 50 Prozent liegen; eine »Gruppe qualifizierter Wissenschaftler oder ein professioneller Überläufer« vermöge unter ähnlichen Arbeitsbedingungen, aber mit mehr Arbeitszeit eine technisch höhere Qualität zu erreichen. Diese Einwände setzen den Beweis nicht außer Kraft, daß ein nuklearer Sprengsatz außerhalb wissenschaftlicher oder industrieller Großorganisation, d. h. außerhalb von Überwachung und Kontrolle, hergestellt werden kann. Die Einwände berücksichtigen auch nicht, daß es einem Terroristen nicht auf die technische Reife und nicht auf absolute Schlagkraft seiner Waffe ankommt, sondern auf die Schlagkraft einer Schlagzeile. Einen zum nuklearen Anschlag entschlossenen Terroristen wird es auch wenig interessieren, ob er den technisch komplizierten Bau des sogenannten »Implosions«-Mechanismus zu bewältigen vermag, der die geringeren äußeren Abmessungen einer Waffe bestimmt, solange es ihm gelingt, eine transportable Waffe herzustellen. Das Testobjekt war in einem Kraftwagen zu transportieren.

Aber »Projekt Nova« ist nicht der einzige und war nicht der erste öffentliche Beweis der Baumöglichkeit. Schon Mitte der sechziger Jahre hatte die *US Atomic Energy Commission* zwei junge Physiker mit abgeschlossenem Studium engagiert, die eine nukleare Waffe unter ausschließlicher Benutzung allgemein zugänglicher Literatur bauen sollten. Die beiden Jungwissenschaftler brauchten sechs Monate. Sie unterbreiteten einen baufähigen Entwurf und kalkulierten die Sprengkraft auf 10 Prozent genau.

Ihre »Bombe« war stärker als der nukleare Sprengkopf, der der Todeskalkulation für Tel Aviv und Kairo zugrunde lag.

»Materialbeschaffung«

Die Grobbeschreibung des nuklearen Explosionsvorgangs sagt, daß angereichertes Uran oder Plutonium eine anhaltende Kettenreaktion beginnen, wenn genügend Atome angesammelt sind, das heißt, wenn eine entsprechende Dichte vorhanden ist. Diese Ballung ist die »kritische Masse«. Wenn »kritische Masse« in angemessener Schnelligkeit erzeugt wird, explodiert sie. In der simpelsten Technik, die 1945 der Hiroshima-Bombe zugrunde lag, wurden zwei Massen, die jede für sich gerade unterhalb der kritischen Grenze lagen, durch konventionelle Explosion zum vorbestimmten Zeitpunkt aufeinandergetrieben, so daß sich »kritische Masse« in entsprechender Geschwindigkeit bildete. Der »big bang«, wie Professor Oppenheimer sagte, war da. Daß diese nukleare Simpeltechnik längst durch andere technische Verfahren abgelöst wurde, ist in diesem Zusammenhang ohne Belang. Von Interesse ist nur, daß sich an der Materialvoraussetzung nichts geändert hat: angereichertes Uran oder Plutonium, das in der Natur nicht vorkommt, sind für die nukleare Explosion notwendig.

Über die vorhandene Menge spaltbaren Materials in den kommenden Jahrzehnten gibt es Hochrechnungen, deren Ergebnisse sich im wesentlichen decken. Eine britische Royal Commission legte am 22. September 1976 einen Bericht unter dem Titel »Nuklearkraft und Umwelt« vor, in dem es heißt: »Ungefähr 200 kommerzielle Nuklearreaktoren waren im vergangenen Jahr [1975] in 20 Ländern in Betrieb. Nach derzeitigen Plänen werden Mitte der achtziger Jahre mehr als 500 Reaktoren in über 30 Ländern in Betrieb sein. Einige Voraussagen lassen vermuten, daß im Jahre 2000 die nukleare Energie erzeugenden Installationen das Dreißigfache der derzeitigen Kapazität haben werden.«[2] Royal Commissions sind für ihre Zurückhaltung bekannt.

Die »mehr als 500 Reaktoren in über 30 Ländern« werden Kernenergie und dabei Plutonium erzeugen. Das hochgiftige künstliche Element Plutonium war 1970 in einer kontrollierten Gesamtmenge von 20 Tonnen vorhanden; in den nächsten zehn Jahren wird sie um eintausend Tonnen steigen. Eine Rechnung besagt, daß sich im Jahr 2000 die produzierte Menge auf rund 11 000 Tonnen Plutonium belaufen dürfte. Vier bis acht Kilogramm reichen für den Bau einer »stattlichen Bombe«. Nach derselben Rechnung fallen auch die anderen Materialien, die zum Bau eines nuklearen Sprengkopfes verwendet werden können, künftig in größeren Mengen an. Uran 235 und Uran 233 werden etwa im Verhältnis 1 : 10, gemessen an der Produktion von Plutonium, hergestellt.[3]

Die Sicherung und Kontrolle des erzeugten spaltbaren Materials ist zu einem der heikelsten und brisantesten Themen internationaler Politik geworden, das gewohnte außenpolitische Diskussionen und traditionell aufrechterhaltene Konfliktsituationen zu überlagern beginnt. Daß die kostspielige Technologie der Uran-Anreicherung nicht jedem Land zur Verfügung stehen kann, wird einen internationalen Transport entsprechender Stoffe im Großmaßstab nach sich ziehen. Da andererseits Plutonium in jedem »Brüter« regelmäßig anfällt, diese Reaktoren aber in höherer Zahl weltweit in Betrieb sein werden, ist die Möglichkeit der unautorisierten Beschaffung durch Einzelpersonen, Gruppen oder auch Staaten an schwer zu vermeidenden »Schwachpunkten des Kreislaufsystems« nicht zu leugnen. Schwachpunkte lassen sich leicht vorstellen; es genügt, an unbemerkten Verlust, Unterschlagung, Diebstahl und Erpressung zu denken. Die Möglichkeit der illegalen Materialbeschaffung wird längst in die Berechnung der Bedrohungsformen von morgen eingesetzt.

Diese Berechnung von Bedrohungsformen hat in Betracht zu ziehen, daß angesichts der außerordentlichen Erregungswirkung der Begriffe »Atom – Nuklear – Kernwaffen« schon die erpresserische Drohung einer Gruppe genügt, im Fall von Weigerung werde Kernmaterial eingesetzt. Jede Regierung wird angesichts der physischen und psychischen Wirkungen eine Weigerung überlegen, wenn sie weiß, daß solches Material irgendwo den »legalen Kreislauf« verlassen hat, auch wenn sie nicht weiß, ob der oder die Erpresser eine zündfähige Waffe gebaut haben. Bis heute hat das Überwachungssystem der Internationalen Atomenergiebehörde (IAEA) mit Sitz in Wien einigermaßen ausreichend funktioniert. Aber der Schutzzaun gegen die unrechtmäßige Beschaffung ist dünn. Garantierte Sicherheit wird es nicht geben.

Die technische und organisatorische Durchführbarkeit eines nuklearterroristischen Aktes wird nicht mehr bestritten. Aber das beantwortet nicht die dritte und wichtigste Frage: Warum soll der politisch motivierte Terrorist zur Kernwaffe greifen?

Das Denkbare denken . . .

Diese Frage schließt das Problem einer möglichen Anwendung bakteriologischer und chemischer Waffen ein, die leichter zu beschaffen und ohne größeren technischen Aufwand einzusetzen wären, aber ebenfalls eine unsichtbare Grenze überschreiten. Diesseits der Grenze liegt, was die »konventionelle« Tat genannt werden kann, sei sie noch so brutal oder ungewöhnlich im Erdenken der Mittel, noch so mörderisch oder aufsehenerregend. Jenseits der Grenze beginnt, was der amerikanische Psychiater Theodor Hacker das »Megakrimen« nennt, das Größtverbrechen. Der nukleare Waffeneinsatz jeglicher Art ist heute mit dem Wort vom »Undenkbaren« belegt. Sind wir dennoch an dem Punkt angelangt, daß das Denkbare zu denken ist, weil die technische Möglichkeit auch außerhalb des Rahmens etablierter Verantwortung gegeben und die Grenze von den total Unverantwortlichen technisch zu überschreiten ist?

Die Diskussionen über die Verwendung der Kernwaffen durch die »Unbefugten«, die illegale Gruppe, den nicht zugelassenen Klein- oder Mittelstaat, wurde geführt, als von »Terrorismus« im heutigen Verständnis noch nicht die Rede war, nämlich schon 1945/46. Der Atompilz über Hiroshima war kaum verweht, als die Diskussion begann.

In ihrem Bericht vom 25. Mai 1975 machte Roberta Wohlstetter einige aufschlußreiche Anmerkungen über die Veränderung der psychologischen und technologischen Landschaft seit jenen Jahren. Information über die Technologie des spaltbaren Materials und über Waffenbau sei fast eine technische Alltagsinformation geworden. Das amerikanische Programm »Atome für den Frieden« von 1964 habe im folgenden Jahr dazu geführt, daß 10 000 Dokumente der *US Atomic Energy Commission* aus der Geheimhaltungskategorie herausgenommen worden seien; 1972 sei die Zahl auf eine halbe Million angestiegen. Durch den *Freedom of Information Act* der Vereinigten Staaten werde die Freigabe noch weiter erleichtert. Ferner dürfe nicht übersehen werden, daß die Anzahl von kenntnisreichen Beschäftigten der Atomindustrie, die durch Arbeitsplatzwechsel den überwachbaren Bereich der Großorganisation verlassen, sich laufend erhöhe und schon an die zehntausend gehe. Parallele Entwicklungen in anderen Industriestaaten, die über eine fortgeschrittene Nukleartechnologie verfügen, müssen eingerechnet werden. Die Gesamtzahl der Kenntnisreichen außerhalb der kontrollierten Bereiche dürfte insgesamt weit über zehntausend liegen.

Dennoch ist die nukleare terroristische Aktion oder das »Megakrimen« durch den Einsatz bakteriologischer oder chemischer Substanzen noch nicht geschehen. Bekannt wurden einige kleine Fälle von Drohung, die eher dem pathologischen Tätertyp zugeschrieben werden müssen. Öffentlich berichtet wurde über einen Erpresser in Österreich, der im April 1974 Personenzüge mit medizinischen Strahlungssubstanzen besprühte; dreizehn Reisende, die mit den radioaktiven Isotopen Jod 131 und Indium 113 in Berührung kamen, erlitten keine ernsthaften Schäden. Genaue und zuverlässige Informationen über mögliche weitere Fälle von Erpressungsversuchen dieser Art sind nicht zu beschaffen, was angesichts der psychologischen Auswirkungen einer Bekanntgabe, gar einer vagen Bekanntgabe verständlich ist. Aber für den terroristischen Täter ist die Tat, die nicht bekannt wird, uninteressant. Was also hält ihn bisher ab, das Denkbare nicht nur zu denken, sondern auch zu tun?

Das Argument des Praktischen bietet sich als erstes an. Der Massentod durch die nukleare Aktion müßte eine solche Schockwirkung auslösen, daß alle Keime eines versteckten Verständnisses in Teilen der Öffentlichkeit sterben. Das labile Gespinst von Schrecken und flüchtigen Momenten des »Begreifens«, von geheimer Romantisierung und schwankender Empörung, von partieller Sympathie im politischen Umfeld und Bedrohungsverdrängung in der Allgemeinheit, dieser überall zu beobachtende Schwebezustand gegenüber der vielköpfigen Erscheinung des heutigen Terrorismus, aus dem er seinen Vorteil zieht, wäre mit einem Schlag auf absehbare Zeit zerrissen. Wahrscheinlich würde die Aktion, wiederum mit einem Schlag, Möglichkeiten einer aktiven internationalen Bekämpfung auf breiter Grundlage eröffnen. Und schließlich: Nicht der *body count*, das demonstrative Zählen vieler Leichen, das westliche Staaten im nichtbegriffenen Guerillakrieg (z. B. in Algerien und Vietnam) lange Zeit für eine drastische Methode zum Erfolg hielten, interessiert den Terroristen, sondern das, was man den *mind count* nennen müßte, die Vermehrung krankgeschlagener Seelen.

Dem Argument des Praktischen steht eine andere Überlegung entgegen. Die bestehenden terroristischen Organisationen in aller Welt unterscheiden sich hinsichtlich der Tendenz zum unterschiedlosen Töten, dem ungezielten Mordanschlag ohne Ansehung der Opfer. Zahlreiche Organisationen haben den Schritt vom gezielten Mord an bestimmten Personen zum ungezielten Mehrfachmord an Unbeteiligten schon getan, aber noch nicht alle gehen diesen Weg. Er ist dennoch durch die Logik terroristischer Gewalt heute vorgezeichnet. Aktionen solchen Charakters, wie etwa das Blutbad japanischer Handlanger der palästinensischen PFLP auf dem israelischen Flughafen Lod (1972) oder die Zerstörung besetzter Flugzeuge in Wartestellung (Athen und Rom 1973), bei denen beliebige Menschen aus beliebigen Ländern nur deshalb zu Opfern wurden, weil sie zufällig an diesem Tag zufällig an diesem Ort waren, sind noch nicht ein Jahrzehnt alt, also noch Aktionen einer jüngeren Entwicklungsstufe. Doch sie weisen die Richtung. Im übrigen entfällt zunehmend eine aus der täglichen Praxis kommende Rücksichtnahme, denn der jenseits der nationalen Grenze operierende Terrorist braucht nicht mehr zu überlegen, wieviel der eigenen Bevölkerung zuzumuten sei; er ist nicht mehr auf das Existieren unter den Bedrohten angewiesen. Die Entschlossenheit einer terroristischen Organisation zum ungezielten Mord auch an den Unbeteiligten ist eine Voraussetzung für die Entschlossenheit zur nuklearen Tat. An diesem Merkmal lassen sich bereits heute die Gruppen erkennen, die unter besonderen Bedingungen für die nukleare Versuchung zumindest anfällig sind.

»Kritische Massen«, technische Bedingungen der nuklearen Explosion, gibt es auch in der Psyche terroristischer Täter: Haß und Verzweiflung. Wenn beide, bei steigender Beschleunigung und gleichzeitigem Abbau der Sicherheitswand eines nüchternen Kalküls, aufeinanderprallen, könnte die Explosion des Geistes die Entschlußbedingungen für die nukleare Explosion in irgendeinem Quadratkilometer in irgendeiner Stadt schaffen.

Die Bedingungen für den Entschluß sind extrem, aber denkbar. Die noch kurze Geschichte des modernen, in der technologischen Umwelt operierenden Terrorismus zeigt, daß viele Aktionsmöglichkeiten von den Behörden als unwahrscheinlich ausgeschlossen wurden. Eines Tages geschahen sie.

Ein Monopol löst sich auf

Jedes Manöver einer modernen konventionellen Streitmacht zeigt heute, was außerhalb der Streitkraft niemand zur Kenntnis nimmt: Die seit Jahrzehnten und in zwei Weltkriegen im Prinzip unverändert gebliebenen Kleinwaffen des Soldaten werden zum erstenmal durch Waffen abgelöst, die die Feuer- und Zerstörungskraft in der Hand des Einzelnen in einem bisher ungeahnten Maß steigern. Dieser Schritt in eine neue Waffenwelt wurde in aller Öffentlichkeit getan, aber die Öffentlichkeit hat ihn kaum zur Kenntnis genommen, weil sie gebannt auf Interkontinentalraketen, MIRV-Sprengköpfe und das übrige Arsenal auf den Tischen der SALT-Unterhändler blickt.

Ein vorbeirollender Kampfpanzer, jeder aufgefahrene »Gepard« einer Flugabwehreinheit ist ein Beweis für die Tendenz zum immer kleineren und kompakteren Einzelsystem, das alles Notwendige an Bord hat, damit es vom Radar und der Elektronik anderer unabhängiger wird. Dem entspricht die Konzentration der Feuerkraft und der Fähigkeit zur Zielgenauigkeit in der Hand des einzelnen Soldaten. Größere Waffensysteme werden in den technologisch hochgerüsteten Staaten in Zielgenauigkeit und Zerstörungskapazität extrem gesteigert, zugleich aber in den äußeren Abmessungen kleiner und handlicher gemacht (»miniaturisiert«), so daß sie schließlich von einem Mann transportiert und erfolgssicher bedient werden können, selbst wenn der eine Mann nur einer begrenzten Ausbildung unterworfen wurde.

Dabei ist im Blick auf Bedingungen und Möglichkeiten des Terrorismus nicht so entscheidend, daß sich die Grenzen zwischen nicht-nuklearer und nuklearer Munition verwischen. Geschosse, etwa jene mit Uranmantel oder Uranspitze, können quasi-nuklearen Charakter haben. Wichtiger ist, daß diese Ein-Mann-Waffen extrem gesteigerter Wirkung in Stückzahlen von Hunderttausenden hergestellt werden, da die Westmächte auf absehbare Zeit nicht dem Zwang entgehen können, die zahlenmäßige Überlegenheit des Ostblocks durch gesteigerte Waffentechnologie auch und gerade für den einzelnen Mann oder die Kleinstgruppe auszugleichen. Massenproduktion bedeutet, daß dem Terroristen die Beschaffung erleichtert wird. Besitzen bedeutet letztlich auch Einsetzen. Wobei noch einzurechnen bleibt, daß die Produktion und Auslieferung dieser neuen Ein-Mann-Waffen die bisher verwendeten, qualitativ ebenfalls hochwertigen, aber »veralteten« Waffen schubweise auf den internationalen Markt drängen, der offiziell oder grau oder schwarz sein kann. Für die Beschaffung macht es keinen Unterschied.

Was sollte gegen den Einsatz der neuen Höchstleistungswaffen sprechen, wenn allein die Demonstration des Besitzes einen Teil der terroristischen Absicht verwirklicht, nämlich dramatischen Eindruck zu machen, gleichzeitig aber die auch für den Terroristen schweren Risiken des nuklearen Anschlags vermieden werden?

Der Amerikaner Brian Jenkins weist darauf hin, daß die Auswirkungen dieser stillen, aber gewaltigen Waffenrevolution allgemein nur unter den Bedingungen des militärischen Gefechts bedacht und erörtert werden. Aber »es wird beunruhigend, wenn wir diese neuen Waffen aus dem Gefechtsdenken herauslösen und über ihren möglichen Einsatz gegen nichtmilitärische Ziele nachzudenken beginnen: tragbare Boden-Luft-Raketen gegen die zivile Luftfahrt, präzisionsgesteuerte Panzerabwehrwaffen gegen Rednertribünen, Kraftfahrzeugkolonnen, Supertanker, Kernenergieanlagen oder nationale Denkmäler«[4]. Das bedarf des ergänzenden Hinweises, daß die neuen Waffen zunehmend für den Ein-Mann-Einsatz nicht im weiten Feld, sondern in den Straßen und Häusern der Stadt hergerichtet werden.

Der Kern des Problems liegt hinter diesen Überlegungen zu den taktischen Einsatzmöglichkeiten. Größere Zerstörungskapazität war bisher nur durch größere und umständlichere Waffensysteme zu erzielen. Größere Waffensysteme waren ein Monopol der Armeen. Sie unterlagen also der strikten und umfassenden Einsatzkontrolle durch die Regierungen. In dem Maß, wie die größere Zerstörungskapazität auf die kleineren Hochleistungswaffen und Ein-Mann-Systeme übergeht, die den Gangs von Kriminellen und Terroristen zugänglich sind, wird die Kontrollmöglichkeit über die Zerstörungskapazität abgebaut.

Ein bisher klares Gewaltmonopol des Staates verdünnt sich und verschwimmt.

Die Verwundbarkeit wird täglich größer

Kraftfahrzeugkolonnen, Supertanker, Kernenergieanlagen – Stichworte, bei denen sich auch die Phantasie nicht sonderlich mühen muß, ein Bild der äußersten Verwundbarkeit moderner Zivilisationsgesellschaften zu zeichnen.

Die Tupamaros in Uruguay, deren Terrorismus »bald in gröbsten und brutalsten Formen angewandt, bald raffiniert und fast spielerisch«[5] wurde, verübten bereits 1969 einen Sprengstoffanschlag auf Computer und Bürogroßmaschinen einer Großbank. Die schweren und nachhaltigen Störungen für den Wirtschaftskreislauf der nicht sehr großen Ökonomie Uruguays lassen sich unschwer berechnen. Die doppelte Angriffsrichtung ist deutlich: Zum einen ist es das kapitalistische Symbol »Bank«, das als verwundbar gezeigt wird. Zum anderen aber geht es um das Außerkraftsetzen des geregelten und geordneten Alltags eines modernen Staates. Angesichts der Komplexität und des dichten Verbundes aller Leistungs- und Lebenszweige wird das moderne Staatswesen hochgradig anfällig. Der unter den Bedingungen steigender Technologie operierende Terrorismus wird tödlicher nicht nur durch die Wahl seiner Waffen, sondern mehr noch durch das breite Band von Objekten, die er angreifen kann und die alle hochempfindliche Knotenpunkte im zivilisatorischen Geflecht heutiger Industrielandschaften sind. Die Knotenpunkt-Objekte, deren Zerstörung schlagartig weite Bereiche der Produktion, des Verkehrs, der Versorgung, der gewohnten Daseinsformen lahmlegen kann, sind in einem Staat wie der Bundesrepublik so zahlreich, daß tatsächlich nur ein kleiner Bruchteil wirksam geschützt wird.

Zu den auffallendsten Merkmalen der europäischen Terrorismus-Szene gehört, daß die bisher tätigen Gruppen und Organisationen nur sehr selten diese Möglichkeit genutzt, sich vielmehr auf die »klassischen« Personenziele beschränkt haben. Die Vielzahl der Kleinanschläge auf Polizeistationen, Gepäckaufbewahrungen und dergleichen kann in Ländern, in denen jeder Spaziergang und jede Auto- oder Bahnfahrt die Verwundbarkeit der Zivilisation greifbar vor Augen führt, kaum als eine erfolgreiche Befolgung der Vorschrift aus dem »Mini Manuale« des Brasilianers Marighela gewertet werden. Dort hieß es im Juni 1969:

»Der Stadtguerillero muß die Wirtschaft des Landes vor allem unter dem finanziellen Aspekt schädigen, dabei u. a. das innere und äußere Handelsnetz, Banksystem, das Devisengeschäft, die Steuereinnahme. Leichte Sabotageobjekte sind öffentliche Büros, Dienstleistungsbetriebe und Lager der Regierung. Wenn der Guerillero gut über die lokale Situation informiert ist, kann die landwirtschaftliche und industrielle Produktion vor seinen Sabotageakten nicht geschützt werden. Stadtguerilleros erfüllen als Industriearbeiter hervorragend die Bedingungen der Sabotage. Sie sind es, die im Gegensatz zu einem Nichteingeweihten genau wissen, welche Industrieanlagen, Maschinen und Maschinenteile zu zerstören sind, um einen ganzen Wirtschaftszweig lahmzulegen. Das Transport- und Kommunikationssystem des Feindes, angefangen beim Eisenbahnnetz, ist systematisch zu sabotieren. Doch dürfen dabei keine Passagiere getötet werden, vor allem nicht bei den Stadt- und Landzügen.«[6]

Die kontinentaleuropäische Variante des Terrorismus hat das gezielte und ungezielte Morden an die Spitze der Aktionsliste gesetzt, den Banküberfall aber höchstens als Mittel der Finanzbeschaffung zugunsten der Gruppe oder der eigenen Tasche gesehen, nicht als Möglichkeit der Zerrüttung des Wirtschaftskreislaufs. Lediglich die teilweise, halbtägige Stillegung des Lebens der Stadt Stuttgart unter den Bombendrohungen des Jahres 1972, auf dem Höhepunkt der Baader-Meinhof-Tätlichkeiten, allenfalls die Summe der Räumungen von Behörden, Kaufhäusern usw., vielleicht noch die Sabotagedrohungen gegen norditalienische Industrieanlagen, die in der Osterwoche 1967 zur Bildung von »Arbeiterwachen« führte, aber kaum von der Drohung zur Tat kamen, können als Vorläuferbeispiele für Mögliches gewertet werden. Die frühe Stadtguerilla in Lateinamerika hatte mehr Gelenkigkeit der planerischen Phantasie als die »ideologisch« motivierten Gewaltgruppen in Europa, obwohl die europäische Gruppe sich taktisch stets als transkontinentale Fortsetzung der Tupamaros und anderer verstand.

Was ist der Grund? Er ist sicher nicht darin zu finden, daß die europäischen Gruppen fast gänzlich auf den Industriearbeiter verzichten mußten, den Marighela als ideales Mitglied der sabotierenden Stadtguerilla sieht. Notwendige Kenntnis der Knotenpunkte im Gesamtgeflecht der Zivilisation und im Einzelbereich bestimmter Industrien ist leicht und ohne den Industriearbeiter zu erwerben. Eine Teilantwort erhält, wer die Schriften, vor allem die langen Kassiber der Baader, Meinhof, Ensslin, Raspe und anderer liest. Sie sind Ausflüsse einer wirren Denkart, einer realitätsfernen Abstraktion, die sich mit der Begründung und Zuspitzung des Feindbildes, der Denunziation der Wirklichkeit, den inneren Spannungen der Gruppen befassen, aber selten klare Aktionsvorstellungen und langfristige planerische Konzeption oder Präzision aufweisen. Der Versuch, aus dem Gefängnis heraus eine »Info-Zentrale« in Hamburg zu gründen, die sich in der Tat zu einem Steuerungskopf hätte entwikkeln können, schlug fehl. Er wurde entdeckt, und die beschlagnahmten Kassiber und sonstigen Schriftstücke zeigen wieder die krause Gedankenwelt, durchsetzt mit dürren Floskeln der Theorie und den schriftlichen Überheblichkeitsgesten eines Andreas Baader, der aus suchtartiger Selbstbestätigung einem prahlerischen Aktionismus verfallen scheint.

Anders ist die irische Erfahrung. Die schweren Störungen der Wirtschaft in der nordirischen Provinz Ulster lassen sich nach Umfang und Auswirkung ziemlich genau berechnen. Was nicht in Zahlenkolonnen festgehalten werden kann, ist das Ausmaß der Nichtinvestition interessierten ausländischen Kapitals, auf das die Provinz dringend angewiesen ist. 1969 begannen *The Troubles*, die Schwierigkeiten, die Unannehmlichkeiten, wie die Iren sagen, als wollten sie durch die Wahl des Verkleinerungswortes einen Akt unbewußter Beschwichtigung vollziehen. Von 1970 bis 1975 hat keine einzige nordamerikanische Gesellschaft in Ulster eine Niederlassung eröffnet, ein Zweigwerk gebaut oder von der Möglichkeit der Beteiligung Gebrauch gemacht: ein Teil Europas wird vom internationalen Kreislauf abgeschnitten. Aber das zivilisatorische Geflecht wird nicht nur von den Zahlen der Wirtschaft bestimmt. Andere Verfallserscheinungen zeigen die Tiefe der Störungen besser an:

Weniger als ein Viertel der Morde in Nordirland und nur ein Fünftel der bekanntgewordenen Schwerverbrechen werden aufgeklärt. Die Aufklärungsquote in England und Wales beträgt bei Mord nahezu 100 Prozent, für alle Schwerverbrechen 44 Prozent. Bei den Mordversuchen ist der Unterschied noch bestürzender. Während in England und Wales (den Bezirk Groß-London ausgenommen) 99 Prozent aller Mordversuche mit einer Verurteilung enden, war die Verurteilungsquote in Nordirland nur 6 Prozent – aber im Jahr 1975 hatte es 869 angezeigte Mordversuche gegeben. Im selben Jahr gab es in Nordirland 7710 terroristische Aktionen, meist offener Art. Nur gegen 1197 Personen konnten Beschuldigungen erhoben werden; die schließliche Verurteilungsquote wird sehr weit darunter liegen. Das derzeit nicht lösbare Problem liegt ganz schlicht in der weltverbreiteten Einschüchterung der Zeugen, die nicht gewillt sind, vor Gericht aufzutreten oder, wenn sie auftreten, keine Aussagen machen, die den strengen Beweisanforderungen des britischen Rechts genügen. Ein Stück Rechtsstaat ist zerbröckelt; ein Pfeiler der gesellschaftlichen Zivilisation ist unterminiert.

Die Systeme entwickelter Industriestaaten sind äußerst verwundbar, da die Regierungen dieser Staaten die Wirtschaft in all ihren Bereichen und Verzweigungen und Verflechtungen aufrechterhalten und den Anschein dauernder Normalität wahren müssen. Sie können nicht so rücksichtslos sein, wie die Lage unter Umständen erfordert, da sie Rücksicht auf die öffentliche Meinung nehmen müssen. Die Masse Mensch ist ebenso verwundbar wie die Masse Organisation, und öffentliche Meinung ist außerordentlich schwankend. Sie kann unter gezieltem Druck Härtemaßnahmen der Regierungen verlangen, die einer Entliberalisierung und der beginnenden Versteinerung gesellschaftlicher Existenzformen gleichkommen. Sie kann Regierungen gegen deren Willen zum Nachgeben zwingen. Wie entscheidet eine Regierung, die im Fall einer Politiker- oder Diplomatenentführung glaubhaft hart zu sein entschlossen ist, wenn die Kinder eines Waisenhauses zu Geiseln genommen werden, ein Stadtteil nuklear bedroht wird, die Lahmlegung von Fertigung und Versorgung durch die Zerstörung eines Knotenpunkt-Objektes über eine gewisse Zeit anhält? Regierungen in modernen Industriestaaten sind von der Bevölkerung abhängig; sie funktionieren nicht ohne Kooperation und Konsens.

Der Weg wird frei für die »Entstabilisierung von Räumen«, einem zentralen Grundsatz der Indirekten Strategie, die die klassische Militärstrategie alter Armeetage überlagert hat. Das terroristische Kommando, die vereinzelte Gewaltgruppe, selbst wenn sie nicht in solchen Kategorien denken, bieten sich *Interessierten Dritten* als nutzbare Mittel verdeckter zwischenstaatlicher Kampfmaßnahmen dar. Dies ist nicht mehr, wie Clausewitz sagte, die lineare Fortsetzung der Politik durch den Krieg als das andere Mittel. Der bewaffnete Teilkonflikt durch die kleinste Gruppe – die terroristische Aktion – wird als Mittel einer Politik gegen die Politik eingesetzt.

Ist es möglich, daß das Mögliche gefährlicher ist als die Tat?

Die extreme Verwundbarkeit moderner Industriestaaten erzeugt Probleme, deren Lösung Folgen haben kann, die den Konsequenzen einer terroristischen Aktion in nichts nachstehen. Der vorsorgliche Schutz vermag so gefährlich zu sein wie die vermutete Tat, die vielleicht nie getan wird.

Die britische Royal Commission, die bereits erwähnt wurde, arbeitete zweieinhalb Jahre, bis sie im September 1976 ihren abschließenden Bericht über »Nuclear Power and the Environment« vorlegte. Der Bericht stellte fest: »Die Gefahren der Erzeugung größerer Mengen von Plutonium unter der Bedingung steigender Unruhe in der Welt sind tatsächliche und ernsthafte Gefahren. Plutonium scheint in einzigartiger Weise für die Bedrohung und Erpressung der Gesellschaft geeignet zu sein (...) Wir sind nicht überzeugt, daß die Regierung sich über die Konsequenzen dieser Möglichkeiten voll im klaren ist.«[7]

Der Kommissionsbericht, der nicht – wie manche gehofft hatten – für eine Einengung oder gar Einstellung des Kernenergieprogramms plädiert, bestätigt offiziell die Möglichkeit der Konstruktion kruder Kernwaffen durch die illegale Gruppe und die Beschaffbarkeit ausreichender Mengen von Plutonium. Über die Sicherung der Anlagen und Vorräte sagt der Bericht:

»Viele sind wegen der Sicherheitsmaßnahmen, die in einer Plutonium-Wirtschaft notwendig werden könnten, und wegen der Folgen dieser Sicherheitsmaßnahmen besorgt. Eine wirksame Sicherheitsorganisation dürfte nicht nur passiv sein, also auf Ereignisse reagieren. Eine Sicherheitsorganisation müßte aktiv werden, das heißt, sie müßte mögliche verdächtige Organisationen infiltrieren, die Lebensweise der in der Industrie Tätigen und entsprechender Teile des allgemeinen Publikums überwachen und ganz allgemein geheime Unternehmungen ausführen.

Einer solchen Sicherheitsorganisation wäre außerdem das Recht zur Durchsuchung und zur Evakuierung ganzer Gebiete zu übertragen. Diese Sicherheitsvorhebungen dürften Ausmaße annehmen, die sehr weit über das bisher übliche Maß von Schutzmaßnahmen in demokratischen Ländern hinausgehen.«

Der Bericht erregte bereits am Tage seiner Veröffentlichung ärgerliches Aufsehen. Die britische *Atomic Energy Authority* ließ sofort erklären: »Eine Einschränkung persönlicher Freiheiten kommt für uns nicht in Betracht. Wir sind überzeugt, daß der gegenwärtige Bestand von 400 Sicherheitsbeamten ausreicht, um die Sicherheit aufrechtzuerhalten.«[8]

Die britische Regierung äußerte sich vieldeutiger: »Die Regierung macht sich nicht die Bemerkung der Kommission zu eigen, sie habe nicht die volle Bedeutung der Bedrohung erkannt, die durch den Bau kruder Kernwaffen durch eine illegale Gruppe gegeben ist.«[9]

Regierungen werden sich, wenn der Zeitpunkt der Entscheidung kommt, in berechtigter Sorge um Sicherheit eher für das entscheiden, was der Kommissionsbericht für bedauerlich, aber unumgänglich hält. Die Tatsache ließe sich dann nicht wegdiskutieren, daß ein beträchtlicher Sektor öffentlichen Lebens aus der Geltung des allgemeinen Rechts ausgespart und einem zugespitzten Sonderrecht unterstellt wird. Es wäre, auch wenn die nuklear-terroristische Tat nie geschieht, ein tiefer Eingriff in die gewohnte demokratische Weise des Lebens.

10. Kommunikation: Der Transport des Schreckens

»Daß man uns zur Kenntnis nimmt . . .«

Amerika 1969

»Sybil Brand Institute« ist die Frauenhaftanstalt von Los Angeles.

Anfang November 1969 wurde ein neuer Häftling in den Schlafsaal 8000 eingewiesen. Die Gefangene war des Mordes an einem gewissen Hinman verdächtig. In ihren Akten stand »AKA Sadie Mae Glutz« (AKA, *Also Known As* = alias). Ihren Mitgefangenen erschien sie etwas verrückt. Zwei Mitgefangene schlossen sich ihr an, Ronnie Howard und Virginia Graham, Callgirls von Beruf.

In der Nacht zum 9. August 1969 war am Cielo Drive in Hollywoods Stadtteil Bel Air ein bestialischer Mehrfachmord verübt worden. Die junge Schauspielerin Sharon Tate, Frau des Roman Polanski, und vier ihrer Freunde waren während einer Party abgeschlachtet worden. Die Polizei tappte im dunkeln; nicht die Größe, sondern die Art dieser Todesorgie stellte sie vor ein Rätsel. Die Tat war wochenlanges Dauerthema amerikanischer Fernsehstationen. Anschlußtaten lösten den Alltag der Stadt in Furcht auf, und Menschen begannen zu fliehen.

Am Nachmittag des 6. November war das Massaker Gegenstand einer leisen Schlafsaalunterhaltung zwischen den Callgirls und Sadie Mae Glutz. Sie erzählte lächelnd, sogar mit Stolz, sie habe die hochschwangere Sharon Tate niedergemetzelt, mit soundsoviel Messerstichen. Die Graham faßte sich als erste. Weshalb das Haus in Bel Air, wollte sie wissen. Es sei eher zufällig ausgesucht worden. Habe sie denn nicht gewußt, wer am 9. August dort gewesen sei? Nein, und das sei ja auch gleichgültig gewesen.

Ronnie Howard und Virginia Graham meldeten sich bei der Gefängnisleitung; die Aufklärung des Sharon-Tate-Falles begann.

So steht es im Bericht des Anklägers Vincent Bugliosi.[1] Er vertrat den Staat Kalifornien im längsten Strafprozeß der amerikanischen Rechtsgeschichte gegen Charles Manson und seine gewaltanarchistische Gruppe, genannt *The Family*. Sadie Mae Glutz hieß mit bürgerlichem Namen Susan Denise Atkins. Sie unterstand der Kontrolle einer von Manson eingesetzten »Familien«-Aufseherin, einer dürren Zwanzigjährigen, die Lynette Alice Fromm hieß und wegen ihrer überschnappenden Stimme »Squeaky« genannt wurde. Lynette Alice Fromm richtete am 5. September 1975 ihren Revolver auf den Präsidenten der Vereinigten Staaten, Gerald Ford.

Die entscheidende Frage im Sharon-Tate-Fall hatte die Graham gestellt, als sie das erste Entsetzen überwunden hatte: *Warum, Sadie*?

Die Atkins sagte: »Wir wollten ein Verbrechen abziehen, das die Welt schockiert, damit die Welt vom Stuhl gehauen wird *und uns zur Kenntnis nimmt.*«

Nahost 1970

Großflugzeuge sind Chiffren machtvoller Beherrschung von Zeit und Raum, Kennzeichen von Präzision und Verantwortung. Den Anschlag auf einen »Airliner« empfinden die Menschen als einen Anschlag auf Macht und Zuverlässigkeit.

Das bisher eindrucksvollste Schauspiel öffentlichen Airliner-Sterbens hat Dr. Waddieh Haddad im September 1970 auf dem jordanischen Feldflughafen Dawson's Field inszeniert (Dr. Haddad war einer der Stellvertreter des PFLP-Chefs Dr. George Habash und Planungschef der Organisation; ihm wird auch der planerische Entwurf der Entebbe-Entführung im Juni/Juli 1976 zugeschrieben). Das Unternehmen Dawson's Field spielt bei der Ausformung des grenzüberschreitenden Terrorismus eine Schlüsselrolle. Das Unternehmen war auch in einem anderen Sinn eine Aktion, die bis dahin übliche Grenzen sprengte.

Vom 6. bis zum 12. September standen die drei gekaperten Maschinen in der harten Sonne. Mehrere hundert Passagiere verschiedener Nationalität und jeden Alters litten auf der versalzten Sandkruste der jordanischen Wüste. Sandstürme fegten über die Leiber der Flugzeuge, und an den Laufwerken schob sich der Wüstenboden hoch. Einhundertfünfzig Soldaten der jordanischen Armee hatten einen Ring um die Flugzeuge gezogen. In diesem Kreis von einigen hundert Quadratmetern entstand eine abgekapselte Welt, die beherrscht wurde von der Unfähigkeit der Menschen, etwas zu tun, und vom lautlosen Sterben der Maschinen. Schrumpfen von Macht wurde sichtbar.

Millionen Menschen sahen jeden Tag den Fortgang des Sterbens. Internationale Nachrichtenagenturen und Fernsehsysteme der von der Geiselnahme betroffenen Länder warteten auf die nächste Zubilligung einer Möglichkeit, Szenen des denkbaren Todes zu schießen und auf die Sendernetze zu transportieren. Die PFLP führte eine perfekt eingefädelte und ausgeklügelte Regie.

PFLP-Regisseur am Ort war Bassam Abu Sherif, damals etwa dreiundzwanzig Jahre alt. Dieser Mann, ebenfalls mitverantwortlich für das Attentat auf dem israelischen Flughafen Lod, trat später vor die Kameras des britischen Fernsehens. Sein Gesicht war vernarbt; ein blindes Brillenglas verdeckte eine leere Augenhöhle. Eine kleine Buchbombe war ihm ins Gesicht hinein explodiert.

Vor dem Interview zogen noch einmal die Fernsehbilder von Lod vorüber: Reste menschlicher Existenz, die in der zerschossenen Ankunftshalle von Lod Airport zusammengekehrt wurden. Nach dem Zweck der Anschläge von Dawson's Field und Lod gefragt, sagte Bassam Abu Sherif mit einer heiseren Stimme, die weder Höhen noch Tiefen hatte:

»Es war ein recht heftiger Vorstoß in das Bewußtsein der internationalen Öffentlichkeit. Doch für uns war das Wichtigste, *daß man uns zur Kenntnis nimmt.*«[2]

»Propaganda der Tat«

Die Szenen in Amerika und Nahost wurden nicht beschrieben, um lediglich die weltweite Ausbreitung einer gleichlautenden Behauptung anzudeuten. Entscheidend ist: Die Formel von der »Kenntnisnahme einer Sache« wird an beiden Enden des Breitbandes terroristischer Tätigkeit wie selbstverständlich als Gewaltbegründung vorgebracht. Dort die Gruppe der metzelnden Teens und Twens des Charles Manson – *The Family* als Erscheinungsform einer blind hassenden, von Todes- und Erlösungsphantasien krankhaft getriebenen Auflehnung gegen eine automatisierte, entleerte Welt, die als vernichtend empfunden wird. Hier die mit internationalem Personal angereicherten Palästinenserkommandos der PLO und PFLP – sie kalkulierten mit Generalstabspräzision, mit Kälte und hochgezüchteter Lebensverachtung die terroristische Aktion als Hauptwaffe eines nationalen Lebenskampfes und, im Fall der PFLP, der auf dem nationalen Kampf aufbauenden gesellschaftlichen Revolution.

Nach der ausgegebenen Begründung betreiben beide mit der jeweiligen Aktion nur ein Ankündigungs- und Verkündungsverfahren. Das nehmen auch alle anderen Gruppierungen des organisierten Terrorismus für sich in Anspruch. Wenn eine Bombe in einem Gepäckschließfach explodiert, werden Polizei oder Nachrichtenagenturen durch Telefonanrufe in Kenntnis gesetzt, daß diese oder jene Gruppe die Tat auf sich nehme: Die Tat ist nichts ohne den Namen des Täters.

Das Alltagswort für das Verfahren der Kenntlichmachung ist Publizität. In der übernommenen angelsächsischen Wortform *publicity* enthüllt sich eher der Charakter der atemlosen Betriebsamkeit, mit der das öffentliche Leben unter den Leitsatz der Bekanntheit einer Ware, einer Sache oder einer Person gestellt wird. Also Mord am beliebigen Opfer zum Zweck der *publicity* für eine Gruppe?

Die Formel von der *publicity* als Ziel terroristischer Aktion ist nicht neu. Es gibt das handlichere Wort von der »Propaganda durch die Tat«, und dieses Wort ist hundert Jahre alt. Der Anarchist Paul Brousse hat es 1877 geprägt: Weltruf erlangte es in kurzer Zeit.[3] Der Schriftsetzer August Reinsdorf, der sechs Jahre später versuchte, das Niederwalddenkmal bei der Einweihungsfeier in die Luft zu sprengen, um Kaiser Wilhelm I. zu töten, erklärte seinen Attentatsversuch vor Gericht als ein Stück »Propaganda der Tat«.[4] Aber in den, alles in allem, gemächlichen Zeiten der ersten Vorweltkriegsperiode hat die Deutung des Wortes oft etwas Harmlos-Freundliches. Werner Sombart schrieb 1908, die Propaganda durch die Tat »will nur aufklären, nur der Wahrheit zum Siege verhelfen, die auf dem Wege der bloß gesprochenen oder bloß geschriebenen Agitation so arg langsam sich Bahn zu den Massen bricht.«[5]

Natürlich ist die Annahme, der terroristische Akt sei Mittel zur Kenntnisnahme, nicht falsch oder überholt. Sie gilt *auch*. Kommunikation ist aber nicht nur Ziel, sondern unerläßlicher Bestandteil des terroristischen Aktes.

Der Zusammenhang ist funktional. Die terroristische Tat wird zunehmend nach der Arbeitsweise und den Möglichkeiten der Kommunikationsindustrie ausgerichtet, weil die Kommunikation von heute einen Informationsraum bietet, den die Kommunikation von gestern nicht ahnte.

Die erweiterte Informationsgeographie

Im terroristischen Akt wird das Element der erzeugten Angst losgelöst vom Element der tatsächlich eingesetzten Gewalt. Die selbst bei der spektakulären Tat eingesetzte Gewalt ist in ihrem Ausmaß begrenzt; sie bedarf eines Mechanismus der Übersetzung, um zur größeren Angst zu werden. Es ist das technische Prinzip der Übersetzung der Kraft.

Die Kommunikation ist das Mittel der Übersetzung. Je umfassender die Möglichkeit der Kommunikation, je unbedenklicher und rücksichtsloser ihr Einsatz, um so höher das Maß des erzeugten Schreckens, der bewirkten Verwirrung und folgenden Angst.

Die Kommunikationstechnik hat in den letzten zwei Jahrzehnten riesige Entwicklungssprünge getan. Die Kommunikationslandschaft, in der wir uns noch in den fünfziger Jahren bewegten, ist schonungslos umgestaltet worden. Heutige Kommunikationstechnik ist zu Leistungen fähig, die die Art menschlichen Zusammenlebens weitreichend und tiefgreifend ändern.

Das Fernsehen machte innerhalb weniger Jahre die Sichtbarkeit entfernter Dinge und Taten zur Selbstverständlichkeit. Es hob den Pegel allgemeiner Kenntnis kräftig an, nicht aber den Pegel allgemeinen Verstehens. Allenfalls wuchs der Anschein des Begreifens, wahrscheinlich das Interesse, sicher aber der Grad der Verwirrung. Das Fernsehen löste die Darstellung vom wohltuenden Zwang des Wortes. Sprache schrumpft im Fernsehen, verliert ihren Reichtum, was ein ästhetisches Problem ist, und wird zum Skelett eines Deutungsmittels. Das ist ein folgenschweres politisches Problem. Sprache im Fernsehen, die sich dem zeitlichen und technischen Zwang des Bildes unterwerfen muß und zum Informationskürzel abmagert, kann einer ihrer vornehmsten Aufgaben nicht mehr gerecht werden: zu präzisieren, zu relativieren, zu klären und zu gewichten. Sie schützt den Zuschauer nur noch unvollkommen vor der Eindruckskraft des Bildes; er ist dem Druck des ihm Gezeigten ausgeliefert. Er ist – in der Mehrheit – hilflos. Aber es geht ihm gut dabei. Er braucht das Schutzgitter der Sprache, die Abstraktion, nicht mehr zu übersteigen. Die Halbwahrheit des Bildes hat ungehindert Zutritt.

Der zeitliche Umfang des Programms täuscht. In der Fülle des Gebotenen und vom Zuschauer Geforderten bleibt der Unterrichtung über das tägliche Geschehen wenig Platz. Eine Mehrzahl von Programmen hebt diese Schwierigkeit nicht auf, da die Programme immer nach demselben oder einem stark angenäherten Interessen- und Bewertungsmuster die Auswahl des zu Berichtenden, des »nachrichtenfähigen Stoffes«, der »story«, treffen. Aus dem ungeheuer breiten Fluß des Geschehens werden zwangsläufig nur die nicht gewöhnlichen Einzelheiten erwähnt und gezeigt. Untersuchungen in den letzten Jahren haben nachgewiesen, daß das tägliche Nachrichtenangebot der Agenturen, das in sich schon eine Auswahl ist, von den Zeitungsredaktionen nur zu einem geringen Prozentsatz verwertet werden kann. Im Fernsehen wird der geringe Prozentsatz noch einmal unbarmherzig zusammengepreßt. Das Leben der Welt wird auf einige Auffälligkeiten zusammengestrichen, und die Zeit wird ausgemustert. Das Ausgewählte verneint alles andere. Das andere findet nicht statt, da es den Zuschauer nicht erreicht.

Das Auffällige besetzt die Phantasie, und die Sensation wird zur Besatzungsmacht. Der Umgang der Gewalt mit dem Leben ist immer Sensation.

Dem Terroristen ist so eine Bühne bereitet.

»Durch die Massenmedien, die gleichsam eine zweite Welt neben der Welt unserer Primärerfahrungen produzieren, wird Wirklichkeit nicht nur bekanntgemacht oder auch manipulativ verzerrt, sondern in zunehmendem Maß überhaupt erst produziert. Die Massenmedien (...) können Wirklichkeit abbilden, verschleiern und verzerren, weil sie fähig sind, Wirklichkeit zu definieren und in zunehmendem Maße auch zu erzeugen. Was wir als Wirklichkeit wahrnehmen, ist nicht eine Gegebenheit für sich, sondern eine Leistung der Medien.«[6]

Dieser Satz Gerd Kaltenbrunners klingt wie eine verbitterte Absage und ist doch nichts anderes als pointierte Beschreibung täglicher Erfahrung.

In den Erörterungen über den Zusammenhang von Kommunikation und Terrorismus wird häufig die globusumspannende Hochleistungstechnik in den Vordergrund gerückt. Durch die stundenschnelle Beförderung des Bildmaterials mit Flugzeugen und den sekundenschnellen Bildtransporte über die Satelliten vergrößert sich das Publikum eines bestimmten Geschehens im praktisch gleichen Augenblick zu riesigen internationalen Dimensionen.

1972 nahm das Kommando des »Schwarzen September« der Fatah Yassir Arafats die israelischen Olympiasportler in München als Geiseln und degradierte die Vertreter der Ordnungsmacht in den sichtbaren Begegnungen zu gutwilligen, aber eigentlich hilflosen Männeren, deren Macht zur Entscheidung amputiert und deren Überlegenheit kraft Gesetz und Autorität durch die physische Gewalt verneint wurde. Das Publikum dieser Autoritätsdemontage zählte Hunderte von Millionen. Der deutsche Fernsehzuschauer hat die zeitliche Berichtsausdehnung über das »Geisel-*Drama*« nicht voll erfassen können: um dem PLO-Kommando nicht zuviel Information über Gang und Stand der Dinge innerhalb und außerhalb des Olympischen Dorfes über die dort zu empfangenden deutschen Programme zukommen zu lassen, wurde die Direktberichterstattung in den Ausstrahlungen von ARD und ZDF rigoros gedrosselt. Das war eine taktisch vernünftige Entscheidung. Ihre Begründung konnte aber für das sogenannte »Weltprogramm« und erst recht für die unabhängigen nationalen Programmgesellschaften des Auslands, die in München vertreten waren, nicht gelten. Die Welt sah vieles von der Demonstration terroristischer Gewalt, das den deutschen Zuschauern »entging«.

Die globale Kommunikation macht das entfernte Ereignis im Wortsinn gegenwärtig. Die aus Abstand wachsende Nüchternheit gegenüber Geschehen und Tat wird auf ein Mindestmaß heruntergeschraubt. Auf ein Höchstmaß gesteigert wird das unkontrollierte Empfinden, als Nachbar oder Nebenmann vom kontinentweit entfernten Ereignis mitbetroffen zu sein. Daß eine terroristische Tat oft nur von regionalem oder lokalem Belang ist, wird angesichts gleichartiger Erfahrungen in der eigenen

Mitte nicht mehr gewertet. Die Einzeltaten verschmelzen zu einer Einheit.

Dem Terroristen ist eine *Welt*bühne bereitet. Dort kann er die Phantasie der Welt gefangennehmen.

Der Terrorist – ein Schausteller?

In den Nachrichten über Aktionen des grenzüberschreitenden Terrorismus und in den eilig entworfenen »Backgroundanalysen« der Medien werden die organisatorischen, waffentechnischen und logistischen Querverbindungen in den Vordergrund gerückt. Das ist natürlich, denn es läßt sich erzählen. Es entspricht dem Tagesbedarf des heutigen Informationsschnellverbrauchers. Er fühlt sich unterrichtet, merkt aber nicht, daß er nicht mehr nur Zuschauer ist, sondern zum Handelnden gemacht wird – zum Handelnden in zweiter Instanz, dessen unmittelbare oder auch verzögerte Reaktion dem Schauspiel der Gewalt erst Wirkung gibt und damit Sinn verleiht. Die Möglichkeit des Unbeteiligtseins wird ihm still entzogen. Es gibt auch hier nicht länger den Status des Nichtkombattanten.

Brian Jenkins hat die Entwicklungsstufen der Lehren vom Guerillakrieg zu einem, was den Terrorismus betrifft, zwingenden Schluß geführt:

»Mao lehrt, daß Guerillas auf die politische Mobilisierung jener Menschen zielen, die in einem konventionellen militärischen Konflikt bloße Zuschauer wären. Mao lehrt ferner, daß Guerillas von dieser Mobilisierung abhängig sind. Er führt damit eine Beziehung zwischen militärischer Aktion und der Haltung wie der Antwort der Öffentlichkeit ein. Dies gab dem Begriff des Konflikts eine neue Dimension. Konflikt und Erfolg waren bis dahin vornehmlich in den Begriffen der physischen Wirkung gemessen worden, die eine militärische Aktion beim militärischen Gegner erzielte. Jetzt aber galt, daß die Wirkung einer gewaltsamen Aktion auf Menschen, die dem Konflikt zuschauend beiwohnten, von dem akuten physischen Schaden, der dem Gegner zugefügt werde, unabhängig sein könne. Ja, es galt, daß diese Wirkung den akuten physischen Schaden an Bedeutsamkeit erreichen, an Wichtigkeit übertreffen könne. Terrorismus ist nichts anderes als die zum gewalttätigsten Extrem gesteigerte Konsequenz dieser Lehre. Terrorismus ist Gewalttätigkeit um des Effektes willen – nicht vorrangig, manchmal überhaupt nicht, wegen des physischen Effektes auf das begrenzte Objekt, sondern wegen des dramatischen Einbruchs in die Psyche einer Zuschauerschaft.«[7]

Die auf immer stärkere Globalverflechtung strebende Kommunikationstechnik erweitert die früher regional oder national eingegrenzte Zuschauerschaft fallweise zur Weltzuschauerschaft. Der Export der Gewalt, die Niederlegung der Grenzen des Kampfraumes, »Internationalisierung« also, geschieht nicht nur im Bereich der tatsächlichen Aktion. »Internationalisierung« erfolgt gleichermaßen im Bereich der Zuschauerschaft, die in den Konflikt unabänderlich einbezogen worden ist. Brian Jenkins spitzt das auf eine Formel zu:

»Die Beziehung zwischen dem Handelnden und seinem Publikum kann zweigleisig sein. Rundfunk und vor allem Fernsehen ermöglichen einem immer größeren Publikum, stellvertretend am Kampf des Guerilla teilzuhaben. Durch die Massenmedien können Guerillas eine entfernte Öffentlichkeit erregen, ängstigen, ihre Sympathie erwecken, selbst eine Art von Bindung zu dieser Öffentlichkeit schaffen. Und die Reaktionen dieser Öffentlichkeit können das Ergebnis des Kampfes beeinflussen. Dies ist ein Denken, das Marshall McLuhan ebensoviel verdankt wie Mao Tse-tung.«

Die Aktion auf der Bühne ist, will sie wirksam sein, nicht allein an die Kunstfertigkeit der Agierenden gebunden, sondern zu gleichen Teilen an eine vorherrschende Stimmung im Publikum. In einer zu Unrecht wenig bekannten Schrift, »The War of the Flea«, hat der Amerikaner Robert Taber, Beobachter auf vielen Schauplätzen des revolutionären Krieges, diese Deutung gegeben:

»Nationalismus, soziale Gerechtigkeit, Rasse, Religion – hinter all diesen symbolischen und abstrakten ›Anliegen‹, die die Kampfrufe der Revolutionen der beiden letzten Jahrzehnte sind, spürt man ein einigendes Prinzip, einen gemeinsamen Antrieb.

Es ist ein revolutionärer *Impuls*, ein Aufschwung allgemeinen *Wollens*... Der *Wille zu rebellieren*, so verbreitet, daß er heute fast *universal* genannt werden kann, scheint mehr zu sein als nur eine Reaktion auf politische Zustände oder materielle Bedingungen. Was dieser Wille offenbar ausdrückt, ist ein neuerwachtes Bewußtsein nicht einer ›Sache‹, sondern von *Möglichkeit (potentiality)*.«[8] Taber entdeckt im Arsenal des Guerilla eine »Geheimwaffe«, die höher zu veranschlagen sei als irgendeine Entscheidung zur Taktik oder Technik des irregulären Krieges: »... die Fähigkeit, diesen Geisteszustand in anderen wachzumachen.«

Die Theoriediskussionen der amerikanischen und europäischen Neuen Linken liefern die Formeln der Entsprechung. Da wird gesagt, der Guerilla verlagere »die Revolution aus der Begrifflichkeit in die Aktion. Er verwertet praktisch die *magische* Besetzung des Bewußtseins der Massen, die sich nicht mehr durch Aufklärung durchbrechen läßt.« Was heißen soll, daß die Masse der Nichtlinken die Möglichkeit des Aufbegehrens zunächst nicht begreifen kann, denn sie hat sich der bestehenden Autorität unterworfen. »Auch in der hochindustrialisierten Welt ist die Wirklichkeit *magisch* vermauert.« Die bestehende Autorität wird wiederum als »herrschende Gewalt« denunziert, der nur mit Gewalt begegnet werden kann und die folglich diese Gegengewalt legitimiert. »In diesem Sinn ist Gewalt gleichbedeutend Blockade der Gewalt und *Herstellung einer neuen demokratischen Öffentlichkeit.*« Das bedeutet, »*mit unorthodoxen Mitteln* effektive Wege freizulegen, um aus der Sackgasse bloßer Hoffnung auf die Selbstspontaneität der Massen und einer veronkelten Organisation herauszufinden« (Hervorhebungen durch den Verf.).[9]

Das heißt, die Tat als Magie verstehen, um eine behauptete Magie zu überwinden.

Die besondere und sensationelle Handlung, Phantasie und Magie, Auftritt auf der Bühne, Öffentlichkeit schaffen, die Menge staunen machen, in Erregung und Bewegung setzen: das ist die Berufsbeschreibung des Schaustellers. In der Tat nutzt der Terrorist die Kunstfertigkeit der Schaustellerei, manchmal mit der meisterlichen Listigkeit des alten Bühnenfuchses. Was zu der Frage zwingt: Hat der Terrorist den Medienmann zu seinem Bühnenarbeiter degradiert?

Der Terrorist hat eine Fähigkeit, ohne die der Schausteller erfolglos bleibt und die Industrie das Echo verliert: Er ist ein *Entertainer.* Denn jede Gewalt hat, wie es im Jargon der Industrie heißt, ihren U-Wert.

U steht für Unterhaltung.

Nachricht und Darstellung

Der Begriff »Darstellung« hat unter den fachlichen Bezeichnungen der journalistischen Technik keinen angestammten Platz. Er ist zu ungenau, um eine bestimmte Form der Vermittlung von Geschehen, der Erläuterungen oder Beschreibung zu bezeichnen. Das Wort wird hier verwendet, um Arten journalistischen Berichterstattens jenseits von Nachricht und Kommentar insgesamt benennen zu können. Kennzeichen der Darstellung sind die lebendige Ausführlichkeit der Szenenschilderung, die Herausstellung des Absonderlichen, Dramatischen und Anrührenden, die Wort- und Bildmalereien des Erhebenden und Schrecklichen, der Bau des Spannungsbogens in der Dramaturgie des Ablaufs. Darstellung meint Ausmalung einer »story« und menschliches Schauspiel.

Natürlich kann die Nachricht eine politische Waffe sein.

»Nachrichtenpolitik« ist eine genau zu berechnende Möglichkeit im Konflikt, die dem Kombattanten und dem Berichter offensteht. Daß die Zahl der »barbudos« des Fidel Castro in der Sierra Maestre militärisch lächerlich war, spielte keine Rolle, da der Nachrichtenstrom und die nachrichtlich analysierende Berichterstattung der Auslandspresse, insbesondere des »New York Times«-Korrespondenten Herbert Matthews, den Namen Fidel Castro zum Gebrauchswort in den USA machten und Washington letztlich zu Restriktionen gegenüber Präsident Batista zwangen. Historische Beispiele füllen Bände.

Terroristische Aktion wird geplant, um »in die Nachrichten zu kommen« und in den Nachrichten einen vorderen, möglichst den ersten Platz zu gewinnen, »Schlagzeile zu machen«. Eine Schlagzeile kann greller explodieren als eine Bombe. Mit der Plazierung, Formulierung und der Dauer von Nachrichten wird Bedeutung zugewiesen und Klima geschaffen. An beidem ist der Terrorist leidenschaftlich interessiert. »Auch die kommentarlose Berichterstattung über die Wirksamkeit von Widerstandsgruppen hat schon Funktionswert im internationalen Kampf um die öffentliche Meinung, also auf dem Sektor der psychologischen Kriegsführung. Ein solcher Bericht besagt, daß ein Recht aggressiv in Frage gestellt wird. Es ist damit kein selbstverständliches Recht mehr. Das umstrittene Recht wird zugleich vor ein Forum gebracht, das eine mannigfach gefärbte, ideologische oder ideale Zuständigkeit für sich in Anspruch nimmt, jedoch keinerlei konkrete Zuständigkeit hat. Schon die kommentarlose Berichterstattung ruft zur Mobilmachung der Meinung auf.«[10]

Steuerung der Nachricht ist möglich. Sie ist das Alltagsgeschäft des Redakteurs. Deshalb lebt der Redakteur ständig unter dem Verdacht der an der Nachricht, an Kenntnisgabe und Publizität Interessierten, wobei sich bei den Interessierten der Wunsch nach Veröffentlichung des Eigenen mit dem Verlangen nach Nichtveröffentlichung des anderen die Waage hält. Aber der Steuerung der Nachricht sind Grenzen gezogen. Unterdrückung der wichtigsten Nachricht ist nach dem Lebens- und Verfassungsverständnis der westlichen Staaten unmöglich – Manipulation von Nachrichten schlägt zurück und erreicht zwangsläufig den Punkt der Schädigung eigener Interessen. Der Journalist hat darüber hinaus nicht nur das Recht, sondern die Pflicht, sich gegen das ständig zunehmende öffentliche Bemühen zu wehren, ihn zum sozialtherapeutischen Gesundheitsingenieur zu machen. Das alles schließt einen verantwortlich begründeten Konsens über die Einschränkung von Nachrichten, z. B. bei Fahndungsaktionen, nicht aus. Aber ausgeschlossen bleibt die Steuerung der Nachrichten in Richtung auf eine Politik der Nicht-Nachricht.

Nachricht ist Kenntnisgabe. Zur Kenntnis gegeben wird der terroristische Akt und der Aggressionsanlaß, der für die Öffentlichkeit plakatiert wird. Aber Kenntnisgabe ist nur vorgeschaltete Stufe im Übersetzungsmechanismus vom Einsatz quantitativ begrenzter Gewaltmittel zur größeren Angst. Seine Hauptstufe ist die gedehnte Darstellung, die Große Oper des terroristischen Verismus.

Zehn Stunden und vierzig Minuten dauerte die Direktübertragung des japanischen Fernsehens vom Sturm der Polizei auf das geheime Hauptquartier der japanischen Roten-Armee-Fraktion *Rengo Sekigun.* An einem frostigen, milchig verhangenen Februarmorgen des Jahres 1972 traten 3000 Polizisten an, um das Hauptquartier, ein mittelgroßes Haus an einem lichten Waldhang im Bergland nördlich Tokio, auszuheben. Japan spricht seitdem vom »Drama im Bergwald«.

Die *Sekigun* war seit dem Ende der sechziger Jahre zu einer nationalen Sicherheitslast Japans geworden. Im Frühjahr 1970 entführten *Sekigun*-Mitglieder eine Linienmaschine des innerjapanischen Dienstes nach Nordkorea. Die Aktion war der erste größere Hinweis auf die beginnende, später stark ausgebaute grenzüberschreitende Zusammenarbeit der von japanischen Studenten gegründeten und gesteuerten terroristischen Bewegung. Kämpfe mit der japanischen Polizei wurden immer heftiger. Im Februar 1972 entdeckte die Polizei das geheime Hauptquartier der *Sekigun* im Bergland nördlich von Tokio, griff zu und überraschte eine Gruppe von Führungsleuten. Zwei konnten fliehen; die anderen verschanzten sich in einem privaten Erholungsheim am Hang, einsam gelegen und schwer zugänglich. Yasuko Muta, die Frau des Hausmeisters, wurde als Geisel genommen. Neun Tage versuchte die Polizei die Taktik der noch wenig entwickelten Belagerungspsychologie: Diskussion, Überredung, Jammern und Flehen der Mutter und des Mannes der Geisel, Bitten und Drängen der herbeigeschafften Eltern einiger *Sekigun*-Führer. Die psychologische Belagerungstaktik war damals noch nicht sehr ausgebildet, der fanatische Haß der *Sekigun* zu groß; die Taktik blieb ohne Erfolg. Der Sturm wurde für den Morgen des zehnten Tages beschlossen. Das war der 28. Februar 1972.

Drei von sieben Fernsehstationen in Tokio, darunter die NHK, japanisches Gegenstück zu unseren öffentlich-rechtlichen Anstalten, übertrugen das »Drama im Bergwald« ab morgens 9 Uhr 40. Die Direktsendung wurde auf dem nationalen Sendenetz über ganz Japan verbreitet.

Ein solches Unterfangen läßt sich im Nachhinein als staatsbürgerliches Lehrstück über die Schutzfunktion und zivile Aufgabe der Polizei im Rechtsstaat erklären. Das ist Täuschung oder Selbsttäuschung. Die Direktübertragung war der dramaturgisch zwingende Schlußakt in einem mehrtätigen Reportagestück, das mit Nachrichten begann, mit dem Einsatz von Übertragungswagen für kürzere Direktsendungen in den ersten Belagerungstagen angehoben wurde und sich zu einer Kette von beinahe stündlichen Lageberichten in den Programmen verdichtete. Die landesübliche Programmkost der Samurai-Dramen war durch das lebendige Stück ersetzt worden, und ganz Japan hing am Fernsehgerät: Der letzte und spannende Akt der Unterhaltungsserie konnte ihm nicht verwehrt werden. Jeder Zirkus fordert den Höhepunkt am Ende der Show.

Der Eingang zum Haus am Hang war verbarrikadiert. Die Polizei setzte bald nach Programmbeginn einen panzergeschützten Baukran ein, der eine eiserne Abrißkugel gegen die Wand neben dem Eingang schleuderte. Die Monotonie der schwingenden Kugel ließ den Zuschauer nicht los. Das Motorgeheul des Krans. Das allmähliche Splittern der Wand wurde von gelegentlichen Revolverschüssen und Sturmgewehrsalven übertönt. Dann fuhren Wasserwerfer auf; schließlich Panzerwagen, die Granaten mit Tränengas schossen. Manchmal verwischte fallender Schnee das elektronische Bild.

Einige Zitate aus der Bildreportage von 10 Stunden und 40 Minuten verdeutlichen, daß die Berichterstattung reinen Sensationscharakter hatte. Die auf 70 Millionen geschätzte Zuschauerschaft erfuhr Lagebeschreibung und Fortgang des Angriffs aus den Gesprächen zwischen Moderator, Reportern, Regisseuren und Kameramännern vor Ort.[11]

Drei Stunden nach Beginn der Direktübertragung:

»Achtung, Kamera B, fahren Sie auf das Loch in der Wand – nein, das hier muß der Dachboden sein. Anscheinend feuern die Terroristen von dort aus!

Da bewegt sich was –

– ein Kopf!

Bis jetzt ist keine Bestätigung zu erhalten, ob sich fünf oder mehr Terroristen versteckt halten. Auch das Schicksal der Geisel ist ungeklärt.

Da, das muß einer der Terroristen sein – Irrtum ausgeschlossen. Jemand hat aus der Nähe geschossen.

Letzte Lage: ein Sturmtrupp ist vom Eingang her vorgedrungen; die Terroristen wurden im Wohnzimmer ausgemacht.«

Gespräch zwischen der Regiezentrale und dem Reporter Matsukawa:

»Schlechte Nachricht: Inspektor Takami ist im Krankenhaus seiner Verletzung erlegen. Gibt es Neues bei Ihnen, Matsukawa?«

»Nichts, nicht das allermindeste!«

»Ein Polizist ist erschossen worden. Passen Sie auf sich auf, Matsukawa . . .«

»Vor uns klafft ein weites Loch in der Wand. Vor etwa vierzig Sekunden traf ein Schuß aus dem Loch einen Kameramann. Er hält gerade sein verwundetes Bein!«

»Sind Sie verletzt, Matsukawa? Sofort in Deckung gehen. An alle: an einen sicheren Platz zurück! Hat keinen Zweck, noch näher ranzugehen.«

Die Eigenwerbung, sechs Stunden nach Beginn der Übertragung:

»Solch eine lange Reportage bei einer Fernsehübertragung habe ich noch nie gemacht. Seit Stunden schießen Menschen aufeinander. Millionen Zuschauer im ganzen Land sehen zu Hause zu. Ein Verbrechen ohne Beispiel! Und beispiellos ist auch diese Fernsehübertragung!«

Die Welt bestand für die Japaner an diesem Tag aus dem Kampf zwischen der Ordnungsmacht und den Terroristen, den die Ordnungsmacht schließlich gewinnen mußte, aber den sie nicht selbstverständlich gewann. Das wichtige Geschehen der Welt – wichtig gerade für Japan – wurde an den Rand gedrängt. In der fünften Stunde wurde kurz in die Sendezentrale zurückgegeben:

»Wir unterbrechen die Direktübertragung, um Ihnen einen Bericht vom Abflug Präsident Nixons aus Shanghai zu zeigen. Soeben ist Präsident Nixon an Bord seines Sonderflugzeuges gegangen, um nach seiner historischen Reise durch die Volksrepublik China von Shanghai nach Hause zu fliegen. Dieses Programm wird von Shanghai per Satellit übertragen.

Mr. Nixon winkt Ministerpräsident Tschou En-lai zum Abschied mit breitem Lächeln zu. Er ist an Bord seiner Maschine. Wir schalten zurück zur Direktübertragung . . .«

Zum Ende der Übertragung zeigten die Kameras, wie die Polizei die überwältigten Terroristen abführte:

»Leute aus der Nachbarschaft, die die Aktion im Fernsehen verfolgt hatten, strömen jetzt herbei. Die Menge ruft: Totschlagen, totschlagen!«

Der Vater eines der fünf verhafteten Terroristen nahm sich das Leben; er hatte seinen Sohn auf dem Bildschirm erkannt. Viele Japaner, berichtete ARD-Korrespondent Peter Krebs aus Tokio, riefen schon in den ersten Tagen der Belagerung nach »Militär, Kanonen umd Bomben«. Eine erste Einschätzung der Wirkung dieser Marathonübertragung wurde später berichtigt: Sie habe die Sympathie jugendlicher Japaner für die *Sekigun* zerstört. Das Gegenteil trat ein.

Die japanische Direktübertragung von 1972 war zweifellos ein Exzeß gedehnter Darstellung, an dem europäische Fernseheinsätze auch bei größeren terroristischen Aktionen nicht gemessen werden können. Aber die Elemente der Dramaturgie sind dort wie hier zu erkennen: Aufgreifen der Sensation im üblichen Nachrichtenverfahren; Intensivierung des Sensationscharakters durch Erhöhung der Nachrichtendichte; Auffüllen der Leerlaufphasen zu Beginn der Gegenaktionen durch Anreicherung mit Gerücht, Spekulation, ersten Analysen und meist nichtssagenden Interviews als Dokumentation des »Dabeiseins«; Mitlaufen in der sich aufbauenden Spannung, die man selber hochtreibt; das Finale der Befreiung oder des Todes, sofern es technisch zu erreichen ist.

Die Aktionsabläufe in Beilen, Amsterdam und in der Londoner Balcombe Street (alle Dezember 1975) bieten Studienbeispiele für die doppelte Belagerung durch Polizei und Kommunikationsindustrie. Im holländischen Beilen-Fall wurde die Berichterstattung regierungsamtlich organisiert. Dieser Ansatz amtlicher Nachrichtensteuerung endete als hilfreiche Verkehrsregelung auf den verstopften Straßen der Information. Die amtliche Sprecherin in Beilen erschien vor den Kameras von durchschnittlich 17 internationalen Fernsehteams, die an manchen Tagen verstärkt wurden. Zwischen dem niederländischen Justizminister Andreas van Agt und der Amsterdamer Tageszeitung »De Telegraaf« kam es zu scharfen Spannungen, da das Blatt die stark vergrößerte Aufnahme der Todessekunde einer Geisel veröffentlicht hatte. Der Minister zieh die Presse wütend der Schamlosigkeit, sorgte aber zugleich für eine noch bessere Ausstattung des Pressezentrums. In den ersten fünf Tagen der Belagerung des gekaperten Zuges standen im Rathaus von Beilen 12 ständige Fernsprechleitungen zur Verfügung. Dann wurde ein behagliches Pressezelt errichtet, das über 26 Fernsprechleitungen ins In- und Ausland hatte, die kostenlos benutzt werden konnten.

Der genaue Anlaß, die ambonesischen Forderungen, war bald vergessen. Aber aus der Erinnerung jederzeit reproduzierbar ist das Bild der stummen Geisel auf dem Balkon des Generalkonsulats in Amsterdam: Augen verbunden, Hände gefesselt, eine Schlinge um den Hals, eine Maschinenpistole im Rücken, als Person nicht erkennbar (war das ein Mann oder eine Frau?) und darum als Person ausgelöscht, der Gegner nicht sichtbar – Symbol des Ausgelieferten, sichtbar in allen Wohnzimmern Europas. Geblieben ist ein unabweisbares Gefühl: daß hier eine andauernde Macht ihre Wirklichkeit gewonnen habe, die jederzeit in unseren Alltag treten und ihn beherrschen kann und von den Urhebern nach Belieben an- und abgeschaltet wird.

In den schriftlichen Äußerungen des Terrorismus sind mannigfache Gebrauchsanweisungen für das Anschalten dieser empfundenen und daher existierenden »verdeckten Wirklichkeit« enthalten.

In Marighelas »Mini Manuale« heißt es: »Die Entführung bekannter, aber unpolitischer Persönlichkeiten des künstlerischen Lebens, des Sports und anderer Berufe kann der Propaganda für die patriotischen und revolutionären Ziele des Stadtguerillero dienen, jedoch hat sie unter besonderen Umständen zu erfolgen und muß vom Volk begriffen (...) werden.«[12]

Der Palästinenser Fuad al-Shamali, eine rätselhafte Persönlichkeit, ein fleißiger Gaststudent in Genf, schwärmerischer Dichter, Terrorist und Planer des »Schwarzen September«, dessen Schlüsselrolle erst bei seinem pomphaften Begräbnis in Beirut (1972) sichtbar wurde, schrieb kurz vor seinem Tod, wenige Monate vor der Geiselnahme bei den Olympischen

Spielen in München: »Wir müssen sie an ihrer schwächsten Stelle treffen. Bombenanschläge auf ein EL-AL-Büro nützen unserer Sache nichts. Wir müssen ihre wichtigsten und berühmtesten Leute töten. Da wir an ihre Staatsmänner nicht herankommen, müssen wir ihre Künstler und Sportler umbringen.«[13]

Diese Richtlinien sind in einem Punkt überholt. Jedes Sterben durch Gewalt, sofern es nur groß genug ist, angemessen inszeniert und entsprechend dargestellt wird, genügt dem Zweck. Die Identität der Opfer kann so beiläufig sein wie ihr schließlicher Tod. Sie sind nur Statisten im Schauspiel des Sterbens.

Der Terrorismus ist von der Kommunikation abhängig. Im Herbst 1975 wurde an Bord des britischen Ozeanriesen »Queen Elizabeth«, der im Hafen von Southampton für eine Kreuzfahrt in die Karibik bereitgemacht wurde, wenige Tage vor dem Auslaufen eine erhebliche Menge Sprengstoff entdeckt. Er war, so die begründete Vermutung, von der IRA an statisch wichtigen Stellen angebracht worden. Die Passagierliste war gesellschaftlich hochkarätig, und ein Erpressungs- oder Vernichtungsakt auf hoher See wäre ein bedeutender Schockerfolg, ein höchst »dramatischer Einbruch in die Psyche einer Zuschauerschaft« zugunsten der IRA geworden. Der Anschlag wurde vereitelt; er gab damit für eine Darstellung nichts her. Er war eine Bedrohung hohen Grades im polizeilichen Sinn, aber nicht im Sinn einer öffentlichen Reaktion. Für die Öffentlichkeit existierte dieser potentielle Akt nicht; mithin trug er nichts zur Ausweitung des terroristischen Wirkungspotentials bei.

In der Abhängigkeit von der Kommunikation liegt die Abhängigkeit von der Eskalation beschlossen.

Die Leiter des Schreckens

Ein schlichter Mord ist heute so sehr Selbstverständlichkeit des städtischen Lebens geworden, daß er kaum noch Interesse weckt. Die Boulevardpresse kümmert sich in ihren Schlagzeilen folgerichtig nicht mehr um die Tatsache des Mordes, sondern um seine sensationelle oder delikate Pointe. Andernfalls wäre die Zeitung am Kiosk nicht mehr zu verkaufen.

Das beschreibt die Lage des Terroristen. Er ist wie alle anderen an die Regeln einer überzüchteten Kommunikationswelt gebunden. Um den »dramatischen Einbruch in die Psyche« und die daraus erwachsenden, meist verschlungenen Folgen zu erzielen, muß er in immer steigendem Maß zu Aktionen übergehen, die in seinen ursprünglichen Vorstellungen nicht gedacht waren; oder er muß, sofern er erst jetzt die Schwelle von

Protest oder Plan zur Tat überschreitet, von Beginn an seine Aktionen auf hochgesteigertem Reizneveau kalkulieren.

Einen Lehrfall, an dem sich wie in einem Laboratoriumsversuch die Eskalation ablesen läßt, lieferten die Ambonesen in den Niederlanden zwischen 1970 und 1977.

Ihr Name erinnert an ihre Heimat, die Insel Ambon der Südmolukkengruppe im Osten des indonesischen Archipel. Indonesien erreichte 1949 die Unabhängigkeit. 1950 riefen sie auf der Insel Ambon eine »Unabhängige Republik der Südmolukken« aus, die von der Zentralregierung in Djakarta niedergekämpft wurde. 12 500 Ambonesen, in der Mehrheit ehemalige Soldaten der Holländisch-Ostindischen Kolonialarmee und ihre Angehörigen, gingen in das niederländische Exil. Ihre Zahl beträgt heute knapp 40 000. Trotz materieller Hilfe ist ihre Eingliederung in den holländischen Gesellschaftskörper nicht gelungen. Vor allem unter den ambonesischen Jugendlichen bildeten sich radikale Gruppen, die Verhandlungen über eine Unabhängigkeit der Südmolukken verlangten, an denen Präsident Suharto teilnehmen sollte. Die Unerfüllbarkeit der an Indonesien gerichteten Forderungen war für die Niederlande offensichtlich; folglich wurden sie mit Schweigen übergangen.

Im September 1970 drangen bewaffnete Jugendliche der Bewegung *Republik Maluku Selatan* (auch: »Jugendbewegung für Freie Südmolukken«) in die Residenz des indonesischen Botschafters im Haag ein, töteten einen holländischen Polizeiposten und nahmen die Frau des Botschafters und seine Kinder als Geiseln. Die Jugendlichen gaben bald auf; ein vorgesehener Staatsbesuch des indonesischen Präsidenten wurde vertagt. Das Schweigen in den Niederlanden blieb.

Im Dezember 1973 warfen ambonesische Jugendliche einen Brandsatz in die indonesische Botschaft und verbrannten indonesische Flaggen. Fast auf den Tag ein Jahr später beschädigten Ambonesen den Friedenspalast im Haag, den Sitz des Internationalen Gerichtshofes. Die Öffentlichkeit war nicht beeindruckt, denn die großen Schauspiele des Terrorismus auf der internationalen Bühne ließen diese Aktionen als kleine Belästigungen erscheinen, die der Aufmerksamkeit nicht wert waren.

Die Untertreibung der Aktionen im Vergleich zum terroristischen Gewaltpegel im internationalen Bereich war, wie sich später herausstellte, Anlaß für den Entschluß zu den Großaktionen im Dezember 1975. Am 2. Dezember 1975 überfielen sieben Terroristen der »Jugendbewegung für Freie Südmolukken« einen Eisenbahnzug in der Nähe des Städtchens Beilen und hielten 23 Passagiere 12 Tage lang als Geiseln fest. Drei Zuginsassen wurden ermordet. Zwei Tage nach Beginn der Aktion stürmten sieben weitere Terroristen das indonesische Generalkonsulat in Amsterdam und nahmen 43 Geiseln; sie entließen 16 Kinder und einige Erwachsene, hielten aber 25 Geiseln für 15 Tage fest. Ein großer Doppelauftritt hatte begonnen; die Kolonnen der Kommunikation rückten an.

Beim Prozeß gegen die ambonesischen Terroristen, dem »Prozeß der weinenden Mörder«, stellte sich heraus, daß in Beilen und Amsterdam Amateure am Werk gewesen waren, die zwar jahrelang Waffen beschafft, Schießen geübt und Pläne gemacht hatten, aber nichts von der Härte besaßen, die etwa der IRA, den Palästinensern, den Japanern eigen ist. Der fünfundzwanzigjährige Paulus Saimima sagte vor dem Richter: »Die Tränen schossen uns aus den Augen. Ich betete, ich fluchte auf die Haager Regierung, denn sie hatte uns durch ihre starre Haltung zum Schießen gezwungen.«[14] Die Öffentlichkeit, die einen halben Monat lang täglich das »Drama« von Beilen und Amsterdam miterlebt hatte, nahm von dem Prozeß in der niederländischen Provinzstadt Assen kaum Notiz. Journalistische Prozeßbeobachter sprachen von hilfloser Schwäche der Mörder und der Vortäuschung eiserner Gewalt.

Aber der Prozeß war in sich eine Täuschung. Zwei Nachfolgekommandos, aus härteren und entschiedeneren jungen Molukkern gebildet, wiederholten am 23. Mai 1977 das Doppelmanöver. Der Intercity-Zug Rotterdam-Groningen wurde um 1 Uhr 10 durch Notbremsung auf offener Strecke bei Assen angehalten; bewaffnete jugendliche Molukker kletterten in die Wagen. Zur selben Minute besetzten vier bewaffnete Jugendliche im benachbarten Bovensmilde eine Schule, in der sich 120 Kinder befanden: Die bisher längste Geiselnahme begann. Sie dauerte 445 Stunden und 12 Minuten. Im Morgengrauen des 11. Juni befreiten holländische Militäreinheiten Zug und Schule in einem gefechtsähnlichen Einsatz. Die Fernsehbilder vom Gefechtsfeld waren Bilder einer kurzen Kriegsszene, die notwendig wurde, weil alle Verhandlungen ins Leere gelaufen waren.

Eine größere Tragödie blieb den Niederlanden erspart, weil die Schulkinder während der Belagerung erkrankten und von den überforderten Terroristen freigelassen wurden. Aber daß überhaupt eine Schule besetzt war und mehrere Klassen von Schulkindern zu Geiseln genommen wurden (als Möglichkeit bis dahin nur in theoretischen Überlegungen zu künftigen Aktionsmöglichkeiten von Terroristen aufgetaucht) und die Terroristen alle angebotene Möglichkeiten eines Vergleichs ausschlugen, zeigt mit Deutlichkeit, daß die Eskalation einer Spirale ohne Ende gleicht. Die Eskalation erwies sich 1977 als automatisch, obwohl die europäischen Fernsehsysteme (im Gegensatz zu den amerikanischen Gesellschaften, die mit stärksten Teams und ausgeklügeltem Gerät vertreten waren) ein bisher nicht geübtes Maß an Zurückhaltung in der Berichterstattung zeigten.

Was also, wenn der Terrorist, aus welchem Grunde immer, Abstand nimmt von der Eskalation? Er wird zum Partikel üblichen Lebens. Er läuft Gefahr, in kürzester Zeit vergessen zu werden. Er vergibt den »dramatischen Einbruch in die Psyche der Zuschauerschaft« durch Aktionsuntertreibung. Er zerstört und mordet umsonst. Der auch aus den Kommunikationsgesetzen unserer aufgeregten Welt geborene Zwang, immer einen Schritt weiter gehen zu müssen, treibt die terroristischen Planer unausweichlich zum immer schnelleren Abbau letzter moralischer Schranken. Motive spielen in diesem Steigerungsvorgang eine untergeordnete Rolle. Der Terrorist wird durch weltweite Darstellung, durch die Wiederholung und durch seine Furcht vor der Aktionsuntertreibung angesichts eines allmählich akzeptierten Pegelstandes der Gewalt zum immer größeren Auftritt gezwungen; das heißt, er fühlt sich zum hemmungsloseren Durchbrechen der früheren Beschränkung getrieben, die durch die Eingrenzung der Opfer gezogen war. Der Terrorist greift vor der möglichst großen Öffentlichkeit in pathetischer Pose zum stets radikaleren Mittel. Der Abstand zwischen Anlaß und Tat ist oft nur mit dem Maß des Absurden zu messen.

11. Geheime Verbündete

Erwartung und verstecktes Verständnis

Die Abhängigkeit des Terrorismus von der Kommunikation stellt einen wichtigen Bereich terroristischer Strategie unter die Verfügung der Angegriffenen, da sie über den Grad der Kommunikation bestimmen. Was in der Strategie konventioneller Kriege strikt vermieden wird, ist in der Strategie des Terrorismus unvermeidbar: Den Angegriffenen wird durch die Strategie ein Schlüssel zur langfristig wirksamen Bekämpfung an die Hand gegeben. Die Frage ist, ob die Angegriffenen diese Schwäche jeglicher terroristischen Planung erkennen und ob sie bereit sind, den Schlüssel zu benützen. Zweifel sind erlaubt.

Sir Geoffrey Jackson war Botschafter Großbritanniens in Uruguay. 1971 entführten ihn die Tupamaros und steckten ihn in eines ihrer »Volksgefängnisse«, deren brutale Enge und Primitivität aus Tupamaro-Filmen bekannt geworden ist und die als Vorbild für das Lorenz-Versteck in Berlin dienten. Acht Monate hielten sie ihn dort fest. Die ersten sechs Wochen saß er in einem Kellerverlies, das zweimal kniehoch mit stinkenden Abwässern überschwemmt war. Der Einsatz von 12 000 Soldaten und Polizisten war vergeblich; sie fanden ihn nicht.

Diese tatsächliche Isolationsfolter bewältigte der Botschafter mit dem stoischen Gleichmut, den die folkloristische Überlieferung Europas den Engländern zuschreibt. Die britische Regierung lehnte die Befürwortung der Forderungen der Tupamaros ab (150 Gefangene in Uruguay sollten freigelassen werden). Nachdem er schließlich aus dem Volksgefängnis entlassen worden war (am Tag zuvor waren 106 Gefangene ausgebrochen, und seine »Nutzbarkeit« hatte sich, so die Tupamaro-Erklärung, erledigt), sagte er:

»Ich begann, mich als Institution zu sehen, nicht als Mensch. Was Jackson – dem Mann da unten im Keller – passierte, damit mußte er selbst fertig werden. Aber was da mit dem Vertreter meiner Nation geschah, das war schon eine ernste Sache. Es war kein Volksgefängnis, in dem ich mich befand, sondern die Britische Botschaft, da ich darinnen war.«[1]

Hinter dieser Wand des Gleichmuts war mehr geschehen, als Sir Geoffrey Jackson zunächst zugeben wollte. Die britische Regierung sorgte dafür, daß Sir Geoffrey Jackson nach seiner Pensionierung zum Vorsitzenden einer Beratenden Kommission der BBC London berufen wurde. Die Kommission sollte die gesellschaftlichen Auswirkungen des Fernsehens untersuchen, ein Thema, das in Großbritannien mit der gleichen Heftigkeit und mit den gleichen verkeilten Fronten diskutiert wird wie in der Bundesrepublik. Sir Geoffrey trat sein Amt Anfang 1976 an. Seine ersten Äußerungen lagen ganz auf der erwarteten Linie: Unser Empfinden angesichts von Gewalt, sagte er, sei durch das ständige Verwischen der Trennlinie zwischen Wirklichkeit und Phantasie abgestumpft. Daß die Presse einen international gesuchten Terroristen durch den Beinamen »Der Schakal« (so wird »Carlos« in Großbritannien genannt) eigentlich volkstümlich mache, sei bezeichnend für die Betrachtung aktuellen Geschehens unter dem Gesichtswinkel der Unterhaltung, wie ja auch an der Gewalt nicht die Grausamkeit, sondern die Sensation gesehen werde.

Dann freilich schlug er einen unerwarteten Haken. Er änderte den Auftrag seiner Kommission mit der Begründung, im Vordergrund stünden nicht so sehr die Wirkungen des Fernsehens auf Publikum und Gesellschaft als vielmehr die Wirkungen von Publikum und Gesellschaft auf das Fernsehen. »Wenn die Gesellschaft so beschaffen ist, daß sie Morden und Entführen dem Fernsehen aufdrängt, wie und bis zu welchem Grad soll das Fernsehen diese Zustände aus seiner Beschreibung der Wirklichkeit heraushalten?«[2] Die Last der Verantwortung wurde, wenn nicht umgekehrt, so doch verteilt.

Ernsthaft kann nicht bestritten werden, daß die Erwartungen des Publikums an die Kommunikationsindustrie das Angebot mindestens ebensosehr verformen wie die Zwangsvorstellungen vom populären Angebotscharakter, die in den Apparaten der Massenmedien immer größer werden. Die Wachstumserfolge der Boulevardpresse in allen Ländern, die sich in den Hauptbüchern der Verlagshäuser niederschlagen, sind ein nicht zu leugnendes Argument. Ein Zweig der Industrie wächst nie für sich allein; die anderen Zweige werden sich immer nach ihm richten, wenn auch mit unterschiedlicher Heftigkeit.

Das sogenannte »Protestpotential« in der Gesellschaft ist in diesem Zusammenhang ohne Gewicht. Vergleichsuntersuchungen in sieben europäischen Ländern, deren Ergebnisse Mitte 1976 teilweise bekannt wurden, haben für die Bundesrepublik ein bemerkenswert niedriges Potential ausgewiesen, das nur noch von dem in Österreich ermittelten Wert unterboten wurde. Es konnte auch nicht von jenen journalistischen Einheiten vergrößert werden, die sich seit den sechziger Jahren teils einer naiv-aufklärerischen Sozialkritik, teils den Gedanken der Neuen Linken verschrieben. Sie haben durch eine wohlwollende, zustimmende, gelegentlich anfeuernde Begleitung etwa der Studentenunruhen und ihrer Ausuferungen für eine geraume Zeit ein Klima allgemeiner Verwirrung geschaffen, aber letztlich doch nur bewirkt, daß sich der von ihnen gestaltete Lesestoff und das von ihnen geprägte Programm der Zustimmung des breiten Publikums entzog.

Die Erwartungen des Massenpublikums sind schlichter. Die Gewöhnung an die Sensation gleicht der Gewöhnung an Alkohol, Nikotin und stärkere Suchtmittel. Der Verbraucher braucht sein Quantum, er schafft einen wachsenden Markt, der beliefert wird. Er lebt mit dem Ersatzabenteuer, da ihm wirkliche Abenteuer heute fast verschlossen sind. Er verlernt das Erleben noch denkbarer Abenteuer, zum Beispiel das Erkennen so naher und so fremder Länder wie Frankreich oder Spanien, weil er nicht nur mit seinem Koffer, sondern auch mit seiner gewohnten Welt reist. Er erfährt nicht das Languedoc oder Katalonien, sondern er ist in seinem Dinkelsbühl oder Vechta, das zeitweilig an die Costa Brava oder in die Camargue verlegt wird.

Das Publikum der Industriewelt erwartet seine tägliche Sensation als Unterhaltung, als Suchtbefriedigung und Ersatzabenteuer. Es kann nicht jede Woche nach Bangkok fliegen. Presse und Fernsehen haben die tägliche Lieferung des Ungewöhnlichen zu übernehmen. Das Publikum erhebt Lieferungsanspruch und klagt ihn ein durch sein Seh- und Kaufverhalten. Da wird jedes Verteidigungsargument, die Veröffentlichung des Grausamen habe erzieherischen Wert und diene der Abschreckung, zur schlichten Lüge.

Der Tarnanzug des Guerilla

Die terroristische Aktion, die Schrecken erzeugen will, trifft auf verschwommenes Verständnis, das hinter den Bekundungen von Empörung und Entsetzen spürbar wird.

Selbst der gewaltanarchistische Akt, dessen physische Wirkung – Blut, Schmerz, Verstümmelung oder Tod – nicht am eigenen Leib, sondern noch stellvertretend im Bild der »anderen« erfahren wird, kann sich noch im Verständnis festhaken, wenn er als letzte Möglichkeit des Protestes etwa gegen die Automatisierung und »Entleerung der Welt« interpretiert wird. Denn sie wird ja auch vom Bürger erfahren.

Der antikoloniale und nationale Terrorismus hat weniger Schwierigkeiten, das verschwommene Verständnis zu treffen. Die Erhebung gegen fremde Macht ist Teil jeder nationalen geschichtlichen Erfahrung, und die

Weihe der Rechtmäßigkeit, die durch den Abstand der Jahrzehnte und Jahrhunderte verliehen wird, macht jedes Gegenargument schwierig, zumal es gleichzeitig gegen die Romantisierung zu kämpfen hat. Ist »Carlos« mehr Terrorist oder mehr Robin Hood, Graf von Monte Christo oder Andreas Hofer im Auftrag von Palästinensern?

Die Französische Revolution und ihr *Régime de Terreur* war für die Zeitgenossen ein blutiger Schrecken; für die Heutigen ist sie nur der notwendige Schritt aus einer unhaltbaren Vergangenheit in die beginnende politische und soziale Gegenwart der Nation. Die Zweihundertjahrfeiern zur Unabhängigkeit Amerikas konnten (und wollten) nicht verbergen, daß sich der Aufstand gegen die Macht des englischen Königs mit Aktionen ankündigte, die eindeutig als terroristische Handlungen definiert werden müssen. Die Tatsache, daß es terroristische Handlungen waren, wird in der historischen Rücksicht und Rücksichtnahme als unvermeidbar, wenn nicht selbstverständlich betrachtet und zugleich vom Pathos eines Patrick Henry wie mit einem Fahnentuch menschlichen Stolzes verhüllt: »*Give me Liberty or give me Death!*« (März 1775 vor der Zweiten *Patriotic Convention of Virginia*).

Die sub-nationalen terroristischen Gruppen, die nach dem Charakter ihrer Forderungen »autonomistisch« oder »separatistisch« sind, stoßen ebenfalls auf ein spürbares Verständnis.

Es rührt aus der wachsenden allgemeinen Neigung, sich in den kleineren, überschaubaren Welten der Landschaft oder Gemeinde einzurichten, die man zu verstehen meint und für noch-beeinflußbar hält. Den multinationalen Tendenzen von Technik, Industrie und Wirtschaft entspricht auf der anderen Seite das deutlicher werdende Streben, der national-zentralistischen Einheit zu entkommen – ein Merkmal neuerer europäischer Politik. Die Korsen zerstören französische Flugzeuge (September 1976 in Ajaccio), und wer will mit Gewißheit voraussagen, daß radikale Schotten nicht zum terroristischen Mittel greifen, wenn ihren wachsenden Forderungen nach weitestgehender Selbständigkeit, selbst auf die Gefahr einer tödlichen Schwächung oder Auflösung der Vereinigung im »Vereinigten Königreich«, nicht von Westminster entsprochen wird? Der britische Innenminister Roy Jenkins verglich 1976 die Entwicklung in Schottland mit der Lage in Irland am Ende des vergangenen Jahrhunderts, aber damals war die Regel von der Beschleunigung in der Zeit, mit der unter den Bedingungen einer hochgezüchteten Technologie jede Politik rechnen muß, noch unbekannt. Auch solche Gewaltorganisationen werden für viele den Hauch einer zugesprochenen Legitimität haben, da sie in der privaten Neigung zum Rückzug in die überschaubare Welt ein Echo finden. Dem nationalen und subnationalen, eine »Selbstbestimmung« fordernden Terrorismus wird still und versteckt, mehr unbewußt und auch aus Gewöhnung das Recht zugestanden, das dem politischen und schließlich militärischen Guerilla in der öffentlichen Meinung schon zugesprochen worden ist.

Der Terrorist in den Städten der Industrienationen hat daher nicht ohne Bedacht den moralischen Tarnanzug des Guerilla übergezogen. Das wäre von geringerer Bedeutung, wenn er nicht zugleich der Auflösung der Motivkonturen in den Vorstellungen der Bevölkerung sicher sein könnte. Die Vergleichbarkeit der äußeren Merkmale der Aktionen täuscht eine Vergleichbarkeit der Antriebe vor.

Kenntnis und politischer Wille

Ist also festzustellen, daß der Angegriffene auch der beste Verbündete des Terroristen sein kann, da sich der Terrorist auf ihn verlassen darf?

Dieser Schluß ist nicht ohne weiteres als absurd von der Hand zu weisen, wenn Kommunikation und Kommunikationsverbraucher eben jenes Verhalten mitbringen oder ständig neu schaffen, das für die Wirksamkeit der Strategie des Terrorismus notwendige Voraussetzung ist. Diesen Funktionszusammenhang zu unterbrechen, ist nicht ein Problem von Verbotsparagraphen. Selbst in Lagen, die ungleich zugespitzter waren als alles, was zum Beispiel die Bundesrepublik auf dem Höhepunkt der Baader-Meinhof-Aktionen erlebte, hat der Verbotsparagraph versagt. 1963 begannen die ersten Aktionen der Tupamaros in Uruguay, dessen Rechtsstaatlichkeit und Liberalität zu dieser Zeit westeuropäischen Vorstellungen sehr nahekamen. Die erste Aktionsphase der Tupamaros, die bis 1968 dauerte, brachte bereits die Probe auf die Nachrichtenverbotspolitik der Regierung in Montevideo. »Der Aufmerksamkeitswert der Aktionen unter der Bevölkerung ist außerordentlich hoch (...) Da nützt es wenig, daß die Regierung der Presse verbietet, die ›Tupamaros‹ und Ersatzbegriffe für diese Gruppe in den Veröffentlichungen zu nennen; man spricht eben von jenen, ›deren Namen wir nicht nennen dürfen‹.«[3] Auch der spätere Verlauf des Beispiels Uruguay bestätigt die Selbstverständlichkeit der Regel, daß Zensurverordnungen genau das erreichen, was der Terrorist will: die Verhärtung der Gesellschaft, deren Verhärtung er behauptet hat, als es sie nicht gab.

Zwar wird heute von Anhängern einer scharfen Politik des Niederhaltens der Publizität behauptet, die anarchistische Bedrohung im Frankreich der Dynamitdekade (ca. 1890–1900) sei wesentlich durch die Wiederbelebung der »lois scélérates«, die noch aus den letzten Jahren der unsicheren Regierung Karls X. stammten, eingedämmt und entschärft worden. In einer englischen Studie heißt es: »Diese Gesetze zielten bewußt auf die Unterdrückung anarchistischer Bewegungen und Zeitungen oder Zeitschriften und machten selbst die Entschuldigung anarchistischer Gewalttaten zur strafbaren Handlung. Trotz des zu erwartenden Aufschreis in anarchistischen Kreisen kann kein Zweifel herrschen, daß eben sie höchst wirksam dem anarchistischen Terrorismus ein Ende bereiten, der in den neunziger Jahren wucherte.«[4] Einen überzeugenden Beweis für diese Behauptung hat noch niemand erbracht. Vielmehr ist erkennbar, daß damals geschah, was auch heute zu beobachten ist: radikale Minderheitenführer, die sich einer flexiblen und selbstbewußten politischen Antwort gegenübersehen, steuern sich selber in eine Isolierung, in der schließlich die Aktion zum alleinigen Ziel der Aktion wird.

Dr. Frederick Schwarz, Präsident der nicht eben einflußlosen amerikanischen Organisation »Christlicher Antikommunistischer Kreuzzug«, gab 1975 vor einem Ausschuß des Kongresses der USA seine Ansichten zu Protokoll: »Ich bin der Ansicht, bestimmte Gesetze sollten verabschiedet werden, die genau regeln, wie über terroristische Akte zu berichten ist.«[5] Der Kongreß nahm das zu den Akten, aber nicht zur Kenntnis. Zur gleichen Zeit wurde Robert Fearey, Sonderbeauftragter des US-Staatssekretärs und Koordinator der Bekämpfung des Terrorismus, nach seinen Vorschlägen gefragt. Er nannte fünf rechtliche und abwehrtechnische Maßnahmen. Die Möglichkeit einer Zensur war nicht darunter.

Die Funktionsunterbrechung kann also nur aus einer Entscheidung des politischen Willens auf der Grundlage von Einsicht und Kenntnis kommen. Das macht die Aufgabe nicht weniger schwierig.

Die Einsicht zieht die Notwendigkeit des ständigen Erklärens nach sich, daß die terroristische Tat nicht Sache einer politischen »Ideologie« ist, die einen sanktionierten Bereich extremen Handelns beansprucht, daß sie also »keine neue Form der Meinungsäußerung« darstellt, sondern eine verbrecherische Handlung bleibt. Die Publizistik kann nicht davon ausgehen, daß der Durchschnittsleser oder -zuschauer die Feinheiten rechtlicher Debatten begreift, die sich – etwa in der Frage des Auslieferungsrechts – um die genaue Abgrenzung der absolut oder relativ politischen Straftat müht. Gerade angesichts der herrschenden Motivunklarheiten mit den gefühlsmäßigen Verführungsmöglichkeiten bleibt ständiges allgemeines und verständliches Erklären eine vordringliche Aufgabe. Willensentscheidung bedeutet ferner den innerberuflichen Konsens der Publizistik, die gedehnten Darstellungen des Sensationsschauspiels auch und gerade dann einzudämmen, wenn sich die leichte technische Durchführbarkeit anbietet. Willensentscheidung heißt, den »Bonus der Publizität« in einen Malus zu verwandeln und der Versuchung zu widerstehen, den terroristischen Gewalttäter zum romantisch angehauchten Helden der Verzweiflung zu machen.

Illusionen sind nicht gestattet – weder die Illusion, ein solcher Konsens sei leicht zu erreichen oder im Augenblick des nächsten Gewaltausbruchs, wenn die Nachrichtenagenturen die erste »eilt-eilt-eilt«-Meldung absetzen, auch durchzuhalten; noch die Illusion, ein durchschlagendes Mittel in der Bekämpfung des Terrorismus sei gefunden. Denn einmal werden Beschreibung und Deutung politischen Weltgeschehens außerhalb des engeren Bereichs der terroristischen Aktion einer anteilnehmenden, empfänglichen und suchenden Jugend immer wieder die Möglichkeit geben, sich mit einer Sache solidarisch zu erklären, sich in ihr zu spiegeln und ein neues »Spanien ihrer Generation« zu finden, somit zur nutzbaren Sympathisantenszene zu werden. »Nur die Möglichkeiten der Kommunikation unserer Tage erklären es, daß sich psychologische Konflikte aus einer realen Wirklichkeit in eine gespielte Wirklichkeit übertragen lassen«, ist das Urteil eines deutschen Fachmanns über die verwickelten Zusammenhänge zwischen den Unruhen der Dritten Welt und der studentischen Rebellionsphase in der Bundesrepublik.[6] In jedem Staat der Industriewelt wird ein Mindestbestand an äußerster Verwirrung und an menschlichem Gewaltpotential bleiben. Sie werden nicht verschwinden: Der Herostrat nicht, der die Tempel der Zivilisation in Brand steckt, um sich in der Öffentlichkeit ein Denkmal der Zerstörung zu setzen; nicht die psychisch Verklemmten und die Revolutionstraumatiker, die ihre persönlichen Probleme durch die Aggression gegen alle lösen wollen; und auch nicht die Nachahmungstäter, die sich der jeweils gängigen terroristischen Taktiken bedienen und dabei hoffen, die Entschuldigung des politischen Motivs nützen zu können. In der Frühdämmerung des Industriezeitalters schrieb Arthur Rimbaud: »*Voici le temps des Assassins!*«

Entführung eines Märtyrers

Frank Stagg saß 1969 zum erstenmal am Steuer eines Doppeldeckerbusses in den Straßen von Coventry. Er galt als zuverlässiger Fahrer, der fest angestellt und mit einer Versorgungszusage ausgestattet wurde. Sechs Jahre später saß er in einer Zelle von Wakefield Prison, dem nächstgelegenen Gefängnis der höchsten Sicherheitsstufe, ausgestattet mit einer Freiheitsstrafe von zehn Jahren wegen terroristischer Umtriebe, Brandstiftung und Vorbereitung von Bombenanschlägen in Coventry. Frank Stagg, vor 34 Jahren in der Grafschaft Mayo in der Republik Irland geboren, war Mitglied der IRA.

Im Dezember 1975 trat Stagg in den Hungerstreik, um die Verlegung in ein Gefängnis in Nordirland und damit den Status eines politischen Gefangenen zu erzwingen. Die Verlegung wurde ihm verwehrt, da Stagg

»keine aktenkundige Verbindung zu Nordirland hat«[7]. Sinn Fein, der sogenannte Politische Arm der IRA, bemächtigte sich sofort des Falles, um Propagandakapital aus ihm zu schlagen, aber das britische Innenministerium blieb hart. Auch Zwangsernährung wurde nicht in Betracht gezogen. Innenminister Roy Jenkins hatte im Juli 1974 dem Unterhaus bekanntgegeben, daß Gefangene, die eine »Vernunftentscheidung« zum Hungerstreik treffen, sich zu Tode hungern dürfen, »wenn sie das wünschen«. Gefängnisärzte wurden der Pflicht zur Lebenserhaltung bei Hungerstreikern entbunden, sofern sie zufriedenstellend feststellen konnten, »daß die Fähigkeit des Gefangenen zur Vernunftentscheidung nicht beeinträchtigt war«. Dies war ein völliger Bruch mit der bisherigen Anschauung.

Am 61. Tage seines Hungerstreiks starb Frank Stagg im Wakefield Prison. Eine Sinn-Fein-Delegation hatte ihn einige Tage vor seinem Tod besucht, aber die Bitten von Mrs. Stagg, ihren Mann vom Tod abzuhalten, rundweg abgeschlagen. Stagg hinterließ ein Testament mit dem Wunsch, ihm möge ein »militärisches Begräbnis« in seinem Geburtsort Ballina, Grafschaft Mayo, gegeben werden. Während Belfast von einer Welle schwerster Protestunruhen heimgesucht wurde, trafen Sinn Fein und IRA Vorbereitungen für einen großen Trauerzug vom Flughafen Dublin quer durch die Republik nach Ballina, denn hier bot sich die Möglichkeit einer Selbstdarstellung der IRA als republikanischer Armee an, ein Punkt vermeintlicher Wichtigkeit im Verhältnis der IRA zur britischen Macht. Sinn Fein übernahm die Kosten für Überführung und Beisetzung.

Am Morgen eines grauen Februartages 1976 hob eine britische Maschine mit dem Sarg an Bord von einem nicht genannten Flughafen in Südengland ab. Flugziel war Dublin, wo sich eine größere Delegation unter Führung von Rory O'Brady, Präsident der Sinn Fein, und Joe Cahill, einem berüchtigten IRA-Führer aus Belfast, versammelt hatte. Mit ihnen warteten Bridie Stagg, die Witwe, und die Familie des Toten.

Die Maschine kam nie in Dublin an. Sie wurde während des Fluges auf geheime Anordnung der Regierung der Republik Irland nach Shannon eingewiesen, das fast zweihundert Kilometer südwestlich der Hauptstadt liegt. Dort verschwand der Sarg unter Polizeibedeckung in einem Fach des Leichenschauhauses. Rory O'Brady in Dublin erhob wütenden Protest, fuhr umgehend nach Shannon und verlangte die Herausgabe des Toten, was strikt verweigert wurde. Wenige Tage später setzten bewaffnete Soldaten der irischen Armee und Polizisten den Hungerstreiker in einer heimlichen Aktion auf dem Dorffriedhof von Leigue in der Nähe von Ballina bei. Mit der Witwe sei, sagte die Regierung in Dublin, das Manöver noch in England insgeheim abgesprochen worden.

Die Geschichte des Märtyrers Stagg endet vorläufig am 12. August 1976. Irische Polizei, die eine ständige Wache auf dem Friedhof von Leigue unterhalten mußte, goß in der Nacht heimlich einen Betondeckel auf das Grab, um eine zweite Entführung des Märtyrers, diesmal durch die IRA, zu verhindern.

Die »Produktion von Märtyrern«, wie es im Jargon der deutschen RAF hieß, hat nie aufgehört, obwohl der Bericht aus der irischen Provinz an Zeiten erinnert, da Rebellentum und aufbegehrende Gewalt nach landläufiger Ansicht noch den Schimmer einer Romantik der Wälder hatte, der zum Zeitalter der Elektronik nicht zu passen scheint. Gerhard Müller, auskunftsfreudiger Zeuge im Stammheimer Prozeß gegen Baader, Meinhof und Genossen, erzählte im Herbst 1976 einem Korrespondenten der Agentur Reuter, der Selbstmord der Ulrike Meinhof sei geplant gewesen und von der RAF zur emotionalen Nutzung vorgesehen worden; er verglich ihn mit dem Tod von Holger Meins, als Andreas Baader gesagt habe, beim Hungerstreik würden einige »Typen draufgehen«. Beweise konnte Müller nicht beibringen, und seine Annahme, die RAF wolle den Selbstmord nutzen, nennt allenfalls eine Selbstverständlichkeit.

Aber es fällt auf, daß tote Terroristen nur dort zu verwendungsfähigen Märtyrern werden, wo geschlossene nationale oder ethnische Gruppen den Nährboden für das Wachsen der Legende abgeben. Die baskische ETA hat ihren Txaki Etxebarrieta, *el cerebro inicial*, den »Kopf des Anfangs«, der 1969 den ersten tödlichen Schuß abgab und als erster erschossen wurde; Kroaten haben ihren Bozidar Kavran, der 1948 einen bewaffneten Aufstand zu entfesseln versuchte; die IRA hat viele und jetzt auch Frank Stagg. Das »Kommando Holger Meins« war ein Kommando eines kurzen Augenblicks versuchter Rache. Wer war Holger Meins? Wer Petra Schelm? Georg von Rauch? Die Namen sagen schon heute, drei, vier Jahre nach ihrem Tod, nichts mehr. Ernesto Ché Guevara avancierte aufgrund seiner Schriften zum Theoretiker und zum Ausrufzeichen der Stadtguerilla. Die Nachricht seiner Erschießung in Bolivien bewirkte nur ein vorübergehendes Ansteigen von Emotionen, die in Wirklichkeit nichts hatten, woran sie festmachen konnten. Und wer ihn gelesen hatte, mußte sich eingestehen, daß er seine geplante Guerilla in Bolivien allen Theorien der revolutionären Initialzündung zum Trotz aus der Perspektive des Infanteristen gesehen hatte. Das war sein Tod.

Märtyrer als Werkzeuge der Gewaltpropaganda sind in den geschlossenen Räumen nationalen oder ethnischen Denkens und Empfindens noch immer von hohem Nutzen, weil sie aus der Gefühlsmitte dieser Räume kommen. Die inzwischen ermordete Maire Drumm, damals Vizepräsidentin der Sinn Fein, mag recht behalten mit ihrem Wort: »Die noch ungeborenen Kinder Irlands werden sich künftig an Frank Stagg erinnern!«

In der grenzüberschreitenden Welt elektronischer Kommunikation waren die Märtyrer bisher kein Erfolg, da diese neue Welt nach neuen Regeln verläuft: nach der Regel vom Sensations- und Unterhaltungswert, nach der Regel der unmittelbaren Teilnahme, nach der Regel der Gleichsetzung der Erscheinungen und der Verwischung von Konturen, nach der Regel der Wiederholung und des Einebnens des Geschehens in einen gespiegelten Alltag. »Die tatsächliche Wirkung terroristischer Aktion auf das transnationale System wird stets mehr eine Sache der Erscheinung als der Realität sein.«[8] Auch die elektronische Vermittlung der Welt ist mehr eine Sache der Erscheinung als der Realität. Der tatsächliche Alltag ist das Fortbestehen der zivilisatorischen Systeme, die hohe Widerstandskraft beweisen. Die internationalen Luftlinien lassen ihren Betrieb nach wie vor mit Plangenauigkeit ablaufen, Luftfrachten erreichen ihre Bestimmungshäfen, und in den »Airport Lounges« warten Millionen Passagiere wie ehedem, daß ihr Flug aufgerufen wird. Wie viele unter den Wartenden warten mit einem angstvollen Gedanken an den möglichen Gewaltakt kurz nach dem Start? Die Unsicherheit ist in die Köpfe hineingetragen worden.

Die Frage ist, ob die Kommunikation von heute oder ihre gesteigerte Version von morgen den tatsächlichen Alltag als die erste Realität betont oder ob sie ihn durch die Verstärkung der erzeugten Gefühle der Unsicherheit entwertet und in Frage stellt.

Mobilität, Waffen und Kommunikation sind die technologischen Wege, die zu der gesteigerten Wirksamkeit eines Terrorismus geführt haben, der im Sinn des Wortes »entgrenzt« worden ist.

Der Deckel aus Beton ist nur für Märtyrer aus der kleinen Landschaft.

4. Teil

Terrorismus in den Regionen: Die Last der Geschichte

»Der gefährlichste Krieg ist jener, der aus einer Lage entspringt, da gerechte Forderungen in einem Schleier von entgegengesetzten Rechten abgelehnt werden; wo keine Seite irgendeinen Grund einsehen kann, warum sie ihre Forderungen gegenüber der anderen Seite zurückstellen soll . . .«

Eamon de Valera,
irischer Ministerpräsident, 1938

12. ETA oder: Die Eiche von Guernica

Wo die Basken sehr spanisch sind

Daß er ein *etarra* sei, ein Mitglied der baskischen ETA, hat er in den langen Gesprächen nie zugegeben. Vielleicht wegen seines Vaters? Der alte Mann ist wohlhabend und ein beachtlicher Name in der mittelständischen Industrie der Provinz Guipúzcoa an der Atlantikküste. Sein einziger Erbe, Diplomingenieur von Beruf, wird bald ein blühendes Unternehmen in der Nähe San Sebastiáns leiten. Ein Vollkapitalist im Anwärterstand, so mag der schmale, scharfgesichtige Baske mit dem kastilischen Namen gedacht haben, kann dem Fremden schwerlich als ein echter *etarra* erscheinen. Denn ETA (*Euskadi ta askatasuna* – Baskenland und Freiheit) bedeutet ebenso sehr sozialistische Überzeugung wie den brennenden »Nationalismus« einer kleinen Stammeseinheit im Nordwesten Spaniens und im Südwesten Frankreichs. Euskadi ist die Einheit von Euskadi-Süd (das sind die spanischen Provinzen Navarra, Alava, Vizcaya und Guipúzcoa mit etwas mehr als zwei Millionen Menschen) und Euskadi-Nord (den Regionen Labourd, Soule und Basse-Navarre im französischen Departement Pyrenées-Atlantiques). Nördlich der Pyrenäen liegt der baskische Nationalismus noch im Dämmerschlaf. Aber muß das so bleiben, fragen die *etarras* in Euskadi-Süd, wenn die Korsen, die Bretonen, die Regionalisten Okzitaniens die Gewalt der Kleinen Gruppe als Hebel der großen Wirkung gegen die zentralistische Unterdrückungstradition der Hauptstadt entdecken?

Vorläufig ist Euskadi-Nord die Basis für Versorgung und Rückzug. Vor Jahren lagen hier auch noch die politischen Stützpunkte; die Zeit ist schon vorbei. ETA ist heute eine Macht im spanischen Baskenland, um das es geht. Sie braucht die politische Basis jenseits einer Grenze nicht mehr so lebensnotwendig wie noch vor ganz wenigen Jahren. Das ist von Vorteil, denn auch die französische Polizei ist nicht zimperlich. Wenn eine Order von Paris kommt, greift sie zu; dann rechnen dic Basken wieder mit Ausweisungen und Deportationen nach der Ile d'Yeu. Aber das ist keine Dauerverfolgung, und es gibt gute Möglichkeiten des legalen Ausweichens. *Anai Artea* (»Unter Brüdern«) ist eine baskische Auffangorganisation im Süden Frankreichs, ein karitatives Unternehmen ohne einen nach außen sichtbaren politischen Charakter und somit ziemlich ungeschoren. Für die *plastikolaris*, die Waffen- und Sprengstoffbeschaffer und Transporteure der ETA, ist der Süden des nördlichen Nachbarn ein vertrautes und angenehmes Gelände.

Nur die Grenze in den Pyrenäen ist einsam und böse. Auch unter dem blauen Himmel haben die Berge nichts Heiteres; sie sind grau und abweisend, die Täler gewunden und dunkel. Die Grenze, über die die Kommandos der ETA wechseln, ist wie eine jener berüchtigten Schmugglergrenzen aus dem vorigen Jahrhundert, wild und gefährlich. Die spanischen Polizisten, die Grenzer, die *grises*, die Grau-Uniformierten der Policía Armada, und die Guardia Civil, die hier im Einsatz nicht den lackierten Dreispitz trägt, haben nie Hemmung vor dem gezielten Todesschuß und nur selten Hemmung vor der Verletzung französischen Hoheitsgebietes. Manchmal hängt die *irintzina*, ein hallender Schrei baskischer Hirten, über den Bergen: keine Warnung an die Schafe, sondern Warnung vor den Hunden, den *txakurrak*. Das sind die Polizisten der Zentralmacht, die Landfremden, die oft aus dem tiefsten Süden Spaniens kommen und sich wie eine Besatzungstruppe benehmen. So werden sie auch betrachtet – bewaffnete Truppen der Kolonialmacht Madrid, für die das *euskara*, die unverständliche baskische Sprache, nicht existiert. »Ihr sollt *christlich* reden«, sagen die *txakurrak*. Die Last der Geschichte Spaniens, der Kampf gegen die Andersgläubigen, wird hier täglich neu ausgetragen. Das heißt in den Augen der Basken, daß die Person Euskadi, die Mutter Baskenland, täglich vergewaltigt wird.

Vielleicht ist diese eisenharte Überzeugung der Basken schon nicht mehr ganz begründet. Die eigene Sprache, das entscheidende Vehikel des baskischen Selbstverständnisses, hat sich in den letzten Jahren gegen alle, selbst die härtesten Unterdrückungsmaßnahmen der Zentralbehörden durchgesetzt; diesen Kampf hat Madrid schon verloren.[1] Aber die Basken erleben täglich die rüden und völlig uneinsichtigen Methoden der Polizei, die rücksichtslos zuschlägt und dort, wo sie nicht selber zuschlagen will, die zivilen Schlägertrupps der ATE (eine rechtsextreme, vigilantische Terrorismusgruppe gegen die ETA) vorgehen läßt. Seit den mühsamen Demokratisierungsversuchen der ersten Regierungen unter König Juan Carlos hat die früher ungebrochene Identität von Regierung und Polizei sichtbare Risse bekommen. Oft scheint es, als führe die Polizei allen Maßnahmen zum Trotz ein Sonderleben, unbeeindruckt vom politischen Denken in den Ministerien von Madrid; sie kämpft ihren eigenen selbständigen Kampf um die Bewahrung des Regimes von gestern. Das wäre sehr spanisch und ein Normalfall der Tradition des Landes. Spanien ist geprägt durch die jahrhundertelange Geschichte des christlichen Kämpfens erst gegen die Mauren und dann gegen tatsächliche und mögliche Andersgläubige im eigenen Reich und in der Welt draußen. *Santiago y cierra España* – Sankt Jakob und drauf, Spanien! – hieß der Schlachtruf der Armeen der Könige, aber Santiago, der Heilige Jakob, war nicht ein milder Wundertäter in der Überlieferung christlicher Nächstenliebe, sondern *matamoros*, der Maurentöter. Die wirkliche Geschichte Spaniens hat eine extreme Begabung seiner Menschen herangezüchtet, sich einem Glauben zu verschreiben. Das muß nicht unbedingt der offizielle Glaube der katholischen Kirche sein, wie diesseits der Pyrenäen so oft vereinfachend angenommen wird. Ebensogut kann es der Glaube an die Anarchie sein, die in Spanien ihre eigene, sehr kraftvolle historische Existenz hat, deren Ende noch nicht gekommen ist, wenngleich die *madre anarquía* aus Andalusiens Elendsjahren nicht mehr der »Mutter Gottes«, deren Gegenbild sie ist, öffentliche Konkurrenz anbietet. Aber die *madre anarquía* ist in der erzwungenen Stille der Jahrzehnte unter Franco nicht gestorben.

»Man adoptiert einen solchen Glauben als seinen eigenen, seiner Person gehörig, und verteidigt ihn daher gegen alle anderen, nicht so sehr ›credo quia absurdum‹ als ›credo quia meum‹«, sagt Arnold Hottinger in einem Essay über die zwei Geschichtsbilder der Spanier. »Die gleiche Grundhaltung wirkt sich auf die Politik aus. Man bildet *bandos, banderías;* die *partidos,* die Parteien, sind stets der Gefahr ausgesetzt, *banderías* zu werden: das heißt Kampfgruppierungen, die zusammenhalten, nicht um eines anwendbaren konstruktiven Programms willen, sondern vielmehr, weil sie einer Persönlichkeit unterstehen und sich in ihren Dienst stellen.«[2] Der Cid ist noch da und der Baske Iñigo, den die Welt als Ignatius von Loyola kennt, und Pizarro auch und ebenso der tote Franco. Die spanische Polizei hat etwas von der *bandería* eines Toten, denn nicht nur die Parteien sind der Gefahr dieser spanischen Verwandlung ausgesetzt. Ein böses Wort hat das Land getroffen, weil es genau gezielt war: Die Mehrheit Spaniens habe ein Ende der Herrschaft des alleinigen Diktators gewünscht, weil sie ihr zu langweilig geworden sei. Was ist das Land ohne Helden, und mögen sie alle aus der Mancha kommen und Don Quixote heißen?

Da sind die Basken sehr spanisch. Der junge Ingenieur aus Guipúzcoa erzählte Stunde um Stunde, manchmal schnell und beinahe atemlos, als habe er Angst, die Einzelheit eines Charakters zu vergessen, manchmal träumerisch und schwärmend von den Helden der ETA. Sie entstand zwar schon 1959, ging aber erst Jahre später zu simplen Formen der Gewalt über. Heute klingt es oft, als habe es tatsächlichen baskischen Widerstand gegen Madrid nur seit 1965 gegeben: Im September jenes Jahres wurde ein Geldbote überfallen, und die ETA-Gruppe entkam mit einer Beute von 450 000 Peseten – die erste große Kriegskasse.

Der erste Held

Er hieß Txaki Etxebarrieta, der »Doktor«. Er kam wie die meisten seiner ETA-Freunde jener frühen Jahre von der Universität, auf der er Wirtschaftswissenschaften und Soziologie studiert hatte. Nach der neuesten Sage im alten Baskenland, der ETA-Sage, muß Txaki Etxebarrieta ein Volksheld am Anfang seiner Laufbahn gewesen sein, ein wahrer Retter von Euskadi, dem nur die *txakurrak* die Möglichkeit nahmen, sein Heldentum große und farbenprächtige Wirklichkeit werden zu lassen. Das passierte auf eine sehr dumme Art.

Am 7. Juni 1968, fast zehn Jahre nach der Gründung der ETA, geriet der »Doktor« mit seinem Wagen in eine Verkehrskontrolle bei Tolosa. Er befürchtete Entdeckung und zog seinen Revolver gegen den Polizisten José Pardiñas. Der Polizist starb noch am Tatort. Bei der sofortigen Verfolgung durch die Polizei wurde Txaki Etxebarrieta erschossen: Der erste Tote der ETA. Sein Begleiter, der *etarra* Sarasketa, flüchtete in die Kirche von Valle de Régil, aber Kirchen waren schon lange keine Freistatt mehr. Sarasketa wurde vor dem Altar verhaftet, drei Wochen später vor Gericht gestellt, sofort zum Tod verurteilt, dann aber zur lebenslanger Kerkerhaft begnadigt.

Der Prozeß war kaum zu Ende, da antwortete die ETA. Am 2. August 1968 erschoß sie den Polizei-Inspektor Manzanas. Die Spirale der Gewalt war auf der ersten Ebene angelangt: der terroristische Mordakt als Mittel der Rache am Repräsentanten des Regimes. Das klassische Muster der Eskalation entwickelte sich, allerdings mit einer Heftigkeit, die nicht nur aus der üblichen spanischen Härte und der sonderbaren spanischen Verachtung des Lebens und des Todes zu erklären ist. Hier explodierte der Haß von Jahrzehnten und die Bitterkeit von Jahrhunderten. Zwei Wochen nach dem Tod des Inspektors Manzanas, am 16. August 1968, wurde ein gerade acht Jahre altes Dekret über Militärische Rebellion abgeändert: Aktive Mitglieder der ETA waren jetzt den gemeinen Verbrechern gleichgestellt und wurden wie Verbrecher abgeurteilt – Tod durch die Garrotte, das Würgeeisen, für den Führer einer Gruppe, Mindeststrafe von 20 Jahren Haft für Mitglieder. Aber gleichzeitig wurde das Prinzip wieder durchlöchert, weil unkomplizierte Schnellverfahren gewünscht wurden, die man bei der Armee gut aufgehoben glaubte: obwohl nach der Definition gemeines Verbrechen, wurde der terroristische Akt zugleich zum Tatbestand der militärischen Rebellion erklärt und somit der Zuständigkeit der Militärgerichte überwiesen. Am selben Tag trat der Ausnahmezustand in Kraft. Mehr als 600 Verdächtige wurden auf die Kommissariate der Polizei geschleppt; eine Reihe von Rechtsanwälten mußten die heimatliche Provinz Guipúzcoa verlassen. Noch war das Jahr nicht um, da gab es die nächsten Todesstrafen: Drei *etarras* hatten das Haus eines spanienhörigen Bürgermeisters in Brand gesetzt. Seither hat die spanische Justiz unentwegt für tote *etarras* gesorgt und die Polizei nicht weniger. Keiner dieser Namen ist vergessen. Keine terroristische Organisation hat so viele Helden wie die baskische ETA.

Der »Krieg« war ausgebrochen. Er wurde von der Bevölkerung, nicht nur von den Terroristen, als Krieg verstanden; die Betonung des Kombattantenstatus, die Position des Terroristen als Kriegsgegner, ist im Baskenland, soweit es sich als *Euskadi* betrachtet, ganz selbstverständlich. Das Baskenland *ist* heute Euskadi, acht Jahre nach dem »Heldentod« des Txaki Etxebarrieta, der eigentlich nur ein terroristischer Betriebsunfall war. In manchen alten starren Augen sind die *etarras* nichts anderes als die *gudaris* einer neuen Generation. Hier wird, wenngleich auf eine für unser Verständnis absurde Weise, die Begründung des Kombattantenstatus ganz deutlich. Die *gudaris* waren die Soldaten der katholischen Baskenbataillone, die – oft unter Führung ihrer Pfarrer und Ortskapläne – im Bürgerkrieg gegen Franco und die Falange kämpften. Sie interessierten sich wenig für den komplizierten Konflikt zwischen Nationalismus, Falangismus, Kommunismus und Anarchismus, noch weniger für die Interventionen der fremden Mächte – sie kämpften gegen Madrid und die nationalistischen Nachfolger der spanischen Könige, die ihnen im Lauf der Zeit ihre *fueros*, ihre eigenständigen Rechte, genommen hatten. Als die Heinkel-Bomber der Legion Condor im April 1937 die baskische Stadt Guernica bombardierten, legten sie nicht irgendeinen baskischen Ort, der strategisch wichtig oder halbwichtig gewesen sein mag, in Schutt und Asche – sie vernichteten die uralte heilige Stadt der Basken, in deren Gemarkung die Eiche von Guernica steht, unter der früher die Stammesversammlung der »Freien Basken« abgehalten wurde und der König von Spanien die *fueros* von Euskadi beschwor.

Solange es um die Verteidigung der eigenen Heimat ging, hatten die *gudaris* bravourös gekämpft. Als die Provinz Vizcaya verloren war und das gesamte Baskenland dem Zugriff Francos offenlag, ein militärischer Einsatz der baskischen Einheiten also nur noch an deren Fronten, etwa in Katalonien, sinnvoll gewesen wäre, gaben sie auf. Aber sie gaben sich nicht in die Hände der Truppen Francos, sondern der drei italienischen Divisionen unter General Roatta, der Division Littorio, der Division »Schwarze Flammen«, der Division »23. März«.[3] Juan de Axuriaguerra,

Führer der Baskischen Nationalpartei PNV, unterzeichnete ein förmliches Abkommen mit den Italienern am 22. August 1937. Es hat nichts genützt. Fünf Tage später wurden die Basken von den Italienern an die Franco-Truppen ausgeliefert. Der Verrat der Italiener wird in Euskadi nicht vergessen, aber er wird unterschlagen, weil die Fiktion aufrechterhalten werden soll, daß der Krieg gegen Spanien nie beendet worden sei – die terroristischen *etarras* von heute als die legitimen Erben der *gudaris* von gestern.

Die Jungen interessiert das wenig, denn sie leiten ihre Legitimation zum Kampf aus der ganzen Geschichte des Baskenlandes her und – was in der Zukunft wichtiger sein mag – aus der Notwendigkeit des gesellschaftlichen Wandels. Sie kämpfen für die *fueros* von ehedem, aber sie richten ihre Vorstellungen nach den Beispielen Algeriens und Kubas.

Patriotismus und Revolution

Als die *gudaris* die Waffen niederlegten, weil die baskische Heimat nicht mehr zu verteidigen war, übten sie auf ihre Weise ein uraltes *fuero*, ein Sonderrecht, aus. In den Jahrhunderten der Könige konnten die Basken in den spanischen Heeren dienen, aber sie brauchten es nicht; taten sie es dennoch, so hatten sie das Vorrecht, nur zur Verteidigung ihres eigenen Landes tätig zu werden. Kamen sie an seine Grenzen, die durch lange Ketten von Bäumen markiert waren, dann stießen sie ihre Schwerter in das Holz und gingen heim: niemals Knechte, nur *Nosaltres sols*, wie die benachbarten Katalanen, die Autonomisten der Mittelmeerküste, in ihrer Sprache sagen – »Für uns allein!«. Baskische Abende fließen über von solchen *fuero*-Erzählungen. Ob wahr oder erdichtet, sie sind die Welt der alten Träume, in der die Basken leben.

Die wichtigsten Rechte der eigenen Steuerverwaltung, der lokalen und regionalen Regierungsselbständigkeit gingen schon im vorigen Jahrhundert bis auf einen spärlichen Rest verloren. Das neue baskische Nationaldenken entstand zu Beginn dieses Jahrhunderts aus den literarischen Träumen eines jungen Salon-Menschen, Sabino Arana-Goiri, der kurz nach der Jahrhundertwende die PNV gründete (*Partido Nacionalista Vasco* – Baskische Nationalpartei), die über die Jahrzehnte zu einer bedeutsamen Kraft wurde, freilich ihre Wurzeln fast nur in der gesunden und kräftigen Mittelschicht von Bürgertum und Klerus hatte. In den wirren republikanischen Jahren vor dem Ausbruch des Bürgerkrieges erreichte sie ein ziemlich weitgehendes Autonomiestatut für die baskischen Provinzen (Oktober 1936). In einer eigenen baskischen Regierung besetzten die PNV-Leute das Ministerpräsidentenamt, das Kriegsministerium, das Innenministerium, die Ministerien der Finanzen, der Justiz und der Kultur. Die Gewährung dieses autonomen Status war jedoch wenig mehr als ein Verzweiflungsakt der republikanischen Regierung in Madrid.

Eine wirkliche Verbindung zur starken baskischen Industriearbeiterschaft hatte die PNV trotz der gemeinsamen Kampferlebnisse auch dann noch nicht, als Franco Euskadi besetzte und kurzerhand dekretierte, das Baskenland bestehe aus »Verräterprovinzen«. Die Regierung Suarez beschloß im Oktober 1976, diesen innerspanischen Strafstatus abzuschaffen; aber da war die Zeit über die bloße Nationalismusfrage hinweggegangen. Die Minister des Juan Carlos kamen um fast zwei Dekaden zu spät.

In den fünziger Jahren sonderten sich innerhalb der PNV, die geschlagen und altersmüde dahindämmerte, einige baskische Studenten ab, die sowohl der nationalen Schläfrigkeit wie der sozialen Einseitigkeit überdrüssig waren. Eine Gruppe in Bilbao verteilte ein grobgemachtes Blatt im inneren Kreis; es hieß EKIN – Handeln! Die EKIN-Leute kamen zu der Überzeugung, daß die PNV das Handeln nicht mehr wolle. Am 31. Juli 1959 gründeten sie *Euskadi ta askatasuna* – Baskenland und Freiheit. Die ETA war da. Sie definierte sich auch sofort: »*Euskadi* – für einen baskischen Staat neben anderen Staaten in der Welt. *Askatasuna* – der freie Mann innerhalb von Euskadi.« Zugleich nannte sie sich »patriotisch« und »konfessionslos«, ein bemerkenswerter Schritt angesichts der starken Bindungen der baskischen Geschichte an die katholische Kirche. Aber der baskische Klerus hat daran wenig Anstoß genommen; seine Haltung zur ETA wurde immer zustimmender. ETIN, das Handeln, wurde ausprobiert. Kleinere Sprengsätze wurden in der Provinzregierung von Vitoria und im Polizeipräsidium von Bilbao ausgelegt, terroristische Kindereien, die aber gleich mit rigorosen Polizeimaßnahmen geahndet wurden: an die hundert Verhaftungen und zahlreiche Kerkerurteile zwischen 15 und 20 Jahren. Die ersten jungen Gruppenchefs gingen über die Grenze nach Euskadi-Nord.

In dieser ersten offenen Phase, die heute wie die Kindergartenzeit einer terroristischen Bewegung betrachtet wird, taten die frühen ETA-Leute in der Stille des Verstecks wie des Exils die entscheidenden politischen Schritte. Die Jungrevolutionäre, die von der Universität kamen, studierten die Revolutionen der Dritten Welt. Sie entschieden sich für Kuba und Algerien als Modelle eines Kampfes, den sie schon in jener Phase als »revolutionären« Kampf begriffen. Wahrscheinlich ist, daß die ETA später materielle Unterstützung von der kubanischen Vertretung in Paris bekam, die sehr oft und nicht nur in Hinblick auf die ETA eine auffallende Rolle gespielt hat. Aber die materielle Hilfe fiel weniger ins Gewicht als die Tatsache, daß die ETA sich selbst an den Kreislauf der neuen Revolutionen anschloß, die mit dem überkommenen marxistischen Revolutionsbegriff wenig mehr als einige Formeln gemein haben. In einer Deklaration der Prinzipien, die nach der I. Versammlung (*Asamblea*) im Mai 1962 herausgegeben wurde, definierte die ETA sich neu als »baskische revolutionäre Bewegung, gegründet auf patriotischen Widerstand«. Die Gewichte begannen sich zu verlagern. Zugleich veröffentlichte sie ihre Absage an den bloßen Rassismus, der immer mehr zum Vorwurf gegen die nur-nationalen Basken wurde, und bekannte sich zum Kampf gegen die »Vorrangstellung einiger Völker oder Rassen gegenüber anderen« und gegen jedes »diktatorische Regime, sei es faschistisch oder kommunistisch«.

Mit dem »revolutionären« Charakter des Kampfes übernahm die ETA auch das Gesetz der Revolutionen, nämlich das Gesetz der fortwährenden Spaltung bis zu jenem Augenblick, da die jeweilige Revolution wieder in der Diktatur des einzelnen oder der kleinen Machtgruppe erstarrt. Beinahe kann man die innere Geschichte der ETA an ihren Jahresparolen ablesen. 1964 trat der *Aberri Eguna*, die allgemeine baskische Stammesversammlung, im alten Guernica zusammen. Pazifismus wurde verkündet, und die Basken dieser *Aberri Eguna* beteten in den Kirchen. Die ETA war nicht mehr dabei. Monate vorher hatte sie ihre II. Versammlung abgehalten; jetzt vollzog sie den endgültigen Bruch mit der PNV, die als Instrument der baskischen Bourgeoisie heruntergemacht wurde. Die ETA definierte sich noch enger als »antikapitalistisch und anti-imperialistisch«. Wiederum ein Jahr später wurden die nationalen und sozialen Probleme auf der nunmehr IV. Versammlung wie zwei gleichberechtigte Seiten ein und derselben Realität behandelt. Gleichzeitig aber tauchte das alte Problem der Theoretiker des revolutionären Kampfes auf: irgendwann müssen sie ihre Thesen über die Notwendigkeit der Aktion und des Aktivismus glaubhaft machen, und glaubhaft ist nur die Aktion. Die Phase der größeren Operationen begann und mit ihr die Phase der größeren Spaltungen, da – wie immer in den Anlaufstadien terroristischer Organisationen – die Wirksamkeitswerte der Gewalt umstritten bleiben, wenngleich die Gewalt selbst nicht bestritten ist. Die ETA hat auch dies beinahe beispielhaft vorexerziert.

1966 hieß das Motto: »Der Patriotismus der Arbeiter gegen den Nationalismus der Bourgeoisie.« Auf einem scheinbaren Umweg, nämlich dem Kampf für die Kultur des Stammes und vornehmlich seine Sprache, fließt das nationale Element wieder stärker zurück in die Bewegung, bleibt aber unauflöslich gekoppelt mit der Frage einer neuen und anderen Organisation der kommenden Gesellschaft. »Fronten« bildeten sich, und »Front« wurde bezeichnenderweise zum Kennwort der Flügel. Die folgenden Jahre sahen unzählige Verschiebungen der ideologischen Kleinpositionen, ein unablässiges Hinundher der Fronten, das oft öde Gezänk linker Gruppen um den richtigen Standort. Maoisten tauchten auf und halbe Antimarxisten, Gewaltabwiegler agitierten intern gegen die aktivistischen »milis«. Eine Verlangsamung der Gewalt, vielleicht sogar ihre Kontrolle von innen, wäre wahrscheinlich gewesen, hätte nicht die starre Zentralmacht in Madrid ständig und nahezu blind die Unterdrückung im Baskenland gesteigert: Sie beschritt den sichersten Weg, den Militanten der ETA den Rücken im inneren Richtungskampf zu stärken. Das alte Spiel der Strategie des Umwegs wurde augenfällig; selten ist einer terroristischen Organisation vom bekämpften Staat so umfangreich und perfekt geholfen worden wie der radikalen ETA von der Franco-Regierung. Jeder Faustschlag, jeder Fußtritt, jeder Schuß der spanischen Polizeischwadronen in Euskadi war ein stärkender Gewinn für die »milis«. Die Unheilige Allianz der Gewalt wurde zur stärksten »Front« in Euskadi – *txakurrak* und *etarras* Arm in Arm.

Der Traum unter der Eiche

Im Dezember 1967 fand der erste Teil der V. Versammlung der ETA statt; Txaki Etxebarrieta, der »Doktor«, wurde zum Vorsitzenden gewählt. Die Fortsetzung folgte im März 1968 auf dem zweiten Teil der V. Versammlung, als die linke Richtung eindeutig die Führung übernahm. Die ETA wurde zur »Sozialistischen baskischen Bewegung zur nationalen Befreiung«, freilich mit dem wichtigen Zusatz, daß nun auch die untere und mittlere Bourgeoisie, falls sie mitarbeite, als revolutionäres Element anerkannt werde. Der Schritt zur Verbreiterung der Basis wurde getan; es war nicht nur ein theoretischer Schritt. Denn einmal hat die »mittlere und untere Bourgeoisie« ihren eigenen Groll gegen eine dünne baskische Oberschicht, die sich in einigen Familien konzentriert und persönlich wie vornehmlich wirtschaftlich mit dem inneren Machtkreis der Regierung in Madrid verschwistert und verschwägert ist. Zum anderen aber hatte sich die ETA bereits um diese Zeit, obwohl ihre Gewaltaktionen noch nicht voll angelaufen waren, als die einzige Organisation der Tat bekanntgemacht. Selbst die Kleinformen der Gewalt, deren sie sich bediente, hatten die Phantasie des Landes besetzt. Der Aktionsplan von damals schloß die Sprengung von Denkmälern, von Grabsteinen, Gedenktafeln und anderen Symbolen der falangistischen Bewegung ein – die Symbolvernichtung des Gegners, die der physischen Vernichtung seiner Repräsentanten vorausging.

Der neue Chef, Txaki Etxebarrieta, verlor wenige Monate später sein

Leben bei dem beschriebenen terroristischen Betriebsunfall in der Nähe von Tolosa; der notwendige »Held« war da. Erst später hat sich herausgestellt, daß der Tod des Etxebarrieta sehr viel mehr bewirkte als die Beflügelung der spanischen Phantasie der Spanienfeinde in Euskadi: Dieser Tod öffnete plötzlich den zweiten Weg zur Massenbasis, den Weg zu den Arbeitern, über die bislang eigentlich nur theoretisch gesprochen worden war. Das Leben des »Doktor« unter den Arbeitern gewann erst nach seinem Tod die volle Lebenskraft.

Die baskische Zeitschrift »Gernika« veröffentlichte im Februar 1976 eine Übersicht der sozialen und organisatorischen Zugehörigkeiten der etwa 500 baskischen Gefangenen in spanischen Gefängnissen.[4] Die Gliederung nach Berufen sagt:

60 % Arbeiter
19 % Kader (Berufsterroristen)
17 % Angestellte
3 % Kaufleute.

In der Organisationszugehörigkeit überwog die ETA zu diesem Zeitpunkt mit 71 %; die nächstgrößere Gruppe bildeten die Mitglieder extremer Linkszirkel mit 20 %.

Die Verbindung des nationalen – oder, wie die ETA sagt, des patriotischen – Elementes mit dem sozialrevolutionären Element ist der ETA vollauf gelungen. Diese ETA der V. Versammlung ist die ETA, die heute gemeint wird, wenn Spanien und die Welt von der ETA sprechen, wobei kaum zur Kenntnis genommen wird, daß die VI. und inzwischen auch die VII. Versammlung wieder versuchen, von der bloßen Gewalt abzurükken. Die *quinces*, die Anhänger der *Asamblea V*, sind *die* ETA. Sie haben die großen Aktionen durchgeführt, die den Prozeß von Burgos im Dezember 1970 mit den scharfen Protestwirkungen in Spanien selbst, mehr aber noch im westlichen Ausland zur Folge hatten; sie haben den Ministerpräsidenten Carrero Blanco in Madrid in die Luft gesprengt; sie haben vor und nach dem Tod Francos die Polizisten erschossen und einen führenden Politiker mit Maschinenpistolen niedergemäht – sie sind, um es kurz zu sagen, zum Bild Euskadis in der Welt geworden.

Der unbezweifelbare Terror der Staatsmacht Spanien und der »private«, vigilantische Terrorismus der ATE und der Christkönigskrieger, die als Sonderorganisationen der Polizei und der Restbastionen des Franco-Zeitalters betrachtet werden, haben sie nicht aufzuhalten vermocht, weil trotz Mord und Bomben und Gewalt, trotz elenden Leids für viele Angehörige und Verwandte der *etarras* die Übereinstimmung mit der Bevölkerung von Euskadi nicht gebrochen ist.

Aber selbst die V. ETA ist keine volle Einheit; 1973/74 bildeten sich zwei Zweige heraus, die »Politische Front« und die »Politisch-Militärische

Front«. Der innere Zusammenhalt war noch so stark, daß diese neue Frontenbildung nicht als Spaltung bezeichnet werden konnte. Aber 1977 wurde sie »offiziell« eingestanden (nach der Ermordung des entführten baskischen Industriellen Javier Ybarra). Beide Fronten sind Befürworter der Gewalt, jede hat ihre eigene Auffassung vom taktischen Gewicht der Gewalt. Der politische Zweig zieht die Massendemonstration mit ein; die »Politisch-Militärischen« setzen auf die Hebelwirkung der nackten Gewalt. Sie wollen so etwas wie eine irische Situation in Euskadi. Das führte zu Kontakten mit den Provisionals der IRA. Bekannt ist, daß sich die irischen Provos, die *quinces* aus dem Politisch-Militärischen Zweig und Delegierte der linksradikalen, maoistisch genannten FRAP Spaniens (*Frente Revolucionario Antifascista Patriotica*), die Zweigstellen in Frankreich und der Bundesrepublik und Basismöglichkeiten in Portugal hat, im Juli 1975 in Frankreich trafen. Die Provos und die *quinces* drängten die FRAP zu größerer Aktivität. Die Attentate auf spanische Polizisten im Sommer und Frühherbst 1975 waren das Ergebnis; die Folge war die aufgerührte Leidenschaft, die das schwierige Ende der Franco-Diktatur noch schwieriger machte.

Aber die ETA der terroristischen Gewalt ist im Baskenland auch gebunden, denn die Basken reagieren mit einem spürbaren Entzug der Sympathie, wenn die ETA-Gruppen zur willkürlichen terroristischen Gewalt übergehen oder zum Geiselmord ihre Zuflucht nehmen. Die Stärke des Rückhalts im Volk kehrt sich, vom Standpunkt kaltentschlossener Präzisionsterroristen betrachtet, in Schwäche um, da der terroristischen Gewalteskalation noch eine Grenze gezogen ist. Aber das sind taktische Fragen des Augenblicks.

Die Fragen nach der Zukunft der Gewaltstrategie in Euskadi sind wichtiger. Unter den zwei bis drei Dutzend politischen und gewerkschaftlichen Organisationen, die heute das Ideal Euskadi vertreten, ist die ETA unbestritten die stärkste Kraft. Ist sie stark genug, den Traum von Euskadi in die Wirklichkeit zu zwingen? Wird eines Tages ein König von Spanien wieder unter der Eiche von Guernica stehen und alle alten *fueros* neu beschwören? Das ist kaum vorstellbar, wie es denn völlig undenkbar erscheint, daß die autonome Euskadi-Regierung von 1936 mit einem eigenen Ministerpräsidenten, einem eigenen Finanzminister und Justizminister, gar einem eigenen Kriegsminister wiederersteht. Selbst wenn dieses Unwahrscheinliche geschähe und die keimende spanische Demokratie darüber nicht verginge, ein wahrgewordener Traum unter der heiligen Stammeseiche wäre nicht mehr genug, denn er würde nichts über eine neue Ordnung der Gesellschaft besagen, nichts jedenfalls, was die Revolutionäre der ETA zufriedenstellen könnte.

Kurzfristig scheint der »Erfolgsbeweis« der terroristischen Gewalt in den Augen der *etarras* erbracht zu sein, denn ihnen muß es vorkommen, als seien die *txakurrak* trotz der Mittel der Macht in der Defensive, als stehe Euskadi, die große Mutter Baskenland, vor der Tür. Wenn aber die ersten Madrider Zugeständnisse einer beschränkten lokalen Selbstverwaltung, gemacht im September 1976, die Entschlossenheit nur gesteigert, das Verlangen aber nicht befriedigt haben?

In den spanischen Nachbarregionen, in Katalonien und in Galizien, warten militante Minderheiten auf ihre Stunde, wohl wissend, daß die Frage der Demokratisierung Spaniens in hohem Maß eine Frage der Minderheitenregelung ist. Hier bietet sich eine Allianz an. Es bietet sich aber auch die Möglichkeit der nicht mehr gezielten, der unbeschränkten terroristischen Aktion im Verbund mit anderen jenseits der Grenze. Daß den *etarras* der Gedanke der »Internationalisierung« des Konflikts nicht völlig fremd ist, haben sie mehrfach bewiesen. Was sollte sie hindern, wenn sie das Nichterreichbare ihrer baskischen Träume erkennen, diesen Weg zu gehen?

Auch die ETA kämpft unter der *ikurina*, der Fahne Euskadis: Ein weißes Kreuz auf dunkelrotem Grund war einst das Wahrzeichen mittelalterlicher Herren der baskischen Provinz Vizcaya. Ein grünes Schrägkreuz, unter das weiße Kreuz gezogen, erinnert an einen lange vergessenen Sieg baskischer Haufen über einen Regionalkönig aus dem benachbarten Léon. Ihre Geschichte läßt sie nicht los, obwohl alles, was morgen in Euskadi geschieht, eine Sache Spaniens in der Welt ist. Und damit eine explosive Sache internationaler Politik.

13. IRA oder: Der Panzer der Erinnerung

Irisches Credo

Auf dem Milltown Cemetery der nordirischen Provinzhauptstadt Belfast werden die katholischen Bürger auch nach dem Tod säuberlich getrennt: Ein eigener Streifen des Friedhofs ist für Heroen reserviert, »gefallene« IRA-Leute, die sich durch besondere Aktionen ausgezeichnet haben. Vielleicht hatten sie hervorragende Kunstfertigkeit im »kneecapping«, dem Zerschießen von Kniescheiben, einer besonderen Strafart der IRA für Spitzel, Abtrünnige oder einfach Widerspenstige aus dem Lager der Katholiken; vielleicht waren sie erfahrene »headjobber«, Experten des Kopfschusses (meist für Feinde reserviert), oder Fachleute für den Einsatz einer »proxy car bomb«. Ein Fahrzeug wird mit Sprengstoff beladen und in eine höchst bewegliche Bombe auf vier Rädern verwandelt, die nicht von einem IRA-Mann, sondern einem unbeteiligten Bürger an das Ziel herangefahren wird; daß der Bürger unwillig sein könnte, ist nicht von Belang, denn er wird willig, wenn ihm das Schicksal seiner Familie, »kneecapping« oder »headjob«, geschildert wird. Glauben wird er die Schilderung, denn er hat diese Methoden oft gesehen. Im übrigen ist seine Familie in diesem Augenblick als Geisel in der Hand einer IRA-Gruppe, die sehr darauf wartet, daß die Autobombe an das ausgewählte Ziel kommt. Der Bürger als »proxy«, als Stellvertreter der IRA, wird fahren. (Das ist eine methodische »Verfeinerung« gegenüber der Praxis der jüdischen Irgun Zwai Leumi in der palästinensischen Mandatszeit und der Gründungsphase des Staates Israel – die Irgun ließ die dynamitbeladenen Fahrzeuge immerhin von ihren eigenen Leuten an das Ziel steuern.)

Vielleicht ist der IRA-Mann, der eines Tages in der Heldenecke des Milltown Cemetery mit quasi-militärischen Ehren beigesetzt wird, auch nur ein Heroe des Wortes gewesen. Das ist in den Augen der IRA keine Herabsetzung und rechtfertigt durchaus die Revolversalve am offenen Grab. In diesem Land ist das Wort eine Waffe. Niemand lacht, wenn der

Reverend Ian Paisley, der unversöhnliche Protestantenführer, noch heute Rom die »Babylonische Hure« nennt, und frenetisch war der Beifall, als die Katholikin Maire Drumm, Vizepräsidentin der Sinn Fein bis kurz vor ihrer Ermordung im Krankenbett, in die Menge rief, ihr sei es gleich, wie die jungen britischen Soldaten heimkehrten, ob »im Jeep oder im Sarg«. Die Gewalt und die Lieder von der Gewalt sind ein Teil der irischen Überlieferung, und die Geschichte ist den Menschen auf dieser leeren, schwermütigen Insel zwischen den Mauern der Meere zur großen Ballade geraten. Sie ist lebendige, gesprochene und gesungene Erinnerung an wirre Stammesfehden, an Eroberungen und Unterdrückungsleid, an Fabeln aus der Urzeit und mystische Frömmigkeit, an Religionshaß und Rebellionslust, an Hunger und Aufstand, an große Worte und Schnaps, an brennenden Patriotismus und rabiaten Individualismus. Gewalt und Poesie sind eins, und der Traum ist ein Teil der Wirklichkeit. Benzin sei ihr Weihwasser und ein Haus in Flammen ihre Messe, sagte der Dramatiker Séan O'Casey vor einem halben Jahrhundert über seine Landsleute. Im Norden der Insel, in den sechs Grafschaften der Provinz Ulster, die früher neun Grafschaften hatte und einst ein kleines Stammesfürstentum war, wird sich heute niemand über den Satz des Séan O'Casey aufregen. Er ist Alltag. Und er ist ebenso zutreffend wie die manchmal geäußerte Resignation, Irland sei eben mehr ein Klima denn eine Nation.

Heute hat der Alltag der politischen Gewalt selbst irische Vorstellungen gesprengt. Weder gibt es in der irischen Geschichte, die reich an Rebellion und Aufstand ist, eine vergleichbare Periode, noch bietet sich in neuerer Zeit aus der westlichen Welt ein Beispiel an, wo unterhalb der Schwelle des organisierten Bürgerkrieges über so lange Zeit ein solches Maß an Gewalt in rein terroristischen Aktionen ausgeübt wurde. Als *The Troubles* im Herbst des Jahres 1969 ernsthaft begannen, war die IRA aus der Tradition ihres jahrzehntealten Kampfes gegen Großbritannien in Brigaden und Bataillonen organisiert. Die *Belfast Brigade* galt als die Eliteeinheit der Gewalt, und ihre Kommandeure waren große Namen in den Dörfern und Tälern der Insel. Spätestens 1975 wurde die paramilitärische Organisationsform aufgegeben und das übliche »Zellensystem«, seit je als beste Sicherung von Untergrundapparaten geübt, in der IRA eingeführt. Die Brigaden von gestern sind schon zu Balladen geworden; in der Wirklichkeit ist selbst dieses dünne Band zur Guerillaform des Kampfes durchschnitten.

In der Jahresmitte 1976 gab der für Nordirland zuständige Staatsminister des britischen Kabinetts dem Unterhaus eine offizielle Aufstellung über Gewaltakte in Nordirland:

	1969	1970	1971	1972	1973	1974	1975	1976 (30. Juni)
Getötet	13	25	174	468	250	216	247	175
Verletzt	711	811	2507	4857	2651	2398	2474	1433
Explosionen	8	153	1022	1382	978	685	399	388
Schießereien	n. e.*	213	1756	10628	5018	3206	1803	890
Raubüberfälle	n. e.*	n. e.*	437	1931	1215	1254	1201	451

* n. e. = nicht erfaßt.

Die Zahl der Getöteten 1976 erhöhte sich bis Jahresende auf 296. Im übrigen müssen diese Zahlen als Mindestangaben betrachtet werden. Viele Fälle von leichteren Verletzungen werden nicht gemeldet. Verletztenangaben aus den ersten beiden Jahren gelten nur für Polizei und Armee.

Die Gewalt kennt keine Erschöpfung durch die Zeit. 1976, das achte Jahr der *Troubles,* wurde zum schlimmsten Normaljahr. 1972 war ein Ausnahmejahr, da damals von der britischen Regierung die Internierung ohne richterliche Haftprüfung und Urteil eingeführt und mit einer Explosion der Gewalt beantwortet wurde; sie wurde inzwischen wieder aufgehoben.

Erst eine Umrechnung läßt spüren, was diese Statistik von Mord und Brand für das Leben der knapp anderthalb Millionen Einwohner von Nordirland tatsächlich bedeutet. Die Zahlen des ersten Halbjahres 1976, bezogen auf die Größenordnung der Bundesrepublik, würden heißen: zwischen Kiel und München 40 Morde, 160 Verwundete, 80 Bombenanschläge, 200 Schießereien – täglich!

Die Statistik sagt nichts über Bedrohungen und Erpressungen, nichts über den Verlust an materieller Habe (der sich allerdings aus den Summen der staatlichen Ersatzleistungen errechnen ließe: die britische Regierung zahlte von 1969 bis März 1976 rund 150 Millionen Pfund Sterling an Kompensation für Sachbeschädigung in der Provinz Ulster; zu diesem Zeitpunkt lagen noch 34 000 Anträge auf Ausgleich für Personen- und Sachschäden mit einer geschätzten Gesamtsumme von weiteren 63 Millionen Pfund auf den Londoner Schreibtischen). Die Statistik sagt auch nichts über den Sicherheitsaufwand der Londoner Regierung, die etwa 14 500 bis 15 000 Soldaten ihrer Armee in Nordirland einsetzen, das heißt: aus dem NATO-Bereich abziehen muß. 1975 waren insgesamt fünfzig Kampfverbände der Britischen Armee zum einen oder anderen Zeitpunkt in der nordirischen Provinz stationiert. Die Statistik sagt einiges über die Gegenwart, nichts über das Problem der Zukunft: Wie sollen Generationen, die in einer Welt der unbeschränkten Gewalt aufwachsen, täglich Tod aus dem Hinterhalt erleben, mit ihrem Leben und mit dem Leben in einer Gemeinschaft fertig werden?

Auf dem Milltown Cemetery von Belfast wurde auch die Katholikin Maire Drumm beigesetzt, nachdem ein Rollkommando der Protestanten sie im Krankenhaus erschossen hatte. Der Tag – Allerheiligen 1976 – war kalt, und ein schneidender Wind peitschte Regen über den Friedhof. Andreas O'Callaghan, das allerjüngste Mitglied aus der Führungsgruppe der Provisional Sinn Fein, der offenen politischen Repräsentanz der Provisional IRA, hielt die Trauerrede. Er sagte: »Maire war eine Kämpferin. Sie hat sich nie unterworfen; nie ist sie gekrochen. Sie wollte keinen Pardon, und sie gab keinen Pardon. Wenn sie eine Extremistin war, dann deshalb: sie hatte extrem recht, sie war der Sache extrem ergeben und – sie hat nie an den Kompromiß geglaubt!«.

Das ist eine Kurzfassung des Irischen Credos, das für Protestanten und Katholiken gleichermaßen gilt. Aber der irische Terrorismus ist kein religiöser Bandenkampf. Ian Paisley, der noch immer gegen die »Babylonische Hure« Rom anrennt, versucht nichts anderes, als der eigenen Geschichte davonzulaufen.

Notizen aus sieben Jahrhunderten

Irland hat seit je den Streit geliebt und sich stets so eingerichtet, daß Streit und innerer Zwist unvermeidlich waren. Nationale Einheit hat die Insel nie gekannt.

Da gab es in der ersten Hälfte des 12. Jahrhunderts einen kleinen Fürsten von Brefni namens Tiernan O'Rorke, dessen Frau von einem ebenso kleinen Stammeskönig in der Nachbarschaft, Dermot McMorrough in Leinster, entführt wurde. Allein konnte der Fürst von Brefni sie nicht wieder holen, also holte er, hundert Jahre nach der normannischen Invasion Englands, die englischen Normannen auf die Insel. Die Heereshilfe kam und mit ihr der Konflikt zweier Rechtssysteme, der bis in diese Zeit hineinwirkt. Für die Normannen war alles Land letztlich vom König, mithin von der zentralen Macht, verliehen, folglich auch wieder entziehbar – eine Vorstellung, die die keltischen Iren nie angenommen haben. Für sie war Stammesland im Besitz des Stammes und unveräußerlich.[1]

Das Religionsproblem schlug, als es aufkam, sofort in ein machtpolitisches Problem um. Von den vier Völkerschaften der britischen Inseln blieben im 16. Jahrhundert nur die Iren der katholischen Kirche treu.

1570 wurde Königin Elisabeth I. vom Papst exkommuniziert. In der Vorstellung der englischen Zentralmacht war damit jeder Katholik ein potentieller Feind der Krone, was vom Standpunkt der Krone, wie sich nur wenige Jahre später zeigte, eine treffende Folgerung war. 1588 wurde die spanische Armada im Ärmelkanal geschlagen; was der Katholischen Majestät Madrids an Schiffen noch verblieb, rettete sich nach Irland. Ein Nachfahre des Fürsten von Brefni nahm über tausend spanische Seeleute und Soldaten unter seinen Schutz, womit die Familie erneut die Engländer rief, dann eine Strafexpedition kam. Aber all das war nur Vorspiel. 1601 landeten 4000 Spanier an der Küste von Cork und riefen die Iren, die sich nicht lange bitten ließen, zu einem Aufstand gegen die Londoner Krone, der nur sehr schwer niedergeschlagen werden konnte. Irland war nach diesen Erfahrungen zur potentiellen Bedrohung der Zentrale Englands geworden. Auch das ist eine historische Triebkraft, die in dieses Jahrhundert hineinreicht, selbst bis in die Jahrzehnte, in denen dann der konventionelle Krieg immer unwahrscheinlicher wurde: Irland als möglicher Stützpunkt einer kontinentalen Macht.

England begegnete dieser Gefahr durch starken militärischen Druck im Norden der Insel, in Ulster. Anfang des 17. Jahrhunderts wurden befestigte Stellungen angelegt und auch dort das englische Recht eingeführt. Der Zusammenstoß zweier Systeme wiederholte sich in noch schärferer Form. In dieser Lage entstand das heutige Ulsterproblem: 1607 flohen die beiden bedeutendsten Stammesfürsten in Ulster, die Grafen von Tyrone und Tyrconnell, mit Familien, Gesinde und Gefolge auf den europäischen Kontinent. Nach dieser »Flucht der Grafen« wurden ihre Länder – rund 200 000 Hektar – englischen und schottischen »Unternehmern« (*Undertakers*) angeboten, die sich bereit erklärten, 120 000 protestantische Siedler als Stützpunktsicherung ins Land zu bringen. Der Siedlungsvorgang hieß *Plantation,* was in Irland mit »Kolonisierung« übersetzt wird. 1641 erhoben sich die Iren und erschlugen mehrere Tausend der neuen Siedler. Die Reihe der Gewaltakte hatte begonnen; sie werden noch heute zwischen Belfasts katholischem Viertel Andersonstown und Belfasts protestantischem Viertel an der Shankhill Road ausgetragen.

Nach der »Flucht der Grafen« hatten die Zünfte der City von London die nordirische Stadt Derry übernommen und in Londonderry umbenannt, was kein echter Ire bis heute akzeptiert hat. 1689 belagerte der vom Londoner Parlament vertriebene, weil mit dem Katholizismus sympathisierende englische König Jakob II. die protestantische Hochburg, den Stützpunkt Londonderry. 105 Tage dauerte die Belagerung, bis die Stadt Hilfe bekam. Am ersten der 105 Tage hatten zwölf Lehrlinge die Tore der Festung zugeschlagen. Die *Apprentice Boys* von Londonderry sind lebendiger Teil der nordirischen Geschichte; jährlich werden sie durch einen Festzug aus der Vergangenheit hervorgeholt. Aber dieses Spiel ist Spiegel ihrer alltäglichen Existenz in Nordirland, da, wo Protestanten wohnen. Die 105 Tage von Londonderry haben eine Mentalität der Belagerung unter den Protestanten erzeugt; heute schlägt sie sich sichtbar auf Spruchbändern und in Mauerinschriften nieder: *Not an inch!* Nicht einen Zoll Boden! *No surrender!*

Mit diesem Ruf – Keine Kapitulation! – zogen am 12. August 1969, am Tag der *Apprentice Boys*, die Protestanten Londonderrys an den alten Stadtwällen entlang. Unter ihnen lag das katholische Bogside-Ghetto, aber jetzt nicht mehr stumm und ergeben. Die Bürgerrechtsbewegung der sechziger Jahre hatte eine neue Entschlossenheit geschaffen, die sich Bahn brach: Der Ruf *Free Derry*, Steinhagel und Schmähungen brachen über die marschierenden Protestanten herein. Die Leidenschaften gingen hoch, die Unruhen griffen sofort auf Belfast über. Zwei Tage später gab es sechs Tote. Die *Troubles* hatten begonnen – an eben dem Punkt und Tag, da 280 Jahre zuvor nicht nur zwei Konfessionen, sondern zwei machtpolitische Konstellationen aufeinandergeprallt waren. Denn in der Armee Jakobs II. kämpften 7000 Soldaten aus Frankreich, der kontinentalen Konkurrenzmacht Englands. Ein Jahr später, 1690, trafen die Truppen Jakobs auf die Heere des Oraniers Wilhelm. In der Schlacht am Fluß Boyne siegte der Oranier, der den Thron Englands bestiegen hatte – *King Billy, Billy of Orange:* Als müsse der Sieg von 1690 immer neu erkämpft werden, zieht jährlich der Orden der *Orangemen*, das verhärtete Rückgrat der nordirischen Protestanten, durch das Land. Und in protestantischen Vorgärten blühen orangefarbene Feuerlilien.

Das nächste und entscheidende Konfliktelement, die fast völlige soziale Entrechtung der katholischen irischen Bevölkerung, folgte in den Jahrzehnten auf den Sieg an der Boyne. Eine Art früh-irischer Radikalenerlaß war noch eine der mildesten Maßnahmen: Katholiken, die Jura studieren wollten, mußten erst einen Treueid leisten und feierlich beschwören, daß sie die Autorität des Papstes nicht anerkennen. Den Sieg an der Boyne hatte der Papst durch eine große Messe feiern lassen: daß William, der Protestant, gesiegt hatte, war nicht so wichtig, denn wichtiger war, daß am Fluß Boyne der Feind Frankreich geschlagen worden war.

Aber es war auch nicht die große Zeit für alle Protestanten. Die englischen Grundbesitzer in Ulster versuchten, die Pacht der Farmen zu erhöhen. Auf ihnen aber saßen seit der *Plantation* zwar protestantische Pächter, aber sie waren Presbyterianer schottischer Abstammung. Viele von ihnen wanderten nach Amerika aus. Schätzungen besagen, daß zur Zeit der amerikanischen Revolution etwa ein Sechstel der amerikanischen

Siedler von schottischen Presbyterianern aus Ulster abstammten. Vier von ihnen saßen als Mitglieder im ersten Kabinett von George Washington. Große Präsidenten kamen aus dieser Einwanderergruppe: Andrew Jackson, Ulysses Grant, Woodrow Wilson.

Daß die reine Konfessionsfrage nicht das wirklich trennende Problem war, zeigte sich besonders deutlich im Jahrzehnt der Französischen Revolution. Ein junger protestantischer Rechtsanwalt aus Kildare, Wolfe Tone, gründete 1791 in Belfast die »Gesellschaft Vereinigter Iren«; sie hatte sich zum Ziel gesetzt, »alle unnatürlichen religiösen Unterschiede zu beseitigen, alle Iren gegen den ungerechten Einfluß Englands zu vereinigen und ihre angemessene Vertretung in einem nationalen Parlament zu erlangen«. Das alte Spiel wiederholte sich. Der Protestant Tone ging nach Amerika, dann nach Frankreich, um von außen den Aufstand gegen die englische Herrschaft zu organisieren. Wieder segelten große Schiffe auf die Insel zu, wieder tauchten fremde Soldaten am Horizont auf, wieder schlugen die Iren im Inneren zu. Jetzt aber waren es Katholiken und Presbyterianer zusammen. Wieder wurde der Aufstand niedergestampft. Wolfe Tone erhängte sich im Gefängnis von Dublin. Auch er lebt heute noch in Irland, wie die *Apprentice Boys*, wie King Billy, wie die Fürsten von Brefni, wie die Grafen von Tyrone und Tyrconnell.

Belfast, damals die fünftgrößte Stadt Irlands, war in den Jahren kurz vor und zu Beginn der Französischen Revolution ein Hafen der Toleranz. Protestanten finanzierten 1784 den Bau der ersten katholischen Kirche in der Stadt.

Die Iren kennen sich. *Memory is the curse of Ireland,* sagen sie über ihr Land – sein Fluch sei die Erinnerung. Sie kennt seit alters nur die Gewalt. Der Augenblick der Toleranz von Belfast war zu flüchtig. Er ist vergessen, weil Toleranz nicht in das Irische Credo paßt.

Geschichten am Rande der Geschichte

Die zweite Welle der Auswanderung nach Amerika rollte an, als 1841 die Jahre des Großen Hungers anbrachen, weil die Kartoffel, die nahezu einzige Nahrung für die Masse, krank wurde. Acht Millionen lebten damals auf der Insel; noch nicht eine Dekade später war die Zahl um weit über zwei Millionen gesunken. Fast anderthalb Millionen hungernder Iren starben in den Dörfern und Weilern. Diesmal waren es die Katholiken, die in endlosen Schiffsladungen das Land verließen. Der Exodus der Hungernden hat der Auseinandersetzung mit Großbritannien ein Maß an Haß und Bitterkeit gegeben, das selbst das Maß der schlimmen Jahrhunderte überstieg. Es ist geblieben.

Die Grundlagen des schweren sozialen Konflikts, der sich hinter der Tarnwand nordirischer Konfessionskriegereien verbirgt, hatten sich um diese Zeit schon herausgebildet. Innerhalb weniger Generationen zog die beginnende Industrialisierung die Katholiken aus den ländlichen Gebieten, in denen es kaum noch eine ausreichende Existenzgrundlage gab, in die Städte. Damals wurde schon das heute noch herrschende Verhältnis von einem katholischen Arbeiter auf zwei protestantische Arbeiter geschaffen; die protestantischen Arbeiter sahen ihre Arbeitsplätze bedroht.

In Amerika gründeten irisch-katholische Einwanderer 1858 eine revolutionäre Geheimgesellschaft, die »Irische Republikanische Brüderschaft«, deren Mitglieder sich *Fenier* nannten. Geschichtliche Erinnerung reicht bis in die Namensgebung hinein: Nach der Überlieferung lebte im dritten Jahrhundert Find Macc Umaill auf der grünen Insel, Find, der Sohn des Umaill. Er war der Fürst der *Fiana*, eines besonderen Korps von Kriegern, die *außerhalb* des Stammes oder der Stämme standen, früh-irische Prätorianer der Gewalt.

Die irisch-amerikanischen Prätorianer, die Fenier im Amerika des 19. Jahrhunderts, verpflichteten sich, die volle Unabhängigkeit Irlands durch Waffengewalt zu erzwingen. Sie sind die Vorläufer der heutigen IRA-Terroristen, aber sie sind nicht nur irische Erinnerung.

1975 startete die britische Regierung unter Premierminister Wilson eine diplomatisch nicht mehr verbrämte Kampagne, um die handfeste materielle Unterstützung der IRA durch nordamerikanische Organisationen zu unterbinden. Dies geschah in der Erkenntnis, daß der erfolgversprechende Weg in der Bekämpfung des Terrorismus die möglichst weitgehende Störung oder Zerstörung der logistischen Basen ist. Das Ausmaß der logistischen Basis in Amerika läßt sich an einigen Zahlen abmessen, die im Dezember 1975 bekannt wurden: 1970 gründeten Amerikaner irischer Abstammung, Anhänger der Fenier-Tradition, das *Irish Northern Aid Committee* (NORAID) mit Sitz im New Yorker Stadtteil Bronx. NORAID sammelte Geld in den großen Zentren der irischen Bevölkerungsgruppe, in New York, Boston, Chicago, San Francisco, Baltimore und Philadelphia und soll an die drei Millionen Dollar zusammengebracht haben, um bedrängten Katholiken in Ulster zu helfen. Der britische Premier behauptete, etwa 85 Prozent der Gelder für den Ankauf von Sprengmitteln und Waffen, von der Handgranate bis zu leichten Raketen, komme aus diesen Sammlungen. Amerikanische Regierungsstellen waren skeptisch; sie behaupteten, der Satz betrage nur 75 Prozent. Daß aber die IRA zum ganz überwiegenden Teil aus diesen Mitteln versorgt wurde und wahrscheinlich noch wird, bestreitet niemand.

Die Fenier inszenierten 1867, neun Jahre nach ihrer Gründung in Amerika, einen Aufstand in Irland, der mühelos niedergeschlagen werden konnte, da die Fenierführung mit Spitzeln durchsetzt war. Für den damaligen britischen Premierminister, den Liberalen Gladstone, gab dieser Aufstand den Ausschlag zum Handeln; er begann den ernsthaften politisch-parlamentarischen Kampf um die *Home Rule* für Irland, die anstelle der seit 1800 bestehenden Union mit England zunächst einen Dominionstatus für Irland vorsah, dann aber über komplizierte und verschlungene Wege zur heutigen Teilung der Insel in die Republik Irland und die britische Provinz Nordirland-Ulster führte – Jahrzehnte einer Entwicklung, in denen politischer Weitblick in der britischen Politik vom kurzsichtigen Parteiendenken aufgehalten wurde und sich schließlich doch durchsetzte; Jahrzehnte, da in Irland der Haß und die Bitterkeit zunahmen und die Gewalt stets die Politik des einzelnen Schrittes aus den Angeln zu heben versuchte.

Von dem, was sich damals anbahnte, nahmen die Fenier keine Notiz. Sie trugen die Gewalt nach England hinein, weil sie die Zentralmacht an ihrem Sitz und nicht nur in ihren Außenposten treffen wollten. Bomben explodierten im London der Königin Victoria.

Auch 1974 explodierten Bomben in London. Am 17. Juni ging ein Sprengsatz in der Westminster Hall hoch, dem ältesten und ehrwürdigsten Teil des britischen Parlamentsgebäudes. Der achthundertjährige Dachstuhl geriet in Brand, und schwelende Trümmer fielen in die Halle, in der seit je die toten Majestäten und die Großen des Reiches aufgebahrt werden. Das war in den Augen Englands schlimmer als die Verletzungen einiger Personen. Im Juli 1974 explodierte eine Bombe im Tower, durch den sich die üblichen Touristenscharen drängten: Tote und Verletzte ... kleinere Zwischenfälle im Vergleich zu Anschlägen auf Armeekantinen und zivile Gasthäuser, aber Attentate von besonderer psychologischer Bedeutung. Die IRA-Anschläge auf öffentliche Gebäude in London folgten 1974 mit einer erstaunlichen Genauigkeit der Liste der Attentate zwischen 1883 und 1885, die den Feniern zugeschrieben wurden. Ob sie damals wirklich für alles verantwortlich waren, was England ihnen an Bombenwerfereien zur Last gelegt hat, ist heute nicht mehr einwandfrei zu klären. Aber das spielt für Iren auch keine Rolle. Die Bombenwerfer der Fenier waren in das irische Gewaltgedächtnis eingegangen, das sich gewissermaßen selbständig gemacht hat, und sind dort lebendig geblieben, so lebendig, daß sie neunzig Jahre nach ihrer Zeit einen aktuellen Aktionsplan für den Angriff auf die Symbole der Zentralmacht lieferten.

Sind das Geschichten am Rande der Geschichte, Arabesken einer Phantasie auf den grünen Hochmooren und in den grauen Städten einer Insel am Rand Europas? Eher sind es Hinweise auf den ungebrochenen, immer wieder die Gewalt erzwingenden Zusammenhang zwischen dem irischen Terrorismus und den bleibenden Bedingungen der Jahrhunderte. Wer sich dieser Verhaftung durch die Geschichte nicht radikal entzieht (und wie macht man das als Ire in Nordirland?), bleibt der Gefangene des radikalen Credos: man hat als Katholik oder Protestant »extrem recht«, und die Legitimation der Gewalt steht außer Frage, denn kein katholischer Provo, kein protestantischer *Red-Hand-Man* wird je zugeben, daß er Terrorist sei. In Irland ist man *soldier of destiny* – Soldat des Schicksals.

Der Terrorist löst den Guerilla ab

James Connolly hieß der Ire, der nach dem Studium des Moskauer Aufstandes von 1905 eine militärische Anleitung für die bewaffnete Erhebung schrieb. Das Buch »Revolutionary Warfare« (Revolutionäre Kriegsführung) ist meisterhaft in den taktischen Einzelweisungen, aber ganz in der Tradition der Guerillahandbücher des 19. Jahrhunderts verfaßt und erinnert an die berühmten Bürgerkriegsanweisungen des Franzosen Auguste Blanqui (»Instruktionen für den Aufstand«, 1868/69), in denen es um die Organisation und Führung größerer Einheiten der rebellierenden Arbeitermassen, um Barrikadenbau und Eroberung oder Verteidigung von Stadtvierteln, im Grunde um die quasi-militärische Überwindung des militärischen Gegners geht.

Dieses Denken hat die 1913 gegründete Irische Freiwilligen-Truppe bei der Vorbereitung des von Deutschland unterstützten Dubliner »Osteraufstandes« im Jahr 1916 geleitet. Zwar schaffte man es gerade noch, vor dem Hauptpostamt von Dublin die Republik auszurufen, aber dann ging, wie alles in der irischen Erhebungsgeschichte, auch dieser Aufstand schief. Gewonnen hat bei diesem Aufstand die nationale Sammelpartei der Iren, die 1900 gegründete *Sinn Fein* (»Wir allein«), der sich die Sympathie der Bevölkerung in dem Augenblick zuwandte, als die britischen Truppen die Führer des Osteraufstandes hinrichteten. 1919 rief die Sinn Fein einseitig die nationale Unabhängigkeit Irlands aus, was sofort zum bewaffneten Konflikt zwischen Großbritannien und Irland führte. In diesem Krieg trat die Irische Republikanische Armee, die IRA, auf den Plan, als bewaffneter Arm der Sinn Fein, aber auch als die irreguläre Armee eines politischen Gebildes, das auf dem Weg zum eigenen Staat war. Die IRA führte den Krieg, zum großen Teil äußerst intelligent, im quasi-militärischen Guerilladenken.

»Die Briten hatten sämtliche Quellen des Ersatzes, der Bewaffnung und des Reichtums zur Verfügung«, schreibt der irische Historiker und

Militärwissenschaftler Dermot Bradley. »Die Freiwilligen besaßen genaue Kenntnis der eigenen Gebiete und Städte und die Unterstützung des Volkes. Die Brigade war der höchste Truppenverband; der Dienst war freiwillig und unbezahlt. Die numerische Stärke betrug ungefähr 100 000 Mann.«[2]

An der IRA jener Zeit fällt die Disziplin auf. Séan MacBride, der damals zum Adjutanten des IRA-Führers Michael Collins aufstieg, sagt heute: »... zum Beispiel die Frage der Geiselnahme und Entführung. Ich kann mich nicht erinnern, daß in der Zeit von 1918 bis 1921 auch nur ein einziger Fall von Kidnapping vorgekommen ist. Es wurde im Kampf getötet, aber Terrorismus heutiger Art war damals nicht virulent.«[3] Und Bradley in seiner historischen Übersicht: »Die IRA, wie [der britische] General Macready auch zugab, legte sehr viel Wert auf absolute Nüchternheit. Die IRA-Polizei hatte die Landgier schnell unter Kontrolle und wollte es nicht zulassen, daß ein politischer zu einem sozialen Umsturz führen konnte.«[4]

Die IRA zwang durch ihren Guerillakrieg, dem das britische Militär nicht gewachsen war, die britische Regierung zu einem Waffenstillstand, der im Juli 1921 in Kraft trat. Die beiden irischen Staaten entstanden, wobei der nordirische Teilstaat integrierter Bestandteil Großbritanniens blieb.

Das Ende des brillanten IRA-Führers Michael Collins zeigt den sehr irischen Charakter dieser Vorgänge und vor allem die Schwierigkeit der Begrenzung der Gewalt, wenn der Kern einer Organisation die Form der Gewalt allein nach der jeweiligen Lage bestimmt und grundsätzlich bereit ist, selbst die weitesten Grenzen von Moral und rechtlicher Hegung zu durchbrechen. Michael Collins war ein Idol ganz Irlands, solange er aus dem Untergrund seine IRA-Guerilla führte. Als er das Teilungsabkommen von 1921 unterzeichnete, sagte Lord Birkenhead, der Vertreter Großbritanniens, über den Verhandlungstisch zu Collins, die Unterschrift, die er jetzt leiste, sei wohl die Unterschrift unter sein politisches Todesurteil. Collins antwortete: »Ich habe wahrscheinlich mein wirkliches Todesurteil unterzeichnet.«[5] Acht Monate später fand man Collins an einer einsamen Landstraße. Er hatte eine Kugel im Kopf: *headjob*.

Die IRA-Hinrichtung ihres Führers war bereits Teil des Bürgerkrieges im Süden der Insel, der nach dem Teilungsvertrag von 1921 ausbrach. Die Mehrheit der Dail, des Dubliner Parlamentes, die den Vertrag gebilligt hatte, siegte, und die IRA ging 1923 in den Untergrund. 1931 wurde sie verboten, das Verbot 1936 bekräftigt. Ihre politische Mutterorganisation, die Sinn Fein, spaltete sich in die beiden heutigen Hauptparteien der Republik Irland, und nur ein Rest, freilich ein radikaler Rest, blieb legal erhalten. Die Funktion der politischen Repräsentanz der IRA übt er bis heute aus, aber die eigentliche Entscheidungsmacht ging schon damals an die Führung der bewaffneten IRA, den Army Council, den Armeerat, über.

Untergrunddasein und Verbot haben den Armeerat nie daran gehindert, die Gewalt der IRA gegen den Norden einzusetzen. Die Aktionen gegen Ulster haben auch nie aufgehört, wenngleich es lange Phasen verminderter Aktivität gab. Was immer aber bis 1969/70 von der IRA unternommen wurde, spielte sich als traditionelle Guerilla-Operation ab und schlug regelmäßig fehl.

Die Konzentration der IRA-Gewalt gegen den Norden, die 1923 eindeutig wurde, überzeugte die protestantische Mehrheit in Ulster endgültig von der Dauergefährdung ihrer Stellung in der Provinz durch die »papistischen« Umtreiber des Südens, die auf das schweigende Potential der katholischen Minderheit im Norden rechnen konnten. Gefährdet war in den Augen der Protestanten die Union mit England, die die historische Vorrechtsstellung absicherte. Die politische und soziale Diskriminierung der katholischen Minderheit wurde vom Ulster-Parlament, dem Stormont, hinter einem dünnen demokratischen Tarnvorhang (Stimmengleichheit bei Unterhauswahlen) in allen wichtigen Bereichen des gesellschaftlichen Zusammenlebens institutionalisiert. Die Bürgerrechtsbewegung der sechziger Jahre, die den Ausbruch der derzeitigen *Troubles* erst ermöglichte und ihren Charakter bis heute entscheidend bestimmt, entstand nicht so sehr aus dem nationalen oder dem konfessionellen Gegensatz, sondern aus dem Widerstand der katholischen Bürger gegen politische und rechtliche Diskriminierung. Die IRA fand einen sozialen Nährboden der Rebellion, der für die Gewalt fruchtbarer war als das nurnationale Denken.

In all den Jahren hatten sich in Ulster paramilitärische Verbände auf der protestantisch-loyalistischen Seite gebildet, und auch hier war stets von Zehntausenden und Hunderttausenden die Rede, als werde sich ein Zusammenprall in bürgerkriegsähnlichen Formen mit zusammenhängenden Fronten und größeren Verbänden entladen. Als der Zusammenprall sich dann ab 1969 aus Einzelzusammenstößen entwickelte, nahm er schon nach kurzer Zeit die Form einer Kette terroristischer Einzelaktionen an.

Der Formwechsel läßt sich zeitlich ziemlich genau bestimmen. Ciaran Mac an Aili, prominenter Jurist in Dublin, eng mit der Sinn Fein verbunden und häufig als Rechtsberater der Provisional IRA tätig, beschrieb 1974 in einer Kurzdokumentation Entstehung und Ablauf der Frühphase der *Troubles:*

»Zu Beginn des Jahres 1970 besserten sich Ausbildung und Waffenversorgung der Provisionals, aber sie hielten sich noch immer strikt in der Defensive. Erst am 27. Juni 1970 gingen sie zur wirklichen und militärischen Aktion über. Der Zwischenfall ist dokumentarisch genau belegt; es handelt sich um den Angriff einer Einheit der Orange-Leute auf die St. Matthew's Church und die dazugehörige katholische Gemeinde in einem abgeschnittenen Bezirk in Belfast. Eine kleine Gruppe der Provisionals widerstand einem massiven Angriff der bewaffneten Orange-Männer auf die Kirche. Der Entschluß zum militärischen Widerstand war gefallen, nachdem die Britische Armee jede Intervention und Hilfe abgelehnt hatte. Die Provisionals schlugen den Angriff ab; vier Angreifer wurden erschossen.

Eine Woche zuvor war die Wilson-Regierung bei den britischen Wahlen geschlagen worden. Die Konservativen unter Edward Heath waren noch keine vierzehn Tage im Amt, als die Entscheidung getroffen wurde, gegenüber den republikanischen Bezirken in Belfast eine Politik militärischen Durchgreifens anzuwenden. Über den Falls-Road-Bezirk wurde vom 3. bis zum 5. Juli 1970 Ausgangssperre verhängt. Das führte zu Straßenkämpfen, die den Beginn einer neuen Phase im Kampf um Nordirland bezeichneten: die direkte militärische Konfrontation zwischen IRA und Britischer Armee. Was als Bürgerrechtsagitation begonnen hatte, wurde zur ausgewachsenen Rebellion.

Die von nun an gültige Politik der konservativen Londoner Regierung, nämlich eine Lösung durch den Einsatz militärischer Macht zu erzwingen, traf auf den entschlossenen und bemerkenswerten Widerstand der Provisionals und, in einem viel geringeren Maß, auch der Officials. *Neue Gewalttechniken wurden eingeführt, unter anderem die weitverbreiteten Bombenanschläge in den städtischen Gebieten. Diesen Taktiken hatte die Britische Armee nichts entgegenzusetzen.* Die Verluste des Militärs an Toten und Verwundeten schnellten in die Höhe. Ein Jahr später, im August 1971, beschloß die Britische Regierung die Internierungspolitik, um so viele IRA-Mitglieder wie eben möglich festzusetzen. Dahinter stand die Hoffnung, die Bewegung auf diese Weise lähmen zu können.

Die Hoffnung trog. Die Internierungspolitik kam im Gegenteil der IRA zugute, da sie die republikanisch-nationalistische Bevölkerung so sehr an die Seite der Provisionals führte, daß die Regierung in London zu einem abrupten Positionswechsel gezwungen wurde: sie löste das Stormont-Parlament auf und zog sich jetzt auch noch die Feindschaft und den Zorn der Loyalisten zu.«[6] (Hervorhebungen durch den Verf.)

Die protestantischen Loyalisten haben aus dem taktischen Formwechsel der IRA noch im Jahr 1970 die unumgängliche Folgerung gezogen. Die paramilitärischen Organisationen und Verbände behielten die Funktion, Macht zu demonstrieren. Die tatsächliche Kampftätigkeit ging auf die früher schon existierenden terroristischen Gruppen der protestantischen Seite über. Erst zum Jahresbeginn 1977 gab es wieder Andeutungen der UDA (*Ulster Defence Association*), daß im weiteren Verlauf der Auseinandersetzungen der Übergang zur großflächigen Bürgerkriegsform denkbar sei, wofür man sich aus eigener Kraft gerüstet habe – Hinweise auf die Formierung einer protestantischen Armee in einem möglicherweise unabhängigen Ulster? Die Anwendung der terroristischen Kampfform ist jedenfalls bisher nicht davon berührt worden.

Die terroristischen Gruppen der protestantischen Seite haben seit 1969/70 den Kommandos der IRA in nichts nachgestanden – weder in der rücksichtslosen Brutalisierung noch in der hemmungslosen Ausdehnung der Gewaltanwendung auf jeden, der in der Kampfzone wohnt, denn es gibt keine »Unschuldigen« mehr, noch in der Überzeugung, daß sie »extrem recht haben«. Hat die Geschichte, sagen sie, das nicht bis auf diesen Tag immer wieder bewiesen?

Irische Zwischenbilanz

In den nordirischen Gewaltkonflikt sind heute drei Seiten terroristisch aktiv verwickelt: einmal die Official IRA, dann die Provisional IRA und schließlich die protestantisch-loyalistischen Terrorismusgruppen von den Kommandos der UVF (*Ulster Volunteer Force*) über alle möglichen Zwischengruppen bis zu den Bombenwerfern und Pistolenhelden der *Red-Hand-Commandos*. Die vierte Seite des Konflikts ist die Kombination der offiziellen Sicherheitskräfte, Polizei und Armee.

Die Officials sind die eindeutigen Verlierer in der gegenwärtigen Situation. Eine Trennung innerhalb der IRA war unvermeidlich für alle, die die frühen marxistischen Gedankengänge in den irisch-katholischen Aufstandsbewegungen weiterentwickeln wollten und sich dabei auf den orthodoxen revolutionären Katechismus stützten. Die nach 1969 ständig steigende terroristische Gewalt jener IRA-Flügel, die sich nicht einmal an die inneren Begrenzungsregeln des klassischen Guerillakrieges hielten, wurde von den Officials im Einklang mit der Leninschen Betrachtungsweise als blinder Aktionismus verurteilt. Letztlich müsse Aktionismus ihr eigentliches marxistisches Ziel vereiteln: Die Gründung eines föderierten Gesamtirland auf der Grundlage der Vereinigung der Klasse der Arbeiter, gleichgültig ob sie katholischer oder protestantischer Abstammung seien. Keine Seite der Arbeiterschaft hat sich nach diesem Programm gerichtet. 1972 hat sich die Official IRA selbst eine Waffenruhe auferlegt; gelegentliche Attentate ihrer Leute sind Folgen mangelnder Disziplin oder sektiererische Auseinandersetzung mit den verfeindeten IRA-Brüdern. Die Officials sind die hilflosen Marxisten.

Verlierer ist in gewissem Sinn auch die traditionell gegliederte und geführte und nach traditionellen Vorstellungen operierende Britische Armee. Ihr ist 1969 eine Aufgabe übertragen worden, die sie nicht lösen kann, da sie mit den militärischen Vorstellungen einer ganz anderen Kampfwelt einen Gegner niederhalten soll, der seinerseits sogar die Vorstellungen des konventionellen Guerillakrieges über Bord geworfen hat. Eine konventionell denkende Armee ist keine Polizeitruppe; ihre Mittel sind der besonderen terroristischen Situation nicht angepaßt und müssen unvermeidlich den Nichtbeteiligten in einem Maß in Mitleidenschaft ziehen, daß die politische Verschärfung der Gesamtsituation sich ständig steigert. Nicht die unleugbar harten Verhörmethoden in der Internierungszeit unmittelbar nach 1972 sind das Problem der Armee (sie wurden strikt unterbunden). Ihr Problem ist die Nichtvergleichbarkeit der Gewalttaktiken. Die Armee steht täglich unter der kritischen Fernsehbeobachtung des britischen Heimatpublikums. Das Urteil des Experten J. Bowyer Bell lautet: »Wenn die Sicherheitskräfte auch keinen Terrorfeldzug gegen die Provos geführt haben, so haben sie doch die Unschuldigen und Unbeteiligten tief verschreckt ohne die Beteiligten und Schuldigen einzuschüchtern«.[7]

Die Provos sind in der Tat nicht eingeschüchtert. Der Vorwurf des permanenten Verbrechens läßt sie kalt, da sie selbst noch ihre terroristische Kampagne als »militärischen« Feldzug betrachten und ohnehin durch das Irische Credo und die lebendige Erinnerung an die Geschichte gegen jeden Zweifel gepanzert sind. Sie haben, wie der Provisional Army Council weiß, durchaus ihre Schwachstellen. Die Ränder der Organisation werden zunehmend unkontrollierbar und begehen, wie die *Mavericks*, Gewalttaten auf eigene Faust; das organisierte, mafia-ähnliche Bereicherungsverbrechen wird stärker, und die Gewalt erreicht oft ein Ausmaß, das die offene oder versteckte Zustimmung des katholischen Bevölkerungsteils schwanken läßt. Die »ideologische« Offenheit der Provisional IRA läßt überdies das Einsickern von verkappten Gewaltgruppen anderer Herkunft durchaus zu. Aber dennoch ist die Zwischenbilanz, in ihren Augen, nicht entmutigend:

– Der spätestens 1973 vollzogene volle Übergang zur niedersten Stufe der organisierten Gewalt, der Kette der terroristischen Aktionen, hat sich als »richtig« erwiesen, denn die Sicherheitskräfte wissen in ihrer Mehrzahl mit dieser Form nicht fertigzuwerden. Im Grunde hat bisher jede auf die Armee gestützte Sicherheitsmaßnahme eine taktische und psychologische Eskalation bewirkt. Die Gewalt der IRA-Terroristen ist mehr denn je zuvor allgegenwärtig, unausweichbar und zugleich unangreifbar. Das hat nachhaltiger als alles andere das politische Denken in den Regierungsämtern von London beeinflußt.

– Die Bombenkampagne in Großbritannien hat, trotz der stoischen Ruhe der englischen Bevölkerung und trotz des Fehlens »sofortiger Erfolge«, eine latente Bereitschaft zum Rückzug aus den irischen Wirren verstärkt. Der Angriff auf die Seele der Öffentlichkeit, wie dilettantisch auch immer ausgeführt, beginnt, sich für die IRA auszuzahlen.

– Das wäre wahrscheinlich nicht so spürbar, wenn nicht im Hintergrund der Gewaltkampagne das Bürgerrechtsdenken stünde, das sich in den sechziger Jahren parallel zu den Vorgängen in anderen westlichen Ländern unter der Führung von Studenten in der katholischen Minderheit Nordirlands entwickelte. Dieses Bürgerrechtsdenken hat den Beginn der *Troubles* im Jahre 1969 erst ermöglicht. Es ist nicht ohne erheblichen Eindruck auf die englische Öffentlichkeit geblieben, die über das tägliche Fernsehen in die Szene mit einbezogen wird. Der irische Aufstand hat auch in den Augen der britischen Zuschauer den Aspekt des Nur-Nationalen verloren. Die Frage einer anderen gesellschaftlichen Ordnung und einer echten Demokratie für Ulster ist nicht mehr auszuklammern.

– Vor allem aber: Eine Entscheidung über Nordirland kann ohne die IRA, die noch vor zehn Jahren an einem Tiefpunkt ihrer Kraft war, nicht mehr getroffen werden, in welcher Form das auch immer vor sich gehen mag. Die Regierung der Republik Irland im Süden der Insel hat 1975/76 unzweideutig Abstand von der Vereinigung der beiden Teile Irlands genommen, obwohl das Vereinigungsgebot in die Verfassung geschrieben worden war. Die Regierung in Dublin ist nicht einmal mehr stellvertretend der Sprecher der katholischen Iren in Ulster. Eine Gewaltorganisation ohne eine nationale oder staatliche Basis beginnt, diese Rolle zu übernehmen und zum Partner einer Regierung zu werden. Nicht anders kann man die Tatsache werten, daß die britische Regierung über Beamte des zuständigen Staatsministeriums Verhandlungen mit Sinn Fein / IRA-Vertretern geführt hat, die vor dem Unterhaus zwar zum »Gespräch« heruntergespielt, aber in der Substanz nicht geleugnet wurden.

Die dritte Seite des Gewaltkonflikts, das Sammelsurium der protestantischen Kleinorganisationen des Terrorismus, ist nur gegen den Hintergrund der loyalistischen Parteienlandschaft zu werten. Die früher stillschweigende Übereinstimmung zwischen der Vigilanten-Art des protestantischen Terrorismus und den politischen Parteien zeigt erkennbare Risse, seit das von der Londoner Regierung verordnete Experiment des *power sharing*, der Teilhabe aller Bevölkerungsgruppen an der legalen Macht, am Anfang des Jahres 1976 zum zweitenmal gescheitert ist. In manchen loyalistischen Parteiengruppierungen greifen seither Einsichten und Änderungsvorstellungen Platz, die noch vor wenigen Jahren keine Aussicht auf Leben hatten.

Zwischen den Parteien und den terroristischen Gruppen steht noch die mächtige para-militärische Organisation der UDA (*Ulster Defence Association*) mit etwa 15 000 Mitgliedern in der Provinz. Welchen Weg sie auf Dauer gehen wird, ist ihr vermutlich selber nicht klar. In dieser Phase, in der Neues sich anbahnen könnte, versucht sie noch, den akuten und unbeschränkten Gewalteinsatz zu zügeln. Ihre Beauftragten trafen sich sogar mit Vertretern der republikanischen Seite, zum erstenmal im Oktober 1974 in Libyen, dann wieder im November 1975 in Holland. Das Treffen in Holland, vermittelt durch Geistliche, konnte nur stattfinden, weil der Gegenstand des Gespräches streng begrenzt war; diskutiert wurde nur über die republikanischen Erfahrungen mit einer Arbeiterkooperative, die die Provisional Sinn Fein seit 1973 im katholischen Belfaster Stadtteil Andersonstown unterhält. Das Treffen fand ein vorzeitiges Ende. Der Grund war die Angst der Führungen vor der Reaktion ihrer Gefolgschaften. Die UDA kann letztlich ein entscheidender Faktor in der Entwicklung Nordirlands sein. Aber der terroristische Kampf in den Straßen und Hinterhöfen der Stadtviertel wird derzeit von den loyalistischen Kleingruppen geführt.

Niemand weiß heute, wie das Schicksal Nordirlands morgen oder übermorgen aussehen wird. Es gibt viele Unwahrscheinlichkeiten. Die größte Unwahrscheinlichkeit ist der Glaube, die Gewalt werde auf Dauer an Auszehrung und Erschöpfung durch sich selbst sterben. Die Erfahrungen der Jahrhunderte sind zu stark, der Haß der Jahrzehnte zu heftig – die terroristischen Kommandos beider Seiten tragen den Panzer der Erinnerung, der sie gegen Selbstaufgabe abschirmt.

Möglichkeiten reichen von der Katastrophe bis zur dünnen Hoffnung. Eine Katastrophenmöglichkeit beschreibt J. Bowyer Bell: »Die Morde [durch die protestantischen Gruppen des Terrorismus] könnten in der Tat den gedachten Effekt haben, daß die katholischen Bevölkerungsteile eingeschüchtert werden, daß eine Massenauswanderung nach Süden beginnt, die Grundlage der IRA folglich ausgewaschen und der *Loyalist Way of Life* gewahrt wird . . .«[8]

Dagegen steht die schmale Möglichkeit, die sich seit dem Zusammenbruch des *power sharing* andeutet: Daß nämlich ein wachsender Teil der in der Politik ausschlaggebenden Protestanten das Gefühl hat, auf Dauer Freunde und Unterstützung nur noch in den eigenen sechs Ulster-Grafschaften zu finden, die im 17. Jahrhundert zum militärischen Bollwerk Englands gemacht wurden, heute aber zur historischen Last der Krone geworden sind. Beginn eines nordirischen Unabhängigkeitsdenkens? Vielleicht. Zeichen sind erkennbar. Aber noch ist das stilles Denken, übertönt von den täglichen Explosionen der Bomben und den Schüssen aus amerikanischen und tschechischen Schnellfeuergewehren.

Wie im Fall der baskischen ETA stellt sich auch hier die Frage, was denn geschehen könnte, wenn auf irgendeinem der Wege zwischen Katastrophe und Möglichkeit die IRA in eine Lage gerät, die sie für unerträglich hält. Werden die Gefangenen der Geschichte ihrer Insel in der Situation einer tatsächlichen oder vermuteten Ausweglosigkeit die Erpressungsmöglichkeiten ablehnen, die sich erwiesenermaßen durch die Sprengung der Grenzen des Kampfraumes bieten?

Vor einhundertundzehn Jahren (1867) überschritt eine bewaffnete Kolonne irisch-amerikanischer Fenier zur Unterstützung des Inselaufstandes die Grenze zwischen den USA und Britisch-Kanada. Auch das ist Teil der Erinnerung, die der Fluch Irlands bleibt. Bewaffnete Kolonnen sind Mittel einer Zeit, die noch nicht vergangen und doch schon überholt ist. Die Isolierung und Zermürbung des Feindes durch die Erpressung von Staatengruppen, denen er zugerechnet wird, kann durch den internationalisierten terroristischen Akt, sofern er genug Aufsehen erregt, wirksamer betrieben werden. Die Provisional IRA hat trotz ihrer Verbindungen zu terroristischen Organisationen in anderen Teilen der Welt noch keinen wirklich ernsthaften Versuch dazu unternommen, und was sie unternahm, hatte so sehr den üblichen Stempel irischer Wirrköpfigkeit, so daß es schiefgehen mußte. Neu ist auch das Wort nicht, Iren seien eben so irisch, daß sie nur die eigene grüne Insel als Raum des Kampfes zu sehen vermöchten. »Die IRA-Flügel hatten die materiellen Möglichkeiten, den Konflikt über die Grenzen Großbritanniens hinauszutragen, neue Angriffsobjekte zu bestimmen und alternative Wege zu beschreiten. Aber ihre Führer, die in den Grenzen überkommenen republikanischen Denkens tätig wurden und entschlossen waren, eine militärische Kampagne gegen die Britische Armee auf irischem Boden zu führen, kultivierten ihren eigenen revolutionären Garten und unterließen es, die Gewalt zu exportieren.«[9]

Aber sie sind bereits vom konventionellen Guerillakrieg zum ausschließlichen Terrorismus übergegangen. Auch Irland, die Augen starr auf sich selbst gerichtet, ist offen für das, was in der Welt geschieht. Wann es einen solchen Schritt tut, hängt ab vom Maß denkbarer Hoffnungslosigkeit. Vielleicht ist es auch nur eine Frage der Generation – oder eines Nutzens für Interessierte Dritte, die in der Insel Irland das sehen könnten, was England durch viele Jahrhunderte in ihr sah: eine Bedrohung im Rücken Großbritanniens.

14. Kelten, Korsen und andere

Episode in Edinburgh

Das Öl, das die »British Petroleum« vor Schottlands Küsten aus der Nordsee pumpt, fließt durch Pipelines, die in Schottlands Boden liegen. Sprengstoffanschläge auf diese Pipelines machten seit 1973 Schlagzeilen in der britischen Hauptstadtpresse; am Werk war, wie die Zeitungen sagten, die *Tartan Army*, der bewaffnete Arm schottischer Nationalisten.

Die »Führungsgruppe« der Tartan Army saß im September 1976 auf der Anklagebank des Gerichts zu Edinburgh: Donald Currie, einst Ortsstellenleiter der SNP (*Scottish National Party*), erhielt fünf Jahre für zwei kleine Sprengstoffanschläge auf Pipelines; Euan Macpherson gab zu, zwei Anschläge versucht zu haben, und kam auf Bewährung frei; hingegen mußte Gerard McGuigan zwei Jahre hinter Gitter, da er aufgegriffen worden war, als er sich mit einer Ladung Sprengstoff dem französischen Konsulat in Edinburgh näherte. Außerdem wurde er für schuldig befunden, einem John McEwen brieflich Ratschläge und Anweisungen für den Bau »sehr mächtiger Bomben« gegeben zu haben.

Der Richter, Lord Stott, war außer sich vor Zorn. Seine galligen Bemerkungen gingen aber nicht etwa auf die drei von der Tartan Army herab, sondern auf die amtlichen Perückenträger der Krone, die die Anklage vorgebracht hatten. Lord Stott bescheinigte der Anklage, die Tartan Army, deren Auftreten als kriminelle Vereinigung der zentrale Punkt der Anklage war, habe in der Tat bestanden – aus einem einzigen Mitglied, dessen »Mitgliedschaft von einem Zeugen behauptet wird, dessen Zeugnis nicht stichhaltig ist«. Vor ihm, sagte der Richter, stehe ein nichtorganisiertes Grüppchen ehemals respektabler Mitglieder der respektablen SNP; das Merkmal einer sachkundig operierenden »Guerilla-Armee« könne diesem Häuflein auch nicht entfernt zugesprochen werden. Das erhelle schon daraus, daß der Empfänger der brieflichen Bombenbastelratschläge mit dem Geschriebenen aufgrund eines simplen Umstandes nicht viel habe anfangen können – John McEwen war zu diesem Zeitpunkt neunundachtzig Jahre alt. Ferner erhelle es aus der fachlichen Bewertung der Sprengstoffexperten, McGuigan habe das französische Konsulat mit einem Unkrautvernichtungsmittel angehen wollen, das zwar hochentzündlich sei, aber wohl nicht in Briefumschlägen explodieren werde, wie sie der »Terrorist« an jenem Abend bei sich getragen habe. Die Vertreter der Krone hatten als Motiv der kriminellen Vereinigung vorgetragen, die Tartan Army sei einem absurden Verlangen nach schottischer Unabhängigkeit erlegen und dabei von einer bewußten Fehlinterpretation der schottischen Geschichte geleitet worden. Der Lord beschloß, die Motivbeschreibung zu vergessen, als er hörte, daß sich der Angeklagte Donald Currie auf Coinneach Odhar, einen Seher aus alter Zeit, berufen habe. Coinneach Odhar hatte geweissagt, Schottland werde sich erheben, wenn der »Schreckliche Schwarze Regen« falle. Zwecks Beschleunigung des historischen Ablaufs hatte Donald Currie kurzerhand das Öl in den Pipelines zum »Schrecklichen Schwarzen Regen« erklärt. Die Perückenträger der Krone verließen das Gericht zu Edinburgh im berechtigten Gefühl totaler Vernichtung.

Was hatte der Richter zurechtgerückt? Eine schottische Provinzposse, einen seltenen Beweis ermittlungstechnischer und juristischer Unfähigkeit, den durchsichtigen Versuch einer Abschreckungsdemonstration durch die Behörden der Krone oder das Ergebnis einer hysterischen Terroristenfurcht, ähnlich den Exzessen hysterischer Spionenfurcht, die zu den üblichen Merkmalen von Spannungs- und Kriegszuständen gehört? Wahrscheinlich kam alles zusammen.

Verständlich wird die Episode von Edinburgh erst vor dem Hintergrund des extrem beschleunigten schottischen Partikularismus. Nach dem Urteil ernstzunehmender britischer Beobachter kann er durchaus den Keim der Auflösung des Vereinigten Königreiches von England, Schottland, Wales und Nordirland in sich tragen.

Autonomie als Sprengstoff

Die Erinnerung der Schotten an die Vereinigung mit England im Jahr 1701 ist so wenig ausgetrocknet wie die Erinnerung an »Bonnie Prince Charlie«, der vier Jahrzehnte nach der nicht sehr freiwilligen Vereinigung noch einmal versuchte, Schottland für das Haus Stuart zurückzuholen. Die grausame Schlacht von Culloden im schottischen Hochland brachte 1745 das Ende dieses Versuchs. Tod für die »jakobitischen Rebellen« kam über das Land, aber nicht der Tod schottischer Nationalhoffnungen.

Als 1953 die gerade gekrönte Königin Elizabeth II. durch das regentriefende London zum Buckingham Palast fuhr, explodierten ein paar Briefkästen, denen der eifrige Generalpostmeister am Vorabend des Krönungstages das neue Emblem »ER II« hatte aufmalen lassen – für schottische Nationalisten unannehmbar, denn ER I, die Feindin der Maria Stuart, gab es für sie nicht, folglich auch keine *zweite* Elizabeth. In den Zeitungen erschienen vier oder fünf kleingedruckte Zeilen, ein paar Glossen, und die Insel lächelte amüsiert ob solcher Dudelsackideologie. Man erinnerte sich der Berichte über das Jahr von Culloden, da den bereits durchorganisierten und durchnumerierten Regimentern des englischen Herzogs von Cumberland, des zweiten Sohns des Königs, oft eine schottische Schlachtordnung gegenüberstand, die den ganzen Abstand zwischen englischer Überlegenheit und der Naivität ungeschlachter Hochlandclans anzeigte: »Die Hochländer versammelten sich so, daß rechts die Macdonalds standen, links die Stewarts of Appin und die Camerons und in der Mitte die Farquharsons, die MacIntoshes, die Macphersons und die Frasers.«[1]

Im Frühjahr 1976, nur zwei Jahrzehnte nach den albernen Briefkastenexplosionen, mußte der britische Innenminister Roy Jenkins zugeben: »Ein klarer und unmißverständlicher Umschwung der schottischen Haltung hat stattgefunden. Die Uhr kann nicht mehr zurückgestellt werden.«[2] Innerhalb weniger Jahre war die einst belächelte *Scottish National Party* zu einer innenpolitischen Macht geworden, die nicht nur in Schottland, sondern auch im Londoner Unterhaus Entscheidungsbedeutung hatte. Wenige Monate nach Jenkins' Feststellung zeigte eine Meinungsumfrage, daß eine Wahl zu diesem Zeitpunkt (November 1976) folgende Prozentverteilung erbracht hätte: die Konservativen – 31 Prozent; die schottischen Nationalisten (SNP) – 26 Prozent; die nach Autonomie strebende schottische Labourparty – 21 Prozent; die gesamtbritische Labourparty (unter Premierminister Callaghan) – nur noch 18 Prozent.[3] Nicht übertrieben war Jenkins' Feststellung, schottischer Nationalismus habe eine Stufe erreicht, die der Irischen Frage am Ausgang des vorigen Jahrhunderts vergleichbar sei, als die Verweigerung der *Home Rule* (Selbstverwaltung) für Irland endlose Katastrophen nach sich gezogen habe.

Es ist müßig, zu spekulieren, wie Großbritannien die Frage des schottischen Autonomieverlangens und des beachtlichen schottischen Separatismusstrebens lösen will. Ob die in den Londoner Regierungsplänen vorgesehene *devolution* (Übertragung von parlamentarischen Rechten und von Verwaltungsbefugnissen auf gebietseigene Körperschaften) ausreichen wird oder ob die Schotten bei nicht ausreichender Zubilligung von Autonomie tatsächlich eine höchstmögliche Trennung erzwingen wollen, wofür es wachsende Anzeichen gibt, ist jedenfalls eine Kardinalfrage der britischen Politik.

In einem stoisch gewordenen englischen Publikum ist erstaunlich wenig Interesse und Verständnis für diese tiefgreifende und traditionellem Denken zuwiderlaufende Umgestaltung der Verfassungswirklichkeit zu treffen; folglich zeichnet sich die Plage einer staatspolitischen Renovierung ohne allgemeinen Konsens ab. Regierung und Parlament können der Frage weitestgehender Selbständigkeit der Regionen nicht mehr ausweichen, und die Parteien sind einer Zerreißprobe unterworfen, die das in der Politik übliche Maß weit übersteigt.

Müßig ist auch die Spekulation, bis zu welchem Grad die Hoffnungen auf das vermeintliche wirtschaftliche Unterpfand des Nordsee-Öls vor den Küsten Schottlands die schottischen Vorstellungen von Eigenständigkeit oder Eigenstaatlichkeit hochgetrieben haben. Ohne Zweifel trugen die Ölhoffnungen dazu bei, die Regionalparole des »Unter Uns« nördlich der unsichtbaren Grenze durch Großbritannien leichter realisierbar erscheinen zu lassen, aber sie haben die steigenden Wellen des schottischen »Nationalismus« nicht ausgelöst.

Hier manifestiert sich eine allgemeine europäische Tendenz: das Aufbegehren stammes- und sprachgebundener Regionen gegen die zentralistische Macht innerhalb des Nationalstaates, dessen überlieferte Gestalt trotz Weltkriegskatastrophe und Europahoffnungen in der Breite noch unbesehen als selbstverständliche und denkbar wirksamste Organisationsform der Nationen gilt.

Schottland ist nicht allein. Schottland ist nur ein herausragendes Beispiel für die Beschleunigung der Autonomieforderungen, da es dem Außenstehenden als Einheit leichter begreifbar ist. In Wales, dessen Menschen die Härte und selbstbewußte Rauhheit der Schotten fehlt, ist die *devolution* heute nicht weniger Mittelpunktfrage als in Schottland. Die walisische *Plaid Cymru* ist, wie die schottische SNP, eine legale »Nationalpartei« mit eigenen Abgeordneten im Londoner Unterhaus. Die Erklärungen der *Plaid Cymru* umreißen das eigentliche Problem oft deutlicher als die meist starren Reaktionen der Schotten gegen die gemeinsame Vergangenheit mit England.

Dafydd (David) Wigley, Mitglied der *Plaid Cymru*, Unterhausabgeordneter für den walisischen Wahlkreis Caernavon, sprach 1976 in Port Erin auf der Isle of Man vor dem »Keltischen Kongreß«. In seiner Rede fanden sich Schlüsselsätze: »Der Kampf gegen den jakobinischen Zentralismus, der sich im letzten Jahrhundert herausgebildet hat, verschärft sich heute. Die Karte Europas wird sich verändern, wenn die großen zentralisierten Staaten sich in natürliche Einheiten und Gemeinschaften auflösen ... Für uns ist die grundsätzliche Frage, ob wir einen zentralisierten und monolithischen Europäischen Staat bekommen sollen, der ein Machtblock und ein Verteidigungsblock sein würde, oder eine lockere

Assoziation selbstregierender Gemeinschaften. Dies ist die kritische Zeit für die keltischen Nationen, für ihren Kampf um größere Selbständigkeit und die Bewahrung ihrer nationalen Identitäten. Und sie kämpfen für eine Sache, die sie gemein haben mit anderen natürlichen Gemeinschaften Europas, den Basken, den Katalanen, den Korsen und Flamen.«[4]

Ob bewußt oder zufällig: Wigley nannte einen Abschnitt einer Front in Europa, an der Gewalt – in der Anwendungsform der Gewalt der Kleinen Gruppe – nicht mehr ausgeschlossen oder schon praktiziert wird.

Die Arroganz der Metropolen

Die Auflösung größerer imperialer oder staatlicher Einheiten ist das besondere Merkmal der Nachkriegsjahrzehnte. In der schnellen Steigerung der UN-Mitgliedszahlen wird es augenfällig: im Gründungsjahr 1945 – 51 Mitglieder; fünfzehn Jahre später – 82 Mitglieder; 1975, noch einmal fünfzehn Jahre später – 144 Mitglieder. Die Tendenz ist steigend, denn der Prozeß dieser Fraktionierung ist keineswegs abgeschlossen. Am 16. Dezember 1976 meldeten die Nachrichtenagenturen: »Der südpazifische Inselstaat West-Samoa, eine ehemals deutsche Kolonie, ist in die Vereinten Nationen aufgenommen worden. Damit hat die UN 147 Mitglieder (...) Die Hauptstadt von West-Samoa, dessen Bevölkerung 1974 etwa 160 000 betrug, heißt Apia.«

Der Amerikaner Jenkins beschreibt eine denkbar internationale Entwicklung: »Sofern sich nicht eine neue Neigung zum Imperialimus abzeichnet, sofern eine völlige Reorganisation des internationalen Systems sich als undurchsetzbar erweist, wäre es keine Überraschung, am Ende dieses Jahrhunderts eine Welt von zweihundert oder gar dreihundert politisch unabhängigen Einheiten zu sehen, die in der Mehrzahl Ministaaten sein dürften. Ein Großteil des heutigen Terrorismus wird im Namen unterdrückter ethnischer Minderheiten ausgeübt, die ihr eigenes staatliches Gebiet oder ihre Selbstregierung wollen. *Ethnizität scheint mit der Nationalität in Konkurrenz zu treten* – als Legitimationsgrundlage für Regierung und Machtvertretung in der Weltgemeinschaft.«[5]

Diese Zukunftsrechnung aus der amerikanischen Rand Corporation trifft bei Diskussionen von Fachpolitikern meist auf Widerspruch. Natürlich läßt sich darüber streiten, ob die Zahlenangabe dreihundert nicht zu hoch gegriffen sei, aber Zahlendebatten verfehlen den Kern des Argumentes.

Alle Diskussionen über den wachsenden Druck regionaler Autonomieforderungen müssen sich seit dem Herbst 1976 mit einem sehr ernsthaften Beweisfall auseinandersetzen: Am 15. November 1976 siegte in

Kanadas französischsprachiger Provinz Quebec die eindeutig separatistische *Parti Québécois*. Der Wahlsieg fiel so hoch aus, daß Kanada einen Tag nahezu stumm war. Erst dann raffte sich der kanadische Premierminister Trudeau zu der dringlichen Warnung auf, die neue Provinzregierung von Quebec unter René Lévesque solle von ihrem separatistischen Endziel abrücken, das im Parteiprogramm *La Solution* niedergelegt ist. Der Titel ist im doppelten Wortsinn mit »Lösung« zu übersetzen. Aber Lévesque versprach nur einen geordneten Ablauf beim weiteren Vormarsch auf die »Lösung« aus dem kanadischen Staatsverband.

Das Verblüffende am Novembersieg der Quebec-Separatisten ist die jahrelange Selbsttäuschung der kanadischen Zentralregierung. In den sechziger Jahren hatte sich unter dem Einfluß der allgemeinen Bürgerrechtsbewegungen eine separatistische Organisation gegründet, die F.L.Q. (*Front de Libération de Quebéc*), die sehr schnell zur Gewalt überging. Mehr als 250 Bomben explodierten allein in der Provinzhauptstadt Montreal, Streiks wurden angezettelt, bis schließlich unter dem Zwang der Eskalation die voraussehbare nächste Stufe erreicht wurde. 1970 entführte die F.L.Q., die einzelne Mitglieder in die Trainingslager der Palästinenser geschickt hatte[6], den britischen Trade Commissioner (etwa: Wirtschaftsattaché) James Cross in Montreal und kurz darauf den kanadischen Politiker Pierre Laporte. Premierminister Pierre Trudeau beorderte erst kleinere Armee-Einheiten nach Montreal; sehr bald schon setzte er die Notstandsgesetze in Kraft, so daß Kanadas Provinz Quebec einem Heerlager glich und das Land sich im inneren Kriegszustand wähnte. Laporte wurde daraufhin von den Entführern ermordet, James Cross konnte durch Verhandlungen gerade noch gerettet werden. Die Entführer erhielten freien Abzug nach Kuba. Die Härtemaßnahmen der Regierung riefen massive Kritik hervor, worauf Trudeau argumentierte, Anwendung von Gewalt könne nur mit größerer Gewalt niedergeschlagen werden. Die Welle des separatistischen Terrorismus wurde äußerlich abgefangen, und die Provinz Quebec erhielt in der Folge politische Zugeständnisse durch Ausweitung ihrer Kompetenzen in Verwaltung und Steuerverfügung, aber diese Kombination von staatlicher Gewaltanwendung und politischem Zugeständnis konnte die separatistische Welle nicht brechen. Im Gegenteil: Der Gewaltbeschluß der Zentralregierung begünstigte die separatistische Bewegung, was an Wahlergebnissen abzulesen war. 1970 erhielt die gerade zwei Jahre alte *Parti Québécois* 23 Prozent der Stimmen; drei Jahre später stieg sie auf 30 Prozent und 1976 fielen ihr 41 Prozent der Stimmen zu, gleichzeitig eine starke Mehrheit der Sitze im Provinzparlament. Dennoch hatte der kanadische Premierminister nur wenige Monate vor diesem Wahlsieg der Separatisten in aller Öffentlichkeit erklärt, der Quebec-Separatismus sei tot. Die Vermutung, seine Erklärung könne ein wahltaktisches Manöver gewesen sein, reicht nicht aus; eher ist die Regel anzunehmen, daß trotz aller vorhergehenden Ereignisse die Tatsache eines stärker werdenden Separatismus keinen Platz in der Vorstellung der Zentralmacht hat, bis die Tatsache durch anhaltende Gewalt oder nicht mehr zu diskutierenden Entscheid an der Wahlurne in diese Vorstellungswelt hineingezwungen wird.

Nicht erst eine Auflösung der seit 1867 bestehenden kanadischen Föderation wäre gleichbedeutend mit einer Destabilisierung des gesamten Raumes nördlich der Grenzen der USA, einem wirtschaftlich wie strategisch außerordentlich wichtigen Gebiet der westlichen Allianz. Destabilisierung setzt bereits, wie in Kanada heute zugegeben wird, mit der deutlich gewordenen schnellen Steigerung der separatistischen Strömungsbewegung in der Kernprovinz Quebec ein. Zehn Tage nach der Novemberwahl 1976 sagte Trudeau in einer weiteren Fernsehansprache: »Diese Frage um eine weitere Generation zu vertagen, können wir uns nicht mehr leisten.« Nur ein Monat verging bis zur nächsten, noch besorgteren Warnung. Ende Dezember 1976 versicherte Premierminister Trudeau in einem Fernsehinterview, er werde Quebec nicht mit Waffengewalt zwingen, im Verband des Bundesstaates zu bleiben, wenn die überwältigende Mehrheit der Provinz die Unabhängigkeit wünsche. Er warnte jedoch davor, daß andere zu den Waffen greifen könnten, und nannte den Libanon und Nordirland als Beispiele für das, was Kanada im Fall bewaffneter Auseinandersetzungen erwarten müsse.[7] Da wird in der Neuen Welt ein Kapitel des alten Europa weitergeschrieben.

Auch Europa muß sich auf Steigerungen autonomistischer und separatistischer Strömungsgeschwindigkeiten einstellen. Sie sind so offensichtlich, daß unverständlich bleibt, wie wenig öffentliche Aufmerksamkeit dieser Verschiebungsvorgang in der Tiefe des Nationalstaatensystems gefunden hat. Zu spüren ist hinter dieser Fraktionierung, was ganz allgemein im Alltagsverhalten der Menschen in der hochtechnisierten Industrie- und Verwaltungswelt zu beobachten ist: Die wachsende Summe von Teilrückzügen aus der Unübersichtlichkeit und Fremdheit von Großgebilden in die überschaubare, verstehbare Gemeinschaft der Stadtviertel, der Kommunen, der Landschaft und Region – die größere Nachbarschaft als Ort der Zuflucht vor der Unwirtlichkeit der ganz großen, gesichtslosen Einheiten.

Die Kraft des Auseinanderstrebens ist um so stärker, je harscher und rücksichtsloser der geschichtliche Zentralisierungsvorgang in der Ausformungszeit des jeweiligen Nationalstaates war. Der Prozeß einer weitgehenden Entleerung der gewachsenen »Regionen«, der sprachlichen und stammesmäßigen Einheiten innerhalb vieler Nationalstaaten zugunsten einer immer mächtigeren und letztlich ausschließlichen Metropole soll umgekehrt werden. Nicht nur die Deutschen tun sich mit der Benennung des Geschehens schwer. Die Worte »Stamm« und »tribe« haben in europäischen Ohren einen beinahe absonderlichen Klang bekommen, da sie zu Erinnerungen an versunkene Zeiten wurden, obwohl das, was sie benennen, sehr lebendig ist und täglich mehr seine Vitalität beweist. Wir werden uns vermutlich daran gewöhnen müssen, daß die Sprache der technisierten Welt durch ein weiteres häßliches Wort belastet wird: »Ethnizität« – im Amerikanischen bereits zum Fachausdruck für das neue Stammesbewußtsein geworden. Es ist eine ironische Fußnote der Geschichte: Die eine Metropole nie oder nur für einen Atemzug ihres nationalen Werdens besaßen und diesen Mangel stets laut beklagten, wurden durch eben diesen Mangel der steigenden Schwierigkeiten des inneren Dezentralisierungsvorgangs enthoben. Der Föderalismus wurde nach 1945 von vielen Deutschen als eine bloße Tarnideologie für die machtpolitische Zerstückelung des »Reiches« empfunden; in der Tat gibt er der Bundesrepublik Stabilität, die europäischen Nachbarländern abhanden zu kommen droht.

Die Denkart der Metropolen ist verhärtet durch die Tradition einer ausschließlichen Macht, die als Normalzustand empfunden wird und von den Metropolen gar nicht in Frage gestellt werden kann. Diese Denkart ist eingerichtet auf das Kalkulieren wirtschaftlich-technischer und auch kultureller Effizienz. Das Metropoldenken bewegt sich auf dem Schienennetz einer zugespitzten Verwaltung, die dem Ort des Verwalteten sehr fern ist. Der Überheblichkeit der Metropolen steht die Renaissance der Regionen entgegen, die nichts anderes ist als die Forderung der sprachlichen und ethnischen Gruppen nach »Selbstbestimmung«. Das Kernproblem in den Beziehungen der Völker verlagert sich in den engeren Rahmen des Nationalstaates. Der Nationalstaat aber wird, allen aktuellen Schwierigkeiten zum Trotz, zunehmend in übernationale Verflechtungen hineingeführt; im gleichen Maß mindert sich für ihn die frühere Notwendigkeit, Homogenität innerhalb seiner Grenzen um jeden Preis zu erzwingen. Das Regionaldenken steht plötzlich vor erweiterten Bewegungsmöglichkeiten. Steigende Schwierigkeiten sind unausweichlich. Minderheitenbewußtsein und -anspruch wachsen plötzlich auch dort, wo sie seit langem als erledigtes Problem der Geschichte galten. Die Frage ist, wann sich wo Gegensätze so versteifen, daß den Aufbegehrenden der Ausgleich durch Verständigung unmöglich scheint und die Gewalt zum vermeintlich einzigen Mittel wird.

In jedem Fall wird ein allgemein begreifbarer Katalog regionaler Klagen vorgebracht werden können. Befürworter einer gewalttätigen Aktion sind nicht auf abstrakte Beweisführungen und die Interpretation geschichtlicher Entwicklungslinien angewiesen; solchen Versuchen könnte kühles technokratisches Metropolendenken leicht das Narrengewand romantischer Träumerei umhängen. Daß in der Entstehungsphase bemerkbaren regionalen Drucks der Prozentsatz jener, die zur Gewaltaktion bereit sind, oft verschwindend klein ist, ist kein Beweis für die Aussichtslosigkeit des Versuchs. Politische Bewegungsvorgänge lassen sich nicht nach Feststellung einer Eingangsgröße rechnerisch simulieren; sie zeigen Schritt für Schritt und Stufe um Stufe ihre eigene Dynamik, vor allem dann, wenn der Entschluß zur Gewalt nicht in der Isolierung vom stillen, noch nicht artikulierten Verständnis der Umwelt gefaßt wird. Das Problem für die innere Sicherheit der Staaten oder übergreifenden Gemeinschaften besteht auch nicht darin, daß die Gesamtbevölkerung von Regionen von einer Explosion der Gewalt mitgerissen wird. Nicht überall ist Ulster. Der vom keimenden Verständnis in der Region gestützte und geschützte Terrorist, dem der demokratische Dialog mit der Zentralmacht nicht mehr möglich scheint, hat angesichts heutiger Waffentechnologie Mittel an der Hand, die auch die Gewalt der Kleinen Gruppe zur Gewalt der großen Folgen machen können. Die sofort gestellte Metropolenfrage nach der wirtschaftlichen Lebensfähigkeit eigenständiger regionaler Gebilde ist manchmal berechtigt, vor der Kraft der Illusionen als Argument aber immer unzureichend.

Es gibt Schulbeispiele für die ersten Stufen solcher Entwicklung. Korsika ist ein Schulbeispiel.

»La Renaissance de la Corse«

Das »ARC-Kommando« bestand aus zwei bis drei Dutzend junger korsischer Bauern. Geführt wurde es von Dr. Edmond Siméoni, einem angesehenen Landarzt, vierzig Jahre alt, sympathisch. Das Kommando besetzte am 21. August 1975 eine Weinkellerei in der Nähe des korsischen Ortes Aléria, das einem *pied noir*, einem französischen Umsiedler aus Algerien, gehörte. Sechs Geiseln wurden genommen; das Kommando richtete sich auf Verteidigung ein und veröffentlichte einen Aufruf. Sein Thema war die Benachteiligung der kleinen eingesessenen Weinbauern durch die rabiate Preispolitik der umgesiedelten Algerienfranzosen, die mit Entschädigungsgeldern aus Paris größere Landstriche aufgekauft hatten. Die Korsen verlangten ein höheres Maß an wirtschaftlicher wie an politischer Autonomie: Die Besetzung sei ein »Protest gegen die kolonialistische Agrarpolitik« des französischen Staates; gefordert werde Zweisprachigkeit, die Förderung korsischer Kultur, Steigerung der Zahl der Arbeitsplätze für junge Korsen und eine klare Politik für den inneren Wiederaufbau der Insel. Dieser Katalog konkreter regionaler Klage war unterzeichnet: *»Association pour la Renaissance de la Corse* – ARC.«

Die Zentralmacht Paris fackelte nicht lange. Schon am nächsten Tag mußte die Handvoll Besetzer einer quasi-militärischen Polizeimacht von 1500 Mann weichen, die überdies noch von Panzern und Fallschirmjägern unterstützt wurden. Drei Polizisten wurden im Verlauf der entstehenden Unruhen getötet; der Kommandoführer, Dr. Edmond Siméoni, saß schon wenige Stunden später in einem Pariser Gefängnis. Die ARC wurde verboten und das bekannte Verfahren wiederholt: eine Geste der Zentralmacht (ein Präfekt wurde abgelöst und zum erstenmal seit 105 Jahren durch einen geborenen Korsen ersetzt), aber in der Sache kein Jota Änderung, sondern nur Bestätigung des Zentralmachtanspruchs. Ministerpräsident Chirac in Paris machte es überdeutlich: »Nur der Nationalstaat ist die Garantiemacht der Freiheit (...) nur der Nationalstaat ist Inhaber und Verwalter des Rechts (...) nur der Nationalstaat ist stark genug, um die lokale Freiheit zu gewährleisten!«[8] Am Ende des Jahres 1975 war die Zahl der Attentate auf Korsika auf 226 angewachsen.

Die ARC war gerade acht Jahre alt. Als sie 1967 gegründet wurde, ging es noch um die »Förderung der Regionalen Identität Korsikas«. Die Organisation konnte der Radikalisierung der Forderungen nicht ausweichen. Da aus Paris kein Zeichen der Verständigung kam, steigerten sich die Ansprüche; verlangt wurden sehr bald ein autonomes Parlament und eine eigene Exekutive im Rahmen der Französischen Republik, aber noch immer wurden diese Ziele auf gewaltlosen Wegen angestrebt. Das ging im Sommer 1975 zu Ende, als auf einem ARC-Kongreß beschlossen wurde, »die moralischen und materiellen Bedingungen für die Befreiung des korsischen Volkes zu schaffen«. Einzelne Redner riefen schon nach der »totalen Revolution«, und die Organisation erklärte sich bereit, »zu jedem Mittel zu greifen (...) wenn der Feind – der zentralistische Staat – dies durch seine Ausweichmanöver herausfordert«. Sechstausend Korsen nahmen an diesem Kongreß teil.

Das Verbot der ARC kam am 27. August 1975, sechs Tage nach dem Handstreich von Aléria. Die Korsen ließen daraufhin einen kleinen Strich fort und hatten nun ihre APC (*Association des Patriotes Corses* – öffentlich konstituiert am 1. Februar 1976). Sie gibt sich entschlossen, Autonomie zu erkämpfen, will aber keine Trennung von Frankreich und lehnt sowohl Gewalt wie vor allem den »Rassismus« ab. Ein »rassistisches« Problem hatte aber in der Vorläuferorganisation nie zur Debatte gestanden. Die jetzt zutage tretende scharfe Zurückweisung muß als ein Abgrenzungsversuch gegenüber neuen Parallelgruppen verstanden werden, die in der Zielsetzung und im Mitteleinsatz sehr viel weiter gehen als ARC und APC.

Korsika hat 240 000 Einwohner, die einen alten italienischen Dialekt sprechen. 1768 wurde die Insel von der Republik Genua an Frankreich verkauft, aber der Käufer mußte dreimal seine Truppen einsetzen, um sich das Gekaufte tatsächlich angliedern zu können. Die Insel hat eine lange und meist brutale Geschichte von Geheimbünden und Räuberbanden. Sie zogen sich bei Verfolgung in den Schutz der *macchia* zurück, den niedrigen, undurchdringlichen Buschwald, der sich über die Berge zieht. Im Zweiten Weltkrieg hat die Geheimbund- und Bandengeschichte der Mittelmeerinsel den Namen für die französische Widerstandsbewegung geliefert; heute liefert sie der Metropole Paris den Vorwand, die politische Bedeutung der neuen Organisationen herunterzuspielen.

Die Gruppen, gegen die sich die APC abgrenzen möchte, greifen mit ihren politischen Vorstellungen und Denkformen über die Insel hinaus. Ihr Vokabular spicht nicht allein von »französischer Kolonialbesetzung«, vom »Freiheitskampf«, sondern von der Verwandtschaft mit dem Selbstbestimmungskampf der Palästinenser. Eine Gruppe *Giustizia Paolina*, der anscheinend vornehmlich Studenten angehören, nannte in einem Kommuniqué als ihr Ziel nicht mehr nur die »Vertreibung aller französischen Kolonialisten, Beamten und Soldaten von der Insel«, sondern »die systematische Zerschlagung des kolonialen Zwangs in allen privaten und polizeilichen Verwaltungen«. Wie andere regional-ethnische Kampforganisationen tauchen diese Gruppierungen in die Gedankenwelt der neueren antikolonialistischen Befreiungsbewegungen der Dritten Welt ein, als deren wirkliches ideologisches Kraft- und Führungszentrum noch immer Algerien angesehen wird. Ist es Zufall, daß die heute aktivste korsische Separatistengruppe sich, wie einst die algerische Befreiungsfront, »FLN« nennt? Mit der Zusatzkennung »C«, als sei sie nur ein Regionalverband einer neuen, anderen, größeren Einheit . . . Sie entstand im April 1976.

Dr. Edmond Siméoni wurde im Mai 1976 zu einer mehrjährigen Freiheitsstrafe verurteilt, worauf die FLN erklärte: »Da das Gericht keine Gnade für unseren Genossen hatte, werden wir keine Gnade gegenüber dem französischen Staat haben.«[9] Große Worte zwar, aber keine ganz leere Drohung: Am 22. August 1976, dem Jahrestag des Sieges der 1500 über die zwei Dutzend und der Verhaftung des Dr. Siméoni, sprengte ein Kommando unter Führung seines einst gemäßigten Bruders, Max Siméoni, ein riesiges Weinlager; zwei Wochen später zerstörte die FLN die Air-France-Maschine auf dem Flughafen von Ajaccio, nachdem 181 Passagiere von Bord geholt worden waren. Wenn eines Tages – und wer will das ausschließen? – die Rücksichtnahme auf »Unschuldige« auch entfällt, hat die schon jetzt nicht mehr sporadische terroristische Aktion die nächsthöhere Stufe erreicht.

1976 steigerten sich die Gewaltaktionen auf Korsika nicht allein nach der Zahl, sondern auch nach der Art, bis zum Beschuß militärischer Einrichtungen mit modernsten amerikanischen Waffen, die selbst auf den grauen und schwarzen Waffenmärkten noch nicht zu haben waren und nur aus NATO-Beständen kommen konnten. Ob und wann immer die Eskalation weiterschreitet, die geplante terroristische Gewalt ist auf Korsika eingezogen und operiert präzise nach ihren strategischen Prinzipien. Die Gewalt, die die Zeit auf ihrer Seite hat, richtet sich einerseits gegen die Präsenz des französischen Staates auf der Insel, andererseits gegen korsische Objekte und gegen die Haupterwerbsquellen der Insel, Tourismus und Weinhandel, was schon 1976 zu spürbaren wirtschaftlichen Schädigungen führte. Beides zusammen soll dann, wenn die Gewaltgruppen es für zeitlich richtig erachten, die Zentralmacht zu Schritten veranlassen, die Eskalation und damit die weitere Entfremdung von Bevölkerungsteilen bedeuten, wenn sie nicht Verständigung und Kompromiß heißen. Aber dafür gibt es in Paris keine Anzeichen. Dr. Edmond Siméoni, der die konsequente terroristische Gewalt noch nicht ins Auge gefaßt hatte, wurde in Paris wegen »Gefährdung des Staates« verurteilt; gesprochen wurde dieses ausschließlich politische Urteil von einem fünfköpfigen Gerichtshof. Ihm gehörten zwei Offiziere an. Ins Leben gerufen wurde dieser Gerichtshof im Jahre 1963 nach den Attentatsversuchen auf General de Gaulle. Seither fungiert er als Sondergerichtshof für Staatssicherheit.

Attentatsserien sind keine Erfolgsgarantien für Autonomisten und Separatisten, aber sie sind unübersehbare Warnzeichen, daß sich neue Bruchstellen in der politischen Oberflächenverkrustung auftun. Die Bruchstellen können die Tragfähigkeit und Belastbarkeit des politischen Bodens erheblich beeinträchtigen und schwebende, vage Unsicherheitsgefühle entsprechend steigern. Korsika ist kein politisches Punktbeben irgendwo im Mittelmeer, sondern Teilerschütterung in einer neuerdings breiteren Zone bebenanfälliger politischer Tektonik.

Seit den Sommern von 1975 und 1976 mehren sich auf den Mauern Südfrankreichs die Inschriften »OC AVEC LA CORSE!«. Diese Formel wird über die stumm verblassenden Sprüche des Unruhejahres 1968 gepinselt.

Wer ist OC?

OC ist kein Organisationskürzel. Oc ist das Wort Ja in der Sprache Okzitaniens. Die okzitanische Sprache ist nicht, wie Landfremde glauben, ein südfranzösischer Dialekt, wenngleich das offizielle Paris und sein »linguistischer Zentralismus« dieser Sprache seit je mit der abschätzigen Bezeichnung *patois* den Stempel bäuerischer Provinzialität aufzudrücken versucht hat.

Okzitanisch ist eine eigenständige romanische Sprache mit Anlehnungen an das Italienische und noch stärkerer Lautverwandtschaft mit dem Spanischen. Ihr Raum dehnt sich in Frankreich südlich der Linie von Valence im Rhône-Tal über Clermont-Ferrand bis Bordeaux an der Atlantikküste. Daß Okzitanisch einst die europäische Hochsprache der Troubadoure war, wird vielleicht später in das Bewußtsein der Bevölkerung im Süden Frankreichs zurückkehren. Solches Wissen ist sicher nicht der Grund für die auffällige Renaissance des Okzitanischen in der zweiten Hälfte dieses Jahrhunderts. Die Renaissance läßt sich in Zahlen bestimmen.

»Der verläßlichste Gradmesser dafür ist der Schulunterricht: während sich in den sechziger Jahren nur ein paar hundert südfranzösische Abiturienten in der okzitanischen Sprache prüfen ließen, sind es 1974 um die zehntausend! Was Minoritäten in ganz Europa (Bretonen, Korsen, Basken, Katalanen, bis zu den Lappen in Schweden und Norwegen) fordern, die Anerkennung ihrer Sprache wenigstens als Schulfach, die okzitanische Minorität hat es innerhalb weniger Jahre erreicht. Und die Zahl der Okzitanisch lernenden Schüler und der Okzitanisch unterrichtenden Lehrer nimmt ständig zu.«[10]

Deutlicher als irgendwo sonst im Europa nördlich der Pyrenäen kündet der Wiederaufstieg einer eigenständigen, aber fast vergessenen Sprache die Bewußtseinsänderung von Bevölkerungsteilen eines über Jahrhunderte scharf zentralisierten Nationalstaates an. Vielleicht sagt der Name »Okzitanien« als Begriff einer politisch organisierten Einheit den dreizehn Millionen Einwohnern in etwa dreißig südfranzösischen Departements noch nicht viel. »Okzitanier haben noch niemals die Chance gehabt, ihre Identität im Rahmen einer einheitlichen Nation zu entwikkeln.« Doch der stärker werdende Sprachwille transportiert historische Erinnerungen, die verschüttet wurden, aber nie abstarben, an die Oberfläche, wo sie sich mit der wachsenden Erkenntnis einer kulturellen und wirtschaftlich-sozialen Zurücksetzung gegenüber dem Norden Frankreichs zu einer neuen Forderungsmentalität verbinden. In der Tat läßt sich einer der großen königlichen Unterwerfungsfeldzüge, der meist als Flammenzug zur Reinerhaltung des wahren Glaubens betrachtet wird, mit noch größerem Recht als Machtausdehnung der französischen Krone nach Süden verstehen: Daß sich die französischen Könige die moralische Deckung des Papstes Innozenz III. für den Kampf gegen die okzitanischen Häretiker, die Albigenser, holten, ist eine Sache; eine andere ist, daß die Krone in den grausamen Albigenserkriegen des dreizehnten Jahrhunderts vor allem die größte politische Einheit in der Geschichte Okzitaniens, die Grafschaft Toulouse, kassierten. Von hier aus ging die Französisierung und die Ausdehnung der Zentralmacht über den Süden und Südwesten weiter; die Provence, die Gascogne, Aquitanien, Béarn verloren ihre politische Selbständigkeit, ihre Verwaltung und Ständerepräsentation. Ihre gemeinsame Sprache, erstes und allgemeinstes Ausdrucksmittel der Selbständigkeit, wurde von der Zentralmacht geschleift wie eine Festung, denn Bollwerke und Bastionen dürfen nicht bleiben. Die Durchführung der Sprachplanierung war später vor allem dem zentralgesteuerten Schulsystem übertragen: Kinder, die *patois* plapperten, mußten noch in diesem Jahrhundert mit Strafen rechnen; sie wurden zur sozialen Denunziation angehalten, denn Eltern, die sich des *patois* bedienten, sollten gemeldet werden.

Vor zwei oder drei Jahrzehnten hätte sich sprachlich-kulturelle Renaissance als literarischer Außenseitertraum abtun lassen, Randerscheinung im engen Wortsinn, und André Malraux, der Pariser, wäre durchaus im Recht gewesen, die Realität als Zeugin seines Urteils in Anspruch zu nehmen: »Sie kommen mir vor wie die Dinge, die nun mal zu unserer Epoche gehören, aber als Gerassel. Die Bretonen, die Basken, die Korsen, das ist genau wie die Studenten, und so treten die shakespearischen Narren in die Arena.«[11] Aber gerade der Vergleich mit den Studenten des französischen Rebellionsmonats Mai im Jahre 1968 macht die Brüchigkeit seines Verdikts deutlich. Was sich zuvor im mittäglichen Frankreich erst angedeutet hatte, wurde durch die Studentenunruhen in den Vordergrund der okzitanischen Bühne katapultiert: Aufbegehren aus der Erkenntnis, daß das okzitanische Frankreich wirtschaftlich und sozial – in Produktion und Infrastruktur, Arbeitsmarktverhältnissen und Lohnhöhen – wie ein unterentwickeltes Gebiet darniederlag und vom alleinigen Entscheidungswillen der fernen, fremden Metropole Paris abhängig war.

Es kennzeichnet die modernen Autonomiebewegungen, daß sie auf geschichtlichen Lebenseinheiten und -erfahrungen beruhen, die offenbar nur scheintot waren und nach einer literarisch-sprachlichen Bewußtseinserweckung zum neuen alten Bereich gegenseitigen Verstehens werden, daß aber der Anstoß zu Abgrenzung, Protest und unter Umständen zur Gewaltanwendung aus konkreten sozialen Bedingungen kommt. Das okzitanische Beispiel ist schlicht und in seiner Eindeutigkeit überzeugend.

»Ein Bergarbeiterstreik in der Stadt Décazeville (Departement Aveyron) um die Jahreswende 1961/62 hat der literarisch-philologischen Ära des Okzitanismus ein Ende gesetzt. Eine in Paris verfügte Zechenstillegung brachte damals nicht nur die betroffenen Arbeiter, sondern die Bevölkerung einer ganzen Region auf die Barrikaden, Hunderte von Bürgermeistern und Gemeinderäten legten ihre Ämter nieder. Demonstrierende Arbeiter machten ihrer ohnmächtigen Wut auf die Pariser Bürokraten zum erstenmal in okzitanischen Parolen Luft, und die Okzitanisten sahen darin ein Signal: der Gebrauch der okzitanischen Sprache konnte politische Bedeutung gewinnen. Die Regierung in Paris ließ sich von dem verzweifelten Protest aus der südlichen Provinz natürlich nicht beeindrukken; während die Okzitanisten zusahen, wie in Evian über die algerische Unabhängigkeit verhandelt wurde, entdeckten sie in der totalen Abhängigkeit von Pariser Entscheidungen Anzeichen quasi kolonialer Unterdrückung.«[12]

Okzitanisten mußten zusehen, wie über die algerische Unabhängigkeit verhandelt wurde, während die Metropole Paris ihnen ihre totale Abhängigkeit beweis – das erinnert an Irland, wo rebellionsentschlossene Republikaner ihren Willen nicht zuletzt aus dem Vergleich ihrer Situation mit den entkolonialisierten Teilen der Welt ziehen. Ein Sammelband über verschiedene Aspekte der »Irischen Befreiung« (so der Titel) wurde 1975 vom Herausgeber, einem der bekanntesten Juristen, Literaten und Fernsehkommentatoren Irlands, mit diesen Sätzen eröffnet: »Ulster ist die letzte koloniale Situation, mit der die Briten fertig werden müssen. Ihre erste Auseinandersetzung war der amerikanische Anspruch auf Unabhängigkeit im 18. Jahrhundert. Nach dem Zweiten Weltkrieg haben voraussehbare Erschütterungen in verschiedenen Winkeln des Empire angezeigt, daß jedesmal ein anderes Volk seine Selbstbestimmung verlangte. Palästina, Indien, Zypern, Kenia, Malaya, sie alle wurden in dieser Zeit frei . . . Um die Mitte der sechziger Jahre blieb Ulster als letzte britische Kolonie unter der Herrschaft einer privilegierten Klasse übrig.«[13]

Die Gleichzeitigkeitserfahrung von Décazeville und Evian hat nach den okzitanischen Dichtern die Analytiker in Bewegung gebracht. 1967 erschien ein Buch des okzitanischen Schriftstellers Robert Lafont mit dem Titel »Regionalistische Revolution«. Dieser Titel war die Gegenstrategie zur inzwischen festgestellten »Inneren Kolonisierung«. Aber erst mit der Studentenrebellion des Mai 1968 kam die Wende durch den Einbruch in die breite Öffentlichkeit des mittäglichen Frankreich. Lokale okzitanische Aktionskomitees entstanden allenthalben und sind seither gewachsen. *La Lutte Occitane,* Der Okzitanische Kampf, war da – als organisierte Kampfgruppe gleichen Namens und als Bewußtsein der vielen.

Bewußtsein einer Kampfsituation braucht Ausdruck. Noch ist es in Südfrankreich nicht die durchgeplante terroristische Gewalt, obwohl eine gewaltanarchistische Gruppe mit Stützpunkt im Departement Aude mit einigen Dutzend Sprangstoffanschlägen ihrem Namen gerecht zu werden versuchte – *Farem Tot Petar* (»Alles in die Luft jagen«). Ausdruck des Kampfbewußtseins ist noch die sporadische Massenaktion des Willens, nicht mehr alles hinzunehmen. Rabiate Winzer auf den Fernstraßen des Languedoc und des Roussillon, gelegentlich von den gestoppten Touristenkarawanen verärgert wahrgenommen, demonstrieren als okzitanische Weinbauern.

Das Kampfbewußtsein hat sich – vorläufig noch – eine andere Form geschaffen, das Lied, das *chanson,* das nicht mehr im Elfenbeinturm der frühen Literaten rezitiert, sondern in der Masse und in den Massenmedien gesungen wird, weil es nicht um Träume der Troubadoure geht, sondern um den menschlichen Alltag, »um die Arbeitslosigkeit, um den Zwang, in den Norden Frankreichs abzuwandern, um die Landflucht, um die Auslieferung der Cevennen und der Küste an den Tourismus«.[14]

Das bekannteste okzitanische *chanson,* fast das Lied des Landes, heißt: *Lo pais que vol viure* – »Das Land, das leben will«.

15. Die regionale Gewalt: Eine Zwischenbilanz

Die Zonen des Bebens

Das Problem des Regionalanspruchs nach Umfang, Tiefe und Folgen einigermaßen vollständig auszumachen, ist auch dann schwierig, wenn der Blick nur auf Europa gerichtet bleibt.

Die »Zeit« versuchte in ihrem Jahresüberblick 1976 eine Aufzählung: »In Frankreich wollen die Bretagne, das Elsaß und vor allem Korsika mehr Selbstverwaltung und mehr Unabhängigkeit von Paris. In Portugal stellen die Inseln, Madeira und die Azoren, Selbstbestimmungs-Ansprüche. Spaniens demnächst zu wählendes Parlament wird keine Entscheidung zu fällen haben, die mehr drängte als die Autonomiebegehren Kataloniens und des Baskenlandes. Italien wird auf eine Zerreißprobe gestellt, nicht nur zwischen rechten und linken Kräften, sondern auch zwischen Sardinien und Südtirol. Niemand weiß, was außer der Person des Kroaten Tito und der Parteidisziplin Serben, Kroaten, Slowenen, Dalmatier, Montenegriner, Herzogowiner, Mazedonier in Jugoslawien noch weiter zusammenhalten soll. Sogar die Schweiz erlebt den Aufstand einer Region: der nördliche, französisch sprechende und überwiegend katholische Jura will nicht mehr von Bern aus regiert werden. In Dänemark kämpfen die Faröer-Inseln und Grönland gegen die Bevormundung aus Kopenhagen.«[1]

Als in den Herbstmonaten 1976 dem erdbebenverwüsteten Friaul klarwurde, daß wirksame Hilfe am wenigsten von der italienischen Zentralregierung zu erwarten sei, regten sich plötzlich erste Erinnerungen an die Jahre, da das Friaul der anscheinend wirksameren Staatsverwaltung des alten Österreich unterstand. Das ist nicht Arabeske, sondern Erinnerung, daß jede Aufzählung aktueller Spannungszonen notwendig unvollständig bleiben muß, da in der Phase anhebender Desintegration der Ränder auch kleine Erfahrungen von Zurücksetzung größere Folgen haben können. In den Speichern der Gruppenerinnerung wiegt weniger die Zahl der Jahre als die Kraft der Ereignisse vergangener Zeiten.

Der Blick auf den Osten Europas fehlt in der Zeitungsübersicht. Vermutlich ist die Sprengfähigkeit der historischen Nationalitätenspannungen im Block der Warschauer-Pakt-Staaten und in der UdSSR von mindestens gleicher Virulenz wie die »ideologischen« und mehr noch die gesellschaftlich-ökonomischen Probleme. Ein skandinavischer Beobachter, Nils Mortem Udgaard, zog 1976 – nach seiner Rückkehr von mehreren Dienstjahren in Moskau – eine Bilanz: »Eine ... ernste Herausforderung an die Partei ist das wachsende Nationalbewußtsein unter den Minoritäten, wo sowohl Lebensstandard wie kulturelles Niveau jetzt ansteigen. 1974 setzten sich protestierende Provinzleiter durch, als Moskau die Eintragung der ›Nationalität‹ in den neuen sowjetischen Inlandspässen streichen wollte. Jetzt sind es die Minoritäten, die ein ›Wer-ist-Wer‹ verlangen, um nicht selber in einer Masse zu verschwinden, in der alle nur Sowjetbürger sind. Der Kreml hat den Nationalismus in der Ukraine, im Kaukasus und im Baltikum immer noch unter Kontrolle, aber das könnte sich ändern. 1970 machten die Russen nicht mehr als 53,3 Prozent der Gesamtbevölkerung aus – und ihr Anteil sinkt. In der letzten Hälfte der sechziger Jahre waren schätzungsweise nur 42 Prozent aller neugeborenen Jungen russischer Nationalität; *das heißt, daß weit über die Hälfte aller Militärrekruten in wenigen Jahren Nichtrussen sein werden* – mit allen Problemen, die das mit sich bringen könnte. Nationalisten aus den verschiedensten Gebieten des Landes stellen heute denn auch den größten Anteil unter den sowjetischen politischen Gefangenen.«[2]

Feststellungen über das Vorhandensein von regionalen Spannungsfeldern sagen noch nichts über den Grad der Wahrscheinlichkeit von Gewaltausübung, die sich aus Gründen der leichteren Anwendbarkeit, der größeren Wirkung und der geringeren Bekämpfungschance in der terroristischen Aktion äußern wird. Der Entschluß zur Gewalt – das lehrt die Erfahrung jener Gebiete, in denen es schon brennt und flackert – bedarf besonderer Voraussetzungen.

Einige Voraussetzungen ...

Anhaltendes Verweigern der Beteiligung:

Die Gefahr, die durch die Arroganz der Metropolen gezeugt wird, liegt in der anhaltenden Verweigerung eines regions- oder gemeindeeigenen Handelns, über das mit Zustimmung oder Ablehnung, jedenfalls unter Anteilnahme der unmittelbar Betroffenen entschieden wird.

Hier zeigt sich eine Parallele zur heutigen industriellen Arbeitswelt. Regionales Verlangen nach Selbstbestimmung ist Verlangen nach Mitbestimmung innerhalb der Nation.

Erklärte Verweigerung der Beteiligung ist Bestätigung der erreichten Monopolisierung der Macht; sie aber führt »zur Austrocknung oder zum Versickern aller lokalen Machtquellen des Landes, und damit letzten Endes zu einem offenbaren Machtverlust«[3]. Machtverlust ist nach jeder historischen Erfahrung einer der explosivsten Treibsätze für die Wendung zur Gewalt. Wenn die Verweigerung *anhält*, wird Gewalt zum vermeintlich letzten Mittel des Aufstandes gegen die totale Zentralverwaltung, zumal dann, wenn in der Übergröße der Verwaltung, in der automatisierten Bürokratisierung, das Gesicht eines verantwortlichen Gegenübers in der Anonymität versinkt.

Der regionale Anspruch, das Verlangen nach Selbst-Verwaltung (deren letzte Konsequenz die klassische Separatismusforderung ist), kann nicht als isoliertes und daher kaum verständliches Ereignis an den Rändern der Nationalstaaten beiseite geschoben werden; das Randereignis ist Teil des durchgehenden Umformungsverlangens, das diese Jahrzehnte charakterisiert. Der Wahrscheinlichkeitsgrad der Gewaltanwendung kann also an der Härte und Unbeweglichkeit abgelesen werden, mit der die Zentralmacht einer vernünftigen Befriedigung des Selbst- und Mitbestimmungsverlangens der Regionen entgegentritt.

Raum und Identitätsgefühl:

Nur wenn soziologisch gefestigte Gruppen einen Anspruch gegen die zentralisierte Verwaltung erheben, kann der Nationalstaat der europäischen Zone in Bedrängnis geraten. Stabilität der aufbegehrenden Gruppe ist dem Anschein nach in jenen Regionen gegeben, die eine eigene Sprache haben, bewahren oder wiederbeleben. In Irland und der Bretagne wird das Gälische mit Macht gefördert. Die Zähigkeit und der schrittweise Erfolg des baskischen Kampfes gegen die spanische Zentralmacht ist ohne die opferbereite Haltung der Bevölkerung beim Aufbau eines inoffiziellen Schulsystems schwerlich vorstellbar: in den *ikastolas*, privaten Grundschulen, wird *Euskara*, die baskische Sprache, gelehrt; der spanische Staat mußte sie still anerkennen. Peter Frey beschrieb die baskische Sprachsituation 1976: »Heute gibt es 182 ›ikastolas‹ mit 44 000 Schülern und 1300 Lehrern. Die Bewegung ging vom baskischen Klerus aus, der auch die Lokale zur Verfügung stellte, dafür aber ein gewisses Kontrollrecht hatte. Im Zug der allgemeinen Laizisierung und unter dem Einfluß linksnationalistischer Gruppierungen gründeten Quartiervereinigungen (bei uns würde man sagen Bürgerinitiativen) Ikastola-Genossenschaften, die selber Schulhäuser bauten und dadurch die Emanzipation von der Kirche ermöglichten. Da im Baskenland das Volk um so stärker politisch bewußt wird, je mehr die franquistische Macht zerfällt, werden auch die ›ikastolas‹ politisiert. Es gibt Dörfer, wo bereits zwei ›ikastolas‹ stehen, je von progressistischen und konservativen Kreisen gefördert.«[4]

Aber Sprache ist, wie das Beispiel der bröckelnden slowenischen Kraft im österreichischen Kärnten zeigt, keine Macht, die allein regionale Geschlossenheit erhält und verbürgt. Ihr müssen ein annähernd geschlossenes Gebiet und eine lange zurückreichende historische Gemeinsamkeitserfahrung zugeordnet sein. Ohne den geschlossenen Raum und ohne die geschlossene historische Erfahrung ist ein Identitätsgefühl nur unter besonderen Umständen denkbar.

Die Intellektuellen der frühen FLN Algeriens haben das Problem des mangelnden Identitätsgefühls der nichtfranzösischen Bevölkerung auf ihre »besondere« Weise gelöst: sie setzten, bevor sie die eingeborene Bevölkerung in der *Algérie Française* zum allgemeinen Träger der Gewalt gegen die Franzosen machten, die terroristische Gewalt gegen die eigene Bevölkerung ein. Die frühen Kader der FLN, so beschreibt es David Fromkin, »griffen die Bevölkerung an. Sie bedienten sich der willkürlichen, ungezielten Gewalt, ließen Bomben auf Marktplätzen und an Stellen möglichst dichter Menschenansammlungen explodieren. Die Franzosen reagierten instinktiv und behandelten alle Personen nichteuropäischer Abkunft als mögliche Verdächtige. Die Mohammedaner fühlten sich dann als Verdächtige, wie Raymond Aron später schrieb, von der existierenden Gemeinschaft ausgeschlossen. Ihr Empfinden wurde bestätigt, als in der Mitte der fünfziger Jahre alle Armee-Einheiten, die aus algerischen Mohammedanern bestanden, nach Frankreich verlegt und durch Einheiten aus Kontinentalfranzosen ersetzt wurden. Die Verwaltung zeigte auf diese Weise unmißverständlich, daß sie außer den europäischstämmigen Siedlern keinen Algerier als Franzosen betrachteten. Sie sprachen von ›ihnen‹ und ›uns‹ und merkten nicht, daß dieses Sprachverhalten bereits das Ende der Algérie Française bedeutete.«[5] (Auch Irland hat dieses abwehrende Sprachverhalten: die protestantischen Extremisten reden von den katholischen Landsleuten als *»them«* – denen da . . .).

Das Außergewöhnliche der algerischen Taktik war der gelungene Versuch, den langen Verfestigungsprozeß gemeinsamer geschichtlicher Erfahrungen durch den explosionsartigen Verschmelzungsprozeß zu ersetzen, den die Gewalt bewirkte.

Autonomisten, Separatisten, Regionalisten, die sich zur gewaltsamen Aktion entschließen, brauchen die augenfällige Verständlichkeit der Begründung, wenn sie nicht in Obskurität versinken wollen. Ideologische oder historisierende Begründung der Gewalt ist möglicherweise ausreichend für den Täter; sie reicht nicht, die Verständnisfähigkeit der regionalen Bevölkerung oder wenigstens erkennbarer Teile dieser Bevölkerung zu mobilisieren.

Regionalgruppen der terroristischen Gewalt sind für die Durchführbarkeit von Organisation und Aktion auf einen spürbaren Rückhalt in der regionalen Bevölkerung nicht nur in einer Startphase, sondern auf Dauer angewiesen. Ohne konkret vorstellbares Ziel macht autonomistischer, separatistischer, regionaler Terrorismus keinen Sinn. Er würde austrocknen. Ziel ist die Änderung (Abschaffung, Besserung, Umwandlung) konkreter Verhältnisse. Jede zur Zeit tätige terroristische Gruppierung in den regionalen Bebenzonen kann sich auf einen detaillierten Katalog von Klagen berufen, die die Mehrheit der Bevölkerung spürbar betreffen und auch, was für die »Rationalität« des Regionalanspruchs ausschlaggebend ist, abstellbar scheinen.

Die Bürgerrechtsbewegungen seit Beginn der sechziger Jahre haben eine wichtige Änderung für die Verständnisbereitschaft der regionalen Bevölkerungen bewirkt: Die Bereitschaft ist nicht mehr auf rein materielle Bedingungen eingeschränkt; Bedingungen der rechtlichen und verwaltungsorganisatorischen Entscheidungsteilhabe (das »demokratische Strukturproblem«) sind zu begreifbaren Fragen breiterer Schichten auch in den ärmeren, politisch weniger entwickelten Randzonen Europas geworden. Ihre anhaltende Verweigerung ist zur allgemein begreifbaren und damit für den Gewalttäter nutzbaren Klage geworden.

Der Kreis möglicher Gewaltmotivation im Bereich des regionalen Anspruchs ist nicht nur merklich ausgeweitet, sondern auch spürbar belebt worden, da die modernen Kommunikationsformen die früher sehr weitgehende Informationsisolierung durchbrochen haben. Das Beispiel der anderen wird im Fernsehen sichtbar. Die Überwindung der Verweigerung ist im allgemeinen Verständnis zum »rationalen«, weil erreichbaren, Ziel geworden. Dies vor allem bedingt die bleibende Gefährlichkeit des Regionalterrorismus.

Herostrat steckte den Tempel von Ephesus in Brand, um sich Erinnerung in der Nachwelt zu sichern. Herostrat war nicht ein Fall simpler und alltäglicher Eitelkeit, sondern ein Fall tiefreichender Persönlichkeitsstörung, der heute vielleicht den Tempel verschonen würde, weil er die Praxis des Psychotherapeuten aufsuchen könnte. In der wirren »ideologischen« Terrorismusszene der Industriewelt treiben sich dennoch genügend Herostraten herum. In der Welt des Regionalterrorismus sind sie selten.

Organisationsform:

Regionalterroristen tun sich gegenwärtig noch schwer, in größerer Breite zur praktischen grenzüberschreitenden Zusammenarbeit überzugehen. Das Öffnen gemeinsamer Waffenversorgungskanäle, Ausbildung mit anderen in Lagern des Nahen Ostens oder der Warschauer-Pakt-Staaten, Finanzierung verschiedener Gruppen durch einen Geldgeber, selbst politische Treffen und Aktionskonferenzen gewalttätiger Gruppen aus verschiedenen Staaten, die zunächst gelegentlich, in den letzten Jahren häufiger stattfanden, können allenfalls als eine erste Stufe betrachtet werden (für die sich auch Beispiele aus lange zurückliegenden Jahrzehnten nennen ließen).

Offenbar entwickeln sich Zwischenphasen. Bezeichnend ist, daß kroatische Gruppen, denen nur äußerst beschränkte Basismöglichkeiten in Jugoslawien zugänglich sind und die sich seit Jahren auf die extremistischen Emigranten (und ihre Nachkommen) in westeuropäischen und amerikanischen Großstädten stützen, vom üblichen Mord- und Sprengstoffanschlag vornehmlich gegen Konkurrenzorganisationen und Auslandsrepräsentanten des jugoslawischen Staates, gelegentlich auch gegen Staatseinrichtungen in Jugoslawien, abgegangen sind und sich der Aktionsmöglichkeit im internationalen Rahmen zugewandt haben. Insofern war der Piraterie-Akt einer Gruppe junger Kroaten, die an der amerikanischen Westküste lebten und im September 1976 einen vollbesetzten amerikanischen TWA-Inlandflug nach Paris entführten, trotz der Naivität der Ausführung eine der interessantesten terroristischen Aktionen des Jahres 1976. Die Kroaten zogen bewußt eine größere Zahl Unbeteiligter in die Aktion ein. Wie fern das auslösende Problem den Opfern war, dokumentierte sich in einem einzigen Satz, der auf dem Flughafen Charles de Gaulle bei Paris gesprochen wurde. Als die französische Polizei, die die Maschine belagerte, der kroatischen Entführergruppe klarmachte, daß es keinen Ausweg als Kapitulation oder Tod gebe, rief der amerikanische Kapitän, Richard Carey, über die Funksprechanlage: »Können Sie mir bitte sagen, wofür wir hier eigentlich sterben sollen?«[6]

Nach der Logik der Gewalt, die »ihrem Wesen nach instrumental ist« und sich also letztlich vorhandener Werkzeuge bedienen wird, darf man in den kommenden Phasen eines sich verschärfenden Regionalterrorismus eine Mittelintensivierung, d. h. eine fortschreitende Nutzung der technologisch gebotenen Möglichkeiten, nicht mehr ausschließen. Die wesentliche Frage ist, in welchen regionalen Gruppierungen sich am ehesten das Personal findet, das intellektuell, technisch-organisatorisch und im Entschlußwillen genügend ausgestattet ist, den Schritt in eine weiter werdende Welt des Terrorismus zu tun. Im Oktober 1971 trafen sich in Hamburg sechzig Sicherheitsbeauftragte internationaler Fluggesellschaften, um ein Abwehr- und Bekämpfungsplanspiel durchzuführen. Die Annahme des Planspiels lautete: die IRA hat einen Politiker einer fremden Nation entführt. Es blieb nicht das einzige Planspiel dieser Art.

Bis zu diesem Schritt in die internationale Welt des Terrorismus bleibt der regionale Gewalttäter angewiesen auf Verstecke, Ausweichquartiere, Waffenlager usw., die im begrenzten und überschaubaren Raum des eigenen Landesteils liegen. Die Logistik im weitesten Sinn als Voraussetzung seiner Aktionsfähigkeit und besonders die Finanzbeschaffung – denn der Terrorist der kleinen Regionalgruppe gehört zum Proletariat der internationalen Szene – erzwingen ein Organisationsschema, das der Art, dem Denken, den Wohn- und Siedlungsformen, der besonderen Lebensweise der jeweiligen Bevölkerung angepaßt ist. Ohne den Rückhalt in der Bevölkerung ist er nicht der Fisch im Wasser, sondern der Fisch auf dem Trockenen.

Das erste Dilemma: Politische Motivation und polizeiliche Bekämpfung

Terrorismus, der aus dem Regionalanspruch erwächst, wurzelt in der Frage einer ungenügend ausgeglichenen Machtverteilung. Er ist eindeutig politisch motiviert.

Das gilt auch dann, wenn der Akt terroristischer Gewalt als verbrecherische Tat gewertet wird. Die Tatsache unmittelbarer politischer Motivation unterscheidet den Regionalterrorismus vom Regelfall jenes Terrorismus, der in den Industriegesellschaften Westeuropas, Nordamerikas und Japans aus einer irrealen, persönlich bedingten und gefärbten Bewertung der Wirklichkeit und der Verweigerung sozialer Kooperation entsteht und mit der unzulänglichen Kurzformel von der »anarchistischen Untat« abgetan wird.

Die Kategorien, in denen der Regionalterrorismus begriffen werden muß, unterscheiden sich tiefgehend von den Kategorien, auf die sich die Abwehr gründet. Die Abwehr wird in den Kategorien der allgemeinen Verbrechensbekämpfung gedacht und geplant. Das ist für Polizei und Justiz der schnellste Weg und die Aktionsmöglichkeit mit der niedrigsten Problemquote.

Politik, die sich nicht mit der bloßen polizeilichen Abwehr zufriedengeben kann, sondern gegenüber der realitätsgebundenen Motivation des Regionalterrorismus eine Antwort für die angemessene Änderung der gewalterzeugenden Realität finden muß, ist gezwungen, sich mit der Frage der Legitimationsansprüche auch jener regionalen Gruppen zu befassen, die sich schließlich auf den Terrorismus als vermeintlich letztes Mittel zurückziehen.

Gerade aber die Legitimationsansprüche müssen von den Sicherheitsorganen der Staaten und Staatengemeinschaften in Frage gestellt werden, denn sie sind nicht nur, nicht einmal überwiegend, mit regionalterroristischen Gewaltausbrüchen konfrontiert. Für sie haben die Prinzipien der wirkungsvollen Verhinderung oder Eindämmung der Mord-, Entführungs- und Bombenaktionen, der Verfolgung der Täter, ihrer Aburteilung, und sofern möglich, der Abschreckung zu gelten. Die polizeiliche Bekämpfung, die zwingend auf den möglichst schnellen Erfolg in den Einzelfällen ausgerichtet ist, muß den Legitimationsanspruch der regionalen Gewaltgruppen bestreiten, denn auch sie ist auf den Rückhalt in der Bevölkerung, auf das allgemeine Rechtsbewußtsein, angewiesen.

Die Schwierigkeit des gespaltenen Denkens gegenüber dem Terrorismus des regionalen Anspruchs ist groß, denn Mord bleibt Mord, und die Verstümmelung eines Menschen, Freiheitsberaubung, körperliche wie seelische Bedrohung bleiben Verbrechen. Andererseits ist die Weigerung, die Möglichkeit der politischen Motivation des Regionalterrorismus in die Überlegungen zur Überwindung der Gewaltausbrüche einzubeziehen, gleichbedeutend mit der Weigerung, denkbare Lösungen für eine vertretbare Bereinigung der Ausgangslage in Betracht zu ziehen. Eine Methode der Krisenbewältigung, das *management by objective,* ist die Handhabung einer Situation durch kontrollierende Beeinflussung der jeweiligen politischen Ausgangsfaktoren. Politische und polizeiliche Interessen laufen hier nicht notwendig parallel.

Die Justiz der Bundesrepublik Deutschland ist in einer Hinsicht in einer guten Ausgangslage. Im alten deutschen Strafrecht wurde zwischen dem kriminellen Täter und dem Überzeugungstäter unterschieden. Auf den Überzeugungstäter wartete nicht das Zuchthaus, sondern die Festung, in deren Zellen er die Haft mitsamt seinen bürgerlichen Ehrenrechten überdauern konnte; im schlimmsten Fall wartete auf ihn nicht der Scharfrichter mit dem Beil, sondern ein Erschießungspeloton, das zwar den Menschen, aber nicht seine »Ehre« erledigen konnte. Diese Unterscheidung ist nach 1945 aus dem deutschen Strafrecht entfernt worden.

Aber ist diese strafrechtliche Änderung auch zum festen Bestandteil des allgemeinen Rechtsbewußtseins geworden, oder lebt noch immer die historisch begründete Vorstellung, der Täter mit einem begreifbaren politischen Tatmotiv habe einen Anspruch auf mildernde Umstände? Solche Ansicht ist nicht von allzu großer praktischer Bedeutung, solange sich wie in der Bundesrepublik fast nur das Problem eines Terrorismus der irrealen Verweigerung der Kooperation in einer allgemein akzeptierten Rechts- und Gesellschaftsordnung stellt. Aber unter den Bedingungen des grenzüberschreitenden Terrorismus anderer Motivation hat die Bundesrepublik keinen Garantieanspruch auf Verschonung. Die palästinensischen Kommandos haben das in grausamer Klarheit vorgeführt.

Die rechtliche Figur des Überzeugungstäters ist in der Bundesrepublik nicht mehr vorhanden. Bei europäischen Gemeinschaftsnachbarn lebt sie weiter. Die Einheitlichkeit in der Eindämmung und Überwindung des Terrorismusproblems ist auch angesichts Europäischer Konventionen und Vereinbarungen keineswegs gesichert.

Das zweite Dilemma: Der Schritt zur Legitimierung

Zu Beginn des Jahres 1975 erklärte die Provisional IRA offiziell eine »Waffenruhe« gegenüber der Britischen Armee in Ulster, die von der Armee offiziell begrüßt wurde, tatsächlich nicht einen einzigen Tag existierte, aber als Fiktion die politische Landschaft auf bezeichnende Weise beeinflußte. Vermutlich bedarf es irischer Logik, um von »Waffenruhe« noch in einem Augenblick zu sprechen, da die Zahl der Gewaltopfer schon größer war als im Vergleichszeitraum des Vorjahres (10. Februar 1975 bis 24. September 1975: 160 Tote; in der gleichen Zeit 1974: 124 Tote).

Bei der qualvollen Wanderung zwischen Realität und Fiktion ging jede Seite davon aus, daß »Zwischenfälle« (*incidents*) unvermeidbar seien. Der Akt der Gewalt als Normalfall nordirischen Lebens wurde durch die Sprache zum Betriebsunfall erklärt. Die bleibende Eskalationsgefahr (denn die Realität hatte sich in nichts geändert) sollte durch gegenseitige Information gebannt werden, was nur heißen konnte, die Gegner versicherten sich gegenseitig, es sei nicht so gemeint gewesen. Dieses Verfahren der Negierung durch Information wurde noch in der letzten Septemberwoche 1975 angewandt, als innerhalb von 24 Stunden zwanzig schwere Bomben in Ulster explodierten und über eine Million Pfund Sterling Schaden anrichteten. Über das Verbindungsnetz wurde die IRA-Information weitergeleitet, die Anschläge seien zwar von der IRA-Führung befohlen worden, »sollten aber nicht als Eröffnung einer neuen Kampagne gewertet werden«[7].

Das Netz für die Weiterleitung der zur Lageentschärfung bestimmten

Informationen war vom damaligen Nordirlandminister der britischen Regierung, dem Labourpolitiker Merlyn Rees, im Februar 1975 eingerichtet worden. In »anfälligen Gebieten« (*sensitive areas* – Belfast, Dungannon, Newry, Londonderry, Armagh, Enniskillen) wurden »Zwischenfallzentren« (*incident centres*) eingerichtet, die rund um die Uhr mit Regierungsbeamten der unteren oder mittleren Ebene besetzt waren. Sie hatten die Informationen der Gegenseite entgegenzunehmen und sofort weiterzuleiten. Die IRA-Provisionals richteten ihrerseits sieben Incident Centres in verschiedenen Teilen Ulsters ein. Alle standen in Verbindung mit einem in der Öffentlichkeit kaum bekannten Sonderraum im Belfaster Regierungssitz Stormont Castle. Der Raum, mithin die Institution, hatte die Code-Bezeichnung *Rampart*. Dieser Meldekopf war rund um die Uhr mit je einem höheren Vertreter des Londoner Nordirlandministeriums und des Londoner Verteidigungsministeriums besetzt.

Tatsächlich haben sich einige Mitglieder des IRA-Armeerates in Dublin von einer sorgsamen Pflege der Waffenruhe-Fiktion die günstige Lösung eines belastenden Problems versprochen, nämlich die Aufhebung der willkürlichen Internierung ohne richterliche Einweisung. Die verbale Pflege der Waffenruhe-Fiktion war eine taktische Maßnahme der IRA. Eine tatsächliche Einstellung oder langfristige Zurücknahme des Kampfes gegen die Armee »Londons« widerspräche dem Konzept der IRA-Gewaltkampagnen: Der zugrundeliegende »Regionalanspruch« besagt, daß Teilhabe (*participation*) der katholischen Bevölkerung an der Macht in Ulster nur im Rahmen der Selbstbestimmung der Region denkbar ist; sie wiederum ist nicht vorstellbar unter den herrschenden Bedingungen eines »protestantischen« Machtmonopols, das in den Augen der IRA und eines Großteils der katholischen Bevölkerung allein von der historischen Zentralmacht London durch die Armee abgesichert ist.

Auf verdrehte Weise entsprachen die Absichten des Londoner Nordirland-Ministeriums hinter der Technik des *Rampart*-Systems der Auffassung der IRA.

Rampart ist die Brustwehr, der Wall der Zitadelle, das Bollwerk unbedingten Widerstandes. Nie ist klargeworden, ob der Code-Name in einem Anfall bitteren oder hellsichtigen Humors gewählt wurde. In Wirklichkeit war *Rampart* der erste Schritt auf der Straße zum stillschweigenden Abbau des Grundsatzes, daß eine Organisation der verbrecherischen Gewalt kein Gesprächspartner der rechtmäßigen Zentralregierung sein könne. Die IRA der siebziger Jahre war nicht mehr die Guerilla-Freiheitsarmee der zwanziger Jahre, sondern die Dachorganisation der ungezielten terroristischen Aktion ohne jede Rücksichtnahme auf die Unbeteiligten. Zur Absurdität der Situation gehörte es, daß die Aufhebung des *special status* für IRA-Häftlinge in den britischen Gefängnissen, d. h. die praktische Abschaffung der Rechtsfigur des Überzeugungstäters, in dem Augenblick vorbereitet wurde, da man mit *Rampart* den ersten Schritt zur Legitimierung der neuen IRA tat.

Der »Legitimierungsschritt« wurde wütend kritisiert. Die protestantischen Loyalisten sprachen unverblümt von der Anhebung der IRA zu einer »Position der Respektabilität und Verantwortung«. Die katholische SDLP (*Social Democratic and Labour Party*) in Ulster, die die Gewalt ablehnt und in scharfem Gegensatz zu IRA und Sinn Fein steht, fürchtete, daß die Incident Centres die Autorität der rechtmäßig gewählten demokratischen Vertreter der fraglichen Gebiete aushöhlen werde, und widersprach nicht der Auffassung ihrer protestantischen Gegner, die IRA-Incident Centres müßten sich zu »IRA-Polizeistationen« wandeln, die die tatsächliche Kontrolle über das tägliche Leben in den »anfälligen Gebieten« an sich zögen und dabei vom *Rampart*-System gewissermaßen legal abgesichert wären.[8] Paddy Devlin von der SDLP-Führung faßte die Kritik in dem Satz zusammen: »Die gegenwärtige britische Politik des Gesprächs mit paramilitärischen Gruppen heißt, daß die britische Politik zugibt, daß Macht gleichermaßen aus den Läufen der Gewehre und der Wahlurne kommt.«[9]

Nordirlandminister Merlyn Rees verteidigte *Rampart* einerseits mit dem Hinweis auf den rein informatorischen Charakter des Systems und andererseits mit der Behauptung, nicht mit der verbotenen IRA werde amtlich gesprochen, sondern mit der zugelassenen Provisional Sinn Fein. Angesichts der Tatsachen in Nordirland und der allgemeinen Kenntnis, daß die Unterscheidung zwischen IRA und Sinn Fein als Gesprächspartner eine bloße Ausrede mit Hilfe einer formal rechtlichen Unterscheidung war, fanden seine Argumente keinen Widerhall. Am 12. November 1975 wurden die Zentren geschlossen; *Rampart* als System war erledigt, eine der Straßen zur Legitimierung wieder aufgerissen. Aber der entscheidende erste Schritt war getan worden.

Noch während der *Rampart*-Zeit wurden Gespräche mit der Provisional Sinn Fein in einem luxuriösen Landhaus am Ufer des Belfast Lough geführt, das als »Northern Ireland Office B« bekannt war. Das Argument, Kontakt bestehe nur mit »Rechtmäßigen«, wurde aufrechterhalten, obwohl eine Reihe der Provisional-Sinn-Fein-Delegierten, die zum »Northern Ireland Office B« kamen, wegen ihrer Aktivitäten in der IRA im Gefängnis gesessen hatten. Jimmy Drumm, Vizepräsident der Provisional Sinn Fein, Ehemann der später ermordeten Maire Drumm, durfte im Sondergefängnis Maze offizielle Gespräche mit Provisional-Häftlingen über ihre Stellung zu Einzelpunkten der politischen Kontakte am Belfast Lough führen. Jimmy Drumm war erst 1972 nach einjähriger Haft aus eben diesem Gefängnis entlassen worden; insgesamt hatte er bis dahin fast zwanzig Jahre hinter britischen Gittern verbracht.

Das formalrechtliche Argument von der Eigenständigkeit der Sinn Fein wurde nach der Einstellung des *Rampart*-Systems und dem Auslaufen der Gespräche am Belfast Lough aufrechterhalten, ebenso wie das durchsichtige Argument, Gespräche mit amtlichen Vertretern der Krone seien keine Verhandlungen. Am 1. Juli 1976 wurde Minister Rees im britischen Unterhaus nach diesen Gesprächen gefragt. Er antwortete: »Meine Beamten werden mit jeder rechtmäßigen Organisation in Nordirland sprechen, obwohl keine Verhandlungen stattgefunden haben oder stattfinden werden.« Dieser Antwort wurde die Frage entgegengesetzt: »Es ist offensichtlich, daß die Provisional Sinn Fein die Sprecherin einer illegalen Organisation ist. Stimmt der Minister nicht jenen zu, die sagen, daß in Nordirland Gespräche mit Leuten, deren einzige wirkliche Stimme eine Thompson-Maschinenpistole oder ein Armalite-Gewehr ist, nutzlos sind?« Die Antwort des Ministers: »Meine Leute treffen sich nicht mit solchen Leuten. Was Mr. Neave [Sprecher der Opposition] gesagt hat, ist logisch, aber es beweist ein Nichtverstehen der Lage in Nordirland im Hinblick auf die große Zahl von Menschen mit republikanischer Tendenz. Wir haben damit fertig zu werden. Das kann nicht außer Betracht bleiben. Wenn sich die Gelegenheit ergibt, werde ich entsprechend handeln.«[10]

Drei Wochen nach diesem Unterhauswortwechsel fiel der neuernannte britische Botschafter in Dublin, Christopher Ewart-Biggs, wenige hundert Meter von seiner Residenz einem Bombenanschlag zum Opfer. Die öffentlichen Fronten verhärteten sich sofort.

Am Abend des Attentatstages sah sich Nordirlandminister Merlyn Rees die 21-Uhr-Nachrichten der BBC an. Während der Sendung wurde er telefonisch informiert, an der Grenze sei der aus der Republik Irland kommende Präsident der Provisional Sinn Fein, Rory O'Brady, von einer Armeestreife angehalten worden – an »normalen« Tagen keine Information für den Minister, denn für den Iren O'Brady war die Grenze offiziell nicht geschlossen. Merlyn Rees wartete die Zusammenfassung der Attentatsmeldungen ab, griff zum Telefon und gab der Armee die knappe Weisung: »Den händigen Sie am besten der Polizei aus.« Fünf Tage später wurde O'Brady, dessen Wohnsitz in der Republik Irland liegt, aus Nordirland ausgewiesen. Eine Ausweisungsentscheidung unter dem *Prevention of Terrorism Act (1974)* war bisher nur einmal in Ulster gefällt worden.

Im Unterhaus wurde Premierminister James Callaghan gefragt, ob eine Einstellung der »Gespräche« jetzt nicht zwingend sei. Seine Antwort war zweideutig: »Der Minister [Merlyn Rees] hat seine Stellung hinsichtlich von Gesprächen mit der Sinn Fein verschiedentlich klargemacht, und ich habe dem nichts hinzuzufügen.«[11] Die Kontakte wurden der öffentlichen Kenntnisnahme entzogen. Aber der erste Schritt auf dem Wege zur Legitimierung – das allein ist entscheidend – war bereits getan.

Dem Dilemma ist nicht auszuweichen: Eine Organisation, die im nationalen/regionalen Rahmen realitätsnahe und begreifbare Forderungen vertritt und sich dabei auf den Rückhalt eines größeren Bevölkerungsteils zu stützen vermag, kann als Gesprächsgegenüber auf längere Frist auch dann nicht ausgeschlossen werden, wenn ihre terroristischen Aktionen als verbrecherisch bezeichnet werden und Verbrechen sind.

Der Einsatz von Polizei und Armee kann das zugrundeliegende politische Problem nicht lösen. Auch die artikulierte und organisierte moralische Entrüstung eines Bevölkerungsteils über das wachsende Gewaltmaß ist, wie das Beispiel der nordirischen Frauenbewegung (*Peace People*) zeigt, trotz aller tiefen Ehrlichkeit nicht in sich wirksam. Tatsächlicher und auf Dauer wirksamer Einfluß auf die Gesamtsituation kann ihr erst zuwachsen, wenn sie über moralischen Appell und Protest hinaus politisch gedachte und formulierte Lösungswege vorzuschlagen hat.

Vorausverfahren?

Entsteht aus diesem Dilemma ein Zwang zu einer Art von Legitimierung im Vorausverfahren – unter Umständen sogar durch internationale Gremien und Körperschaften, sofern sie wie die UN eine automatische Mehrheit der Stimmen der nichtindustriellen Welt haben?

Die palästinensische PLO hat einen Weg genommen, der solche Gedanken nicht völlig abwegig erscheinen läßt. Die PLO ist international mit dem Siegel der Legitimation nicht – wie üblich – *nach* Vorlage der Beweise palästinensischer Eigenstaatlichkeit ausgestattet worden. Sie erhielt von der UN-Mehrheit die akklamatorische und institutionelle Anerkennung und damit Legitimierung als Unterstützung schon während ihres *Verlangens* nach einer palästinensischen Eigenstaatlichkeit.

Der triumphale Auftritt des Yassir Arafat in der Vollversammlung der UN war der erste große Fall einer Legitimierung im Vorgriff.

[illegible] und [illegible] dem [illegible] [illegible]. [illegible] [illegible] [illegible] [illegible] [illegible]. Aber [illegible] [illegible] auf den Weg zur [illegible] [illegible] [illegible] [illegible] [illegible].

Das Dilemma [illegible] [illegible] [illegible] die Organisation der [illegible] [illegible] Kampf [illegible] und [illegible].

[illegible] [illegible] [illegible] und [illegible] [illegible] [illegible] [illegible] [illegible] [illegible] [illegible] [illegible] [illegible] [illegible] [illegible] [illegible] [illegible] [illegible] [illegible] [illegible] [illegible] [illegible] Gewalt [illegible].

Vorschläge [illegible]

[illegible] [illegible] das Dilemma [illegible].

[illegible] [illegible].

[illegible] [illegible] [illegible] [illegible] [illegible] [illegible] [illegible] [illegible] [illegible] [illegible] [illegible] [illegible] [illegible]?

5. Teil

Palästinensischer Terrorismus: Erfolg auf Treibsand

»Die Welt hat uns zu dem gemacht, was wir sind. Möge die Welt daher erfahren, was aus uns geworden ist.«

Aus einer Fedayin-Erklärung

»Ich glaube, es ist an der Zeit, von der verantwortlichen Gewalt zu sprechen, die den Menschen achtet und um seiner selbst willen ausgeübt wird.«

Yassir Arafat, 1970

16. Die Väter: »Generation des Unglücks«

Kafka in Arabien

Nicht einmal im Augenblick angestrengtester Ausschweifung seiner Phantasie habe Kafka ein größeres »Kartell absurder Unvereinbarkeiten zu einer einzigen Handlung zu vereinen vermocht«. Das sagte im Dezember 1975 Israels einstiger Außenminister Abba Eban. Er wollte damit den Charakter der Kräftegruppierung hinter der Resolution der UN-Vollversammlung und der parallelen Entschließung der UNESCO treffen, die 1975 Zionismus und »Rassismus« UN-offiziell gleichsetzten und verurteilten.[1]

Ohne Anstrengung der Phantasie läßt sich Abba Ebans Formulierung auf die gesamte Nahostszene übertragen. Da werden arabische Allianzen des Unvereinbaren aufgebaut, die im Augenblick der Entstehung schon gestorben sind. Die papierenen Leichen werden ein paar Wochen, ein paar Monate als politische Manifestationen neuen Lebens gefeiert, bis sie plötzlich in Feindschaften umschlagen. Das sind wiederum Feindschaften, die zwar Menschenopfer fordern, aber im Moment des Austragens schon nicht mehr real sind. Ein Yassir Arafat, Erzfeind der Juden, irrt auf endloser Wanderung wie ein moderner Ahasver zwischen den arabischen Fronten. Seine Stundenfreunde umarmen ihn voll Bruderliebe, wohl wissend, daß sie gestern abend noch seine Feinde waren und morgen früh wieder sein werden. Die Theokraten aus der Wüste würden für die heilige Stadt El-Kuds sterben, so wie die Juden für eben dieses heilige Jerusalem sterben. Wegen der Heiligkeit des Ortes finanzieren die Theokraten die extremen Revolutionäre, denen Jerusalem nicht mehr ist als eine Station auf dem Weg zur Zerschlagung der Wüstenthrone und der Bankpaläste am Nil und in den Golfemiraten. Und die theokratischen Finanziers wissen das.

Natürlich lassen sich für die abertausend Winkelzüge und Scharaden nahöstlicher Politik logische Detailerklärungen finden. Aber für den Außenstehenden bleibt ein großer Rest von Unbegreiflichem, das sich der Logik des Westens entzieht. Aus der Leere der Wüsten und Räume Arabiens steigt ein unmerklicher Windhauch, eine eigentümliche Kraft, die zum Geist des großen Glaubens, zum heiligen oder irren Fanatismus und zur schrankenlosen Phantasie werden kann. Den Träumenden an den Säumen der Wüste verwandelt sich die Phantasie schon in der Sekunde des Traums zur Realität.

Wortstrategie

In diesem Reich der Phantasie, an dessen Eingängen und Ausgängen die Städte der schärfsten und geschwätzigsten Händler liegen, ist die Erhebung einer historischen Nichtexistenz zum ersten und alles bewegenden Grundsatz der Politik nichts, was die Logik bedrücken müßte: das Wort ersetzt nicht die Wirklichkeit, es ist die Wirklichkeit.

Faruk Kaddoumi, Leiter der Politischen Abteilung der PLO, Chef ihrer Delegation bei den UN, hochgebildeter »Außenminister« einer Nichtregierung, kann denn auch, ohne Zweifel vor sich selber, von »den [arabischen] *Revolutionen* 1921, 1929, 1936 und 1948« in Palästina sprechen.[2] Diese »Revolutionen« waren bis 1936 nichts anderes als Mob-Ausschreitungen mit beginnenden terroristischen Planaktionen; 1948 hatte die »Revolution« allenfalls den Charakter ungeordneter Guerilla-Operationen mit Merkmalen des Übergangs zur regulären Kriegführung ohne Konzeption. Die heutigen Palästinenser nennen denn auch unter sich ihre Väter »Die Generation des Unglücks«.

Die für uns absonderliche Herrschaft der Phantasie ist nicht identisch mit der simplen westlichen Vorstellung von Lüge und Täuschung. Das dogmatische Wort wandelt sich zur ersten Realität. Gewalt, auch terroristische Gewalt, wenn sie notwendig scheint, ist selbstverständlicher, unangezweifelter Teil dieses Prozesses. In einer Studie über den palästinensischen Terrorismus haben Edward Weisband und Damir Roguly, Wissenschaftler der State University of New York, die »Wortstrategie« (*verbal strategy* in der Unterscheidung zur *operational strategy* von Aktionsplanung und -ausführung) untersucht.

Sie gehen von der Überlegung aus: »Da terroristische Gewalt einen Rahmen für politische Interaktionen zu erzwingen versucht, sind Terroristen ihrerseits gezwungen, ihre Aktionen in irgendeinen politischen oder moralischen Zusammenhang einzuordnen. Um das zu bewerkstelligen, benutzen sie Worte. (...) Sie versuchen, einen normativen Zusammenhang für die Aktion dadurch zu liefern, daß sie die Brutalität des Terrorismus, auf welchem Weg auch immer, mit sozialer Bedeutung auszustatten.«[3]

Das gilt für jeglichen Terrorismus in der Welt, sofern es sich nicht um Ausbrüche eines sporadischen und pathologischen Terrorismus handelt. Freilich gilt es in besonderer Weise für den palästinensischen Terrorismus, dessen Wortstrategien nicht nur die Realität vorhandener Vorstellungen andeuten, sondern ihrerseits sofort wieder zu neuen Realitäten werden. Vielleicht verbirgt sich in dieser Fähigkeit zur Selbstverzauberung ein Teil der glaubensähnlichen Anziehungskraft des palästinensischen Terrorismus auf Jugendliche in aller Welt.

Die der österreichischen Regierung abgezwungene Rundfunkverlesung eines langatmigen politischen Kommuniqués während der Geiselnahme im Wiener OPEC-Gebäude (Dezember 1975) war nicht eine theatralisch wirre Randszene, sondern klarer, weil notwendiger innerer Teil der Aktion.

Historische Verschränkung

»Zusammenhänge« nannte Friedrich Dürrenmatt einen Essayband über Israel. Er versuchte, den Bühnenvorhang, gewebt aus politischen Eintagsfakten, hochzuziehen, um den Blick auf das wirkliche Spiel freizugeben.

Die Palästinenser, das erkennt Dürrenmatt nach einer Konfrontation mit dem Land, »hatten nie einen Staat. Sie haben nie gehabt, was sie jetzt wollen aufgrund dessen, was die Juden wollten, weil diese es mußten: einen Staat; und was die Palästinenser jetzt haben, wollen sie nicht, denn es ist nichts, was sie haben. Sie jagen einer Idee nach: das zu sein, was Israel ist. Das können sie nur sein, wenn sie wie Israel werden. Dazu braucht es Zeit, und Zeit ist identisch mit Frieden, denn ihre Existenz ist nur durch die Existenz Israels möglich, geht Israel unter, ist es ihr Untergang: Sie können auch von den ›Arabern‹ jederzeit fallengelassen werden. Sie werden Syrer oder Ägypter oder Jordanier, je nach dem Ausgang der Kämpfe, die dann unter den Arabern entbrennen, gesetzt, die Araber besiegen Israel. Die Existenz des jüdischen Staates bekommt damit den politischen Sinn, den Palästinensern zu ihrem Recht zu verhelfen: zu ihrem Staat.«[4]

Dagegen ließe sich fragen, ob es dazu überhaupt eines arabischen »Sieges« über Israel bedarf oder ob sich die Palästinenser nicht schon im derzeit anvisierten Halbstaat in Gaza und auf der Westbank dem Schicksal der Auszehrung durch Aufzehrung ausliefern. Schon die Frage läßt das diplomatische Geschiebe um eine nahöstliche »Lösung« zweifelhaft werden lassen, womit der Gewalt eine Garantie auf verlängerte Existenz gegeben wäre.

Noch einmal Friedrich Dürrenmatt: »Für Arafat bietet sich, will er seine These von einem palästinensischen Staat aufrechterhalten, keine andere Alternative, als gleichsam Israels Platz einzunehmen, er muß diesen Staat zerstören, weil es für die Palästinenser keinen anderen Platz in der arabischen Welt gibt: Ohne Israel wären die Palästinenser Jordanier und Ägypter geblieben, sie sind nur dank Israel Palästinenser.«[5]

Sie sind nur dank Israel Palästinenser mit einem beginnenden palästinensischen Bewußtsein.

Die PLO (*Palestine Liberation Organisation*, Palästinensische Befreiungsorganisation) wurde 1964 gegründet. Damals waren die Westbank und Gaza, der Golan und Sinai unter fester arabischer Herrschaft und Kontrolle. Was sollte »befreit« werden? Nichts anderes als die Kerngebiete des historischen Palästina, das damalige Territorium des Staates Israel, von seiner jüdischen Bestimmung. Daran wird sich nichts ändern; diplomatische Lösungen im Vorhof dieses Endziels können vielleicht die arabischen Nachbarstaaten, aus welchen Einzelgründen immer, befriedigen, nicht aber die Palästinenser. Der Grund liegt nicht nur in der Existenz Israels, sondern zu gleichem Teil bei den arabischen Nachbarstaaten.

Die Palästinenser sind die traurigen, von den Arabern betrogenen Nachzügler, der verlorene Haufen auf der Straße der arabischen Nationenwerdung. Über die Nationen führt, wie die Araber des panarabischen Traums glauben, der Weg zur Vereinigung aller arabischsprechenden Völker, ob muslimisch oder christlich, in einer geschlossenen Einheit; nur dieser Weg führt, wie die Araber des panislamischen Traums glauben, zur Vereinigung aller Moslems, ob Araber oder Nichtaraber. Den Palästinensern war nie der Ansatz zur eigenen Nation- oder Staatwerdung gegeben, weder durch territoriale Abgrenzung noch durch Stammeseinheit, weder durch die Existenz eines beherrschenden Hauses noch durch die Existenz eines überragenden Mannes. Ein loses Geflecht von Großfamilien mit Abhängigkeiten von anderen, oft fernen arabischen Zentren dehnte sich über ein Territorium, auf das die Juden ältere und für sie vollends unfragbare Rechte anmeldeten.

Die Gewalt, sei es spontane Ausschreitung lokaler Bevölkerung oder geplante terroristische Aktion, ist nicht erst seit der Staatwerdung Israels 1947–1948 ein Element im Verhältnis der Juden und Palästinenser. Militante palästinensische Araberführer haben seit über fünfzig Jahren die terroristische Aktion als natürliches Mittel ihrer Entschlossenheit betrachtet. Entschlossenheit wozu? Das Wachsen der *Yishuv*, der jüdischen Gemeinschaft, auf einem Territorium zu verhindern, das weder genau definiert noch als Gebiet eigener Staatlichkeit vorgesehen war.

1882 lebten 24 000 Juden auf dem Boden der ottomanischen Teilprovinz Palästina. Während der ersten *Aliyah* (Einwanderung) zwischen 1882 und 1903 rückten 25 000 Juden nach. Knapp 40 000 wurden von der zweiten *Aliyah* zwischen 1904 und 1914 ins Land gebracht. Zusammenstöße lokaler Natur kamen vor, wenn arabische Bauern oder Hirten Land und Flur bedroht sahen. Auch hinter den größeren arabischen Gewaltausbrüchen, selbst wenn sie blutig waren und Opfer forderten, stand auf arabischer Seite weder ein keimendes noch gar ein gewachsenes »nationales Bewußtsein«. Jüdische Siedlungen schützten sich durch angemietete örtliche Arabertrupps, bevor zwischen 1907 und 1909 die ersten jüdischen Milizgruppen, die *Bar-Giora* (Name des Verteidigers von Jerusalem 70 n. Chr.) und *Hashomer* (Der Wächter), aufgestellt wurden.

Nationales Palästinenserbewußtsein war auch nicht in den Protestschreiben arabischer Notabeln zu spüren, die gelegentlich an die Hohe Pforte gerichtet wurden. Ihr Verlangen nach Begrenzung jüdischer Aktivität gründete sich auf ethnische und, mehr noch, religiöse Distanzierungswünsche. »Tatsächlich betrachtete die Türkei das Gebiet Palästina als südlichen Teil der Syrischen Provinz, und die palästinensischen Araber versuchten entsprechend, diesen Sektor des Nahen Ostens mit ›Groß-Syrien‹ zu verschmelzen, und zwar aufgrund politischer, rechtlicher, gesellschaftlicher und wirtschaftlicher Gemeinsamkeit. Es ist daher nicht weiter erstaunlich, daß sich in Palästina keine Parteien mit erkennbar arabischem politisch-ideologischen Charakter herausbildeten, parallel zu anderen arabischen Nationalbewegungen, die vor dem Ersten Weltkrieg in den anderen arabischen Regionen entstanden.«[6]

Bündnispolitik und Ausgang des Ersten Weltkriegs veränderten die Landschaft. Die britische Politik versprach den Arabern politische Unabhängigkeit im Nahen Osten als Gegenleistung für Waffenhilfe bei der Niederwerfung des Ottomanischen Reiches. Zugleich versprach sie den Zionisten (durch die *Balfour Declaration* vom 2. November 1917) Unterstützung bei der »Errichtung einer Nationalen Heimstätte (*National Home*) in Palästina« für das jüdische Volk. In welchem Palästina?

Zwischen 1921 und 1923 half London, das Emirat Transjordanien zu errichten, dem große Teile des historischen Palästina übertragen wurden. Auch diese Hilfe war Erfüllung eines Bündnisversprechens an den bedeutendsten Mann der damaligen arabischen Welt, den Sherif Hussein von Hedschas, Beschützer der Heiligen Stätten Mekka und Medina, aus dem Stamme des Propheten und aus dem Geschlecht Alis. Er war der Vater des neuen Emirs von Transjordanien, Abdullah, und des Emirs Faisal, Kampfgefährten des legendären Lawrence von Arabien.

Hussein, der unbestrittene Anwalt der panarabischen Idee, schrieb im März 1918 in der in Mekka erscheinenden Zeitung »El-Kibla«: »Wir sahen die Juden (...) aus Rußland, Deutschland, Österreich, Spanien, Amerika nach Palästina hereinströmen. (...) Der tiefste Grund konnte denen nicht entgehen, die die Gabe der Einsicht hatten: Sie wußten, daß dieses Land für seine ursprünglichen Söhne, allen ihren kleinen Gegensätzen zum Trotz, eine heilige und geliebte Heimat war.«[7]

Emir Faisal, sein erster Sohn, unterzeichnete als bevollmächtigter Vertreter des Königreiches Hedschas am 3. Januar 1919 ein formelles Abkommen mit Chaim Weizmann, dem Präsidenten der Zionistischen Weltorganisation. Die Präambel besagte: »In Anbetracht der rassischen Verwandtschaft und der uralten Bande zwischen den Arabern und dem jüdischen Volk; in der Erkenntnis, daß der sicherste Weg zur Verwirklichung ihrer nationalen Bestrebungen in der größtmöglichen Zusammenarbeit bei der Entwicklung des Arabischen Staates und Palästinas ist; in dem Wunsch, das zwischen ihnen bestehende gute Verhältnis weiter zu vertiefen, wird folgendes vereinbart ...« Im Text der Vereinbarung findet sich die entscheidende Formulierung, notwendig seien »alle erforderlichen Maßnahmen, die Einwanderung von Juden nach Palästina *in großer Zahl* und ihre Ansiedlung auf dem Boden Palästinas (...) zu ermutigen und zu fördern«[8].

Dieses Abkommen wurde zwar unterschrieben, aber nie ein Instrument praktischer Politik. Denn das panarabische Königreich, in dessen Namen und Verständnis Faisal seine Unterschrift gegeben hatte, kam nicht zustande.

Hussein ernannte sich 1924 nach der Abschaffung des türkischen Kalifats zum geistlichen Oberhaupt der Mohammedaner. Sofort wurde ihm von dem Wahabiten Abd el Asis Ibn Saud von Nedschd, seinem Gegenspieler, der Religionskrieg erklärt, aus dem Ibn Saud als Sieger hervorging. Mit dem Sieg der Wahabiten, einer beinahe schwärmerischen Reformbewegung der »Reinen Lehre« des ursprünglichen Islam, trat eine radikale Verschärfung des *religiösen* Elementes in der jüdisch-arabischen Auseinandersetzung ein.

Im britischen Mandatsgebiet, dem Restpalästina, gerieten die sporadischen Gewaltausbrüche des arabischen Mob mehr und mehr unter die Kontrolle und Führung eines einzelnen fanatischen Mannes, des Hadsch Amin el-Husseini. Er kanalisierte die Gewalt der Straße, baute eine auf seine Person zugeschnittene religiös-politische Maschinerie auf, schuf die eindeutig terroristische Organisation der »Grünhemden« und steuerte die arabischen Gewalterhebungen der zwanziger und dreißiger Jahre.

Hinter der Gewaltsteuerung durch eine Kleinstgruppe palästinensischer Führer um den Hadsch Amin el-Husseini standen drei Ziele: die

Minderung, wenn nicht Auslöschung, jüdischer Anwesenheit in Palästina; die Störung und Vernichtung jeglichen Ansatzes jüdisch-arabischer Zusammenarbeit; der Widerruf der *Balfour Declaration* durch Druck auf die britische Mandatsmacht. Hier lassen sich erste, durch die religiös-politischen Zielvorstellungen eines einzelnen Mannes ausgelöste Anzeichen eigenen »palästinensischen Denkens« entdecken. Sache der arabischen Bevölkerung war dieses Denken damals nicht.

Der extremistische Hadsch Amin el-Husseini suchte und fand, wie die Tradition es wollte, seinen Rückhalt in Syrien. Nicht nur bekleidete er das Amt des Präsidenten des Arabischen Hohen Rates, er war vor allem durch britische Ernennung die beherrschende religiöse Autorität in Palästina geworden. Er war der Großmufti von Jerusalem, der während des Zweiten Weltkrieges nach Berlin ging, wo er propagandistisch und, durch Beeinflussung der Nahost-Szene, politisch bis zum Untergang des Dritten Reiches tätig blieb. Kurz vor dem endgültigen Zusammenbruch setzte er sich aus Berlin ab und ging, über Paris und mit Duldung Frankreichs, nach Palästina zurück.

Der wendige Hadsch Amin war zunächst und vor allem der erste Repräsentant der einflußreichen Jerusalemer Familie der Husseini. In den Wirren und den Auseinandersetzungen nach dem UN-Beschluß von 1947, Palästina zu teilen, griff der Zurückgekehrte wieder nach der führenden Rolle bei der Auslösung der kriegsähnlichen Guerilla-Operationen, die vor allem den Besitz Jerusalems zum Ziel hatten. Er residierte teils in Kairo, teils in Damaskus, meist in Beirut. Die Kampfführung im Raum Jerusalem übernahm sein Vetter Abd el-Kadr el-Husseini, »Abu Mussa« genannt, der von der arabischen Bevölkerung bewundert und geliebt wurde. Der Großmufti hatte sich dem Volk nie genähert. Abd el-Kadr fiel 1948 an der hart umkämpften Bergstraße, die Jerusalem mit Tel Aviv verbindet.

In den ungeordneten Guerillagruppen von damals übte sich zeitweilig ein jüngeres Mitglied der ehrgeizigen Husseini-Familie. In der späteren PLO war sein Name »Abu Ammar«. Der volle Name lautet: Abd ar-Rahman Abd ar-Raouf Arafat el-Kudwa el-Husseini. Weltbekannt ist er als Yassir Arafat.

Der Beginn des arabischen Terrorismus

Die einundzwanzig Jahre zwischen den beiden Weltkriegen sahen in Palästina die wellenförmige Umwandlung der arabischen Auflehnung gegen das Wachsen der *Yishuv* vom ungeplanten, ungeordneten Ausbruch des Zorns, des Neids und der religiösen Wut zur organisierten Gewalt unter Führung kleiner Gruppen, ausgelöst durch kalkulierte terroristische Einzelaktionen.

Die Gewaltwellen von 1929 bis zur Mitte der dreißiger Jahre hatten ihren Ausgangspunkt in den Jahren 1926 und 1927. Das britische Mandatsgebiet Palästina litt unter einer Wirtschaftskrise. Die militanten palästinensischen Araberführer vermuteten, unter dem Krisendruck werde der Aufbau der jüdischen Gemeinschaft in sich zusammenfallen. Das Gegenteil trat ein; die Krise flaute ab, und die Mandatsmacht stärkte die palästinensischen Zionisten durch die Anerkennung der *Jewish Agency* als Körperschaft mit beratenden Rechten in Fragen der »Nationalen Heimstätte«. Der Grund für einen weiteren arabischen Angriff war gelegt; ausgelöst wurde er durch einen Streit um die Klagemauer in Jerusalem.

Hadsch Amin el-Husseini, der Großmufti und Kopf der Extremisten, heizte den religiösen Gegensatz durch sein Gebot an, den Juden sei es verwehrt, Gebet- und Bittschriften wie seit undenklicher Zeit in die Spalten ihres Heiligtums, der Klagemauer, zu stecken. Sofort bestritten die Juden den Arabern das Recht, auf dem Tempelberg oberhalb des Klagemauerabschnitts zu bauen. Haram el-Sharif aber, der Tempelberg mit der Moschee el-Aksa und dem Felsendom, ist kostbares Heiligtum der Araber, das Herz von El-Kuds, die Seele ihres Jerusalem.

Skeptischen Europäern mag das wie versunkenes Denken aus dem Mittelalter vorkommen. Der Großmufti wußte, was er tat: Er bewirkte Gewalt und Tod durch einen berechneten Eingriff in die tiefsten Schichten des lebendigen, des glühenden und zugleich zärtlichen Glaubens und der träumerischen Hoffnungen auf einen endlichen Frieden.

Der Ausbruch der Gewalt kam, als die aufgestachelte arabische Bevölkerung die jüdischen Gebets- und Bittstreifen in den Spalten der Klagemauer verbrannte. Die Gewalt griff vom Tempelberg auf das ganze Land über. Als die Unruhen, das Töten und das Brandschatzen abklangen, zählten beide Seiten weit über einhundert Tote und mehrere hundert Verletzte. Eine Untersuchungskommission der britischen Regierung gab den Arabern die Schuld, empfahl aber zugleich, ihre Sorgen zu berücksichtigen und die jüdische Einwanderung scharf zu kontrollieren.

Der Großmufti zog aus dem Verlauf dieser arabischen Ausschreitung von 1929 seine Lehren. Um sich gegen Interventionen der an Ruhe interessierten arabischen Nachbarstaaten wirksamer zu schützen, gründete er das Arabische Hohe Komitee, das alle arabischen Fraktionen in Palästina zusammenfaßte (von eigentlichen Parteien konnte immer noch nicht gesprochen werden) und zugleich einen zentralen Einfluß auf die Bevölkerung garantierte. Parallel trat er einen zweiten und entscheidenden Schritt. Mit den Worten von Yonah Alexander: »Der Mufti erkannte, daß angesichts des Anwachsens der jüdischen Bevölkerung und der Entschlossenheit der *Yishuv*, der arabischen Gewalt harten Widerstand entgegenzusetzen, der Terrorismus zu einer neuen Form der Kriegsführung entwickelt werden müsse, und zwar durch den Einsatz organisierter und wirksamer Gruppen von Kämpfern. Die Ausbrüche der Gewalt des Mobs mußten überdeckt werden. El-Husseini bildete solche Gruppen und faßte sie in den paramilitärischen Einheiten der ›Grünhemden‹ zusammen; der Boden für den wirklichen Aufstand war bereitet.«[9]

Diese Formierung der terroristischen Gruppen der Palästinenser ging hinter einem Dauervorhang von mehr oder weniger sporadischen antijüdischen Aktionen vor sich. Die Gewaltgruppen gingen im Frühjahr 1936 zur Tat über. Am 15. April stoppte eine Mufti-Gruppe zehn Wagen auf der Straße von Tel Aviv nach Haifa, sonderte drei Juden aus, verfrachtete sie in einen Lkw und fuhr sie zur Erschießung in der Nähe der Straße. Es war der Anfang der letzten und härtesten Phase des arabischen Terrorismus zwischen den Weltkriegen. Sie dauerte bis 1939.

Der Großmufti mußte Niederlagen hinnehmen. Eine Royal Commission, eingesetzt von der Londoner Regierung, stellte unter Leitung von Lord Peel die Unvereinbarkeit der verschiedenen britischen Versprechungen fest und schlug 1937 eine Teilung Palästinas vor, bei der der arabische Teil in das Emirat Transjordanien eingegliedert werden sollte. Der Zionistische Kongreß näherte sich trotz vieler Bedenken dem Plan, aber die arabischen Extremisten vereitelten ihn durch blutige terroristische Aktionen gegen die gemäßigten Araber, die in der Eingliederung kein Problem sahen, und gegen die britische Mandatsmacht. Als der britische Distriktkommissar von Galiläa ermordet wurde, riß die britische Geduld. Das Arabische Hohe Komitee des Großmufti wurde verboten, der Hadsch Amin el-Husseini floh nach Syrien. Von dort – und hier wird schon späteres Muster erkennbar – steuerte er die arabischen Aktionen, die unentwegt gegen Einrichtungen und Personal der Mandatsmacht und vor allem gegen die jüdische Bevölkerung weitergingen.

Trotz Flucht ihres Führers und Verbot ihrer Kopforganisation hatten des Großmufti Terroristen einen bezeichnenden Erfolg. 1939 veröffentlichte die Regierung in London ein Weißbuch, das die Ziele der *Balfour Declaration* in die graue Zukunft schob und das quälendste Problem jüdischer Gegenwart, die Einwanderungsmöglichkeit insbesondere für die Verfolgten Mitteleuropas, gegen die Juden entschied. Die Quote wurde auf nur 75 000 für die nächsten fünf Jahre festgesetzt.

Als der Zweite Weltkrieg im September 1939 ausbrach, zählten die Juden ihre Toten in Palästina: Es waren 517. Die Mandatsmacht hatte 135 Menschen verloren. Die Zahl der jüdischen Verletzten und Verstümmelten betrug 2500.

Die Verlustbilanz der Araber war nicht weniger schrecklich: 3112 Tote und 1775 Verletzte. Die Juden hatten die arabische Gewalt nicht wehrlos hingenommen.

Die »Philosophie« der jüdischen Gegenwehr unterschied sich grundsätzlich von dem Denken hinter der arabischen Gewalt. Auf der arabischen Seite wurde eine erregbare, aber in sich gestaltlose Bevölkerung von einigen Extremisten durch Agitation und terroristische Einzelaktionen, die wie Zündsätze in einer explosiven Masse wirkten, zu Aufruhr, Angriff, Ausschreitung angestachelt. Die Juden operierten aus einer innerlich geschlossenen, wenn auch geographisch weit verstreuten, Gemeinschaft heraus, die vom Überlebens- und Durchsetzungswillen, von der Präzision der paramilitärischen Abwehr und zwei allgemeinen politischen Überlegungen geprägt war: *havlagah,* Zurückhaltung und Selbstbeherrschung, und *haganah,* Selbstverteidigung.

Die Geschichte der Selbstverteidigungsorganisation der *Haganah,* aus der nach der Staatsgründung Israels Armee, die *Zahal,* hervorging, ist ein aufregendes Kapitel Zeitgeschichte. Die Haganah entstand in den zwanziger Jahren als eine Untergrundorganisation der Selbstverteidigung in der Breite, existierte in engem Zusammenhang mit der jüdischen Gewerkschaftsbewegung in Palästina (*Histadrut*), finanzierte sich aus einer freiwilligen und geheimen Sondersteuer der jüdischen Gemeinschaft und war flankiert von zwei offiziellen, d. h. britisch genehmigten und kontrollierten Organisationen, der JSP (*Jewish Settlement Police* – Jüdische Siedlerpolizei) und den SNS (*Special Night Squads*). Diese SNS-Einheiten unterstanden dem Befehl des schottischen Captain Orde Wingate, der puritanische Selbstzucht und Entschiedenheit mit höchstem militärischen Können und taktischer Phantasie verband und in seinem Herzen, obwohl kein Jude, ein Mann des Zionismus war. Er nutzte die auffällige arabische Eigenschaft der Scheu vor dem Kampf in der Dunkelheit und bildete eine hochkarätige Truppe heran, die zum Kern der späteren *Palmach*-Kompanien wurde, den Eliteeinheiten der Haganah.[10]

Die Haganah, eine Geheimarmee mit zunächst irregulärer, guerillaähnlicher Taktik, löste das alte Problem der Guerilla-Basis auf bezeichnende Art: durch den Ausbau der wehrdörferähnlichen Siedlungen im Rahmen einer aggressiven Siedlungspolitik. Die Haganah hat ohne Zweifel die *Yishuv* gerettet. Das ging nicht ohne häufigen politischen Positionswechsel im Verhältnis zur britischen Mandatsmacht vor sich, deren unklare Politik immer neue und wechselnde Situationen schuf. Stets aber stand die Haganah, bei aller unerbittlichen Härte, unter dem Gebot der anderen politischen Maxime, der *havlagah,* der Selbstbeschränkung.

An der Frage des Gewaltmaßes in der Situation tatsächlicher oder vorgestellter Not scheiden sich die Geister. Kontrollierte, auf bestimmte Ziele beschränkte, den Unbeteiligten nach Möglichkeit aussparende, im Grunde von militärischen oder paramilitärischen Grundsätzen dirigierte Gewalt? Oder Gewalt ohne Beschränkung, willkürlich in der Zielwahl und deshalb den Unbeteiligten bewußt einbeziehend, allgemeinen Schrecken und zermürbende Angst auslösend und auf psychologische Weise neue Situationen schaffend? Wie bei anderen Gewaltbewegungen spalteten sich Gruppen von der Haganah unter dem Vorwurf ab, die Selbstverteidigungsorganisation sei nicht militant genug und vermöge mit den traditionellen Guerilla-Methoden die anhaltende arabische Gewalt nicht zu brechen. Wie bei anderen Abspaltungen bildeten die Übermilitanten auch ihre repräsentations- und verhandlungsfähige politische Außenorganisation, die »Revisionisten«, die sich 1935 unter Zeev (Wladimir) Jabotinsky von der offiziellen zionistischen Organisation trennten (die Trennung wurde erst 1946 wieder rückgängig gemacht).

Durch diese Spaltungsmechanik entstand 1937 eine eindeutig terroristische Gruppe der Juden, die *Irgun Zwai Leumi* (IZL – Nationale Militärische Organisation, in der Sprachabkürzung *Etzel* genannt). Etzel, so faßt Yonah Alexander zusammen, »verlangte nicht nur eine harte Verteidigungshaltung, sondern bestand auf Vergeltung an arabischen Terroristen und auch an unbeteiligten Arabern. Etzel warf Bomben auf arabischen Marktplätzen, in Cafés und Busse im gesamten Land und tötete Dutzende, verwundete Hunderte. Die britische Reaktion auf diese Gewaltwelle war unerbittlich. Schon im Sommer 1938 wurde ein Etzel-Mitglied gehängt, das bei einem mißglückten Anschlag auf einen arabischen Bus in Galiläa gefaßt worden war.«[11]

Das britische Weißbuch von 1939, Dokument eines entschiedenen proarabischen Pendelschlag der britischen Regierung, zwang die Juden Israels in immer schärfere Gegenposition zur offiziellen Haltung der Mandatsmacht. Der Gegensatz wurde durch die gemeinsamen weltpolitischen Interessen während des Zweiten Weltkriegs allenfalls partiell verschleiert, aber keineswegs aufgehoben. Dennoch stellte die IZL zu Beginn des Krieges ihre Unternehmungen gegen die Engländer ein und nahm sie erst im letzten Kriegsdrittel wieder auf, als die Sicherheit des alliierten Sieges die partielle Interessenübereinstimmung hinfällig werden ließ.

Während der IZL-Aktionspause bildeten sich sofort zwei unnachgiebige Folgegruppen, die *Lohamei Herut Yisrael,* (Kämpfer für die Freiheit Israels), als »Lehi« bekanntgeworden, und die »Stern-Gruppe«, benannt nach ihrem Gründer Abraham Stern.

Das Ende des Zweiten Weltkrieges brachte auch das Ende jüdischer

Hoffnung auf eine Drosselung der pro-arabischen Politik Londons. Etzel war wieder voll in Tätigkeit getreten, Lehi und die Stern-Gruppe verschärften ihre terroristischen Aktionen. Etzel trug die Aggression gelegentlich sogar über die Grenzen Palästinas hinaus: Am 1. Oktober 1948 wurde die Britische Botschaft in Rom durch Bombenexplosionen schwer beschädigt. Aktionen jenseits der Grenzen blieben freilich Einzelfälle.

Vielleicht trifft es zu, daß einige Führer der jüdischen terroristischen Gruppen anfangs geglaubt haben, die extreme Gewalt allein gegen Sachen und Institutionen werde die unentschiedene Mandatsmacht, die des palästinensischen Mandats längst müde und durch die atemlosen Anstrengungen des großen Krieges erschöpft war, schließlich zum Rückzug veranlassen; weniger der tatsächlichen Einwirkungen wegen als vielmehr aus Gründen der Rücksichtnahme auf die Bevölkerung in der Heimat. Aber gerade die Erfahrungen von Etzel, Lehi und der Stern-Gruppe belegen, daß Gruppen der äußersten, der terroristischen Gewalt einer Selbstbegrenzung nicht fähig sind. Sie stehen unter dem Zwang des Gesetzes der Eskalation und des Gesetzes der steigenden psychischen Instabilität ihrer Mitglieder – die Ränder der Gewaltgruppen bleiben auf die Dauer nicht kontrollierbar. ETA, IRA und andere machen heute die Erfahrung, die Etzel, Lehi und andere schon früher gemacht haben.

Am 6. November 1944 verübten zwei Lehi-Einzelgänger ein Attentat auf den Vertreter der britischen Krone in Ägypten. *Minister resident* Lord Moyne, ein Gegner des Zionismus, starb. Die Attentäter wurden verhaftet, verurteilt, gehängt. Das Attentat war politisch völlig sinnlos, denn Lord Moyne war ein enger Freund Churchills, dessen Haltung in der jüdischen Frage durch den Anschlag negativ beeinflußt wurde.

Am 22. Juli 1946 sprengte Etzel in Jerusalem einen Flügel des King-David-Hotels in die Luft, in dem die Büros des Hauptquartiers der britischen Militärmacht und der Zivilverwaltung untergebracht waren: 91 Tote, 45 Verletzte – britische Soldaten und Zivilisten, Araber und Juden. Die Reste der Fiktion von der Eingrenzbarkeit terroristischer Gewalt durch die Gruppenführung wurden, sofern sie noch bestanden haben sollten, endgültig unter den Trümmern des King-David-Hotels begraben.

Deir Yassin – oder: Der Unterschied

Auf einem Bergvorsprung westlich von Jerusalem lag ein kleines Araberdorf, das sich in den Kämpfen seit dem Teilungsbeschluß der UN und der Staatsgründung Israels aus allen Wirren herausgehalten hatte.

Das Leben des Dorfes Deir Yassin endete Freitag, den 9. April 1948. Trupps der IZL und der Stern-Gruppe rückten von drei Seiten auf das schlafende Deir Yassin vor. Ihr Losungswort war *achdut*, Einheit – treffend gewählt, denn die IZL-Jerusalem und die Stern-Gruppe hatten ihre knappen Waffenausstattungen zusammengefaßt. Von der in Jerusalem sehr bedrängten Haganah waren ein paar Gewehre und Handgranaten beigesteuert worden, weil der Jerusalemer Haganah-Kommandeur glaubte, die Kommandos wollten eine belagerte jüdische Siedlung in der Nähe, das Dorf Kastel, entsetzen. Er war getäuscht worden, denn IZL und Stern-Gruppe dachten an nichts anderes als an eine aufsehenerregende terroristische Aktion, mit der sie unter anderem ihr eigenes sehr ramponiertes Ansehen aufbessern wollten. Die Aktion lief wie geplant ab: Wenige Stunden nach Sonnenaufgang waren die Häuser von Deir Yassin niedergebrannt, an die zweihundert Einwohner tot.[12]

Der Oberrabbiner von Jerusalem exkommunizierte die Terroristen, die an der Vernichtung von Deir Yassin teilgenommen hatten. Das war ein ungewöhnlicher Schritt, aber bezeichnend für die jüdische Reaktion auf das »Unternehmen Einheit«: Die terroristischen Gruppen wurden praktisch aus der Einheit der *Yishuv* und des sich gerade formenden neuen Staates ausgeschlossen.

An Warnungen, Bitten, Beschwörungen, an Spannungen hatte es nie gefehlt; die Haganah war sogar aktiv gegen die Terroristen der eigenen Seite vorgegangen, um sie von ihrer Linie abzubringen. Die Größe des Verbrechens von Deir Yassin brachte den Anfang vom Ende der jüdischen terroristischen Gruppen. Das Ende kam knapp drei Monate später.

Die IZL setzte ihre Aktivitäten fort, als sei ihr die Empörung über Deir Yassin und die praktisch vollzogene Isolierung gleichgültig. Über der Entladung eines illegalen IZL-Waffenfrachters, der »Altalena«, kam es Ende Juni 1948 zur Machtkonfronation mit der neuen Regierung des Staates Israel. Ben Gurion, der erste Ministerpräsident, setzte in Tel Aviv die *Palmach*-Einheiten unter Yigael Allon, dem späteren Außenminister der Regierung Rabin, gegen die IZL ein. Einen Tag lang wurde um Tel Aviv gekämpft; dreiundachtzig Juden wurden durch Juden getötet. Aber die IZL war niedergeworfen. Durch seinen Einsatzbefehl hatte Ben Gurion mit einem Schlag die wahrscheinlich schwerste innere Bedrohung des neuen Staates und, noch wichtiger, die moralische und politische Belastung der jüdischen Gemeinschaft durch die Existenz eines jüdischen Terrorismus beendet. Für die wiederholten Beteuerungen der jüdischen Führung, zwischen einem »jüdischen Palästina und Terroristen kann es keine Koexistenz geben«, wurde schließlich durch einen rigorosen Akt der Beweis erbracht. Der Grundsatz der *havlagah*, der Selbstbeschränkung, hatte wieder allgemeine Geltung.

Auf der Seite der palästinensischen Araberführung ist eine solche Entscheidung nie gefallen. Der Grundsatz der Selbstbeschränkung konnte kein Recht erhalten, da es ihn nicht gab. Terroristische Aktion war und blieb das Steuerungselement, das von den extremistischen Führern um den Hadsch Amin el-Husseini sehr früh als neue Art der Kampfführung begriffen und eingesetzt wurde. Palästinensischer Terrorismus von 1920 bis zur Staatsgründung Israels war nicht das Ergebnis letzter Verzweiflung oder völliger Hoffnungslosigkeit. Er entstand und wurde genutzt, bevor die Möglichkeiten einer friedlichen Lösung oder wenigstens eines Arrangements als Zeitgewinn für die Entwicklung von Lösungen auch nur annähernd ausgeschöpft waren.

17. Die Söhne: »Generation der Rache«

Der Rundum-Terrorismus

In der ersten Nacht des Jahres 1965 setzten drei Männer über den Jordan. Sie trugen die *keffije*, das gemusterte arabische Kopftuch. Vom Fluß ging ihr Weg ins Tal von Beit Netopha. Am Stauwerk eines israelischen Kanals brachten sie zehn Stangen Sprengstoff an. Die Männer kamen glücklich zurück zum jordanischen Ufer des Flusses, aber aus zwei Gründen hörten sie nie eine Explosion im Tal von Beit Netopha: die Sprengladung ging wegen unsachgemäßer Behandlung gar nicht hoch; sie liefen einer jordanischen Grenzpatrouille in die Arme, die nicht lange fakkelte und die drei mit Gewehrfeuer eindeckte. Der Führer der Gruppe, ein gewisser Achmed Musah, kam dabei um.

Die erste Unternehmung der *al-Fatah* endete symbolisch. Das »militärische« Ziel des Unternehmens wurde nicht erreicht, und der erste Held der Fatah verlor sein Leben durch die Kugel eines Arabers.

Viele Glieder verbinden die palästinensischen Guerillas und Terroristen der Zeit nach der israelischen Staatsgründung und dem israelisch-arabischen Krieg von 1948 mit den palästinensischen Terroristen der zwanziger, dreißiger und mittleren vierziger Jahre. Keines ist so dauerhaft wie die Tatsache, daß der palästinensische »Widerstand«, sei er politisch, paramilitärisch oder terroristisch, damals ein ebenso anarchisches Störungselement innerhalb der arabischen Welt war, wie er es heute noch ist. Die frühen palästinensischen Extremisten um den Hadsch Amin el-Husseini gingen von der selbstverständlichen Überzeugung aus, Palästina sei kein eigenständiges Gebilde, sondern der südliche Teil Syriens (eine Auffassung, die noch im Mai 1956 von Achmed Shukeiri – jahrelang Sprecher des Großmufti, später erster Vorsitzender der PLO – dem Sicherheitsrat der UN vorgetragen wurde). Diese Grundhaltung mußte das Gleichgewicht des damaligen arabischen Staatensystems genau so beunruhigen wie die späteren Versuche der PLO, arabische Staaten wie Jordanien und den Libanon durch Unterlaufen zu kontrollieren, und ihre heutigen Versuche, zu einer eigenen, wenn auch begrenzten Staatlichkeit zu gelangen. Weder die gesamtarabische Rhetorik zugunsten der Palästinenser, die gegenüber den Adressaten außerhalb der arabischen Welt den Charakter einer Gebetsmühle angenommen hat und zugleich zur diplomatischen Fessel wurde, noch die besondere PLO-Rhetorik dürfen darüber hinwegtäuschen, daß der Einsatz palästinensischer Gewalt nicht nur gegen Israel, sondern ebenso sehr gegen die arabischen »Brüder« gerichtet war und ist.

Ein zweites verbindet die palästinensische Gewalt von heute mit der Gewalt der Vätergeneration: Der Charakter der Führer ist mindestens so prägend wie die Summe politischer Faktoren. Familienabstammung und soziale Herkunft, frühe Umwelt und Werdegang, Wahl oder Zufall des Aufenthaltes spielen eine größere Rolle als in anderen, aber vergleichbaren Bewegungen. Der »Palästinensische Kampf« ist zu einem großen Teil auch der zähe Kampf palästinensischer Führer untereinander. Persönliche Rivalitäten und Reputationszwang waren oft entscheidender als der Zwang der Lage und die Notwendigkeit der Sache. Zu den politischen Erfolgen der Palästinenser gehört, daß sie dieses Personenspiel der öffentlichen Kenntnisnahme lange entzogen haben und die Außenwelt überzeugten, im palästinensischen Kampf zeige sich allein der Rückkehr- und Siegeswille einer vertriebenen »Nation«, und der Gang der Dinge sei eine mathematische Folge des historischen Unrechts, das ihr 1947 bis 1948 angetan worden sei.

Die Palästinenser der PLO-Jahre haben ihre Väter als »Generation des Unglücks« von der Bühne gewiesen und sich als »Generation der Rache« an die Rampe gestellt. Aber die Generationen sind nach wie vor fest aneinander gebunden: Die PLO begann als die neue Organisationsform des alten Leidens, nicht Herr des eigenen Familienschicksals zu sein.

Der Begriff der *Palestinian Entity*, der »Palästinensischen Wesenseinheit« oder der »Palästinensischen Verkörperung«, wurde 1959 vom Stabsbüro des ägyptischen Präsidenten Nasser ausgegeben. Das Wort war als politisches Werkzeug Ägyptens in den innerarabischen Führungskämpfen gedacht. Aber durch das Wort, das später zur Parole der meisten arabischen Regierungen wurde, mit dem sie sich selber banden, hat Nasser nicht etwas geschaffen, was – wie sein Plan vorsah – von Ägypten völlig abhängig wurde. Er hat vielmehr Vorstellungen freigesetzt, die er nicht mehr kontrollieren konnte. Der Begriff machte sich selbständig und wurde zum Träger keimender nationaler Gefühle und daraus resultierender breiter Gewalt. Insofern gibt es seit geraumer Zeit eine stille Teildeckung arabischer und israelischer Interessen: Die Neutralisierung der neuen Palästinenser. Daraus erklärt sich, was man den palästinensischen »Rundum-Terrorismus« nennen könnte, die wechselnde und von wechselnden Gruppen getragene terroristische Aggression gegen Industriestaaten oder Israel oder arabische Regierungen oder alle zusammen. Der palästinensische Rundum-Terrorismus verwirrte oft die Weltöffentlichkeit; aber er ist nur logisch.

Die Selbsttäuschung der Guerilla

Der palästinensische Kampf hat griffige Wortwaffen hervorgebracht; die Waffenliteratur reicht von Gedicht und Lied über das Sprichwort zum Schlagwort: »Der Kämpfer der Fatah macht sich kundig in der Kunst des Todes um der Sache des Lebens willen.«

Bezeichnend ist dieser Satz aus einer Fatah-Broschüre: »Gewalt wird den Einzelnen vom Gift reinigen, den Kolonisierten vom Gefühl der Unterlegenheit erlösen, dem Eingeborenen seinen Mut zurückgeben!«[1]

Das ist die unverhüllte Übernahme der Sprache der antikolonialistischen Revolution, wie sie im algerischen Kampf gegen Frankreich von Frantz Fanon beherrschend formuliert und von Sartre für Europa gesteigert wurde.

Das Einschwenken des palästinensischen Aufstandes in das Gedankenreich und in die Terminologie der weltweiten antikolonialistischen, »anti-imperialistischen« Bewegungen ist das erste von einigen Merkmalen, die das Gewaltdenken der neuen palästinensischen Generation von den Vorstellungen der »Generation des Unglücks« unterscheidet. John Laffin zitiert aus einem Gespräch mit einem Fedayin-Führer: »Natürlich ist Israel weder imperialistisch noch kolonialistisch – nicht einmal mit der größten Phantasie ließe sich das beweisen. Aber dadurch, daß wir Israel des Imperialismus beschuldigen, können wir sagen, *Fatah ist Vietnam, Fatah ist Kuba, Fatah ist Bolivien, Fatah ist Algerien.*«[2]

Das Problem liegt in der Fähigkeit zur Selbsttäuschung, die sich in diesem Eingeständnis offenbart. Palästina ist unter den sachlichen Gesichtspunkten einer Guerilla-Kriegführung mit keinem der genannten Kampfräume zu vergleichen, am allerwenigsten mit dem scheinbar nächstliegenden Beispiel Algerien. Alle Voraussetzungen, die die algerische FLN nach erfolgreicher Überwindung der (terroristischen) Anfangsphase für den klassischen Guerillakrieg gegen Frankreich vorfand oder sich schuf, sind bis heute den Palästinensern nicht gegeben oder von ihnen nicht erreicht worden: Weder die geographischen oder geophysikalischen Voraussetzungen der Landschaft noch die Verankerung von Organisation und Führung in der Bevölkerung des Kampfraumes, weder die Klarheit der territorialen Begrenzung und damit die dauernde Übereinstimmung mit den Nachbarstaaten noch der simple Umstand, daß in Algerien schließlich an die zehn Millionen Araber gegen eine verschwindende Minderheit von Franzosen stand.

Hier liegt die tiefste Verirrung. Die FLN konnte Frankreich zur Aufgabe Algeriens zwingen, aber durch nichts hätte sie Frankreich zur Aufgabe Frankreichs zwingen können. Die FLN wollte das auch gar nicht. Aber Israel durch die Verunsicherung der Macht zur Aufgabe Israels zu zwingen, ist die Absicht der palästinensischen Guerilla. Das ist die Utopie des Ziels. Sie macht den Palästinensern eine weitere Voraussetzung erfolgreicher Guerillakriege, die strikte Einheit des politischen Willens hinter der taktischen Kampfführung, nahezu unmöglich.

Das Bild vom strahlend siegreichen palästinensischen Guerilla, der im Auftrag seiner Nation den Feind aus dem besetzten Heimatstaat vertreibt, ist ein heroisch ausgeschmückter Traum geblieben, Fata Morgana in der Wüste des Mißerfolgs. Tatsächlich hatte die palästinensische Guerilla nur drei Wege: Entweder sie beschränkte sich auf einige in der Summe unbedeutende Kommando-Unternehmen nach Israel hinein; oder sie wuchs sich zur Beinahe-Armee aus, die zwar gegenüber Israel machtlos bleiben, dafür aber mit den arabischen Nachbarstaaten Israels in Widerstreit geraten mußte, sofern sie nicht zur Teilarmee eines solchen Staates gemacht wurde; oder die Guerilla löste sich in terroristische Gruppierungen auf. Sie ist alle drei Wege gegangen.

Das sozialrevolutionäre Element

Dem Versagen der Palästinenser in der militärischen Guerilla-Kriegführung steht die Leistung gegenüber, mit der gerade sie die terroristische Aggression zu einem meisterlich gehandhabten politischen Waffensystem ausbildeten.

Gegen diese Feststellung können Einwände erhoben werden. Der erste Einwand: Der Entschluß, Terrorismus in jeder Hinsicht ausgreifend zu betreiben, sei vor allem im Zwang einer bestimmten Lage begründet gewesen, der keine wirkliche Wahl gelassen habe. Zweiter Einwand: Ohne die Möglichkeit des Zugriffs auf modernste technologische Mittel, der sich zur Zeit des Entschlusses erstmals in breitem Maß anbot, wäre der Entschluß nur eine Absicht intelligenten Willens geblieben. Dritter Einwand: Erst zu diesem Zeitpunkt habe sich die Ideenkonformität gewaltfähiger Minderheiten in aller Welt gezeigt und nur dadurch sei die Vereinzelung der Logistik über Ländergrenzen und Kontinente hinweg möglich geworden; überdies falle die explosionsartige Ausweitung der Fernsehkommunikation auf globalen Maßstab genau in diesen Zeitraum.

Dennoch bleibt die Tatsache, daß die Palästinenser die Möglichkeiten in einen funktionsfähigen Zusammenhang brachten und dadurch das System eines grenzüberschreitenden Hochleistungsterrorismus schufen. Weder die lateinamerikanischen Organisationen, Landguerilla oder Stadtguerilla, noch die ideologisch aufgeputzten Terroristen in den Industriestaaten, auch nicht die rational bestimmte Gewaltgruppe des regionalen Terrorismus haben die radikale Entschlossenheit und das intellektuell-planerische Potential der Palästinenser aufgebracht.

Die Frage ist, worin dieser eigentlich palästinensische Beitrag zur Weiterentwicklung terroristischer Methoden gründet.

Die Jüngeren sind, anders als ihre Worte es wollen, die wirkliche »Generation des Unglücks«, da sie, anders als ihre Väter, mit der Erkenntnis der palästinensischen Unmöglichkeit belastet sind. Ihr Staat ist in Wirklichkeit nicht möglich. Dann wäre eine kaum noch zu lotende Resignation der Anstoß, den Weg vollkommen rücksichtsloser Radikalität zu gehen: »Die Welt hat uns zu dem gemacht, was wir sind. Möge die Welt daher erfahren, was aus uns geworden ist.«

Oder aber: Eine breite Schicht jüngerer Intellektueller, die aus einer Bevölkerung kam, der Intellektualität nie fremd war, wurde vornehmlich auf westlichen Universitäten ausgebildet und lernte dort die Nutzungsmöglichkeiten moderner Technologie und die Systemnotwendigkeiten für die Erweiterung und Besserung gesellschaftlicher Lebenschancen. Beides konnten sie nicht verwerten; und angesichts der Unverwertbarkeit der Kenntnisse in einer nichtvorhandenen Heimat richteten sie die Kenntnisse auf die Zerstörung. Dann wäre nihilistischer Aktionszwang eine wesentliche Triebkraft gewesen. Die jungen Intellektuellen sind eher in den extremen Linksgruppen der Palästinenser zu finden als in den mehr traditionell-konventionellen, nationalgetönten Richtungen wie etwa der Fatah.

Aber die Schlagwortformel, Fatah sei gleich Vietnam gleich Kuba gleich Algerien, macht – wiewohl sie Verhüllung und nicht Bekenntnis ist – doch deutlich, daß alle sich in einem Punkt von den palästinensischen Vätern abheben. Niemand in der Vätergeneration um den Hadsch Amin el-Husseini dachte an soziale Weiterentwicklungen oder gar an gesellschaftliche Systemumwälzungen im arabischen Raum.

Keine der bedeutenden antikolonialen Bewegungen der Nachkriegszeit ist aber von der mechanischen Vorstellung ausgegangen, das Problem der Entkolonialisierung sei gelöst, wenn eine Fremdmachtregierung durch eine eigene Regierung ersetzt werde. Mit dem Wechsel der administrativen Macht ist immer auch der Wandel des gesellschaftlichen Systems einhergegangen. Die Gruppen in der PLO sind unterschiedlich stark vom sozialrevolutionären Drang erfaßt. Die Intensitätsgrade des sozialrevolutionären Denkens bieten die Möglichkeit, die »Härte« des terroristischen Aktionswillens in den einzelnen palästinensischen Gruppen abzuschätzen. Je geringer die Stärke des sozialrevolutionären Elementes im Gruppendenken, um so größer die Bereitschaft, den Einsatz des politischen Waffensystems Terrorismus zu kontrollieren, das heißt, ihn einzuschränken, wenn aus diplomatisch-politischen Gründen Einschränkung opportun erscheint. Ein Teil des palästinensischen Terrorismus ist selektiv, allerdings nicht mehr im Sinn der eingeschränkten Zielwahl, sondern im Sinn des eingeschränkten Einsatzes bei unbegrenzter Zielwahl.

Die häufige Absage an den Terrorismus, ausgesprochen von Gruppen oder Einzelvertretern der PLO, ist lediglich situationsbedingt. Das in den letzten Jahren vervollkommnete Waffensystem kann jederzeit wieder eingesetzt werden, falls eine Notwendigkeit festgestellt wird.

Grundzüge der Gruppenkunde

Die Geschichte der palästinensischen Gruppen, die seit der Staatsgründung Israels und dem Auszug der Palästinenser aus dem israelischen Teil Palästinas entstanden, ist verwirrend. Arabische Fähigkeit zu innerer Zwistigkeit und kurzlebigen Allianzen hat hier absurde Höhepunkte erreicht. Hinter dem Geflecht von Verwicklung, Sektenstreit, Bruderkampf und widerstreitenden politischen Grundinteressen lassen sich vier Hauptstränge erkennen: die PLO; die *al-Fatah;* die *al-Saika;* der PFLP-Flügel. Mit Ausnahme der al-Saika ist keiner dieser Stränge in sich wirklich geschlossen – auch hier, auf der untersten Ebene und insbesondere auf dem linken Flügel, Streit und Intrige, Flügelkämpfe und zusätzlich die allgemeine Erscheinung im Terrorismus, die wachsende Unkontrollierbarkeit der Gruppenränder.

Was der nichtarabischen Welt als scheinbar eigenständige terroristische Gruppe im jeweiligen Aggressionsakt entgegentritt, ist fast immer eine Einheit, die zwar in Organisation und Logistik ein hohes Maß an Eigenständigkeit hat, tatsächlich aber an einen der Stränge gebunden ist. Die »Adler der Palästinensischen Revolution«, die am 28. September 1973 bei Marchegg an der tschechoslowakisch-österreichischen Grenze einen aus dem Osten kommenden D-Zug mit emigrierenden russischen Juden überfielen und den österreichischen Bundeskanzler Bruno Kreisky zur Schließung des Durchgangszentrums Schloß Schönau veranlaßten, waren Mitglieder der al-Saika. Der »Schwarze September« – darüber gibt es heute keinen ernsthaften Zweifel mehr, obwohl erste Behauptungen dieser Art als israelische Propaganda abgetan wurden – war der terroristische »Arm« der Fatah. »Carlos« und seine wechselnden Gruppen standen und stehen im Dienst des PFLP-Flügels um George Habash. Erst die Zuordnung einer terroristischen Aktionsgruppe zu einem der politischen Hauptstränge klärt den tatsächlichen Charakter und das wirkliche Ziel des jeweiligen terroristischen Anschlags.

Eine Kurzbeschreibung der vier Stränge ist unerläßlich für die Einschätzung der Aktionen des »palästinensischen Terrorismus«.

PLO (Palestine Liberation Organisation):

Sie wurde 1964 auf Betreiben des damaligen ägyptischen Staatspräsidenten Gamal Abdul Nasser während der ersten arabischen Gipfelkonferenz in Kairo gegründet. Nasser sah in der nicht organisierten Unruhemasse der verstreuten Palästinenser und insbesondere in den jungen palästinensischen Intellektuellen, die vom kubanischen Beispiel und noch mehr vom algerischen FLN-Erfolg fasziniert waren, ein gefährliches Störpotential im arabischen Raum und für seine eigene politische Hoffnung eine unbestrittene ägyptische Führungsrolle durchzusetzen. Die PLO war in der ursprünglichen Konzeption ein Instrument zur Kontrolle der Palästinenser.

Ihre wesentlichen Funktionen lagen auf dem Gebiet der Propaganda und der Publizität sowie in der Möglichkeit, sie als Rahmen für angeblich repräsentative, in Wirklichkeit aber von außen kontrollierbare Gremien der Palästinenser zu schaffen, z. B. die PNA (*Palestine National Assembly*), ein kongreßartiges Forum, das als Verbindungsglied zu allen existierenden palästinensischen Organisationen, ob politisch oder »militärisch«, diente.

Der militärische Arm war die PLA (*Palestine Liberation Army*), in der sich die Verflechtung der PLO mit arabischen Staateninteressen unmißverständlich zeigte. Rolf Tophoven charakterisiert sie so: »Entsprechend dieser Verfilzung spielten dann auch im Junikrieg (1967) die Einheiten der PLA nur eine klägliche Rolle. So fühlten sich besonders die Palästinenser vom Ausgang des dritten arabisch-israelischen Krieges bitter enttäuscht. Sie mußten erkennen, daß sie in der Vergangenheit den Interessen der arabischen Regierungen geopfert worden waren.«[3] In einer arabischen Analyse heißt es unzweideutig: »Da die PLA unter der indirekten Beaufsichtigung der arabischen Regierungen gebildet worden war, die die Existenz der PLO billigten, geriet die PLA hinsichtlich Waffenausstattung, Ausbildung, Finanzierung und Führung durch qualifizierte Offiziere in völlige Abhängigkeit von den jeweiligen Gaststaaten. Tatsächlich waren und sind die verschiedenen PLA-Verbände nichts anderes als palästinensische Kontingente der syrischen und irakischen Armeen. Sie wurden nur noch dem Namen nach von der PLO kontrolliert.«[4]

Nach der Enttäuschung über das arabische Versagen im Sechstagekrieg begannen 1968 die ernsthaften Versuche, die PLO dieser ersten Phase durch Führungsübernahme von innen aus der völligen Fesselung an die Interessen verschiedener arabischer Staaten zu lösen. Die Gruppe, die nach mehr als einem Jahr des Manövrierens schließlich auf dem Fünften Kongreß der PNA im Februar 1969 den Sieg davontrug, war die Fatah.

Al-Fatah:

Die Fatah, die erste Fedayingruppe von einiger Bedeutung, bildete sich unter jüngeren Palästinensern im Gaza-Streifen, den die Israelis 1956 besetzt hatten. *Fatah* ist ein Wort, das sich aus der Umkehrung der Anfangsbuchstaben eines Organisationsnamens ergibt: *Harakat al-Tahrir al-Watani al-Filistini* – Bewegung für die Befreiung Palästinas. Dem spielerischen Sinn muß es gefallen, daß die Umkehrung wiederum ein arabisches Wort ergibt: *Fatah* – siegreiche Eroberung.

In der Anfangsgruppe deutete sich schon die neue Doppelnatur des palästinensischen Kampfes an. Die jungen potentionellen Führer hatten Fähigkeiten und Ehrgeiz, standen aber vor der Wand jahrhundertelanger technologischer Rückständigkeiten und sozialer Verkrustungen in der traditionellen arabischen Welt, vor dem ererbten Ballast der großen Worte und der kleinen Erfolge. Wiederauferstehung des Arabismus und Wiederkunft arabischen Ruhmes wurden idealisierte Ziele der Enteigneten. Ideale brauchen eine »Sache«, an der und durch die sie verwirklicht werden können. Für die Gründer wurde Palästina zur »arabischen Sache«, während es für die traditionellen Regierungen ein armer, landloser Bauer auf dem Staatenschachbrett blieb.

Yassir Arafat, 1929 in Jerusalem geboren, rückte in die Führungsposition auf. Als Student des Maschinenbaus an der Universität Kairo war er in Berührung mit der rechtsextremen Moslembrüderschaft gekommen; nach ihrem Verbot 1957 mußte er Ägypten, das ihn als Sicherheitsrisiko betrachtete, eilends verlassen. Er ging von 1957 bis 1964 nach Kuwait, und dort, in den Kreisen einer wohlhabenden palästinensischen Bourgeoisie, entstand die eigentliche Fatah. Sieben Jahre dauerte es, bis 1963 so etwas wie eine Organisationsstruktur kommando-ähnlicher Gruppen stand. Zwei weitere Jahre brauchte sie, bis am Jahreswechsel 1964–1965 die erste Unternehmung in das israelische Tal von Beit Netopha gestartet werden konnte, die so bezeichnend endete.

Die Übernahme der PLO durch die Fatah im Februar 1969 wäre ohne den Phantomsieg der Fedayin bei Karameh so leicht nicht möglich gewesen. Am 21. März 1968 wurde bei einer Vergeltungsoperation der israelischen Armee gegen das Lagerdorf Karameh im jordanischen Grenzgebiet kräftig zurückgeschossen. Die Israeli hatten Verluste, die ihnen vor allem durch die regulären Elitetruppen der jordanischen Armee, der Arabischen Legion, beigebracht, aber von der *al-Assifa* (Der Sturm), dem militärischen Arm der Fatah, eben den Fedayin, in Anspruch genommen wurde. Der Sieg von Karameh wurde in Windeseile zur Folklore der Fedayin und zu einer Art Raketentreibsatz für Selbstbewußtsein und äußeres Ansehen der Fatah. Karameh war der Anfang ihres Weges zur beinahe beherrschenden Gruppe.

Der politische Charakter der Fatah ist pragmatisch. Die Lösung der »nationalen Frage« drängt andere Überlegungen an den Rand, wenn sie sich auch zunehmend sozialrevolutionärer Parolen bedient. Das Fehlen einer Ideologie ist ihre Ideologie. In den Worten des ehemaligen Chefs des Israelischen Geheimdienstes, des Arabisten Dr. Yehoshafat Harkabi: »Gemäß der These der Fatah durchschreiten die Palästinenser gegenwärtig die Phase ihrer nationalen Befreiung ...; und erst wenn diese vollendet ist, wird die soziale Befreiung sowie die Einsetzung eines Regimes der Gerechtigkeit, und damit die ›Befreiung des Menschen‹, stattfinden.«[5]

Die ursprüngliche Fatah-Vorstellung, ihr bewaffneter Arm *al-Assifa* werde nach der Guerillastrategie vor allem gegen Objekte wie »Straßen, Dämme, Brücken, Eisenbahnen, Wassersysteme, Pumpstationen, Polizeistationen, Traktoren, Tanklager, Industrieanlagen, Munitionslager, Armeefahrzeuge« eingesetzt, hat sie nie verwirklichen können.[6] Der militärische Mißerfolg zwang sie von 1971 bis 1974 zum terroristischen Einsatz des »Schwarzen September«. Die Anwendung des Terrorismus ermöglichte ihr die Beibehaltung ihrer politischen Grundlinie allein schon durch die Tatsache, daß sie sich durch Aktion erfolgreich neben den Terroristen des linken PFLP-Flügels behaupten konnte.

Zur ausschließlich führenden Gruppe der Palästinenser ist sie trotz ihrer Erfolge und internationalen Triumphe nicht geworden. Die Bereitschaft zum langfristigen Kompromiß, ohne den eine auf die »nationale Frage« ausgerichtete Politik nicht durchführbar ist, und ihre Unbestimmtheit in der Frage der gesellschaftlichen Umwandlung haben sie vom vierten Hauptstrang der palästinensischen Bewegung, dem Flügel um die PFLP, getrennt. Das geschah, als die Fatah auf dem Höhepunkt ihres Aufstiegs angekommen war.

Al-Saika (Der Blitzstrahl):

Die Saika ist der dritte Strang und besonders charakteristisch für die palästinensische Gesamtsituation, denn die Saika ist noch immer Bestandteil der syrischen Armee. Unter syrischem Kommando trat sie im Bürgerkrieg des Libanon 1976/77 gegen die Verbände der PLO für die Interessen Syriens an. Die Möglichkeit nahöstlicher Politik, jederzeit zur Groteske zu werden, zeigt sich hier ganz deutlich: Suheir Mosein, Palästinenser, ehemals Offizier der syrischen Armee, ist als Chef der Saika satzungsgemäß Mitglied des »Inneren Kommandos«, des höchsten Organs der syrischen Baath-Staatspartei, mithin hochrangiger Erfüllungsgehilfe des syrischen Präsidenten Assad, der den Libanesischen Bürgerkrieg nutzte, die PLO-Palästinenser zu schwächen; zugleich aber ist Suheir Mosein Mitglied des PLO-Exekutivausschusses und in dieser Eigenschaft Leiter der PLO-Abteilung für Militärische Angelegenheiten.

Die Saika in ihrer heutigen Form entstand 1967 aus dem Palästinensischen Bataillon der syrischen Armee. Sie steht also in der alten Tradition der Palästinenser, die sich als Bewohner einer syrischen Südprovinz betrachten, und in der jungen Tradition der Baath-Partei der syrischen Richtung. Ihre Offiziere sind zumeist auch Mitglieder der Baath-Partei. Die Anfänge der Saika gehen bis 1958 zurück. Ihre Delegationen haben sehr früh und dann sehr häufig die Sowjetunion besucht, um die politische und militärtechnische Zusammenarbeit zu organisieren und zu vertiefen, solange sich die Interessen der Sowjetunion und Syriens deckten.

Die besondere Funktion der Saika folgt aus ihren zwei Bindungen: Sie hält die Rolle der arabischen Nachbarstaaten Palästinas für den entscheidenden Faktor bei der Lösung der »nationalen Frage« und verfolgt, als Sproß der syrischen Baath-Partei, einen staatssozialistischen Kurs, der sie auch, aber aus anderen Gründen als die Fatah, in Konflikt mit dem PFLP-Flügel, dem vierten Hauptstrang, bringen mußte.

Der Flügel der extremen Linken:

Es ist bezeichnend, daß sich dieser Flügel nicht mit einer einzigen Organisation identifizieren läßt. Zwar ist es zulässig, vereinfachend vom Flügel der PFLP (*Popular Front for the Liberation of Palestine* – Volksfront für die Befreiung Palästinas) zu sprechen, da sie die zentrale Gruppe ist, aber die genauen Umrisse des tatsächlichen Bildes werden dadurch verwischt. Das übliche Schicksal linker Flügel – die Zersplitterung in Untergruppen und Fraktionen, die ihre sogenannten ideologischen, eher sektiererischen Feindschaften pflegen – hat sich hier im Extrem vollzogen.

Den einzelnen Verästelungen nachzuspüren, führt zu weit in die dürren Steppen programmatischer und letztlich belangloser Diskussionen. Die Geschichte des Mannes, der aus der Masse der palästinensischen Linken herausragt, gibt mehr Aufschluß als die Geschichte der linken Sekten.

George Habash, 1926 in Lydda, dem heutigen Lod, geboren und unter den Mauern Jerusalems, inmitten der tief verflochtenen Spannungen arabischer und jüdischer Bevölkerung, aufgewachsen, ging 1944 zum Studium der Medizin an die Amerikanische Universität in Beirut. Seit 1948 hat er Palästina nicht mehr gesehen, denn es ist, all seinen wilden Beteuerungen zum Trotz, für ihn zweitrangig geworden.

Arafats frühe Organisation entstand im ägyptischen, des Dr. Habash erste (Beiruter) Gruppe wuchs im syrischen Einflußbereich heran. Es war die ANM (*Arab National Movement*), die sich die Einheit Arabiens zum Ziel gesetzt hatte und zwischen Tunis und Damaskus, Aden und Bagdad tätig war. Die ANM war eine der vielen doktrinären Gruppen ohne ein wirklich zielgerichtetes Aktionsprogramm. Nach dem Sechstagekrieg 1967, der die Siegesträume der arabischen Staaten und ihrer Armeen zerschlug, ging Habash in den Untergrund. Er muß dort einen radikalen Wandel durchgemacht haben. Als er wieder auftauchte, war er der Führer einer eigenen, nunmehr terroristischen Organisation, der »Jugend der Rache«. 1967 schloß sie sich mit einer der alten Habash-Gruppen und der PFL zur PFLP zusammen.

Die PFL (*Popular Front for the Liberation*) war bis dahin eine eigenständige Organisation unter Führung von Achmed Dshibril, einem ehemaligen palästinensischen Offizier der syrischen Armee. Nur zwei Jahre dauerte dieses enge Bündnis, dann rückte die Dshibril-Gruppe unter dem neuen, bis heute gültigen Namen PFLP–GC (*Popular Front for the Liberation of Palestine – General Command)* wieder von Habash ab und machte sich halb selbständig. Auf der anderen Seite des Spektrums löste sich eine weitere Gruppe von Habash, die PDFLP (*Popular Democratic Front for the Liberation of Palestine)* unter ihrem Generalsekretär Nayef Hawatmeh. Um diese Dreierkonstellation kreisen andere linke Kleingruppen. Aber das Zentrum bleibt der einstige Kinderarzt Dr. George Habash.

Im Untergrund und später in einem syrischen Gefängnis machte Habash nicht nur einen Wandel zur persönlichen Radikalisierung durch, sondern vor allem den politischen Wandel vom panarabischen Nationalisten zum »Marxisten-Leninisten«. Dieses Glaubensbekenntnis ist allen Gruppen auf dem linken Flügel geblieben. Gemeinsam sind sie aus diesem Grund Gegner der Fatah. Ihre Differenzen untereinander rühren aus dem programmatischen Verhältnis zur terroristischen Gewalt. Man fühlt sich an Irland und das Baskenland erinnert: die PDFLP des Nayef

Hawatmeh argumentiert wie die Officials der IRA und die gemäßigte *Asamblea* der ETA, erst müßten die Massen des Landes und die unteren Klassen zum »wahren Sozialismus« erzogen werden, und nur dann lohne sich der volle Aufbau und Einsatz von Guerillas und anderen Gewaltgruppen. Dem entspricht die sowjetische Zurückweisung der Habash-Linie, nachdem anfangs ein spürbarer Einfluß der Sowjetunion auf Habash vorhanden war. (Die Moskauer »Literaturnaja Gazeta« z. B. griff im August 1974 Habash als einen »Pseudorevolutionär« an, der durch »maoistische Demagogie« verführt worden sei.)

Habash und Dshibril stellten die Gewalt und vornehmlich die terroristische Gewalt (denn sie hatten als erste den Mißerfolg der klassischen Guerillastrategie erkannt) als zerstörende und zugleich formende Kraft in den Vordergrund. Die Rivalitäten zwischen ihnen sind eher Rivalitäten starker und eifersüchtiger Gruppenchefs; allenfalls kann gesagt werden, daß das ideologische Moment in dem Militär Dshibril weniger entwickelt ist als in dem Intellektuellen Habash.

Habash wird von der sozialrevolutionären Ideologie beherrscht. Für ihn und seine Leute ist der nationale Kampf um Palästina zwar kein bloßer Schattenkampf, aber doch nur ein notwendiger Schritt auf dem Weg zur Umformung der Gesellschaft in der gesamten arabischen Welt, zur Zerschlagung der Kleinbürgersysteme und der feudalen Herrschaften und der schließlichen Errichtung proletarischer Regierungen in den »fortschrittlichen« Ländern Arabiens. Da ist denn auch nicht überraschend, daß seine Schutzmächte Algerien, der Irak und die Volksrepublik Jemen sind. Seine Gegner sitzen in den Hauptstädten der Traditionsmächte, von Riad bis Teheran.

Zwangsläufig mußte Habash zum Führer der Ablehnungsfront in der PLO werden, aus deren Exekutivausschuß er sich 1974 zurückzog. Denn die ersten Anzeichen einer vielleicht nur vorläufigen Kompromißbereitschaft der Fatah in der »nationalen Frage« ist für den linken Flügel der offenkundige Verrat am weiterreichenden Ziel der revolutionären Umformung Arabiens – Verrat durch das, was sie das »kleinbürgerlich nationalistische Element« der PLO unter Yassir Arafat nennt.

Aber beide, Arafat und Habash und ihre jeweiligen Gruppen, brauchen den Kampf gegen Israel auch morgen noch.

18. Die Legitimierung der Gewaltorganisation

New York, 13. November 1974

Staatsoberhäupter sprechen vor der Vollversammlung der Vereinten Nationen um die Mittagsstunde; diese Zeit ist ihr Vorrecht. Staatsoberhäupter sitzen auf einem beigefarbenen Sessel; so will es die junge Tradition am East River. Staatsoberhäupter, die der Mehrheit der Vollversammlung genehm sind, erhalten Ovationen. Darauf erheben sie Anspruch.

Am 13. November 1974 saß Yassir Arafat zur Mittagsstunde auf dem beigefarbenen Sessel, und die Dreiviertelmehrheit der Vollversammlung brachte ihm, als er zum Rednerpult schritt, eine Minutenovation dar. Arafat muß sich in dieser Minute zur Wahl des Namens *al-Fatah* beglückwünscht haben, denn er bedeutet nicht nur »Siegreiche Eroberung«, die nicht gelungen war, sondern auch »Öffnung«. Die Vollversammlung öffnete dem Palästinenser das Tor zur internationalen Legitimierung.

Zwei Wochen vor dem triumphalen Empfang in New York hatten schon im marokkanischen Rabat die Chefs von zwanzig arabischen Staaten die PLO als »die alleinige legitimierte Vertretung des palästinensischen Volkes« anerkannt.

Der Einsatz des grenzüberschreitenden Terrorismus und die perfektionierte Anwendung seiner Strategie hatten nach wenigen Jahren ihren sichtbaren Erfolg.

Die Entwicklung des palästinensischen Terrorismus seit der Staatsgründung Israels läßt sich in drei Phasen aufgliedern:

- Die erste Phase reicht von den Gründungsjahren der neuen Gruppierungen bis zum Jahr 1968. Sie ist bestimmt durch den Mißerfolg der Guerillakriegführung, den beginnenden Zerfall der Guerilla und den Entschluß des Übergangs zur praktikableren Gewalt der Kleinen Gruppe.
- Die zweite Phase streckt sich von der vollen arabischen Katastrophe, dem Sechstagekrieg 1967, zum halben arabischen Erfolg, dem Yom-

Kippur-Krieg 1973. Sie ist die Phase der Radikalisierung, der Brutalisierung durch die kalkulierte Ausdehnung der terroristischen Gewalt auf die Nichtbeteiligten und durch den Ausbruch in den internationalen Raum. Sie ist die Zeit der Sprengung der Grenzen und des Exports der Gewalt.

- Die dritte Phase, die bis heute dauert, ist die Phase des Erfolges und der gleichzeitigen tiefen Spaltung in der palästinensischen Gesamtbewegung. Einerseits wird eine internationale Legitimierung einer palästinensischen Körperschaft, der PLO, vollzogen, andererseits wird die Voraussetzung weitergehender tatsächlicher Anerkennung durch die entscheidenden Mächte, nämlich die Hinnahme einer minimalen territorialen Lösung, von den palästinensischen Gegnern der PLO bekämpft.

Die dritte Phase ist durch Entwicklungen mitgetragen worden, die außerhalb palästinensischer Einwirkung lagen. Die verbesserte militärische Leistungsfähigkeit der regulären arabischen Armee im Yom-Kippur-Krieg, mehr noch der überraschende und damals wirkungsvolle Einsatz der »Ölwaffe« durch die arabischen Staaten haben in der westlichen Welt wesentliche Voraussetzungen geschaffen. Aber die Erfolge in der dritten Phase sind ebenso nicht denkbar ohne den vorhergehenden kalkulierten Einsatz des Terrorismus als politisches Waffensystem. Die terroristischen Aktionen sollten Israel nicht direkt, sondern auf zwei Umwegen schwächen.

Der erste Umweg führte in jene arabische Staatenkombination hinein, der eine wie immer geartete Regelung der Koexistenz mit Israel aus der Position der arabischen Schwäche und somit eine Minderung, wenn nicht gar Mißachtung palästinensischer Ansprüche zuzutrauen war.

Der zweite Umweg führte in die Nervenzentren und auf die Nervenstränge, die Lebenswege der westlichen Industriewelt, die zu einer Änderung ihrer israelfreundlichen Haltung veranlaßt werden sollten.

Beide Ziele wurden erreicht. Das über die eigentliche Nahostsituation hinausreichende, wirklich bedeutende und die rechtlichen wie moralischen Rahmenbedingungen der Weltpolitik tief beeinflussende Ergebnis dieses Vorgangs liegt jedoch darin:

Durch die Verwendung des Waffensystems Terrorismus, zusammengesetzt aus politischem Motiv und politischem Ziel, das sich im Einzeleinsatz verbrecherischer Methoden bedient, hat erstmals eine Organisation die Legitimierung eines Anspruchs auf Eigenstaatlichkeit erhalten, bevor sie die Merkmale der Eigenstaatlichkeit überhaupt nachweisen konnte. Das heißt: Durch die terroristische Gewalt wurde die Umkehrung des Normprozesses erzwungen; Legitimierung steht nicht am Ende des Vorgangs der Staatswerdung, sondern an seinem Anfang.

Das heißt: Nicht die Existenz eines realen palästinensischen Nationalverbandes wurde legitimiert, sondern die Organisation der Gewalt und damit die Gewalt selbst.

Die Bedeutung des 13. November 1974 im Glaspalast an New Yorks East River kann nicht überschätzt werden. Dieser Akt der internationalen Legitimierung der kalkulierten Gewalt der Kleinen Gruppe bleibt politikprägend. Auch dann, wenn die Palästina-Politik andere Wege nimmt, als Yassir Arafat am 13. November 1974 hoffen durfte.

»Schwarzer September« oder: Der kontrollierte Terrorismus

Kalkulierter Einsatz ist kontrollierter Einsatz. Die Möglichkeit wurde mit der Organisation des »Schwarzen September« durchgeprobt, die auf Weisung der Fatah operierte und auf Distanz zur Fatah gehalten wurde.

Die Fatah-Linie des »militärischen« Guerillakrieges gegen Israel wurde bis 1970 ziemlich strikt eingehalten. Gelegentliche Unternehmungen, bei denen Zivilisten zu Schaden kamen (z. B. die Bombenexplosion auf dem Jerusalemer Mahaneh-Yehuda-Markt am 22. November 1968, die zwölf Tote und über fünfzig Verletzte forderte), wurden zwar von der Fatah »in Anspruch genommen«, tatsächlich aber als Ausnahmen betrachtet. Die Fatah war auch nicht außerhalb des eigentlichen Kampfraumes tätig.

1970 erklärte Arafat: »Wir sind stolz darauf, daß angesichts des Wissens der Welt von der grundsätzlichen Rolle der Gewalt im arabisch-palästinensischen Bereich wir [d. h.: die Fatah] die Welt dennoch überzeugen konnten, daß unsere Revolution eine humane Revolution ist, die den Menschen respektiert, wo er auch immer sei. Ich glaube, es ist an der Zeit, von der verantwortlichen Gewalt zu sprechen, die den Menschen achtet und um seiner selbst willen ausgeübt wird.«[1]

In dieser Erklärung steckte auch die taktische Absicht, die Fatah von den Gruppen um den palästinensischen Rivalen George Habash verbal zu unterscheiden.

Arafats erster Mitarbeiter und Stellvertreter, Salah Khalef, umschrieb 1969 dasselbe Ziel mit anderen Worten: »Wir meinen, daß der einzelne Mensch in Israel . . . vom Krieg nicht überzeugt ist, es sei denn, es handle sich um einen Krieg der Selbstverteidigung. Sollten wir durch unser Verhalten das Herz des Einzelnen erreichen und ihn überzeugen können, daß wir wahrhaftig keine Schlächter sind, die ihn umbringen und seine Frau und seine Kinder ins Meer werfen wollen, wie es der Zionismus von uns behauptet, dann können wir auch eine psychologische Trennung herbeiführen zwischen dem Einzelnen und dem Zionisten, dem jüdischen

Soldaten und dem militärisch-kolonialistischen Establishment des Zionismus.«[2]

Salah Khalef trug innerhalb der PLO und der Fatah den Namen Abu Iyad (gelegentlich auch Abu Ayad geschrieben). Khalef-Abu Iyad war, als Yassir Arafat verschleiernd von der »verantwortlichen Gewalt« sprach, bereits einer der beiden entscheidenden Planer und Kontrolleure des »Schwarzen September«, der in der öffentlichen Vorstellung zum Prototyp der terroristischen Organisation überhaupt geworden ist.

Am 15. Februar 1973 wurden ungefähr zwanzig Fatah-Angehörige von der jordanischen Sicherheitspolizei aufgegriffen, als sie gerade von Syrien über die Grenze nach Jordanien wechseln wollten. Sie gaben bei den Verhören zu, Auftrag und Ziel sei die Ermordung König Husseins von Jordanien. Der Kommandoführer war Abu Daoud. Vier Tage nach der Verhaftung erschien er im jordanischen Fernsehen und bekannte, das Unternehmen sei vom »Schwarzen September« organisiert worden.[3] Am 27. März erklärte er dem britischen Fernsehjournalisten Peter Snow: »Der Schwarze September ist nicht eine von der Fatah getrennte Organisation; er ist eine Gruppe von Leuten der Fatah.« Und über Salah Khalef alias Abu Iyad sagte er: »Abu Iyad führt Operationen durch, die sich nicht durch ihre Quantität, sondern durch ihre Qualität hervortun. Er plant Großunternehmen wie das in München . . .«[4]

Als der zweite Planer und Kontrolleur des »Schwarzen September« gilt der Mann mit dem Organisationsnamen Abu Hassan, in Wirklichkeit Hassan Salameh, auch Ali Hassan Salameh, Sohn eines hochgeachteten Mannes, des patriarchalischen Scheich Hassan Salameh, der 1948 in den wirren Kämpfen um Jerusalem fiel. Abu Hassan war der Leiter der berüchtigten *Dshihaz al-Rasd,* des geheimen Nachrichtendienstes und der Gegenspionage der Fatah; ihre ersten Mitglieder waren 1969 vom ägyptischen Nachrichtendienst ausgebildet worden. Aus einer Sonderabteilung der Rasd wuchs der »Schwarze September«.

Der »Schwarze September« war einerseits eine unmittelbare Folge der katastrophalen strategischen Lage nach der Dezimierung der Fedayin durch die jordanische Armee im September 1970; diese Dezimierung und Vertreibung bedeutete den Verlust der aufgebauten Basis an der Grenze Israels gegenüber der Westbank, mithin die Unmöglichkeit des »militärischen« Guerilla-Einsatzes. Der »Schwarze September« war andererseits die unmittelbare Folge des Zwangs, dem jede Gewaltorganisation unterliegt, sich gegenüber der Öffentlichkeit *und* gegenüber der Konkurrenz durch Aktion beweisen zu müssen, wenn die Glaubwürdigkeit erhalten werden soll. Der »Schwarze September« als terroristischer Arm der Fatah war also, drittens, eine unmittelbare Folge der Existenz der offen terroristischen Gruppen auf dem linken Flügel der Palästinenser.

Daß die terroristische Organisation der Fatah aus mehrfachem Zwang entstand, tat ihrer Leistungsfähigkeit keinen Abbruch. Die Liste ihrer hervorstechenden Aktionen ist weltbekannt. Sie reicht von der Ermordung des jordanischen Ministerpräsidenten Wasfi Tel (28. November 1971; der erste Einsatz) und dem Anschlag auf den jordanischen Botschafter in London (15. Dezember 1971) über Sabotageakte gegen Anlagen der Ölindustrie in Holland, Italien und der Bundesrepublik Deutschland (Februar bis August 1973), von der Geiselnahme der israelischen Sportler in Münchens Olympischem Dorf (erste Septemberhälfte 1972) bis zur Ermordung zweier amerikanischer und eines belgischen Diplomaten nach dem Anschlag auf die saudi-arabische Botschaft in Khartum (1. März 1974). Alle terroristischen Aktionsarten wurden, großenteils virtuos, eingesetzt. Mit dem März 1974 endet die üblicherweise zitierte Liste der Aktionen des »Schwarzen September«.

Begründete Vermutungen sagen, daß der »Schwarze September« an der Vorbereitung eines weiteren Unternehmens beteiligt war, die freilich von marokkanischen Dienststellen verhindert wurde: demnach sollten während des Rabat-Gipfeltreffens im Oktober 1974 einige arabische Staatschefs ermordet werden. Yassir Arafat habe diesen Informationen zufolge von dem Plan keine Kenntnis gehabt; möglich ist, daß es sich um ein Vorhaben des unkontrollierbar gewordenen Randes der sonst straff geführten Organisation handelt, um eine Einzelgängertat, wie sie vor allem auch bei den irischen Terroristen zu beobachten ist.

Das Datum des Oktober 1974 ist in diesem Zusammenhang wichtig. Eine größere »offizielle« Operation durch den terroristischen Arm der Fatah wäre zu diesem Zeitpunkt sinnlos gewesen, denn auf dem Rabater Gipfeltreffen wurde gerade eben der Fatah zugestanden, was sie wirklich wollte, nämlich die Legitimierung als »alleinige Vertreterin des palästinensischen Volkes«.

Sofern Terrorismus von einer Organisation ausgeübt wird, die sich ein rationales und erreichbares Ziel gesetzt hat, gerät diese Organisation durch ihre terroristischen Unternehmen in ein Dilemma, je mehr sie sich dem erreichbaren Ziel nähert. Terrorismus erzeugt Glaubwürdigkeit durch das Entsetzen, das er erzeugt. Aber der an ein politisches Ziel gebundene Terrorismus verlagert die Gewalt aus dem Bereich der kriegerischen oder kriegsähnlichen Auseinandersetzung in das Feld der Politik; er wird zu einer neuen, psychologischen Form der Kriegsführung, die dadurch gekennzeichnet ist, daß die zu einer solchen »Kriegsführung entschlossenen Minderheiten auf eine für Friedenszeiten konstruierte Rechtsordnung treffen«[5] und sie treffen wollen.

Politik und die »für Friedenszeiten konstruierte Rechtsordnung« haben ihre eigenen normativen Verhaltensweisen. Im ersten Stadium seiner Aktionen will und muß ein solcher Terrorist diese Normen stören; je erfolgreicher er ist, je mehr sich die Organisation, die sich seiner bedient, ihrem rationalen Ziel nähert, um so mehr muß sich die Organisation dem Problem zuwenden, wie sie das Mittel, die Gewalt des Terroristen, steuern kann, damit es nicht dem Ziel zuwiderläuft. Weisband/Roguly drücken das in dieser knappen Formel aus: »In dem Maß, wie er [der Terrorist] Anerkennung durch seine Gewalt gewinnt, muß er den Einsatz seiner Gewalt begrenzen.«[6]

Fatah und der »Schwarze September« haben das Problem gelöst. Der »Schwarze September« hat seine Verbindung zur Fatah nie zugegeben; seine Einsatzgruppen trugen meist Namen, die nur einmal auftauchten, dann verschwanden und der Welt eine Vielzahl von terroristischen Gruppen vorgaukelten, die angeblich aus der spontanen Empörung über das palästinensische Schicksal handelten. Abu Iyad führte den »Schwarzen September«, aber als offizieller Vertreter Arafats gab dieser Abu Iyad zugleich politische Erklärungen ab, die die offizielle Distanz der Fatah zum »Schwarzen September« entweder verringerten oder, wenn es die politische und taktische Lage verlangte, vergrößerten.

Im Januar 1973 ging Abu Iyad fast an den Rand des öffentlichen Eingestehens, daß die Fatah keine Einwände mehr gegen den grenzüberschreitenden Terrorismus und die Flugzeugkaperungen erhebe: »Als ... wir in Jordanien kämpften, griffen wir unsere Kameraden in der Volksfront wegen der Flugzeugentführung an. Wenn wir jedoch der Ehre beraubt werden, von den arabischen Fronten aus zu kämpfen, wenn einige Kreise uns zu Gefangenen der Basen machen wollen, von denen aus wir in das Besetzte Land vorrücken, wenn unsere Basen eingekesselt werden ... dann kann es diese Art Kampf nicht geben ... Wenn man uns auf diese Weise einkreisen will, dann werden wir dem Feind überall hin folgen. Wir werden den Platz unseres Kampfes nicht auf das palästinensische Gebiet beschränken ... Wir werden unseren Feind in alle Richtungen verfolgen.«[7] Die Distanz zwischen Fatah und »Schwarzem September« wurde bewußt verringert.

Schon sechs Monate später, im Juli 1973, verurteilte der Salah Khalef alias Abu Iyad wieder in seiner Rolle als Vertreter Arafats im Namen der Fatah die Entführungen auf den internationalen Luftstraßen, also die Aktionen der ihm unterstellten terroristischen Organisation. Die Fatah gewann zu dieser Zeit politisch an Boden, folglich wurde die Distanz zum terroristischen Ausführungsorgan vergrößert. Der politische Aufstieg der Fatah nach dem Yom-Kippur-Krieg – er bleibt verblüffend, da ihre Guerillaverbände praktisch keinen Teil an den militärischen Leistungen der arabischen Armeen hatten – bewirkte das Auslaufen der operativen Tätigkeit des »Schwarzen September«, das Salah Khalef im Juli 1973 angedeutet hatte. Die zahllosen Stellungnahmen der Fatah zum palästinensischen Terrorismus sind stets diesem Schema gefolgt. Die in späteren Stadien immer wieder betont herausgestellte Verurteilung palästinensischer Terroristen »aus eigenem Recht« der PLO waren Teil dieser »verbalen Strategie«.

Der »Schwarze September« ist also nicht der Prototyp einer aus Verzweiflung und Empörung schließlich hervorbrechenden Organisation, wie es immer wieder heißt. Er ist ein Beispiel für die mathematisch kalkulierte Anwendung der terroristischen Strategie durch eine kontrollierende politische Organisation.

... hinter den Programmen: Die Menschen

Die Nahostpolitik hat sich nicht so entwickelt, wie Yassir Arafat, der verdeckte Chef des »Schwarzen September«, am 13. November 1974 hoffen durfte. Der Höhepunkt von New York war der Beginn eines neuen Abstiegs. Die palästinensische Gesamtbewegung ist schärfer gespalten als zuvor, und die »Ablehnungsfront« reicht vom extrem linken Flügel in die PLO hinein. Jordanien 1970 hat sich im Libanon 1976 wiederholt; der militärische Aufbau und die Verfügung über eine territoriale Basis sind zerbrochen, und die Kontrolle ist an Syrien gefallen. Die Schlangenlinien in der Tagespolitik der arabischen Nachbarstaaten laufen langfristig auf eine territoriale Ersatzlösung für die Palästinenser hinaus, die weder lebensfähig ist noch die Ansprüche der Palästinenser befriedigen noch gar ihre brennenden Träume stillen kann. Es darf nicht ausgeschlossen werden, daß die Zeit des allgemeinen Rückgriffs auf die Strategie des grenzüberschreitenden Terrorismus wiederkehrt – gerichtet gegen beherrschende Teile der arabischen Welt und gegen die industrielle Welt oder beide, wenn sich ihre Interessen decken.

Das sind Überlegungen zu möglichen Folgen möglicher politischer Konstellationen. Aber man darf nicht bei der politischen Lageanalyse stehenbleiben. Lange Jahre der Gewaltausübung und der Gewaltgegenwart im Leben zeitigen Folgen, die tiefer reichen und schwerer wirken als der bloße Sachzwang einer politischen Lage. Eine politische Kopforganisation kann für ihren terroristischen Arm die Einstellung der Anwendung der Gewalt verfügen. Sie kann nicht befehlen, das Denken in der Gewalt einzustellen. Auch in Nordirland wird die nächste Generation daran leiden, daß die Kinder Ulsters heute im Angesicht der unmittelbaren täglichen terroristischen Gewalt aufwachsen.

Hinter den politischen Richtungen von *al-Fatah* und PFLP und PDFLP und PFLP-*General Command*, wie die Gruppenkürzel auch immer heißen mögen, stehen nicht nur Programme, sondern Menschen mit ihrem Haß und ihren Neigungen, ihrem Ehrgeiz und ihren Träumen, ihrer Vergangenheit und ihren Phantasien. Diese weitgehende Bindung des Terrorismus an Personen wird bei den politischen Analysen des Nahostterrorismus oft übergangen.

Yassir Arafat entstammt einer führenden Palästinenserfamilie in Jerusalem; er ist der Patriziersohn und der Mann der operativen Technik, des logistischen Realismus. George Habash wuchs als Sohn eines kleinen Getreidehändlers auf; er ist der entgleiste Intellektuelle und fanatische Ideologe. Arafat führt eine rein palästinensisch-moslemische Organisation; er ist der Nachfahre des Großmufti von Jerusalem. Habash, der orthodoxe Christ, der den Glauben ablehnt, hat seine Gruppen weit geöffnet. Dr. Waddieh Haddad, das eiskalte Organisationsgehirn hinter dem Landsknecht »Carlos«, ist orthodoxer Christ wie Habash. Vor allem in den linken Gruppen fanden sich die Gläubigen aus allen möglichen Ländern, die die international gemischten Aktionsgruppen des PFLP-Terrorismus ausmachen. Europäer, Kanadier, Lateinamerikaner, Japaner – haben sie je begriffen, was sich hinter der Fassade des »Befreiungskampfes« an Intrigen, Neid, Haß, Furcht und interner palästinensischer Aggression verbirgt?

In dieses verworrene Geflecht von Motiv und Zwang, von Trieb und Antrieb mischen sich Einzelentwicklungen, die Teil des Ganzen wurden und vielleicht auf lange Sicht tiefer wirken als das Ganze des nationalen Befreiungskampfes. Die Frauen in den palästinensischen Organisationen und besonders in ihren terroristischen Gruppen haben einen sehr hohen Anteil an der Gesamtzahl der Aktiven. Weltbekannt geworden ist Leila Khaled, die 1970 an der Entführung der amerikanischen und europäischen Maschinen nach Dawson's Field beteiligt war. Sie wurde zum Glamour Girl des palästinensischen Terrorismus, aber sie war nur eine von vielen, die attraktivste vielleicht, aber nicht die wichtigste und interessanteste. John Laffin beschrieb schon 1973 die Summe seiner Erfahrungen unter den Palästinensern: »Die palästinensischen Fedayin-Frauen – meist sehr jung und im Westen, in England, Frankreich, den Vereinigten Staaten erzogen – haben ein besseres politisches Verständnis als ihre männlichen Kollegen. Sie sind in der Tat eher aus dem Holz, aus dem Revolutionäre geschnitzt werden . . . Ich habe lange mit Fedayin-Frauen gesprochen, auch solchen, die im Gefängnis gesessen hatten. Ohne Ausnahme sagten sie, die Tat, um deretwillen sie verurteilt worden waren, würden sie sofort wiederholen. Wenige der männlichen Fedayin, mit denen ich sprach, sagten nach Abbüßung ihrer Strafen, sie würden zur terroristischen Aktivität zurückgehen. Der Unterschied war überraschend. . . Als Vorhut einer wachsenden Armee arabischer Frauen, die Gleichheit mit den Männern fordern, könnten sie eine echte Revolution in der arabischen Welt auslösen.«[8] Der Einfluß und die Aktionsentschlossenheit der Frauen ist ebenso auffällig im Terrorismus der Hoffnungslosen, der »ideologisch« verbrämten Gewalt in den Industrieländern.

Der nächste Akt

Am Sonntag, dem 27. Juni 1976, um 12.48 Uhr, hob der Flug AF 139, ein Airbus der französischen Gesellschaft Air-France, von der Rollbahn des Athener Flughafens Ellinikon ab. An Bord waren 256 Passagiere und die zwölfköpfige Besatzung.

Die Routinemeldung des Flugs AF 139 über Korinth blieb aus. Vier Terroristen hatten die Maschine Sekunden nach dem Start in ihre Gewalt gebracht und Flugkapitän Michel Bacos auf Kurs Bengasi gezwungen. Der libysche Flughafen war eingeplantes Zwischenziel.

Sechseinhalb Stunden wartete der Airbus in Bengasi. Um 21.30 Uhr mußte Kapitän Bacos wieder starten. In den grauen Morgenstunden des 28. Juni endete Flug AF 139, Reiseziel Paris, auf dem Flughafen Entebbe nahe der ugandischen Hauptstadt Kampala. Der »Fall Entebbe« hatte begonnen. Er wurde Weltsensation, war aber wie die OPEC-Aktion in Wien 1975 nichts anderes als die Fortsetzung der terroristischen Gewaltausübung, die vom linken Flügel der Palästinenser nie aufgegeben worden ist. Weitere Fortsetzungen sind sicher, denn das weitergesteckte Ziel des revolutionären Umbruchs in den arabischen Staaten verlangt die andauernde Verneinung eines denkbaren »nationalen« Kompromisses durch die PLO des Yassir Arafat. Die Wirksamkeit des grenzüberschreitenden Terrorismus bleibt gewährleistet, solange das notwendige intellektuelle Planungspersonal vorhanden ist oder sich auffüllt, solange sich in den Reservoiren aller möglichen Länder genügend Aktivisten finden und solange die Kette »progressiver« arabischer Regierungen eine genügend große Zahl von hilfswilligen Anlehnungsstaaten gewissermaßen in Bereitschaft hält.

Vielleicht trifft sogar zu, was Habash zum Fall Entebbe sagte: Auf das Konto der PFLP gehe dieses Unternehmen nicht. Informationen, daß sein Planungschef Haddad sich von ihm getrennt habe, liefen schon vor dem Start des Fluges AF 139 ein. Wie immer es sich verhalten mag, es wäre nichts anderes als eine neue interne Verschiebung in einer Großgruppierung, die in der Summe ihres Denkens und Handelns erhalten bleibt.

Im Februar 1977 gab Dr. Habash einige Interviews. Beim genauen Hinsehen und Hinhören ließ sich ein dünner Unterton entdecken, als spreche hier jemand, der unter den Existenzbedingungen des Terroristenführers vorzeitig altert und es weiß. Dennoch sind seine Worte, hinter denen die Jahre der Erfahrung stehen, aufschlußreich für das, was kommen kann.

»Wir, die PFLP, werden keine Flugzeuge entführen. Aber vergessen Sie nicht, daß es viele Palästinenser, Grüppchen, Einzelpersonen gibt, die die Ansicht vertreten: In Jordanien sind wir gemordet worden, im Libanon hat man Palästinenser umgebracht, und jetzt will man uns endgültig vernichten. Also werden wir alles unternehmen, um dem Feind zu schaden, egal wo. Das ist ein ganz natürliches Phänomen.«

Daß die PFLP keine Flugzeuge entführen werde, ist ein Satz der verbalen Strategie. Wer ist der Feind?

»Die Straße nach Tel Aviv führt nicht nur durch Amman und Beirut, sondern auch durch Damaskus und Kairo. Das ist wichtig zu wissen, denn *das ist die Strategie für eine wirkliche Befreiung,* für wirkliche Freiheiten *nicht nur in Palästina, sondern im ganzen Nahen Osten.«*

In den neueren Aktionen im Nahen Osten ist bereits die Arbeit eines Terrorismus zu entdecken, der im Auftrag »progressiver« arabischer Staaten gegen konservative und »neutralistische« arabische Staaten tätig wird. Der nächste Akt hat begonnen, und die Mietlinge betreten die Bühne.

Das international Entscheidende ist dennoch schon geschehen:

Am 13. November 1974 wurde eine Organisation, die sich der terroristischen Gewalt gegen alle bediente, von der Mehrheit der Vereinten Nationen als quasi-staatliche Einheit legitimiert. Die PLO, Kopforganisation terroristischer Gruppierungen und Anspruchsteller ohne Staatsgebiet und Staatsvolk, wurde in den Kreis anerkannter Staaten aufgenommen.

6. Teil

Terrorismus in den Industriestaaten: Gewaltsame Verweigerung

»Sie alle haben das Maß verachten gelernt und sind nun zur Romantik verurteilt.«
Friedrich Sieburg

»Voici les temps des assassins.«
Arthur Rimbaud

19. Das romantische Brandstifterspiel

Dokumente der Sprachlosigkeit

In den Zellen der Häftlinge Baader, Möller und Braun wurde im Juli 1973 ein Rundbrief an Mithäftlinge und Gesinnungsgenossen jenseits der Gefängnismauern gefunden. Verfasser des »Zellenzirkulars« ist einer der Zeugen, die im Prozeß gegen den Rechtsanwalt Horst Mahler auftraten, vermutlich der im Juni 1972 verhaftete Andreas Baader, Aktionstreiber der Baader-Meinhof-Gruppe.

Das Zirkular beschäftigt sich mit dem Plan, eine »Informationszentrale« für die deutschen Terroristen aufzubauen. Sie sollte eine Art Clearingstelle für politische Analysen, ideologische Vorstellungen, strategische Konsequenzen, taktische Rezepte des »bewaffneten Kampfes« und logistische Möglichkeiten werden, insgesamt also ein Steuerungskopf. Im Zirkular wird der Versuch unternommen, die Notwendigkeit einer Bestandsaufnahme in Worte zu fassen. Ein Zitat in der Originalschreibweise:

»(ich sage, man muß sich dazu entschließen, ›genug gelitten‹, genug rausgefunden, und nat. ›nie genug‹, sowie erstens, zweitens was die zirkulation/zellen angeht, aber die ist ne nebenbeschäftigung, oder so ähnlich, weils schließlich nur richtiger werden kann, je richtiger = konkreter die ideen, Logisch)

was wir jetzt, solange, machen können teilt sich sozusagen von alleine in zwei, das eine: die militärischen aspekte aus der analyse/selbstkritik der 2 jahre und niederlage (also die guerillainternas, was man nicht aufschreiben kann, alle antworten auf die frage, *wie* muß man es machen, damit ›die taktik zur strategie aufsteigt‹ (debray), die guerilla wird was sie ist: avantgarde d. prol. und das ist ja klar, jeder, zumindest der ›letzten‹, hängt da drüber, der teufel wird uns holen wenn nicht wenigstens 5 oder 10 oder 12 ›offiziere‹ aus der zelle springen)

weil es eben nicht zu trennen ist, politisch und militärisch, ist der einzige unterschied der, daß man das eine aufschreiben kann und das andere

nicht, die grenze ist klar, und sie ist eng (was man spätestens daran sehen kann, daß die bullen zu ihrer strategie – s.b./m report hinten – mahlers brief an spiegel und unsere daumenabdruckverlautbarung benützen konnten) also das ›politische‹ teilt sich auch nochmal in das, was man aufschreiben kann (und selbst beim aufschreiben: immer ›nah‹ am klo/feuerzeug)
und dann eben aufschreiben *muß*, als korrespondenz zur basis, also sozusagen die 2 ersten raf-papiere weiterschreiben –
DAS PROLETARISCHE TAKTIKVERSTÄNDNIS, den *wirklichen* marxismus-leninismus,
und wessen bier das ist/nur sein kann ist ja klar: der letzten und da man *nicht* weiß, wanns weitergeht, ist daran nichts aufzuschieben.«[1]

Das Zirkular ist mit zahllosen anderen schriftlichen Niederlegungen austauschbar, die vorher und seither von der Szene und an ihren Rändern verfertigt wurden und sich längst zu Tonnen »revolutionären« Papiers stapeln. Ihnen ist gemeinsam der fortschreitende Zerfall disziplinierter und geformter Sprache (davon gibt es nur wenige Ausnahmen), die Durchsetzung der Sprache mit fauligen Vokabeln und die Drapierung mit verschwommenen, scheinbar wissenschafts- und erkenntnisträchtigen »ideologischen« Formeln und Schlüsselbegriffen. Die Drapierung wird nur dann weniger aufdringlich, wenn sich das jeweilige Schreiben den technischen Notwendigkeiten des Untergrunddaseins zuwendete: »halternachfragen für die kfz-scheine machst du am besten von einer telefonzelle aus als bulle bei den zulassungsämtern. gibt da selten schwierigkeiten: *du kannst dir den ganzen kfz-schein durchsagen lassen* mit schlüsselnummer, fahrgestellnummer, motornummer und den ganzen daten tag der ersten zulassung zb. KOMMT NUR DARAUF AN, wie gut das einer von euch bringt: jargon etc etc.: bulle am telefon. ist natürlich klar, daß das bei kleinen orten kein bulle aus der gegend sein darf in der ihr anruft. rückfragen machen sie nie, wenn die orte weiter entfernt sind, weil sie ferngespräche nur mit genehmigung führen dürfen. sind auch oft alte tanten in den zulassungsstellen.«[2]

Diese Zirkulare, Anweisungen, Streitbriefe, Diskussionspapiere sind Dokumente einer geschwätzigen Sprachlosigkeit. Sprachlos wird, wen das Gefühl übermannt, vergeblich sei alles, was unternommen werden könne; wer sich also einer herbeigerufenen Ohnmacht und der selbsterzeugten Verzweiflung ergibt.

Symptome einer Krankheit?

»Krankheit als revolutionäre Produktivkraft«

Zu Anfang der siebziger Jahre, als die RAF (*Rote-Armee-Fraktion*) die Diskussion um die Innere Sicherheit der Bundesrepublik zu beherrschen begann, agierte in Heidelberg eine Gruppe, deren Organisationskürzel heute schon fast vergessen ist, deren Charakter aber besonders aufschlußreich bleibt: das SPK (*Sozialistisches Patienten-Kollektiv*). Es hatte sich im Februar 1970 zusammengetan, wuchs in kurzer Zeit von 40 auf rund 500 *Patienten*; unterhielt Querverbindungen mit der RAF und forderte durch seine verschiedenen Aktionen im Sommer 1971 den Einsatz der Polizei heraus, bis es sich schließlich »auflöste«.

Ein *Informationszentrum Rote Volksuniversität* (IZRU) faßte die Theorie des SPK zusammen. Einige Auszüge verraten mehr über den Nährboden terroristischer Motivation in der Bundesrepublik Deutschland und in vergleichbaren Industriegesellschaften als die meisten theoretischen Schriften aus dem Untergrund.

»Krankheit ist blockierte, in sich gebrochene, für die Kapitalverwendung funktionalisierte menschliche Produktivkraft ... Es kommt also darauf an, zu begreifen, daß Krankheit zum A und O der kapitalistischen Wirtschaft geworden ist und es zunehmend wird: Das Produkt als *Handels*ware ist im Verschwinden begriffen; Monopolkapitalismus und Imperialismus verdrängen die freie Konkurrenz, den freien Warenaustausch; durch Intensivierung der kapitalistischen Arbeitsteilung und Spezialisierung sind die Produzenten von den Arbeitsprodukten völlig getrennt. Die Bestimmung der Beziehungen der Produzenten untereinander durch den Warenaustausch (Verdinglichung) wird gegenstandslos, da die Produzenten die Resultate des Produktionsprozesses nicht austauschen, sondern unmittelbar konsumieren. Der Gegenstand, der gehandelt wird, ist vielmehr die Ware Arbeitskraft, deren spezifische Eigenschaft Krankheit ist ... Zwei Kräfte wirken also in der Krankheit:

Einmal ist die Krankheit die Erscheinungsform des Siegs der Produktionsverhältnisse über die Lebenskraft des Menschen, die zur Lohnarbeit funktionalisiert ist. Als solche ist *Krankheit Produktivkraft Nummer Eins für das Kapital* ...

Andererseits enthält die Krankheit die notwendige Rebellion des Lebens gegen die kapitalistische Produktions- und Verwertungsprozesse, die sich in ihrer unterdrückten, unentfalteten Form als Leidensdruck äußert. Als solche ist *Krankheit revolutionäre Produktivkraft Nr. 1.*«[3]

Dann folgt aus der Denunziation der Wirklichkeit die Denunziation des Staates: »Was bleibt, ist nur undefinierbarer Leistungsdruck, unerklärliche Symptome von Langeweile, Müdigkeit, über sexuelle Schwierigkeiten, Fieber, Krebs bis zum ›Selbst‹mord.

Damit das so bleibt, gibt es die Staatsgewalt, die mittels institutionalisierter, legalisierter Gewalt die reaktionäre Wendung des Widerspruchs garantiert: Qualifizierung, Potenzierung der Ware Arbeitskraft geschieht durch Erziehung, Ausbildung, Belehrung in den Institutionen, Familien, Kindergärten, Schule, Bundeswehr, Uni und so weiter. Die Wiederherstellung der Ware Arbeitskraft geschieht durch Therapie, Behandlung, Sonderbehandlung, Rehabilitation, Resozialisierung, Besserung in den Institutionen, Gesundheitswesen und Justiz. Beide Institutionen dienen der Anwendung von Gewalt gegen die Erscheinungsform von Krankheit, die im herrschenden System nicht vorgesehen ist. Die destruktive Gewalt des Systems gegen das Leben der Produktionsverhältnisse, gegen die Produktivkräfte, erscheint am unmittelbarsten in der Institution Gesundheitswesen ... Der Patient ist so auch subjektiv völlig Objekt staatlicher Institutionen, Objekt der im Arzt konzentrierten Staatsgewalt ...

Die als revolutionäre Produktivkraft in Erscheinung tretende Krankheit durch die organisierten Patienten muß und kann nur ›therapiert‹ werden durch Gummiknüppel, Maschinengewehre und Knast.«[4]

Die Absurdität in der Führung des Argumentes ist selten so sichtbar wie in diesem Dokument mit dem Titel »Krankheit als revolutionäre Produktivkraft«.

Die Absurdität ist zunächst begründet in der ungehemmt ich-bezogenen Übertragung, der »Projektion«, persönlicher Schwierigkeiten auf das Gesamtgeflecht gesellschaftlicher Existenz, das »System«. Das ist ein Akt des rücksichtslosesten Individualismus, Gegenteil der vorgeblichen »kollektiven« Existenzweise, und die extrem egoistische Ablehnung von Einbindung und zwischenmenschlichem Handeln. Es überrascht nicht mehr, daß in den Protokollen, Briefen und allgemeinen Schriften aus der Szene immer wieder die Versuche durchscheinen, eigene psychische Probleme mit Hilfe einer ideologischen Theorie zu lösen oder, im Jargon der Szene, »personale Schwierigkeiten zu rationalisieren«. Die Theorie, wie Rudolf Affemann schreibt, tritt an die Stelle der Welt; die Ideologie wird zur Ersatzwelt, auch zum Ersatz der eigenen personalen Welt. Aber »die Ideologie verkennt nicht nur in gewaltsamer Weise die Welt, sie will diese auch durch Gewalt verändern«[5].

Die Absurdität ist zum anderen begründet in der schrankenlosen Übersteigerung des »Romantischen Rückfalls« (Richard Löwenthal): durch die Verweigerung gesellschaftlicher Kooperation, vornehmlich seitens der Intellektuellen, angesichts der Tatsachen der glaubenslosen modernen Industriestaaten. Für moderne Staaten ist gesellschaftliche Kooperation erste Lebensnotwendigkeit. Hier zeigt sich eine geistesgeschichtliche Entwicklungslinie, die bedeutsamer als manche tagesgebundene soziologische Erklärung ist und den Zusammenhang mit der weltweiten Utopie der Erlösung durch Gewalt erhellt.

Der Gedanke, die Ausbrüche terroristischer Gewalt in den hochentwickelten Industriestaaten auch als explosive Folgen psychischer Erkrankung zu betrachten, ist in wissenschaftlichen Arbeiten gängig, in der öffentlichen Diskussion und in der parteipolitischen Auseinandersetzung hingegen nicht geschätzt. Er stört die einfach zu erfassende, einfach zu handhabende, mühelos in vorhandene Denkbilder sich einfügende Vorstellung von ferngesteuerten Kaderrevolutionären, die als Werkzeuge und im Auftrag einer dritten Kraft, der Weltrevolution, operieren. Der Weg zu dieser in Zukunft keineswegs zu leugnenden Möglichkeit läuft jedoch über verschiedene Stufen. Außensteuerung als ursprüngliche Treibkraft anzunehmen, verschließt jede Aussicht auf Verstehen der wirklichen Gründe und der Tatsache, daß es sich hier – zunächst jedenfalls – um unabhängige Erscheinungen handelt.

Gleichermaßen kurzsichtig ist die Hoffnung, die hinter der theoretischen Formel noch spürbaren Gefühle persönlich-menschlicher Not seien eine Schranke gegen die Unmenschlichkeit eskalierter terroristischer Aktion. Dieses überdehnte Verständnis verkennt simple Tatsachen: Durch den Kreis um das SPK schritt Ralf Reinders, genannt »Bär«, der als einer der Köpfe der terroristischen, von der RAF abgespaltenen »Bewegung 2. Juni« an den Ermordungen des abtrünnigen Berliner Studenten Schmücker (5. Juni 1974) und des Berliner Kammergerichtspräsidenten von Drenkmann (10. November 1974), und, mutmaßlich planend und leitend, an der Entführung des Berliner CDU-Vorsitzenden Peter Lorenz (28. Februar 1975) beteiligt war. Aus diesem Heidelberger SPK-Kreis rekrutierten sich die Terroristen, die im April 1975 die deutsche Botschaft in Stockholm überfielen. Aus dem Kreis um dieses SPK kommt schließlich der Rechtsanwalt Siegfried Haag, der bis zu seiner eher zufälligen Verhaftung im Herbst 1976 als einer der kältesten Exponenten der terroristischen Szene, in manchen nachrichtendienstlichen Einschätzungen als Ergänzung zu »Carlos« galt.

Hier scheint sich eine Parallele zu den Spaltungsvorgängen in den Großgruppierungen des regional-separatistischen und des »antikolonialen«-nationalistischen Terrorismus anzubieten: Spaltung nach der Maßgabe des Willens zur Gewalt, also Trennung zwischen jenen, die den Sprung in die Ausschließlichkeit der Gewalt scheuen, und denen, die die unbeschränkte terroristische Gewalt als letztes Mittel, als *ultima ratio*, zur Lösung des Problems sehen. Nur bleibt der grundlegende Unterschied, daß der IRA, der ETA, den Palästinensern – allen irrationalen Verhaltensweisen zum Trotz – eine Bindung an ein rationales, d. h. begrenztes, verständliches und erreichbares Ziel bewußt ist. Hinter der Gewaltexplosion des Industriestaaten-Terrorismus – allen gemeinsamen Aktionsmerkmalen zum Trotz – steckt jedoch hauptsächlich der Aufstand jener, die aus der Schwäche ihrer individuellen Persönlichkeit zur utopischen *ultima ratio* der »Erlösung durch Gewalt« greifen. Sie sehen die Erlösung, entgegen ihren »rationalisierenden« Theorien, nicht in der Zerschlagung der Gesellschaft, an die sie selbst in Wirklichkeit nicht recht zu glauben vermögen, sondern in der traumgebundenen Vorstellung, daß in der Gewalt die »Würde des Menschen« wiedergeboren werde. Von dem Russen Bakunin, dem Franzosen George Sorel und dem Italiener Gabriele d'Annunzio, dessen Jünger die ersten Scharen des Faschismus stellten, über den Algerier Frantz Fanon und Jean-Paul Sartre bis zu den Verkümmerten der »Szene« läuft ein erkennbarer Weg. Herbert Marcuses Arbeiten markieren die Wegstation, an der die heutigen Voraussetzungen für die Verweigerung der gesellschaftlichen Kooperation und die schließliche Flucht in die Gewalt formuliert wurden.

Man mag, um das irreführende Wort »ideologisch« zu vermeiden, vom Terrorismus der Verklemmten, der Kranken, der Versagenden und der Narren sprechen – die Gefährlichkeit seiner Aktionen, solange er aktionsfähig bleibt, ist hoch. Denn Unberechenbarkeit ist hier nicht berechenbare taktisch-technische Finesse, sondern Merkmal der sich auflösenden Person. Seine Ursprünge sind nur scheinbar an konkrete politische Tatbestände gebunden, folglich entziehen sie sich weitgehend den Beeinflussungen durch ein politisches Krisenmanagement, das heißt der angemessenen Veränderung der konkreten Voraussetzungen, denen eine Krise entspringt.

Die IZRU-Erklärung von 1972 ist eine der deutlichsten Selbsterklärungen des Verweigerungsterrorismus in den Industriestaaten.

Warum gerade sie?

Die Lebensgeschichten der Ulrike Meinhof, Gudrun Ensslin, Andreas Baader, Siegfried Haag und einiger Dutzend anderer im Grunde austauschbarer Schlüsselfiguren aus dem deutschen Terrorismus-Feld sind publizistischer Alltagsstoff geworden. Dennoch hält sich das allgemeine Nichtverstehen, warum sich der überwiegende Teil solcher Führungsfiguren aus den Familien des »gehobenen Bürgertums«, aus Akademikern und »Intellektuellen« rekrutiert: Warum gerade sie? Intellektuelle Einsichtsfähigkeit – die vornehmlich dort vermutet wird, wo sich das personelle Reservoir der terroristischen Gruppen zeigt – sollte doch, sagt die allgemeine Annahme, die praktische Sinnlosigkeit, wenn schon nicht die Amoralität der willkürlichen Gewalt bewußt werden lassen.

Das gängige Wort von der »Generationenrevolte« macht studentische Unruhen, das Steigen und Fallen von Subkulturen und die vielen anderen Symptome eines großen Aufbegehrens verständlich, aber es genügt nicht, um den spezifischen Charakter des Terrorismus, wie er sich in der Bundesrepublik zeigt, zu erklären. Die Wurzeln dieser bis zur Absurdität und Sinnlosigkeit getriebenen Überspitzung theoretischer Positionen reichen weiter zurück als in die »sechziger« Jahre der radikalen Entzauberung überlieferter Autoritäten. Sie gehen tiefer als die Wurzeln des bloßen Mißtrauens gegen die Sinnvorstellungen jener Älteren und Eltern, die in einer un-menschlichen Anstrengung die Verzweiflung des Nichts-mehr-*Habens* überwanden und die neugeschaffene Habe zum ersten Artikel ihres Glaubens machten.

Richard Löwenthal hat im Oktober 1967, also noch vor dem Ausbruch eigentlich terroristischer Gewalt in der Bundesrepublik, Verbindungslinien in die Geschichte deutscher Geisteshaltungen unter dem Titel »Der Romantische Rückfall« skizziert. Er beschreibt den Zerfall der traditionellen ständischen Ordnung, als sich die ersten Anfänge der modernen Industrie zeigten, und die Entstehung des Entfremdungsgedankens in einer Zeit, als die persönlichen Beziehungen der Menschen durch unpersönliche Markt- und Geldbeziehung ersetzt wurden.

»Was sich hier im Entfremdungsgedanken entwickelte, das war in der Tat (...) zuallererst ein Bewußtsein der Situation der neugeborenen Intelligenzschicht. Denn wenn es zutrifft, daß der Intellektuelle, sei er nun der losgelöste aufsässige Sohn des Adligen oder ein Aufsteiger aus den unteren Schichten, in der sozialen Beweglichkeit des Übergangs von der ständischen Ordnung zur neuen bürgerlichen Gesellschaft seinen Ursprung hat, so gilt doch auch, daß diese Beweglichkeit, dieses Dasein im ›Element der Möglichkeit‹ (Karl Mannheim) sich alsbald für die überwältigende Mehrheit der Intellektuellen als nur vorübergehend erweist: Auch sie müssen sich nun spezialisieren, müssen sich eine Laufbahn suchen und können in gewissem Sinne weniger ›ganze Menschen‹ bleiben als manche ihrer Väter. Der gebildete Gentleman, der gebildete Bürger mit unabhängigen Mitteln konnte im 18. Jahrhundert noch den ganzen Bildungshorizont seiner Zeit umfassen. Der neu entstehende, spezialisierte Akademiker zahlte für den beruflichen Erfolg den Preis der geistigen Einengung ... Weil er sich selbst zu entscheiden hatte, mußte er sich nun in diesem Sinne selbst verstümmeln. Der Schmerz dieser Selbstverstümmelung nicht unter dem sichtbaren, institutionellen Zwang der alten traditionellen Ordnung, sondern unter dem anonymen Zwang der neuen gesellschaftlichen Gesetze der Arbeitsteilung ist wohl der eigentliche emotionelle Urquell des intellektuellen Protestes gegen die Entfremdung gewesen.«[6] Er ist es geblieben.

Die radikale Ablehnung des Wandels von der »Gemeinschaft« zur »Gesellschaft« steht hinter den Utopien und Visionen der radikalen Sozialisten wie des radikal-romantischen Nationalismus. Die Geschichte des Denkens in den Kategorien der Entfremdung, das über die Handhabung des Begriffes durch Karl Marx hinausgeht, hat große Teile der europäischen, insonderheit der deutschen Intelligenz nie losgelassen; das war ihr gemeinsames Schicksal. Der Einsatz intellektueller Phantasie für das Denken in Rezepten zur Überwindung der aufgebürdeten »Selbstverstümmelung« hat sie in verschiedene Richtungen getrieben – getrennte Schicksale »links« und »rechts« und in dem zum Ersatzglauben erhobenen Kulturpessimismus, der an der Berufung des Intellektuellen zu äußerster Distanz und Kritik festhielt.

Die Jahre um und nach 1945, da der Zusammenbruch der romantisch übersteigerten »nationalen Gemeinschaft« und der Nation sich anbahnte und vollzog, und die Erfahrung – die nicht mehr nur mit dem akademisch blassen Wort »historisch« belegt werden kann, sondern radikal persönlich war – haben eine politisch kompetente und nüchtern engagierte, rational prüfende und rational operierende Intelligenz in Deutschland hervorgebracht. Waren es Ausnahmejahre? Die Frage zwingt sich auf, nachdem der Angriff auf die »Rationalisierung« wiederum auf breiter Front eröffnet worden ist. Rationalität ist ein instrumentaler Begriff; er bleibt an Wertentscheidungen gebunden, und in dieser Bindung findet er seine Grenze.

»Doch eine Schule der aufklärerischen Soziologie hat systematisch versucht«, schrieb Richard Löwenthal, »diese Grenze mit Hilfe eines nicht nur instrumentalen, sondern substantiellen Rationalitätsbegriffs zu überschreiten und gewissermaßen die Ratio, im Sinne einer in der Geschichte waltenden Vernunft, selbst zum obersten Wert zu machen. *Dieser* Begriff der Rationalität entstammt freilich nicht der empirischen Sozialwissenschaft, sondern der Geschichtsphilosophie von Hegel und Marx, also einer historisierten Form des Erlösungsglaubens; und er verleitete seine Vertreter, die wirkliche Gesellschaft der Mitte des 20. Jahrhunderts an einem als ›rational‹ definierten Entwicklungsziel zu messen, das sie nicht aus der Analyse der Wirklichkeit, sondern aus den hundert Jahren zuvor formulierten Erwartungen von Marx für den künftigen Gang der Geschichte entnommen hatten.«[7]

Kopierung und Vulgarisierung geschichtsphilosophischer Theorien aus dem vergangenen Jahrhundert ist, sofern sich die Gewaltgruppen überhaupt noch um eine »theoretische Grundlage« ihres Tuns kümmern, ein Charakteristikum ihrer Schriften. Das erklärt den fast rituellen Gebrauch des Schlüsselwortes »Konsequenz« – sie ist das *Dennoch* angesichts der Realitäten und angesichts der Isolierung von der Masse der Bevölkerung.

Noch einmal Richard Löwenthal: »Damit drang die Geschichtsphilosophie, die eben erst unter dem Schock der Katastrophe aus dem deutschen Geistesleben exorziert worden war, auf dem Umweg über die dialektische Schule der Soziologie wieder in die Diskussion der gesellschaftlichen Tatbestände und Tendenzen ein; und diese Geschichtsphilosophie setzte als Kriterium der Gesellschaftskritik eine angebliche Entwicklungsrichtung, die den tatsächlichen Sachzwängen und Entwicklungstendenzen der Industriegesellschaft unseres Jahrhunderts zuwiderläuft. Durch die ›List der Unvernunft‹ aber verwandelte sich die utopisch umgebogene Aufklärung aus einem Faktor der gesellschaftlichen Modernisierung in eine Waffe romantisch-utopischer Kritik an der modernen Gesellschaft, und diese Waffe traf die deutschen Intellektuellen an ihrer verwundbarsten Stelle. Die geistige Auseinandersetzung mit der Katastrophe hatte viele von ihnen befähigt, ein neues, positives Verhältnis zur Demokratie zu finden, doch sie hatte die tieferen Traditionen der romantischen Abwehr der Industriegesellschaft noch kaum berührt. *So schlug die Wiederbelebung des romantischen Affekts im Gewand scheinbar vorwärtsgerichteter Rationalität bei der nächsten Generation durch.*«[8]

Macht in der Industriegesellschaft ist, im Gegensatz zur gängigen Behauptung, nicht auf wenige »Eliten« beschränkt, sondern ruht in einem Netz von Führungsgruppen einer zweiten und dritten Linie. Ihnen ist die Detailkompetenz gegeben, die wesentlich durch die Beherrschung der rapide anwachsenden Informationsströme entsteht. Die nachgeordneten Führungsgruppen werten jeweils sektoral diese Informationsströme im Sinne des Erfassens und Einordnens. Sie werten sie aus im Sinne des begrenzten Handelns. Das verbindende Kennzeichen der nachgeordneten Führungsgruppen ist weniger die Gemeinsamkeit bestimmter Überzeugungen und Wertvorstellungen als vielmehr die technische Funktionsfähigkeit und die Fähigkeit zur Erhaltung dieser Fähigkeit – der »Fachidiot«, gegen den der neue Angriff geführt wird, ist der eingegrenzte Experte, der Träger eines Systems diffuser Machtverteilung, der durch Funktionsbezogenheit und Leistung ausgewiesen ist. Es ist der Träger eines Vielfachsystems, das sich zunehmend auf Kooperation stützen muß.

Das alte Spiel beginnt erneut. Es läuft ab unter den verschärften Bedingungen einer hochtechnisierten Zeit und in radikaleren Formen des Angriffs. Betrieben wird es mit neuen Worten, die nicht einmal den rebellischen Glanz und die Kraft haben, zu denen Aufstand früher fähig war, sondern abgesunken sind in die Niederungen eines quasi-wissenschaftlichen Jargons und in die Selbsterniedrigung durch die Art der rituellen Beschimpfung. Aber es bleibt das alte Spiel. Wie ehedem wird der Qualifikation durch meßbare Leistung erst die Verdammung dieser

Leistung, dann eine neue Legitimation entgegengestellt: Das »neue Bewußtsein«, die höhere Erkenntnis, die tiefere Einsicht in einen unklar bleibenden »prozeßhaften Charakter«, über die eben die Masse der angepaßten Funktionsgebundenen nicht verfügt.

Dies ist der grundsätzliche extrem-elitäre Akt der Verweigerung jeglicher Gemeinsamkeit und Kooperation durch Minderheitengruppen von Funktionslosen, die sich von der Beweisbarkeit der Leistungen ausgeschlossen glauben oder sich bewußt ausgeschlossen haben. Daß der »Protest« auf den Universitäten begann und etwas später der Industriestaaten-Terrorismus, dieser letzte, blinde Akt hoffnungslos gewordener Protestler, von den Kindern eines gehobenen Bürgertums, von jungen Intellektuellen konzipiert und geprägt wurde und noch geführt wird, ist nichts Absonderliches und nichts, was staunen machen müßte. Über einen Normalfall staunt man nicht.

Nicht um die vielfältigen Verzweigungen europäischer und insbesondere deutscher Geistesgeschichte geht es hier, sondern lediglich um den Hinweis, daß im Industriestaaten-Terrorismus der intellektuellen Verweigerer ein hohes Maß romantischer Irrationalität enthalten ist. Dies unterscheidet ihn von den anderen bedeutenden Gruppierungen des Terrorismus auf der internationalen Bühne. Er hebt sich ab durch seine Distanz zur Realität, die er »konsequent«, also um jeden Preis und ohne das versteckte Angebot einer Lösung, aufrechterhält, und durch seine Entfernung von einem begrenzten, allgemein begreifbaren, rationalen Ziel.

Dieser Terrorismus ist das Brandstifterspiel einer verschwindenden Minderheit der Hoffnungslosen. Aber er ist nicht ohne die Sympathie einer anderen Minderheit, die so klein nicht ist.

Wie zählt man Sympathisanten?

In den Straßen nordirischer Städte und in den Winkeln der Provinz hängen arbeitslose Jugendliche zuhauf herum. Sie können verdienen. Sie brauchen nur eine Bombe zu legen oder kleinere Hilfsdienste bei irgendwelchen Aktionen zu übernehmen. Der IRA-Stücklohn für terroristische Arbeit ist bekannt: 1976 wurden in der Grafschaft South Armagh, einer besonders aktiven Operationszone an der Grenze zur Republik Irland, für das Legen einer Bombe bis zu 50 Pfund geboten. Im gefährlicheren Belfast stieg der Lohn bis zu 250 Pfund an.

Das Reservoir jugendlicher Bombenleger ist groß. Aber nicht allein die materielle Entlohnung, nicht einmal die Belohnung durch das Abenteuer in der Leere des Provinzalltags machen die Jugendlichen zur terroristischen Tagelöhnerei bereit. Daß sie in der Aktion einen »Status« gewinnen, ist die verborgene Anziehungskraft der Angebote. Sie gehören plötzlich zu denen, die *handeln.*

Terroristischer Stücklohn spielt im Terrorismus der Industriestaaten eine untergeordnete Rolle; er ist allenfalls für Handlanger gedacht. Die Selbsttäuschung, ein Handelnder zu sein, ist als Treibkraft um so stärker.

Fähigkeit zu handeln – gewollten Zweck und gewolltes Ziel in Wirklichkeit umzusetzen – gilt als einer der ersten Ausweise, daß der Mensch ein politisches Wesen ist. Dann aber muß die Behauptung, die hochindustrialisierte Gesellschaft sei eingeklemmt in zahllose Sachzwänge technologischer Sektoren, mithin bewegungsunfähig, und überliefere menschliches Handeln dem Tod, zur Rebellion antreiben. Die Theoretiker des beginnenden Studentenprotests in der Bundesrepublik sprachen noch akademisch angemessen vom »Praxisentzug« (Jens Litten). Die französischen Studenten schrieben im Mai 1968 an die Mauern der Sorbonne, es gehöre *die Phantasie an die Macht.*

Daß die lautstarke Protestwelle der Jahre seit 1967/68 abklingt, ist kein Beweis für die Schwächung der Verweigerung gegenüber der Gesellschaft. Die Absage bleibt erkennbar in den vielfältigen Formen der Flucht: Flucht aus der Größe der Organisationen, Flucht aus der Vereinsamung und der computerverwalteten Anonymität, Flucht aus dem Zwang zum Kompromiß und Flucht aus dem Fortschrittsdenken. »Ich glaube«, schrieb Hannah Arendt, »es läßt sich nachweisen, daß keine andere menschliche Fähigkeit in solchem Maß unter dem ›Fortschritt‹ der Neuzeit gelitten hat wie die Fähigkeit zu handeln. Denn Fortschritt nennen wir den erbarmungslosen Prozeß des Mehr und Mehr, Größer und Größer, Schneller und Schneller, der immer gigantischerer Verwaltungsapparate bedarf, um nicht im Chaos zu enden. Woran Macht heute scheitert, ist nicht so sehr die Gewalt als der anonyme Verwaltungsapparat.«[9]

Woran Vertrauen in die legitime Macht heute krankt, ist das sich ausbreitende Gefühl von der Unfähigkeit politischer und organisatorischer Führungen, mit den »Schwierigkeiten« fertigzuwerden. Aber Schwierigkeit beschränkt sich nicht auf das Reich dessen, was im Lauf des politischen und wirtschaftlichen Alltags getan und erledigt werden sollte, um den Ablauf der Existenz zu erhalten. Schwierigkeit, die wirklich wiegt, entsteht im Bereich der Naturwissenschaft und Technik. Dort brechen in atemraubender Beschleunigung die sicherheitgebenden Grenzen des Gekannten und Geschützten zusammen. Der Zweifel wächst und wird nicht mehr aufgefangen durch Glauben; ihn zu haben, sagte Kardinal Newman, heiße, »tragfähig zu sein für den Zweifel«. Die immer wieder aufgezeigten Symptome wachsender Spannung in der Gesellschaft – von der Jugendkriminalität über Drogensucht und Neurosenausbreitung bis hin zur wiedererstarkenden Ideologisierung – sind Einzelheiten, die zwar jeweils begründbar, mit Zahlen und Daten belegbar, in der Einzelentstehung deutlich beschreibbar sind und dennoch erst im Zusammenhang mit der untergründigen, wachsenden Labilität der äußerlich so durchaus festgefügt organisierten Industriegesellschaft begreifbar werden. Die Zahl derer, die in der Flucht aus der Gesellschaft eine Möglichkeit sehen, an der Verweigerung und an der Absage teilzunehmen, ist sehr viel größer als das »Gewalt-Potential«, das sich aus den Beobachtungen und Statistiken sozial und kriminell Anfälliger berechnen läßt. Flucht ist aber immer nur *erste* Möglichkeit.

Aktion als die andere Möglichkeit der Verweigerung und des »Widerstands« gegen das System entsteht längst nicht mehr, wie der Aufstand gegen die Kernenergie zeigt, aus ökonomischen Gründen oder als Konsequenz unmittelbarer sozialer Unterdrückung. Die überlieferten Muster der Revolution verlieren fortschreitend ihre Anwendbarkeit, vor allem dann, wenn sich die revolutionäre Leidenschaft von dem bei Marx so ausgeprägten Glauben an die Ratio in der Geschichte loslöst. Diese Loslösung aber ist – und kein offizielles Vorzeigen der Formeln marxistisch-leninistischen Revolutionsdenkens kann darüber hinwegtäuschen – ein auffallendes Kennzeichen vieler Revolutionen in der Dritten Welt. Die innere Verbindung zwischen der Linken der Gewalt in den Industriestaaten und den revolutionären Führungsländern der Dritten Welt, die eine Stufe auf dem Weg zur »Internationalisierung« des Terrorismus ist, erscheint hier in einem zusätzlichen Licht: Was sie einander nahebringt, ist die Verwerfung wesentlicher Aspekte der Industriezivilisation auch dann, wenn einige der Führungsländer der Dritten Welt aus Gründen allmählich sich etablierender Macht bestimmte Arbeitsformen dieser Zivilisation übernehmen.

In der Verwerfung steckt Verzweiflung. »Das Besondere in der Gegenwart ist, daß wir es mit einer utopischen Welle zu tun haben, die nicht aus Hoffnung, sondern aus Verzweiflung geboren ist: Das ist der letzte Grund für das Fehlen der Zeitperspektive, für die Irrationalität und Gewaltsamkeit, die ihre Kennzeichen sind.«[10]

Wenn in den ersten Phasen als Regel gelten konnte, daß die kompromißloseste Ablehnung von Anstrengung, Leistung und Kooperation bei jenen Jugendlichen zu finden war, die am längsten und am weitesten vom Produktionsprozeß getrennt geblieben sind oder sich von ihm entfernt hielten, dann muß schon seit einiger Zeit und in Zukunft steigend eine weitere Möglichkeit hinzugefügt werden: In dem Maß, in dem das Verstehen der Welt und der Wege der technischen Zivilisation die Verständnisfähigkeit der Menschen übersteigt und also Unbegreiflichkeit und Angst erzeugt, kann sich das Potential der Verweigerer, auch und insbesondere in den traditionellen Intelligenzschichten, erweitern. Ist überdies – dritte und zugespitzte Möglichkeit – auszuschließen, daß sich gerade in den spezifischen Schichten der naturwissenschaftlichen Intelligenz das Potential der Verweigerer vergrößert, weil die Ergebnisse gerade ihrer Arbeit die Grenzen der *innerlichen* Sicherheit immer heftiger niederreißen, so daß Zweifel in Verweigerung und Verweigerung in die gegengerichtete Tat umschlägt?

Die Experten der Bekämpfung »krimineller Vereinigungen« sind gezwungen, für die technische Durchführbarkeit der Abwehr und Bekämpfung feste Kategorien zur Erfassung möglicher Tatbereiter aufzustellen. Sympathisanten der Terroristen haben demnach bestimmte Merkmale, die sich aus der erkennbaren Nähe zu erkannten Tätern, aus bekanntgewordener Bereitschaft zur logistischen Hilfestellung (Unterkunft, Versorgung, Transport und Information), aus der Bekundung extremer politischer Überzeugungen und anderem äußerlichen Verhalten herleiten. Das ist notwendige Polizei- und Sicherheitsarbeit, und es ist notgedrungen das Rechnen mit einfachen Größen.

Die Polizeien und Sicherheitsbehörden der attackierten Staaten geben ihre Richtzahlen über das Ausmaß der jeweiligen Umfelder des aktiven Terrorismus bekannt. Darin steckt immer auch ein Stück publizistisch-psychologischer Abwehr durch Betonen der Größe der Gefährdung. Dennoch werden diese Zahlen im großen und ganzen der tatsächlichen polizeilichen »Erkenntnis« entsprechen. In der Bundesrepublik wird, nach oben und nach unten schwankend, die Richtzahl von 5- bis 15 000 auffälligen Sympathisanten genannt.

Aber wer kann in der sich weitenden Landschaft innerlicher Unsicherheit und wachsender Zweifel an den Bewältigungsmöglichkeiten modernen Lebens noch »rechnen«, und womit kann er rechnen? Eine neue Entwicklung, irgendwo zwischen Existenzangst durch begrenzte Zuteilungen von Arbeit und Angst vor dem Altern, kann plötzliche Situationen schaffen, in denen bei den polizeilich Nicht-Erkannten und Nicht-Erkennbaren der Fluchtdrang in aktive Aggression umschlägt. Das ist nur vordergründig eine Frage äußerer politischer Bedingungen; es ist in Wirklichkeit eine Frage des Ausmaßes persönlich-individueller Labilitäten. Dem Irrationalen in der Angst entspricht das Irrationale in der terroristischen Aktion, die auch hinter der präzisesten und kältesten Planung äußeren Ablaufs verborgen ist. Da wird die Gewaltaktion, die romantische Brandstiftung, zum Ergebnis einer Auflösung von Persönlichkeitskraft: Terrorismus als Zerfallsprodukt.

20. Der Zerfall der Gruppen

Die Kapitulation vor der Zeit

Im Mai 1976 erhängte sich Ulrike Meinhof in ihrer Stammheimer Zelle. Die Erregung der folgenden Tage war enthüllend.

Auf der Seite des Protests warf der Denkmechanismus automatisch die Schablone vom Mord durch staatliche Gewalt aus. Das war Anlaß organisierter Straßenunruhe. Sie wiederum löste sich, wie in Frankfurt, fast sofort vom willkommenen Anlaß und war bald (wie später und aus anderem Anlaß in Brokdorf) als Drohung mit der sonst verborgenen Stärke größerer Gruppen und als Test auf taktische Möglichkeiten zu erkennen. In den Straßen Frankfurts wurde dem Beobachter klar, daß die Seite des Protests schon einen Tag nach dem Selbstmord die Ulrike Meinhof vergessen und ihr Schicksal zur bloßen Chiffre umgewandelt hatte. Auf der Gegenseite war das Aufflackern der Furcht vor Racheakten, aber mehr noch Genugtuung über das ehrlose Verschwinden einer Figur der Gewalt zu spüren. Noch ein paar Tage später war das verworrene, verbogene und in das Verbrechen abgesunkene Leben der Ulrike Meinhof aus den Nachrichten und dem Nachdenken verschwunden.

Alles spricht dafür, daß Ulrike Meinhof ihr Leben in einem Augenblick tiefster menschlicher Vereinsamung aufgab. Welche Vereinsamung war das, nachdem die »Solidarität« unter den Mithäftlingen Baader, Ensslin, Raspe schon lange vorher zerbrochen und der persönliche Hader nicht einmal mehr durch das Überquellen der Worte in den »Positionspapieren« verdeckt werden konnte?

Als 1971 die uruguayischen Tupamaros den britischen Botschafter Sir Jackson nach sechs Wochen Haft aus einem »Volksgefängnis« entließen, sagte der Mann, der seine Entführer jenseits des Tarnvorhangs revolutionärer Formeln und Phrasen kennengelernt hatte: »Ich habe die Überzeugung gewonnen, daß die Selbstmordrate unter Terroristen höher liegen wird als unter Normalbürgern. Selbst unter meinen Entführern spürte ich Anzeichen, daß es einigen schwerfiel, mit sich selbst zu leben. Und wenn das Alter kommt und einen Wandel mit sich bringt, dann kann ich mir nicht vorstellen, wie einige dieser ganz offensichtlich idealistischen und empfindsamen jungen Leute überhaupt noch schlafen können – angesichts ihrer Erinnerung an das, was sie zu verantworten haben.«[1] Wer außerhalb solcher Erfahrungen bleiben kann, hat kein Recht, über die Vereinsamung unter der Last des Gewissens spöttisch hinwegzugehen. Denn das ist, was der Botschafter meinte.

Denkbar ist ebenso, daß Selbstmord eine letzte »Aktion« angesichts der Einsicht ist, daß die »Aktion des bewaffneten Kampfes« ergebnislos im Sinn kurzfristigen Erfolges ist. Damit aber wird das Wegwerfen des eigenen Lebens zur »konsequenten« Wiederholung eines ersten Akts des Wegwerfens.

Ulrike Meinhof verwarf 1968 alle realen Möglichkeiten von Änderung. Der Sprung in die Gewalt war ein Akt der Kapitulation. Kapituliert wurde vor dem Zwang, den jegliche Zukunft ausübt, nämlich Zeit zur Verfügung zu haben, und das bedeutet, Zeit als Möglichkeit zu begreifen. Zeit zu nutzen, verlangt Anstrengung.

In dem Monatsblatt »konkret«, aus dessen Leitung Ulrike Meinhof kam, zitierte nach dem Selbstmord der neue Herausgeber Gremliza aus einer Meinhof-Kolumne von 1964 gegen die Notstandsgesetzgebung:

»Gewerkschaftsbeschlüsse wurden gefaßt, bei der IG Metall, bei der ÖTV, beim DGB; Jugendorganisationen haben Resolutionen verabschiedet, Pfarrer haben gepredigt, Bücher sind geschrieben worden, Gutachten, Analysen, Aufrufe. *Nun sind wir abgekämpft ...*« Das war nicht ein müder dramatischer Stil, sondern Dramatik, die sich ankündigte. Der neue Herausgeber näherte sich dem wirklichen Grund, als er ein anderes Meinhof-Zitat kommentierte: »Ulrike Meinhofs Weg in den Untergrund begann, als Sozialdemokraten einen Goebbels-Referenten zum Bundeskanzler wählten. ›Ist also Hopfen und Malz verloren‹, fragte sie damals, ›ist die zweite deutsche Republik perdu? Es sieht so aus, *es sei denn ...‹ Sie hat an diesen Konjunktiv dann doch nicht mehr glauben können.*«[2]

Angst vor der anstrengenden Forderung von Zeit ist ein Merkmal persönlicher Schwäche. Dies stellt die schließliche Gewalttäterin Ulrike Meinhof, was immer ihr privates Leben an besonderen schwächesteigernden Widrigkeiten parat gehabt haben mag, in den unmittelbaren Zusammenhang mit den Merkmalen der Anfälligkeit eines Teiles der jüngeren Generation. Experten einschlägiger Fächer haben ausgiebig beschrieben, woraus die Tendenz zur abgekapselten Subkultur und Sektenbildung, zu Kriminalität, Droge und Ideologisierung wächst. Rudolf Affemann stellt fest: »Zukunftslosigkeit ist ein ... wesentliches Kennzeichen der jungen Generation. Viele ihrer Vertreter leben so, als ob sie keine Zukunft hätten, als ob sie zum Beispiel nicht älter als 25 oder 30 Jahre würden. Viele sagen offen, daß sie nicht mit der Zukunft rechnen ... Zukunftslosigkeit [ist] eine wesentliche Zusatzbedingung für das Entstehen der schweren Formen von Drogenabhängigkeit. Es gibt mehrere Verhaltensweisen gegenüber der verlorenen Zukunft: Man kann sie, wie es oft geschieht, abschreiben oder aus dem kurzen Leben eine kokettierende Masche machen. Man kann sich aber auch eine Ersatzzukunft geben. Das geschieht in die Ideologie. Ausdruck der verlorenen Zukunft ist die Hoffnungslosigkeit. Hoffnungslosigkeit ist schwer zu ertragen. Also wählt man das Surrogat von Hoffnung, das utopische Denken. Utopie als Hoffnungsersatz. Je weniger man auf Zukunft zu hoffen vermag, um so mehr ist man auf Illusionen und Utopien angewiesen.«[3]

Gewalt ist dann Surrogat. Sie ist schwere Droge. Sie gibt die Illusion des Sofort und wird zum Kult der unmittelbaren Gegenwart, eine Illusionshandlung jener, die sich zu Hoffnungslosen erklärt und beschlossen haben, jeder real sich stellenden Aufgabe aus dem Weg zu gehen.

Auch terroristische Gewalt dieser Art kann nicht der genauen Planung der einzelnen Aktion entraten, und in der Tat sind einige der Aktionen Beispiele präzisester Vorbereitung und Durchführung. Terroristische Gewalt auch dieser Art bleibt also im technischen Sinne »bekämpfbar«, sowohl im logistischen Vorfeld wie in der Aktion selbst. Aber terroristische Gewalt dieser Art entzieht sich der längerfristigen Berechenbarkeit, die gegenüber dem sich rational begründenden Terrorismus möglich bleibt. Denn Gewalt schlägt in Grausamkeit um. »Kein rationaler Zuspruch, keine Erwägung von Gnade, Großmut kann jene kleine Verzögerung erwirken, in der reflektiertes Denken zum Zuge kommen kann. Im Gegensatz zum räsonierenden Denken will sich Grausamkeit als Triebgeschehen unverzüglich erfüllen. Sie hat imperativen Charakter und sagt keinen Aufschub zu« (Alexander Mitscherlich).[4]

Die innere Isolierung

Die Illusion des Sofort kann nur durch die Aktion erzeugt und aufrechterhalten werden. Hier (und nicht im Ausbleiben eines »Erfolgs«) liegt der erste Zwang, immer wieder zur Aktion schreiten zu müssen. Die Eskalation der Aktionsart erweist sich jetzt nicht nur als ein gewissermaßen technisches Problem der Wirkung auf andere (unter dem Zwang der Kommunikation), sondern auch als innere Notwendigkeit, um die Illusion in die eigene Gruppe und in die eigene Vorstellungswelt hinein aufrechtzuerhalten. Soweit die Selbsttäuschung dieser Terroristen betroffen ist, stimmt Manès Sperbers Satz: »Eine Zeitlang können die Terroristen herostratische Siege erringen, die ihnen vorübergehend die Illusion verschaffen, die Herren des Geschicks zu sein – das gleiche Gefühl, das der kriminelle Kidnapper hegt, der eine Familie, die Bewohner einer Stadt um das Leben eines Kindes bangen läßt, das er jeden Augenblick töten kann. Insofern Politik Kampf um Macht ist, dürfen die Terroristen in solchen Stunden glauben, daß sie, diese Wanderer ins Nichts, auf dem kürzesten Weg zur Macht vorstürmen.«[5]

Den Terroristen, die bei einer Aktion eingeschlossen und tagelang belagert werden, ohne daß zunächst etwas gegen sie geschieht, wird das Sofort verweigert. Sie erschlaffen nicht vornehmlich durch die körperliche und nervliche Situationsbelastung, sondern durch das Abbröckeln aufgeputschter Selbsttäuschung.

Aber terroristische Existenz besteht in Wirklichkeit nur zu einem Bruchteil der Zeit aus Aktion. Die langen Zwischenzeiten gehören der konspirativen Logistik: Da wird geplant und getarnt, kontaktiert und organisiert; Informationen, Finanzen, Waffen, der tausendfache Zubehör des verwalteten Alltags – Papiere, Pässe, Dokumente, Stempel – werden beschafft. Das erfordert Reisen, und Reisen erfordert Ausweichen, denn die Verfolgung, die auf Information aufbaut, verfügt heute über die computer-gesteigerte Information.

Der Alltag der Zwischenzeiten scheint angefüllt mit logistischer Betriebsamkeit. Ist die Zwischenzeit tatsächlich ausgefüllt? Oder rührt sich, wenigstens bei jenen, die nicht wie Andreas Baader zu den Nur-Aktionisten gehören, ein Zweifel? Analysen terroristischer Planungs- und Aktionsabläufe gibt es inzwischen genügend, Analysen terroristischen Denkens in diesen Zwischenzeiten noch kaum.

Vermutungen lassen sich formulieren. Der Amerikaner Irving Howe schrieb 1976 als Schlußfolgerung seiner Beobachtung des Verweigerungsterrorismus in den USA (*Weathermen*): »Das Leben des Terroristen ist Einsamkeit. Nicht nur, weil er nicht weiß, ob er Freund oder Genossen trauen darf, sondern weil er sich selbst von allen Bewegungen und Gemeinsamkeiten abschneidet, in denen Möglichkeiten und Alternativen gewogen werden. Er setzt alles auf die Tat, und dadurch blockt er alles ab, was vorher war und danach kommt. Er entscheidet, wer zu vernichten ist, und ersetzt dadurch Gott. Er wählt aus, wer zu bestrafen ist, und ersetzt dadurch das Recht in der Gesellschaft, sei es nun ein gutes oder ein schlechtes Recht. Er beschließt, die Konflikte der gesellschaftlichen Klassen unter seinen Willen zu zwingen, und ersetzt nun auch noch die Geschichte. Der Terrorist schultert eine moralische Bürde, die nur Heilige oder Fanatiker auf sich laden würden – im allerschlimmsten Fall die Fanatiker, die sich selbst als Heilige mißverstehen.«[6]

Die elitäre Arroganz, die die Schlüsselfiguren des sogenannten »harten

Kerns« der Terroristen in den USA wie in Japan wie in der Bundesrepublik kennzeichnet, kapselt sie schließlich vom Hauptstrom des ungeordneten Protests ab. Im Frühstadium vorhandene Bindungen an den breiteren Kreis aktiver Rebellen zerfallen. Streuner der Tat und elitär-fanatische Bewußtseinskader können auf die Dauer keine gemeinsame Gruppe und kein festes Netz von Gruppen bilden. Sie existieren nebeneinander, gelegentlich gegeneinander, auch wenn nach außen der Eindruck erweckt wird oder entsteht, als operierten sie miteinander.

Der Bericht des Michael (»Bommi«) Baumann, dieses desillusionierten Zeugen aus der deutschen Szene, beschreibt deutlich die innere Isolierung. Es lohnt, dem Gruppenweg in stichwortartigen Zitaten nachzugehen.[7]

In Berlin ist »die Geschichte . . . denn so, daß viele von meinen Kumpels, die ich so kannte über Ostern 68 zum Teil politisiert worden sind, gerade Leute von der Gedächtniskirche her, oder so Leute, die immer schon Dope genommen haben, Turner oder wie du die auch immer nennen willst . . .«.

Die Zeit der Haschrebellen ist angebrochen und wird nach außen plakatiert. Da heißt es dann: »Wir müssen zu den unberechenbarsten und erfolgreichsten Methoden greifen. Unsere Devise: *Terror ohne Maß macht maßlos Spaß* – und wir werden sehen, ob man uns dann immer noch wie Freiwild behandelt. Wir müssen klug und besonnen sein; wir müssen aus dem Schatten auftauchen, zuschlagen und im Schatten wieder untertauchen.
NUR WIR SELBST MACHEN UNS FREI UND JUCHHIGH!
. . . .
ES LEBE DIE SUPERKULTUR!
DIE MILITANTEN PANTHERTANTEN
SCHON VOR RAUSCHGIFT TERROR KANNTEN!«
Unterzeichnet waren diese Selbstdarstellungen von einem »Zentralrat der umherschweifenden Haschrebellen«. Da mischte sich groteskes Mißverstehen von Anmerkungen aus den Schriften Maos, die situationsbedingt geschrieben waren (genannt wird: *Über die Mentalität umherschweifender Rebellenhaufen*) und nun wörtlich übernommen werden, mit einem Gefühl entstellten Spaßes.
»DIE JUNGEN WERFEN ZUM SPASS
MIT STEINEN NACH FRÖSCHEN
DIE FRÖSCHE STERBEN IM ERNST.«

Auch die Organisationsversuche waren »Spaß«, oder wie es im Jargon der Szene heißt, *Blues:*

»Wir haben dann angefangen, diesem ganzen losen Haufen einen Namen zu geben. Das war der ›Zentralrat der umherschweifenden Haschrebellen‹. Wir haben gesagt, wir nehmen Dope, das ist eine wichtige Sache. Und Rebellen, klar, waren wir eh, und Zentralrat war einfach eine Ironie auf die damaligen Politzirkel, weil sich alle Zentralrat nannten. Es gab also schon wieder mal 1000 Zentralräte, das war einfach schwer ironisch, die Bezeichnung.«

Die Zeit der Vietnam-Demonstrationen wird abgelöst durch die Palästina-Faszination. Einzelne und Teile von Gruppen gehen in den Nahen Osten und kommen zurück:

»Die Brüder aber haben nach ihrer Rückkehr gesagt, der neue Mensch, es ging ja dabei immer um die Veränderung des Menschen, entsteht im Kampf, mit der Waffe in der Hand. Das ist der Fanonsatz, ›als sie ihre Menschlichkeit entdeckten, holten sie ihre Waffen hervor‹. Das wurde für sie völlig realistisch, und mit dieser Message und dem totalen Willen zu kämpfen sind die Leute dann aus Palästina zurückgekommen.«

Der Bruch, sagt Baumann, entstand in dieser Zeit: »Die Palästina-Fraktion innerhalb der Gruppe hat denn gesagt, die Geschichte, so wie sie jetzt läuft, hat keinen Sinn. Wir müssen sofort konkret mit dem bewaffneten Kampf anfangen. Sozusagen *ein Aufgeben des Blues, nicht mehr diese breite Scene, die offen war, aber trotzdem geschlossen, wo sich ein lebender Organismus herangebildet hatte.*«

Gewalt gehört längst zur Szene: Brandsätze, Molotow-Cocktails, mittlere Bomben. Auch Tod ist dabei (der Bootsbauer Erwin Beelitz stirbt bei dem Anschlag auf den Britischen Yachtclub in Berlin). Aber für den Mann aus dem »Blues« ist das auf seltsame Weise noch nicht die wirkliche Gewalt, eigentlich mehr laute und rabiate *Lust*. Die wirkliche Gewalt beginnt für ihn mit dem Schuß aus der Pistole. Der Bruch vertieft sich: »Jetzt bekommt die RAF, die sich quasi auf unsere Gründung hin formiert hatte, weil sie die Kritik hatte, daß wir totale Spinner wären, eben der Blues, vollkommene Dilettanten und Trottel sind, die vollkommen unernst die Sache in Angriff nehmen und völlig unpolitische Irrsinnige sind, die kriegt da erst ihre volle Bedeutung, als der Blues zerschlagen ist. Der Staatsapparat richtet sich dann auch voll gegen sie, *weil sie von vornherein noch rigider diese Trennung eingeführt haben.* Die waren sofort in Neubauwohnungen verschwunden, mit kurzen Haaren, und da standen dicke Autos vor der Tür; sie hatten auch sofort das Schießeisen in der Hand. Sie sind die ersten, die Schußwaffen eingeführt haben.«

Die *Pistole* wird zum Symbol des unausweichlichen, tödlichen Ernstes. Es ist vorbei mit der *abstrakten Bombenschmeißerei,* wie er es nennt. Der Blues jammert aus; die Trennung kommt, die szenengerecht »Fraktionierung« genannt wird: »Der endgültige Bruch ist nach dieser Großrazzia im Rauchhaus [gemeint ist: Georg-von-Rauch-Haus auf dem Gelände des ehemaligen Bethanien-Krankenhauses in Berlin-Kreuzberg; die Polizeiaktion fand am 19. April 1972 statt], das ist dann die absolute Fraktionierung. Dann haben wir aufgehört. Seitdem haben wir nicht mehr viel gemacht, höchstens mal Paßgeschichten oder mal einer Ausländergruppe geholfen, aber mehr nicht.

Als sie dann Tommy noch erschossen haben [gemeint ist der am 2. März 1972 in Augsburg bei einer Razzia erschossene Thomas Weisbekker aus Freiburg], mit dem Georg [von Rauch] und ich den Prozeß hatten, da habe ich natürlich noch einen Anschlag gemacht, ist klar.

Aber diese allgemeine Lustfeindlichkeit hat dann die Sache langsam zerbrechen lassen. Da sind dann immer mehr Typen ausgedropt dran...

Da steht rigides Studententum für mich dahinter, das ist die totale Lustfeindlichkeit. Da fehlt jede Ekstase, ohne die eine Revolution gar nicht laufen kann.«

Eines Nachts hatten Baumann und seine Bluesgenossen ein Auto gestohlen und im Wagen einen Gegenstand entdeckt, der sich, als sie mit ihm hantierten, als ein Lachsack herausstellte. »Das war in so einer total stillen Neubausiedlung. Da fing dieses Biest dann widerlich an zu lachen, eine absolute Kreischerei ging da los, wo wir uns doch bemüht haben, ordentlich leise zu sein, dann haben wir raufgetreten, und er hat im Straßengraben so ›hohoho‹ ganz böse vor sich hingelacht. Da mußten wir das Feld räumen.«

Der *maßlose Spaß* der Haschrebellen hatte ausgelacht. Die einen verliefen sich zu den Hare-Krishna-Mönchen und ihren Konkurrenzsekten, die anderen resignierten oder zogen sich in eine Lebensform zurück, die man einen pragmatischen Anarchismus nennen könnte. Der Kern verengte sich früh zu einer fester gefügten Gewaltgruppe, die sich »Bewegung 2. Juni« nannte (am 2. Juni 1967 war in Berlin während der Demonstrationen gegen den Schah von Persien der Student Benno Ohnesorg erschossen worden). Baumann: »Der Name wurde gewählt, um sich von der RAF abzuheben – erst mal.«

Der Zerfall der Gruppen

Jeder Versuch einer Gruppe, sich von Konkurrenzgruppen dadurch abzuheben, daß bestimmte Aktionsarten bevorzugt und andere Tattypen abgelehnt werden, schlägt letztlich fehl. Die Bedingungen des konspirativen Lebens, einer Existenz in Gewalt und Dunkelheit, zwingt schließlich jede Gruppe zur Anwendung aller Mittel. Das gilt auch dann, wenn die Unterschiedlichkeit von Personenherkunft, Gruppengeschichte und »theoretischer Grundlage« den Versuch zunächst zu begünstigen scheinen. »Unsere Gruppe war proletarisch bestimmt, die meisten waren Arbeiter«, sagt Baumann, »auf der anderen Seite die RAF ... eine reine Intellektuellengruppe. Das Problem der Gewalt ist verschieden gehandhabt worden.«

Der »2. Juni« tötete den Berliner Kammergerichtspräsidenten von Drenkmann (November 1974), der eigentlich »nur« entführt werden sollte. Tatsächlich entführte sie Peter Lorenz (Februar 1975). Aber noch vorher erledigte der »2. Juni« den Studenten Ulrich Schmücker. In der Nacht vom 4. zum 5. Juni 1974 wurde Schmücker erschossen im Berliner Grunewald aufgefunden: der erste bekanntgewordene Fall von Liquidation eines vermeintlichen »Verräters« und von Selbstjustiz durch eine deutsche Gruppe, die sich – wie die konkurrierende RAF – in den äußersten Winkel manövriert hatte und sich nun mit den äußersten Mitteln gegen die Folgen der Isolierung absichern mußte.

Was die Gewaltgruppe als Verrat betrachtet, ist beim »Verräter« die Folge simpler Angst vor der staatlichen Gewalt und den Strafen für seine Schuld. Die rigide Haltung, von der Baumann immer wieder spricht und die unter anderen Namen in vielen Erfahrungsberichten auftaucht, zerschleißt jene, die zur Gruppe gestoßen waren, weil sie der Erfahrung von Einsamkeit und dem drückenden Gefühl persönlicher Unzulänglichkeit entfliehen wollten. Die Neigung zur Bandenbildung ist aus der Jugendkriminalität bekannt; die entsprechenden Erkenntnisse sind ohne Anstrengung auf das Gewaltkollektiv zu übertragen: »Da sie mit sich selbst nichts anzufangen wissen, entledigen sie sich ihrer Individualität und gehen in das ideologisch uniformierte Kollektiv ein. Nun haben sie die ›Kommunikation‹, indem sie das gleiche wie die anderen denken, indem sie wie die übrigen Gruppenmitglieder fühlen, indem sie die Ziele ihres Kollektivs teilen.«[8]

Sie können aber in der rigorosen Gewaltgruppe auf die Dauer Gemeinsamkeit nicht teilen. Baumann versucht, das am Beispiel seiner verhafteten und geständigen Freundin Hella zu erklären: »An der Stelle stellte sich zum erstenmal das Problem aller Verräter, daß sie sich einfach durch die Härte und die Unsensibilität der Gruppe am Schluß in einer Ausnahmesituation befinden und sich rausgedrängt fühlen und bei einer Verhaftung nicht mehr wissen, was Freund und Feind ist, also nicht mehr durchblicken.«

In der Gewaltgruppe wiederholt sich im kleinen, was man im großen an der abgelehnten Gesellschaft zu bekämpfen glaubt. Geld, das mehr aus Bankraub als aus illegalen Quellen kommt, korrumpiert. Daß Geldbeschaffung und Geldkonsum die schnelle Verbindung zur Bereicherungskriminalität bringt, bedeutet innerhalb der Gruppe wenig, denn die kriminelle Tat hat ohnehin den Rang des Kampfaktes gegen die Gesellschaft. Die Notwendigkeiten konspirativer Existenz erzwingen Schichtungen, gewissermaßen Kleinstklassen, innerhalb der Gruppen. Führung und Funktionsverteilung machen das unumgänglich. Und ebenso unumgänglich ist es dann, daß sich persönliche Eigenschaften – in der RAF der Aktions- und Männlichkeitswahn eines Andreas Baader, die Geltungssucht einer Gudrun Ensslin – Bahn brechen und durch herrische Überlegenheit Abhängigkeiten und Hörigkeiten schaffen. Noch einmal Michael Baumann: »Wir haben es nie geschafft, die Sensibilität innerhalb der Gruppe zu halten, weil der Druck von draußen dann doch so groß ist, daß er dich einholt. Darin liegt das ganze Scheitern der Guerilla in den Metropolen, weil man die neue Qualität nicht bewahren kann, *als Gegner genau so wird wie der Apparat selber. Du holst dich an irgendeiner Stelle wieder ein.*« Aus den wirren Binnenzuständen der Gruppen entsteht so etwas wie eine institutionelle »Revolutionäre Inkompetenz«; die Liste der gescheiterten Aktionen ist wahrscheinlich nicht minder lang als die Liste der ausgeführten Anschläge.

Die terroristische Gruppe, wie sie sich zwischen 1969 und 1973/74 unter der Kennzeichnung BM und »2. Juni« herausbildete, ist ein blindes Abenteuer: sie kann dem äußeren Druck letztlich nichts engegenhalten, weil sie dem Druck von innen, erzeugt durch ihre Widersprüche, auf längere Frist nicht widerstehen kann. Daran ändert auch ausgeklügelte Logistik von Tarnung und Versteck nichts.

Die RAF wurde zerschlagen, die »Bewegung 2. Juni« ausgehoben; Führungsfiguren dieses ersten terroristischen Untergrunds in der Bundesrepublik, Handlanger und Tagelöhner der Gruppen wurden verhaftet.[9] Seitdem ist ein Wechsel der Organisationsform zu beobachten, für den das Stichwort von den »Terroristen der Zweiten Generation« geprägt wurde. Hinter dem Schleier von Hilfsgruppen, »Aufbauorganisationen« und Nachfolge-Kommandos vollzieht sich eine Art von Vereinzelung; die Gruppe der ersten Phase scheint ausgedient zu haben. Neben die reine Untergrundexistenz von einzelnen, die auf Distanz miteinander verbunden sind, tritt die Chamäleon-Existenz der Halblegalität, das heißt, die Trennung in eine Art bürgerlicher Tagesexistenz, und fallweise, eine terroristischen Nachtexistenz; die Formen lassen sich variieren.

Beispiele jenseits der Grenzen

Für den Verfall der größeren und geschlossenen terroristischen Gruppe, der seit 1973/74 in der Bundesrepublik zu beobachten ist, gibt es Parallelen. In den USA sind die *Weathermen* der Ostküste und an der Westküste die Anhänger der siebenköpfigen Kobra verschwunden.

Die Kobra war das Symbol der *Symbionese Liberation Army* (SLA – Symbiotische Befreiungs-Armee), die zwischen 1970 und 1973 im Großbereich von San Francisco entstand, der unter krimineller Gewalt besonders zu leiden hat. Die sieben Köpfe der Kobra versinnbildlichten »Selbstverwirklichung, kooperative Produktion, Kreativität, Einheit, Glaube, Zweckbewußtsein und kollektive Verantwortung«. Symbiose, nachbarliches Zusammenleben verschiedenartiger Organismen, war der Schlüsselbegriff. Der Anstoß zur Bildung der SLA kam vor allem von jungen Studentinnen aus Familien der bürgerlichen Mittelschicht. Nancy Ling Parry, Tochter eines kalifornischen Konservativen, lief zuerst dem konservativen Barry Goldwater nach, kam dann an die Universität von Berkeley und tauchte dort in die studentische Rebellion ein. Ihr Abschlußdiplom warf sie weg; sie verkaufte Fruchtsaft an einem Straßenstand, um niemals »den ersten Schritt auf einer bürgerlichen Karriereleiter« tun müssen.[10] Die studentischen Verweigerer einer Teilnahme an der Gesellschaft fanden ein perfektes Reservoir an Tätern in den überfüllten Gefängnissen Kaliforniens. Einer der jungen Kriminellen, die in die SLA geholt wurden, war Donald DeFreeze, der ein handfestes Strafregister hatte, aber in den Augen der SLA-Studenten nur ein Produkt des zerrütteten und zu bekämpfenden gesellschaftlichen Systems war. Unter DeFreeze wurde die anfänglich aus etwa 10 Mitgliedern bestehende SLA zu einer Gruppe von (vermutet) 25 Terroristen, die als die Tupamaros von Kalifornien galten. »Ihre Disziplin war zunächst absolut. Absolute Revolution war ihr Ziel, obwohl *der Zweck der Revolution niemals erklärt* worden ist. Ihre Taktik war der organisierte Terrorismus und ihre erste Tat war Mord«[11](Erschießung des neuernannten schwarzen Schuldezernenten Marcus Foster in Oakland, November 1973).

Aber die Tat, die die SLA bekanntmachte, war die Entführung der Hearst-Tochter Patty. Nach einer Reihe bizarrer Verhandlungen erklärte sich der Vater, der Zeitungskönig Hearst, zur Verteilung von Lebensmitteln im Millionenwert bereit, um seine Tochter auszulösen; wie sich dann herausstellte, eine zwecklose Tat, da Patty Hearst gemeinsame Sache mit den SLA-Terroristen machte. Sie wurde später für ihre Teilnahme an einem Bankraub von einem Geschworenengericht verurteilt. Das Urteil ist bis heute umstritten. Namhafte Fachleute, die sie beobachteten, sind nach wie vor überzeugt, daß hier ein ganz außerordentlicher und bemerkenswerter Fall von »Gehirnwäsche« vorlag. »Die sogenannte ›Gehirnwäsche‹«, formulierte Alexander Mitscherlich, »ist vielleicht das spektakulärste Beispiel von intolerantem Handeln gegen sich selbst. Hier wird dem einzelnen der Selbsthaß und die Selbstverachtung, die er gegen sich empfindet, von außen eingeimpft mit einer Entmündigungstechnik ohnegleichen. Das Individuum wird gleichsam zum Beutegut des Siegers.«[12]

Patricia Hearst, die aus der »Szene«, der Jugend-Subkultur Kaliforniens kam, wurde nicht nur Beutegut des Siegers, sondern, wenn die starken Zweifel am Spruch der amerikanischen Geschworenen berechtigt sind, zur Waffe umfunktioniert. Die SLA hat das Arsenal terroristischer Gewaltmittel erweitert.

Die SLA wurde zerschlagen. Konzentrierter Polizeieinsatz größten Ausmaßes, innere Gruppenspannungen bis an den Rand des Zerfalls und Isolierung vom breiteren Strom der Linksopposition wirkten zusammen.

Während des Höhepunktes ihrer Aktivität galt die SLA der Westküste in den Augen mancher als möglicher Ansatzpunkt für die organisatorisch heimatlos gewordenen Aktivisten der *Weathermen* an der Ostküste der USA. Der Name, ähnlich symbolisierend wie das Kobrazeichen und der verquollene Schlüsselbegriff Symbiose bei der SLA, stammt aus einer Zeile des »Subterranean Homesick Blues« des amerikanischen Liedermachers Bob Dylan: *You don't need a weatherman to know which way the wind blows.* Der eiserne Wettermann auf den Türmen der Städte dreht sich als erster in den Wind, der einen anderen Lauf der Geschichte ankündigt. Er ist das Zeichen der Vorhut der Utopie.

Die *Weathermen,* unter denen es wiederum eine bemerkenswert hohe Zahl von Frauen gab, entstammten wie die Gründer der SLA bürgerlichen Mittelschichtfamilien; sie waren gebildet, belesen und literarisch ausdrucksfähig. Ihr Manifest *Prairie Fire,* das im Mai 1974 – schon in der Spätphase der Untergrundgruppe – veröffentlicht wurde, ist eines der seltenen Dokumente der linksextremen Gruppen in aller Welt, das eine verständliche, durchgeformte, sogar zuchtvolle Sprache spricht.

»Dies ist eine tödliche Kultur«, so beginnt der zweite Abschnitt des Manifestes; »sie schlägt ihre Kinder und wirft ihre Alten auf den Müll. Sie steckt ihre Rebellen in die Gefängnisse und trinkt sich selbst zu Tode. Sie zieht uns auf und erzieht uns mit dem einen Ziel, gesellschaftlich unverantwortlich, arrogant, ignorant und antipolitisch zu sein . . . Arbeit ist Verschwendung und ohne Bedeutung; Menschen leben in Angst und Haß. Das ist kein Leben. *Anti-Imperialismus ist unsere Kulturelle Revolution.*«

Die Gruppengeschichte entspricht nicht dem hochfliegenden Ton des *Prairie-Fire*-Manifests. Die Fraktion der *Weathermen* entstand aus der Abspaltung von der SDS-Organisation *(Students for a Democratic Society),* die ihrerseits wieder eine Abspaltung einer größeren Organisation war *(Democratic Socialist League for Industrial Democracy).* Spaltungsgrund war immer die Frage der Militanz; jede Spaltung erhöhte die Tendenz zur Anwendung von Gewalt. Die *Weathermen* bekannten sich schließlich als Anhänger des Johann Most und Netschajews, das heißt, sie begriffen die terroristische Gewalt als unerläßliches Mittel der individuellen »Revolution«. Ihnen fehlte, nicht überraschend, die Massenbasis. Die *Weathermen*, fast ausnahmslos Studenten und Studentinnen, verfielen auf einen besonderen Ausweg: die Organisation »der ersten revolutionären Straßengang *(street gang)* in der Geschichte«. Auf diese Weise sollte das gewaltgewöhnte Jugendproletariat der Großstadtstraße, das als der »entrechtete und entfremdete Teil« der Gesellschaft betrachtet wurde, für die Revolution gewonnen werden. Niemand kam.

Die WUO, *Weather Underground Organisation* (späterer Name der ursprünglichen Gruppe), ging isoliert der Gewalt nach. Sie bombte Gebäude – darunter in Washington das State Department, das Kapitol und das Pentagon – und verursachte einen auf etwa 10 Millionen Dollar geschätzten Sachschaden, sparte aber Angriffe auf Personen nach Möglichkeit aus. Dennoch geriet die WUO immer stärker in die Isolierung innerhalb der Linken; der Zusammenhalt zerfiel (Bernardine Dohrn, die die pathologischen Mordexzesse der *Manson Family* in Los Angeles jubelnd begrüßt hatte und die entscheidende Autorin des *Prairie-Fire*-Manifests war, sagte sich von der Gewalt los). Schließlich konnte der Polizeidruck die organisierte Großgruppe zerbrechen, die einmal auf eine Stärke von 150–200 Mitgliedern geschätzt worden war.

Die USA haben mit einer Vielzahl von terroristischen Gruppen zu kämpfen, für die es in anderen westlichen Industriestaaten keinen Vergleich gibt. Sie reichen von der pathologischen Gruppe über linke Splittereinheiten bis nach ganz rechts und spiegeln die besonderen Spannungszonen der amerikanischen Gesellschaft. Sie reichen von der Rassenfrage über Einwandererprobleme und Sektenfanatismus bis zum kleinbürgerlichen Vigilantentum in der Art des Ku Klux Klan, der nach FBI-Unterlagen neun Morde an Negern und Bürgerrechtlern und dreihundert tätlicher Angriffe, Bombenanschläge und Brandstiftungen in den sechziger Jahren verdächtigt wird.

Die terroristischen Gruppen der USA, die dem europäischen, insbesondere dem deutschen Verweigerungsterrorismus der Industriegesellschaft vergleichbar waren, gingen eben den Weg, der auch die terroristische Szene der Bundesrepublik kennzeichnet: Zerfall der größeren Gruppe unter dem dreifachen Druck der Isolierung, der Spannung im Inneren und der Bekämpfung von außen.

Die Parallele reicht weiter. Zwar heißt es im ersten Satz des *Prairie-Fire*-Manifests: »Wir sind eine Guerillaorganisation; wir sind kommunistische Männer und Frauen!« Aber *Weathermen* und SLA-Terroristen waren sowenig Kommunisten im orthodoxen Sinn wie die Terroristen der RAF oder des »2. Juni«. Der unkontrollierte und wahllose Gebrauch der Formeln aus dem orthodoxen kommunistischen Spracharsenal kann nicht über den Schlüsselsatz des *Prairie-Fire*-Manifests hinwegtäuschen: »Anti-Imperialismus ist unsere *Kulturelle Revolution*« – zielloser Aufstand gegen die Lebensform der Gegenwart und Verweigerung der Kooperation, ohne die die Gesellschaft im Zeitalter der beginnenden Hochtechnologie nicht lebensfähig ist.

Und schließlich: Wie in der Bundesrepublik herrscht in den USA Unklarheit über die wirkliche Zahl derer, die aus den Großgruppierungen des Terrorismus der ersten Phase übrigblieben und erneut in den tiefen Untergrund gingen, um mit anderen Formen konspirativer Existenz den terroristischen Angriff weiterzutragen. Der Verdacht ist, daß sie – auf längere Sicht, auf anderen Wegen, im anderen Verbund und schließlich im Auftrag von anderen – eine härtere Belastung sein können als die Verweigerungsterroristen der ersten Phase.

Von ihnen sagte Manès Sperber, sie seien nicht viel mehr als die Erben des Herostratos, und »so gefährlich sie auch sein mögen, die Terrorakte verwandeln sich in Posen der Tat; so sind Drohung und Tötung zwar nicht gespielt, aber dennoch nur ein Spektakel, eine mörderische Spiegelfechterei«[13].

21. Die Allianz der Abenteurer und der Hoffnungslosen

Nur noch Aktionismus

Die Wirkungsweise des terroristischen Aktes ist unabhängig von der Art, in der die terroristische Gruppe im einzelnen organisiert und gesteuert ist.

Die Aktion gegen die OPEC-Ministerrunde (Wien, Dezember 1975) ergibt nur einen politischen Sinn, wenn sie als Aktion radikaler Teile der palästinensisch-arabischen Ablehnungsfront gegen kompromißverdächtige arabische Regierungen verstanden wird. Daß gerade »Carlos« ein offenbar für diesen Zweck zusammengestelltes Kommando führte, an der deutsche Terroristen beteiligt waren, ist zunächst belanglos. Wäre die Wiener OPEC-Aktion *zu diesem Zeitpunkt* von anderen Organisationen mit einem anderen Zweck geplant und von einer anderen Tätergruppierung ausgeführt worden, sie hätte dieselbe Wirkung gezeitigt: im zeitlichen Zusammenhang mit der öffentlichen Erregung über die Ambonesen-Affaire in den Niederlanden und die »Balcombe-Street-Belagerung« in London mußte sie zu einer solchen Steigerung der Besorgnis sicherheitsverantwortlicher Behörden werden, daß zum Beispiel in der Bundesrepublik die Durchführung des »Lauschangriffs« des Bundesamtes für Verfassungsschutz gegen den damals verdächtig erscheinenden Atomwissenschaftler Traube möglich wurde. Der Fall Traube ist symptomatisch für Reaktionsketten, die nicht auf die Bundesrepublik Deutschland beschränkt waren.

Das heißt: Die Wirkung der terroristischen Aktion löst sich von dem begrenzten Zweck der Aktion, vorausgesetzt, sie ist hinsichtlich der Opfer und der Art ihrer Opferung, des Auffälligkeitswertes also, spektakulär genug. Der terroristische Akt wird zum Auslöser großflächiger Verunsicherung jenseits eines im jeweiligen Fall erkennbaren Zwecks. Großflächige politische und psychologische Verunsicherung (die »Destabilisierung von Räumen«) ist heute unerläßlicher Bestandteil strategischen Denkens offensiver Mächte; die klassische »militärische« Strategie wird nur als Teil eines weitergespannten Netzes strategischer Optionen verstanden. Die terroristische Aktion wird zum möglichen strategischen Mittel, der Terrorist zum möglichen Werkzeug Interessierter Dritter. Die Umwandlung des aktiven Terroristen in ein Werkzeug fremder Dritter muß ihm nicht notwendig bewußt sein; entscheidend ist seine Disposition, die ihn für Dritte nutzbar macht.

In der Isolierung zerfällt nicht nur der Zusammenhalt der Gruppen, sondern auch der ursprüngliche Zusammenhang von Mittel und Zweck, wie absurd und realitätsfern der Zweck der Umwelt auch erschienen sein mag. Terrorismus hat mit Ideologie nichts mehr zu tun. Er wird zur reinen Methode. Er zeigt sich, völlig nackt, als ungebundener Aktionismus. Allein die Aktion zählt.

»Der Weg zur Selbstvernichtung«

Tatsache und Folgen der Isolierung terroristischer Gruppen der ersten Phase werden in den Randbereichen der extremen Neuen Linken seit langem beklagt. Das äußert sich teils in zaghafter theoretisierender Verurteilung, teils in beredter Ablehnung.

Im »Sozialisten Jahrbuch« (1973) theoretisierte Professor Peter Brückner: »Die Konfliktebene der RAF, ihre Verstrickung in Aktivitäten von Verfassungsschutz, Kriminalpolizei, Sicherungsgruppe, die ›externe Lokalisierung‹ ihrer Aktion und bestimmte öffentliche Konsequenzen ihrer Existenz, ihre Schriften und Strategien bestimmen bereits ihre Nähe, aber eben auch ihre Ferne zu den neuen, nationalen wie internationalen Formen von militanter Fundamental-Opposition, wie sie sich seit etwa zwei Jahrzehnten entwickelt.«[1]

Dann wird die sogenannte Fundamental-Opposition in den Industriestaaten beschrieben. Sie besteht aus militanten Gruppen, die auf der einen Seite die »überlieferten Typen« von Opposition (darunter rechnen nicht nur sozialistische Parteien und Gewerkschaften, sondern auch orthodoxe kommunistische Parteien), auf der anderen Seite den elitären Terrorismus vornehmlich studentischen Ursprungs ablehnen. Die Gruppen der Fundamental-Opposition sind, nach Brückners Darstellung, »in mehr als einer Hinsicht Fraktionen der ›objektiven Polarisierung im Weltmaßstab‹ und damit den revolutionären Bewegungen in Lateinamerika, Ostasien und dem Nahen Osten verbunden«[2]. Als strategische und taktische Vorbilder werden ihnen die Betriebsguerilla der *Lotta Continua* (Italien) und die *Gauche prolétarienne* (Frankreich) empfohlen[3], denen eins gemeinsam ist: »Die Militarisierung der Arbeitskämpfe in der Fabrik ... denn die Fabrik ist die Organisation des Feindes.«[4]

Da die Bürger in der Organisation des Feindes, die Arbeiter, offensichtlich nicht gewonnen werden können, ist eigentlich Resignation angebracht. Die Sätze klingen denn auch wie die Resignation eines träumenden Theoretikers, der seine Utopie in Gefahr sieht: »Lernen wir nicht auch von Frantz Fanon oder Aimé Césaire, daß Revolution *mehr* sein wird als Avantgarde der Arbeiterklasse? Die *Majorität der Individuen* ... [muß] sich die fremdgewordenen Produktivkräfte *universell aneignen*.«[5]

Was wie theoretisches Entkommen aus einem Dilemma aussieht, ist in Wirklichkeit Anweisung für gewaltsame Opposition. Die Felder der Auseinandersetzung sind nicht mehr die Lohn- und Arbeitskämpfe von gestern. Es bieten sich Felder mit besserer Aussicht auf die Mobilisierung einer »Majorität der Individuen« an. Da ist der wachsende allgemeine Zorn über die bürokratischen Apparate im Staat, in gesellschaftlichen Organisationen, im steigenden Maß in den politischen Parteien. Vor allem sind da die Bereiche der emotionalen Unsicherheit und der Angst, die sich in der Bevölkerung ausmachen lassen. Die Kernenergie wird nicht als industriewirtschaftliches Problem, sondern als neue Form einer raffiniert anonymen Unterdrückung, als »Elektrofaschismus«, hingestellt. Der radikalisierte Widerstand gegen Kernenergieprojekte ist kein Kampf um technische Sicherungen und zum Schutz der Menschen, sondern für die militante Fundamental-Opposition einfach ein Kampfakt. Sie würde, da sie an der Sache selbst uninteressiert ist, sofort auf ein anderes Feld der Auseinandersetzung übergehen, wäre es ebenso erfolgversprechend für die Mobilisierung allgemeinen Aufbegehrens.

Die heute in der Bundesrepublik aktiven Gruppen der »Spontis« entsprechen dem Konzept der militanten Kerne der Fundamental-Opposition. Sie geraten nicht trotz, sondern wegen ihrer Bejahung der Gewalt als Antriebs- oder Führungsmöglichkeit in der Demonstration der »Massen«, in Gegensatz zu den Terroristen der Zweiten Generation, den Erben der Elitären. Über diesen Gegensatz gibt es eine unverhüllte Aussage. Nach den Frankfurter Straßenkämpfen vom Mai 1976, die mit dem Selbstmord der Ulrike Meinhof begründet wurden, schrieben die Frankfurter »Spontis«:

»Es soll nicht verschwiegen werden, daß wir mit dieser Demonstration ... an die Grenze unserer militanten Aktionsformen gestoßen sind und drauf und dran waren, denselben Fehler wie die Stadtguerillas zu begehen, nämlich unsere militärische Stärke nicht mehr im Zusammenhang mit unserer politischen Isolierung zu sehen. So hart die Auseinandersetzungen an diesem Montag auch gewesen waren, sie können eines nicht überdecken: je isolierter wir politisch wurden, desto militaristischer wurde unser Widerstand, desto leichter wurden wir isolierbar.«[6]

Nicht die Gewaltsamkeit des Widerstandes wird kritisiert, nicht die *militante* Form, sondern die *militaristische* Überspitzung:

»Wir wollen nicht eines fernen Tages den Sozialismus aufbauen, sondern für uns vollzieht sich Befreiung im alltäglichen Widerstand, in unserem Leben. Aber Widerstand und Leben stehen bei uns in einem sehr prekären Verhältnis zueinander. Sobald sich das eine vom anderen isoliert, geben wir entweder auf oder gehen in den Untergrund.«

Denen, die aufgeben, wird vorgehalten, daß sie nur an das Überleben denken und dafür die »Versteinerung« in Kauf nehmen. Der volle Angriff aber richtet sich gegen die Terroristen:

»Die anderen denken nur an Widerstand, an Kampf und haben sich ein anderes Leben aus dem Kopf geschlagen. Sie treiben ihre vom System erzwungene Selbstentfremdung bis zu physischer und politischer Selbstaufgabe. *Ihre Utopie finden sie nunmehr als Soldaten der Weltrevolution in den unterdrückten Massen der Dritten Welt. Ihre Revolution wird zur alleinigen Frage der militärischen Verunsicherung des Hinterlandes des imperialistischen Feindes. Sie handeln wie Techniker, wie Soldaten, wie ein Stoßtrupp in Feindesland, abgeschnitten von den konkreten Bedürfnissen, den persönlichen und politischen Erfahrungen und Problemen jener Menschen, unter denen sie leben. Sie isolieren sich von jeglichem Massenwiderstand, stempeln uns zu Zuschauern ihrer Attentate und setzen dem System einsam und vereinzelt das Messer der militärischen Machtfrage auf die Brust, mit dem ihnen dann jedesmal von den Bullen die eigene Kehle durchgeschnitten wird.*«

Die Zwangslage macht den »Spontis« zu schaffen: Gewalt ja, aber isolierte terroristische Gewalt nein. »Wir können uns aber nicht einfach von den Genossen der Stadtguerilla distanzieren, weil wir uns dann von uns selbst distanzieren müßten, weil wir unter demselben Widerstand leiden, zwischen Hoffnungslosigkeit und blindem Aktionismus hin- und herschwanken. Aber aus demselben Grund müssen wir die Aktionen der Genossen der Stadtguerilla entschieden angreifen, weil wir wissen und fühlen, daß sie die Selbstaufgabe bedeuten, den Verzicht auf Leben, den Kampf bis zum Tod, und damit die Selbstvernichtung.«

Die Beschreibung des Terroristen der Zweiten Generation, den die Debatte des gewaltbereiten Extremismus um die richtige Linie der Gewalt hier hervorgebracht hat, ist von bemerkenswerter Klarheit. Beschrieben wird der Landsknecht der Gewalt, der zu mieten ist. Seine Führer sind die neuen Condottieri eines Terrorismus, der die geographischen Grenzen nicht mehr kennt und eine eingrenzbare Begründung nicht mehr braucht. Der Terrorist wird vollkommen wurzellos und daher vollkommen beweglich.

Reisende in Sachen revolutionärer Gewalt sind zuhauf durch die letzten beiden Jahrhunderte gezogen. Helden und Narren und Verbrecher waren unter ihnen, und in fast jedem Fall wächst mit der historischen Distanz die Glorifizierung: sie tragen im nachhinein die Kappe des Robin Hood und scheinen alle aus dem Dickicht des Sherwood Forest zu kommen. Die romantische Verwandlung ist geringer in der größeren zeitlichen Nähe, die die Verkehrung der Brutalität in Akte des Heroismus noch nicht zuläßt.

Dennoch: Auch bei anarchistischen Gewalttätern, sofern sie nicht zu den schier pathologischen Typen eines Netschajew oder Emile Henry rechnen, war ein Quentchen glaubensnaher Überzeugung und naiver, wenn auch verworrener Hoffnung auszuloten, das den neuen Condottieri abzugehen scheint. Der Spanier Durrutti war zwar durch seine Aktionen der »Carlos« der zwanziger und dreißiger Jahre, aber war er ein »Carlos«?

Buonaventura Durrutti wurde 1896 in Léon geboren, mußte mit vierzehn Jahren in die Arbeit, warf sich in die spanischen Streiks von 1917 und hatte dann nur noch den Ausweg der Flucht über die Grenze nach Frankreich. Drei Jahre blieb er dort, kam zurück, ging nach Barcelona und trat der anarchistischen Gruppe »Los Solidarios« bei. Dort lernte er drei Genossen kennen: Francisco Ascaso, Gregorio Jover und Juan García Oliver. Sie wurden die »Drei Musketiere« des Buonaventura Durrutti. Zusammen planten und verübten sie terroristische Aktionen, die sie bald zu »legendären Helden des spanischen Anarchismus« und zum internationalen Schrecken machten.

Die terroristische Karriere begann mit einer, wie man heute sagen würde, logistischen Aktion; sie überfielen, um Gelder zu beschaffen, einen Goldtransport der Bank von Spanien. Beteiligung an der Vorbereitung eines Mordanschlags auf den Ministerpräsidenten Eduardo Dato wurde ihnen zur Last gelegt, aber nicht zweifelsfrei nachgewiesen. Nicht der geringste Zweifel besteht, daß sie es waren, die den Kardinal von Zaragoza, Soldevila, ermordeten. Die nächste Station war Argentinien, wo sie wegen terroristischer Gewaltakte zum Tode verurteilt wurden; sie entkamen und zogen weiter durch Südamerika, bis sie nach Frankreich übersetzten. Von dort aus bereiteten sie über die Grenze hinweg ein Attentat auf König Alfons XIII. vor, aber die französische Polizei überraschte sie – ein Jahr Gefängnis. Auf Druck der Linkspresse kamen sie frei, lehnten ein Asylangebot der Sowjetunion ab und zogen durch Europa, bis sie nach dem Sturz der spanischen Monarchie in die Heimat zurückkonnten: neue Gewalttaten, Mord, neue Verhaftung. Vom Gefängnis aus organisierten sie Einbrüche bei ihren Richtern, ließen Akten stehlen und vernichten; wiederum Freisetzung. Wenig später brach der Spanische Bürgerkrieg aus. Durrutti wurde Truppenführer, eine umjubelte Berühmtheit auf der republikanischen Seite: der »geliebte Bandit« als Kommandeur.

Anarchist in Spanien zu sein hieß (und heißt) nicht, simple ideologische Anhängerschaft an Bakunin oder Kropotkin oder eine dritte Richtung zu praktizieren. Spanischer Anarchismus wurde zwar von Bakunin in ersten organisatorischen Bünden zusammengefaßt und als Kampfbewegung theoretisch seiner selbst bewußt gemacht, wurzelt aber tief in der Sozialgeschichte der Halbinsel. Als in den sechziger Jahren des vorigen Jahrhunderts nördlich der Pyrenäen Karl Marx über Bakunin siegte, rächte sich Bakunin südlich der Pyrenäen: in Spanien siegte Bakunin über Karl Marx. »Im Sieg der anarchistischen Idee war nichts Verwunderliches. Das überwiegend agrarische Spanien ließ auch im Zeitalter der Industrialisierung unzählige Bande zwischen Industriearbeitern und landlosen Bauern oder Landarbeitern bestehen. Auch die städtischen Arbeiter lebten noch in einer Atmosphäre, in der Wut, Zorn und Rache der Volksmassen – wie Jahrhunderte zuvor – die explosive Form des Bauernaufstandes, der vergänglichen gewalttätigen Revolte, des ›Edelbanditentums‹ der Vogelfreien annahmen. Hier fielen Bakunins Ideen auf fruchtbaren Boden.«[7]

Eigentlich hat sich der spanische Anarchismus, der aus den Dörfern – geschlossenen sozialen Einheiten – kam, seit 1866 nicht wesentlich geändert. Nur als Ausdruck eines Teils spanischen Charakters und spanischer Geschichte konnte er zu der großen, fast überragenden Kraft vor dem Bürgerkrieg und während der Kämpfe werden. Nur so ist zu verstehen, daß heute bei den Demonstrationen gegen die Zentralmacht Madrid neben den Flaggen der Basken, Katalanen, Galizier die schwarze Fahne der Anarchisten wie selbstverständlich geschwenkt wird.

Buonaventura Durrutti und seine Drei Musketiere standen in der Tradition, »in der der Cid mit dem Partisanen und dem Banditen verschmilzt«. Das Ende des Durrutti kam am 21. November 1936 an der gefährlichsten Stelle im umkämpften Madrid, der Casa de Campo gegenüber der Universitätsstadt. Der Kommandeur der »Kolonne Durrutti« wurde höchstwahrscheinlich von einem seiner Leute erschossen, und höchstwahrscheinlich zahlte er mit seinem Leben für den größten Sündenfall des Anarchisten: Er hatte sich, vor allem durch den Sowjetrussen Ilja Ehrenburg, zum Gedanken der militärischen Organisation und Hierarchie bekehren lassen, die er in der Hölle von Madrid bei seinen Leuten durchzusetzen versuchte. Er fiel der »heroischen Unordnung« zum Opfer, für die er Bomben geworfen und Menschen gemordet hatte.

Wenige Tage vor seinem Ende hatte er vor den Trümmerhaufen Madrids einem kanadischen Korrespondenten einen Satz gesagt, der heute noch zitiert wird: »Wir sind es, die diese Städte und Paläste – hier in Spanien und in Amerika und überall – gebaut haben... Wir haben nicht die geringste Angst vor Trümmern. Wir werden die Erben dieser Erde sein. Hier in unserem Herzen tragen wir eine neue Welt. Jetzt, in diesem Augenblick, wächst diese Welt.«[8]

Durrutti war Spanier, und er glaubte daran. Durrutti blieb Spanier, trotz seiner Gewaltzüge in die internationale Arena. Nicht allein die Möglichkeiten technologischer und organisatorischer Vervollkommnung solcher Gewaltzüge über die Grenzen unterscheidet einen »Carlos« von einem Durrutti, sondern die Tatsache, daß Durrutti die schwarzen Träume seines Zorns und seinen kindlich-erdhaften Glauben behielt und seine Wurzeln nicht kappte.

Ilich Ramirez Sanchez und »Carlos«

Ein französisches Fernsehteam wollte nach dem Überfall auf die OPEC-Ministerrunde in Wien (Dezember 1975) genauer wissen, welchem Milieu der Venezolaner Ilich [Iljitsch] Ramirez Sanchez, genannt »Carlos«, entstammt. Den Vater, einen wohlhabenden Rechtsanwalt mit starken kommunistischen Tendenzen, stöberte das Team im venezolanischen Hinterland, der verlorenen Andenprovinz Tachira, auf; von ihm kam die knappe Auskunft, wenn auch der Sohn nicht Doktor der Rechte oder der Politischen Wissenschaften geworden sei, wie er es wohl gewünscht hätte, so habe das keine Bedeutung, denn für den Vater sei der Sohn »Doktor des Terrorismus«. In der Hauptstadt Caracas war Señora Elba Sanchez Ramirez, die Mutter, nicht zu sprechen. Madame wurde von einem Mann abgeschirmt, der sagte, das alles sei entsetzlich gefährlich, denn wenn man in Venezuela vom Schakal spreche, dann spreche man »über eine romantische Person, die die Massen zum Träumen bringt«. *El gran chacal,* den Großen Schakal, nannten die Halbwüchsigen in den Straßen von Caracas diesen Carlos. Eine verbreitete rechtsgerichtete Hauptstadtzeitung hatte über ihn geschrieben, zwar müsse man nicht mit seinen Methoden übereinstimmen, dennoch sei er vergleichbar einem Simon Bolivar oder einem Francisco de Miranda, der fast zweihundert Jahre zuvor während seines Exils in London den Sturz des spanischen Imperiums in Lateinamerika vorbereitet habe.[9]

In der Presse Europas und Amerikas war Carlos in dieser Zeit eine Art inoffizieller »Mann des Jahres«, der durch die Tollheit einer einzigen Aktion die Phantasie der Alltagsmenschen gefangengenommen hatte.

Am 27. Juni 1975 entkam er in einem Haus der Pariser rue Toullier der Verhaftung durch die DST (*Direction de la Surveillance du Territoire* – französische Abwehr). Obwohl angetrunken, erschoß er innerhalb von zehn bis zwanzig Sekunden zwei DST-Beamte und den abgesprungenen PFLP-Kurier, den Algerier Michel Moukarbel, der sein Versteck verraten hatte. Das Drama in der rue Toullier war der Anfang des langgezogenen Dramas der Enthüllungen über Carlos; er machte in jenen Monaten eine Pressekarriere als Star-Terrorist. Daß er dann im Dezember des Jahres den Überfall auf die OPEC-Ministerrunde in Wien anführte, war für die Öffentlichkeit keine Überraschung mehr. In der Zwischenzeit hatte sich die Überzeugung festgesetzt, daß er der Meisterterrorist der PFLP sei.

Er war es. Bassam Abu Sherif, der Sprecher der PFLP in Beirut, hatte es schon im Juni bestätigt; Carlos habe, sagte er, in den vergangenen achtzehn Monaten sechs größere Aktionen in Europa durchgeführt. Westliche Abwehrstellen waren auf eine höhere Zahl gekommen. In diesen Monaten der gar nicht ungewöhnlichen Gewalttäter-Heroisierung fiel kaum auf, daß der Meisterterrorist durch eine Vielzahl professioneller Fehler selber dazu beigetragen hatte, daß seine Tarnung zerbrochen war. Der PFLP, die ihn steuerte, konnte nicht unlieb sein, daß er so zum negativen öffentlichen Helden wurde. Das verstärkte die psychologische Wirkung der terroristischen Aktionen noch zu einem Zeitpunkt, da des Terroristen praktische Nutzbarkeit bereits abnahm. Denn Carlos war Abwehrdiensten, Sicherheitsbehörden und Polizeien in Europa schon länger, wenigstens in Umrissen, bekannt.

Die Lebensgeschichte des Ilich Ramirez Sanchez ist von wenigen, immer wieder beschriebenen Fakten gekennzeichnet: mit seiner Mutter, die sich von Rechtsanwalt Ramirez scheiden ließ, und seinen zwei jüngeren Brüdern übersiedelte Ilich 1966 von Caracas nach London; er war damals siebzehn Jahre alt. London war für ihn eine Art Erlösung, ein Entweichen aus der strikten spanischen Erziehung in ein ungebundenes, unbesorgtes Leben, denn der Vater zahlte guten Unterhalt. Das Treiben des Ilich im Swinging London jener Zeit zeigt, wie ausgeprägt schon damals sein Playboy-Charakter war. Dem Vater, der ein Jahr später London besuchte, mißfiel die Leichtlebigkeit. Er war im Grund stockkonservativ und huldigte einem lateinamerikanischen Salonkommunismus, war aber nie aktives Mitglied einer Kommunistischen Partei geworden. Er entschied, Paris sei ein besserer Ort, denn dort waren ihm die Studenten ernster und politischer vorgekommen. Aber in diesem Augenblick begannen sie mit den ersten Demonstrationen, die dann zur Studentenrebellion von 1968 führten, was den Dr. Ramirez schließlich bewog, Ilich und den zweiten Sohn, Lenin, in das disziplinierte Moskau zum Studium zu schicken.

Ilich kam durch Vermittlung eines venezolanischen Parteifunktionärs im September 1968 an die Moskauer Lumumba-Universität. Es dauerte nur wenige Monate, bis er wegen unruhigen Lebenswandels und wegen der spontanen Beteiligung an einer Demonstration afrikanischer Studenten kurzfristig festgenommen und verwarnt wurde. Er blieb der Universität einige Monate fern, versuchte einen zweiten Anlauf, scheiterte wieder an der grauen Moskauer Eintönigkeit und Disziplinbesessenheit und wurde im Juni 1970 der Univerisät verwiesen. Im August 1970 tauchte er zum erstenmal in Jordanien auf, kehrte aber kurz darauf nach London zurück, wo er eine Stelle als Sprachlehrer an einem Handelsinstitut annahm.

1971 wurde ein entscheidendes Jahr für Ilich Ramirez Sanchez. Im Juli ließ er sich in ein palästinensisches Ausbildungslager im Libanon einweisen. Drei Monate später wurde er der PFLP-Terroristengruppe des Mohammad Boudia zugeteilt, die von Paris aus in Europa tätig war.

In den Berichten über Carlos ist dieser Mohammad Boudia nur gelegentlich aufgetaucht. Aber es lohnt, den Charakter dieses Algeriers näher zu betrachten. Boudia war Autodidakt, der sich von der dumpfen Armut seines Elternhauses freimachte, von Beruf Schauspieler und Theaterdirektor und »in vieler Hinsicht ein Clown, der unbedingt Hamlet spielen wollte«. Während der algerisch-französischen Kämpfe führte er eine geheime Zelle der FLN in Marseille, wurde verhaftet, blieb drei Jahre in französischen Gefängnissen und erhielt nach der algerischen Unabhängigkeit die Bestallung als Direktor des neuen Algerischen Nationaltheaters. 1965 stürzte sein Gönner Ben Bella. Boudia setzte sich nach Paris ab und übernahm die Verwaltung des Théâtre de l'Ouest. Etwas später gründete er seine eigene Partei, die *Rassemblement Unitaire Rèvolutionnaire*, einen Zusammenschluß von Exilageriern der äußersten Linken. Mit den Palästinensern ließ sich Boudia gegen Ender der sechziger Jahre ein; vermutet wird, Boudia habe lediglich nach einem neuen Tätigkeitsfeld für seine Lust an der Konspiration gesucht. Nach außen begründete er seine neue Allianz mit dem »Kampf gegen den Imperialismus«. Boudia, der Frauenheld, Theaterdirektor und Untergrundmann aus einer Mischung von aktionistischer und komödiantischer Leidenschaft, führte für die PFLP eine Reihe von Aktionen durch, darunter Vorbereitungen für Flugzeugentführungen. Eines seiner Hauptstücke war die Sprengung von Öltanks im italienischen Hafen von Triest (4. August 1972).

Um diese Zeit war Ilich Ramirez Sanchez bereits vom Lehrling zum Gesellen aufgestiegen, der vornehmlich vom Stützpunkt London aus operierte. Knapp ein Jahr später wurde der Geselle zum Erben des terroristischen Betriebs. Am 28. Juni 1973 bestieg Mohammad Boudia seinen Wagen in der Pariser rue des Fosses-Saint-Bernard. Eine mit der Zündung gekoppelte Bombe ging hoch. Ein ärgerlicher und nicht ungefährlicher Gegner Israels war erledigt.

In der Folge liefen die Aktionen, die nach wie vor von dem PFLP-Planer Dr. Haddad gesteuert wurden, in einem immer breiteren internationalen Rahmen ab, sowohl hinsichtlich der personellen Querverbindungen zu deutschen, italienischen und japanischen terroristischen Organisationen wie auch hinsichtlich der Zielauswahl und der Aktionsorte. Aber das war nicht so sehr eine eigene und selbständige Leistung des Ilich Ramirez Sanchez als vielmehr eine logische Folge aus den jahrelangen Planungsarbeiten im inneren Kreis der PFLP, und vielleicht noch wichtiger, ein zufälliges zeitliches Zusammentreffen: in Japan war die Polizei rabiat gegen die Terroristen der studentischen *Rengo Sekigun* vorgegangen, die ins Ausland abgedrängt wurde, und in der Bundesrepublik war mit dem erfolgreichen Polizeieinsatz gegen den harten Kern der Baader-Meinhof-Gruppe ein erster größerer Einbruch in den personellen Zusammenhalt der Terroristen gelungen, die sich abzusetzen begannen.

In Paris wurde ein Ausführungsorgan Nachfolger eines anderen Ausführungsorgans, ein Söldnerführer durch einen anderen Söldnerführer ersetzt. Vielleicht war der Nachfolger in der Durchführung der Aktionen kühner und selbstsicherer, vielleicht als konspirativer Organisator noch begabter. Aber dafür fehlte dem Nachfolger selbst das Quentchen politischen Flairs, das der Vorgänger Mohammad Boudia hinter aller Clownerie noch hatte. Kam da im Juni 1973 der Mann der bloßen Aktion an die Kommandostelle draußen im Einsatz? Alles deutet darauf hin. Von tatsächlichen, festwurzelnden politischen Überzeugungen des Ilich Ramirez Sanchez ist nichts bekannt. Was er den OPEC-Ministern während des Irrflugs zwischen Wien, Algier und Benghasi erzählte, war nichts als abgriffener Formelkram. »Carlos« blieb, allen erreichbaren Informationen zufolge, was Ilich Ramirez Sanchez immer war: Ein junger, rundlicher Kleinbürger mit einem vagen Protestgefühl und einem ausgeprägten Hunger nach Anerkennung, die er bei den Frauen, in der Waffe, in der Aktion und in der erzwungenen Hörigkeit seiner Opfer fand – »der Mörder, der geliebt sein will«.

Ein geraffter Datenvergleich jener Jahre, da palästinensischer Terrorismus stärkeren Charakter strategischen Zusammenhangs hatte, zusammengedrängt auf einige Spitzenpunkte der Fieberkurve, läßt erkennen, daß Ilich Ramirez Sanchez in dieser Phase noch am Rand der Organisation und auf den untersten Sprossen der terroristischen Karriereleiter stand.

1969

August: Leila Khaled (PFLP) kapert amerikan. Verkehrsmaschine auf dem Flug nach Damaskus.	Carlos unterbricht sein Studium in Moskau, hält sich zeitweilig in London auf.

1970

September: PFLP läßt drei gekaperte Verkehrsmaschinen nach Dawson's Field bei Amman bringen. – Jordanien drängt palästinensische Guerillas aus dem Land (»Schwarzer September«).	Carlos macht erste Kurzreise nach Jordanien und kehrt nach London zurück.

1972

Mai: PFLP-gesteuertes Massaker durch drei japanische Terroristen auf dem israelischen Flughafen Lod. *Juni:* Verhaftung des Kerns der Baader-Meinhof-Gruppe. *September:* Anschlag des »Schwarzen September« auf die israelische Olympia-Mannschaft.	Carlos als Gehilfe Boudias tätig, vornehmlich in London (Ausspähung von möglichen Opfern; Aufstellung einer »Todesliste«).

1973

Juni:	Carlos übernimmt die Nachfolge Boudias.

Überraschend ist es nicht, daß sich an diese Laufbahn die Vermutung hängte, hinter »Carlos« verberge sich ein Spitzenagent des sowjetischen KGB: Kommunistischer Familienhintergrund; Studium an der Moskauer Lumumba-Iniversität, die als Rekrutierungsplatz sowjetischer Dienste bekannt ist; seine Verstoßung von der Universität und sein Protestauszug aus der Sowjetunion als mögliche und durchaus übliche Tarnung; nach der Schießerei in der Pariser rue Toullier die Ausweisung von drei kubanischen Diplomaten in Paris, die als Mitarbeiter des kubanischen Geheimdienstes DGI (*Direccion General de Intelligencia*) enttarnt worden waren, und entsprechend deutliche Anmerkungen des französischen

Innenministers Poniatowski über einen Zusammenhang ... Verdachtsmomente gibt es zuhauf, Beweise nicht. Freilich gibt es auch keine Beweise des Gegenteils.

Allerdings sind die Möglichkeiten gar nicht so eindeutig alternativ wie das Schema: Moskauer Agent ja – Moskauer Agent nein. In dem Zwielichtgewerbe der Konspiration geschieht nur das wenigste im unmittelbaren Auftrags- und Ausführungsverhältnis. Hier wird der verschlungene Umweg zur geraden Straße. Der Terrorist, der bombt, entführt und mordet, zeitigt weiträumige und anhaltende Verunsicherung, die in jedem Fall der Absicht der »Destabilisierung« entgegenkommt, gleichgültig, aus welchem Antrieb der Täter zunächst handelt. Zwischen dem Täter und dem Interessierten Dritten können Organisationen stehen, die wie politisch eigenständig handelnde Einheiten aussehen oder auch Organisationen mit eigenem politischem Vordergrundziel sind, sich aber durch taktische oder politische Interessendeckung oder aus materiellem Hilfsbedürfnis dem Einfluß des Dritten ausgesetzt haben. Des Täters unmittelbare Verwendung im Sinne des Dritten ist eine denkbare spätere Möglichkeit, aber nicht notwendig der erste oder zweite Schritt. Unmittelbare Verwendung wird dann zur Anmietung seiner terroristischen Kraft und Fähigkeit, da es eine wirkliche Interessendeckung nicht mehr gibt. Der entscheidende Punkt ist, daß der terroristische Täter um so vielseitiger verwendbar ist, je weiter er sich von einer festgefügten, rationalen politischen Position entfernt.

Saudi-Arabiens Erdölminister, Scheich Yamani, sprach im Dezember 1975 in der DC 9 der österreichischen Fluggesellschaft AUA lange mit dem Mann, den er zu diesem Zeitpunkt als seinen wahrscheinlichen Henker betrachten mußte. Yamani hat eine detaillierte Schilderung verfaßt. Hinter den Verbrämungen arabischer Rhetorik und den Verschleierungsbemerkungen, die der politisch-taktischen Absicherung mittelbar oder unmittelbar beteiligter arabischer Regierungen dienen sollten, wird die Charaktereinschätzung des Ilich Ramirez Sanchez sehr klar.[10]

»Er ist kein überzeugter Kommunist und zögerte nicht, uns die Prinzipien der heutigen Bolschewiken als demagogisch darzustellen. Carlos glaubt nicht an die palästinensische Sache oder den arabischen Nationalismus, sondern sieht dies als Zwischenphase und als Faktor zur Verbreitung der internationalen revolutionären Bewegung.«

Insoweit ist Ilich Ramirez Sanchez noch mit einem politischen Antrieb in Verbindung zu bringen, sei dieser Antrieb auch noch so vage und emotional. Aber Scheich Yamani geht in der Charakterzeichnung einen großen Schritt weiter:

»Carlos wurde älter und entwickelte sich. Sein Ehrgeiz und seine Intelligenz wiesen ihn auf den Fehler hin, den er gemacht hatte, als er sich damit begnügte, Mitläufer und Untergebener zu sein, anstatt *selbst ein Führer, dem man folgt, zu werden.*«

Ziemlich gleichgültig ist es, welches Ende der Ilich Ramirez Sanchez nimmt: ob ihm noch einmal eine Aktion übertragen oder ob er, da zu bekannt, auf Eis gelegt wird; ob er irgendwo verschwindet oder, wie eine kuwaitische Zeitung wissen wollte, resigniert und den Rest seiner Jahre mit Frauen und Alkohol verschwendet, was er zwischen den Aktionen immer getan hat. »Carlos« hat sich von dem Individuum Ilich Ramirez Sanchez gelöst und ist zur Chiffre für den bindungslosen Condottiere des Terrorismus geworden.

Die Neue Allianz: Abenteuer und Haß

Warum steht am Ende eines Abschnitts, der mit der Geschichte der gesellschaftlichen Verweigerung in der Mitte Europas begann, die Geschichte eines südamerikanischen Zigeuners der Gewalt? Weil jetzt zwei Typen terroristischer Gewalttäter aufeinandertreffen: der Abenteurer, der nie wirkliche Bindungen an eine politische Vorstellung hatte, und der Isolierte, dessen politischer Protest, wie abwegig er auch erschienen sein mag, in den sinnlosen, zugespitzten Haß gegen alle umschlägt. Sie ergänzen sich und sind auf Zusammenarbeit angewiesen: »Ihre Revolution wird zur alleinigen Frage der militärischen Verunsicherung des Hinterlandes des imperialistischen Feindes. Sie handeln wie Techniker, wie Soldaten, wie ein Stoßtrupp im Feindesland.«

Das hat nichts mehr mit der »außer sich geratenen Wut« zu schaffen, die Jean-Paul Sartre in seiner Einleitung zu Frantz Fanons »Verdammte dieser Erde« feststellt und als Antrieb wie als Mittel der »Befreiung« anbietet. Gegenüber den Partnern der neuen Allianz ist es nutzlos, den Rückzug anderer Verkünder der Gewalt als Argument ins Feld zu führen. Isolierte Hasser werden nicht davon berührt, daß Herbert Marcuse heute die Folgen seiner Wirklichkeitsinterpretation scheut oder der militante Führer der Schwarzen Panther, Eldridge Cleaver, sich amerikanischen Gerichten gestellt hat, weil er in der selbstgewählten Heimatlosigkeit seiner sieben Jahre in Nordafrika, Europa und im Ostblock die Sinnlosigkeit einsah.

Die Staaten haben in Zukunft mit dieser Allianz zwischen Abenteuer und Haß zu rechnen. Sie wird bleiben, weil sie immer mit personeller Auffüllung rechnen kann. Als der Fatahfunktionär und Kontrolleur des »Schwarzen September«, Salah Khalef (alias Abu Iyad), am 16. Juli 1973 die Änderung der Fatah-Politik des gezielten und kontrollierten terroristischen Einsatzes andeutete, sagte er auch, die Kontrolle über neunzig Prozent der Fedayin sei gesichert, aber »da bleiben noch zehn Prozent ... ich bestreite jeder Befehlsstelle in der Welt die Möglichkeit, diese zehn Prozent unter Kontrolle zu halten ... und sie davon abzubringen, das zu tun, was sie tun wollen«.[11]

Moderne Abenteurer der Gewalt finden sich heute in allen Ländern. Das Reservoir der Verklemmten und Verstörten in einer hochindustrialisierten Gesellschaft wird eher größer als geringer werden. Die Flucht aus einem automatisiert scheinenden Leben und aus den Schwierigkeiten der Demokratie hält an. Nachahmer stehen immer bereit. Der Versuch, durch sozialwissenschaftliche Untersuchungsmethoden Auskunft über die Zahl des Potentials und Reservoirs zu gewinnen, wie es das Bundesinnenministerium 1976 versuchte, kann nur Annäherungswerte bringen, denn im Grunde ist der Übergang vom Protest über die Verweigerung zum bindungslosen Haß nur individualpsychologisch zu erklären.

Das Reservoir derer, die an den möglichen destruktiven Tendenzen ihrer eigenen wissenschaftlichen und technologischen Arbeiten bis zur Verzweiflung zweifeln, ist zahlenmäßig noch weniger zu erfassen. Es dürfte in dem Maß wachsen, wie die destruktiven Tendenzen die Kraft zur moralischen Bewältigung zu übersteigen scheinen. Was Margret Boveri die »Landschaft des Verrats« genannt hat, weitet sich aus.

An den isolierten Hassern gemessen sind die Terroristen des regionalen Verlangens altbackene Täter der Gewalt, so irrsinnig ihre Gewalt in einzelnen Fällen, etwa in Nordirland, auftreten mag. Die Fähigkeit und vor allem der Wille zur Nutzung der extremen Mittel, die die sich steigernde Technologie anbietet, unterscheiden darüber hinaus die Hemmungslosen und Hoffnungslosen der Neuen Allianz von den Altbackenen.

Die Bindungslosigkeit läßt die ohnehin fließende Grenze zur gemeinen Großkriminalität fast völlig verschwimmen, wie das Beispiel Italien am eindrücklichsten zeigt.[12]

Das ist nicht die Beschreibung einer Apokalypse, sondern nur die Beschreibung eines Typs terroristischer Gewaltgruppen, der sich herausgebildet hat. Seine Gefährlichkeit liegt nicht allein in der einzelnen, auch nicht in der eskalierten Aktion, sondern ebensosehr in den denkbaren Folgen seiner durch die Aktion dokumentierten Existenz:

- in der *Überschätzung*, denn diese Kommandos sind weder eine geschlossene Front eines »Weltbürgerkrieges« noch Repräsentanten eines breiten revolutionären Stroms in den betroffenen Gesellschaften;
- in der *Unterschätzung des politischen Extremismus*, der im Vergleich zur eskalierten terroristischen Aktion weniger aggressiv und vernichtend zu sein scheint, mithin eine unzulässige Reputation gewinnt (das gilt selbst für die Formen der gewaltsamen Demonstration);

– in der *Verkennung der Nutzbarkeit* für dritte Kräfte außerhalb der betroffenen Staaten, was einer Verkennung eines Instruments zur Bedrohung der Äußeren Sicherheit der Staaten gleichkommt.

Die Allianz der Abenteurer und der Hoffnungslosen entzieht sich den derzeitigen Instrumenten, die die Staaten zum Schutz ihrer äußeren Sicherheit einsetzen, auf doppelte Weise: weder ist ihr mit den konventionellen Formen des Kampfes beizukommen noch läßt sie sich vom Instrumentarium der Abschreckung abschrecken.

7. Teil

Die Folgen: Eine Landschaft des Argwohns

»Der Argwohn ist eine der krankhaften Reaktionen, mit denen der Organismus sich zur Wehr setzt, um wieder ins Gleichgewicht zu finden.«

Nathalie Sarraute

22. Der erste Argwohn: Internationale Steuerung

Die Ungenauigkeit der Sprache

»Internationaler Terrorismus« ist zur festen Formel geworden. In ihr steckt ein Argwohn. Er lautet, hinter den terroristischen Aktionen, die seit dem Ende der sechziger Jahre die Welt peinigen, müsse eine zentrale oder globale Steuerung stehen. Anders seien Gleichzeitigkeit und Gleichartigkeit der Aktionen in verschiedenen Ländern so wenig zu erklären wie die auffälligen personellen Querverbindungen, die logistischen Übereinstimmungen, etwa bei der Waffenversorgung und Finanzierung, und das übereinstimmende Vokabular bei der Plakatierung der Tat.

Ein hoher Grad an »Internationalisierung«, d. h. an Überschreitung der nationalen Eingrenzung, ist in der Tat das besondere Kennzeichen bei der Anwendung terroristischer Gewalt im letzten Drittel dieses Jahrhunderts. Der Versuch einer sprachlichen Präzisierung – die Grenzüberschreitung als »Transnationalisierung« zu beschreiben, um der üblichen Verknüpfung des Begriffes »International« mit der Vorstellung von Organisation zu entgehen – ist fehlgeschlagen. Das ungelenke Wort sollte klarer werden lassen, daß die Sprengung früherer nationaler Eingrenzung der Elemente einer terroristischen Aktion (Kampfraum, Methodenwahl, Tätergruppe, Basis, Opfer und Objekte) aus Gründen zu erklären ist, die ohne das Zutun einer planenden »Zentrale«, einer internationalen Verschwörung, eines Generalstabs mit Sitz in Moskau wirksam wurden.

Diese Gründe sind der Zwang, auf die niederen Stufen der Gewalt auszuweichen, das Angebot der Möglichkeiten moderner Technologie und schließlich ein Wandel der Vorstellung von »Revolution«. Denn revolutionäres Denken hat sich, unter irreführender Beibehaltung des traditionellen Vokabulars, von der marxistisch-leninistischen Konzeption gelöst und die bloße revolutionäre Leidenschaft und Aktion an die Stelle einer marxistischen Überzeugung von der Rationalität der Geschichte gesetzt: »Es ist nicht mehr die Partei, die den Gewehren befiehlt; die Gewehre zeugen die Partei« (Löwenthal).

Zusammenhalt und Zusammenarbeit terroristischer Gruppen und terroristischen Personals verschiedener nationaler und regionaler Herkunft ist an der Tagesordnung; Objektwahl für die Aktionen, Mittel und taktische Methoden gleichen sich in bestimmten Zeiträumen (als die Flugzeugentführungen schwieriger wurden, stieg wieder überall die Zahl der individuellen Geiselnahmen). Die sowjetische Kalashnikoff-Maschinenpistole AK 47 ist nicht nur Standardwaffe vieler Gruppen, sondern Symbol überall; aber vor allem nährt die zeitliche Parallelität der Steigerungen terroristischer Aggressionen in verschiedenen Zonen den öffentlichen Argwohn einer zentralen Steuerung.

Der Zufall der Gleichzeitigkeit

Die Betrachtung der Entstehungsgeschichten der meistgenannten terroristischen Organisationen der Gegenwart ergibt keinen beweiskräftigen Aufschluß über eine, wie immer geartete, zentrale Steuerung. Die Entstehungsgeschichten belegen eine die Grenzen überschreitende »revolutionäre« Kameraderie und beweisen eine wachsende Neigung zur Übernahme taktischer und technischer Methoden wie auch eine partielle Zusammenarbeit. Sie belegen aber vor allem, daß der neue Nationalist in Afrika, der Fedayin in Nahost, der Trotzkist oder Guevarist in Lateinamerika, der Regionalist am Rande Europas oder Kanadas, der Verweigerer gesellschaftlicher Kooperation in Nordamerika, Japan und Mitteleuropa in sehr unterschiedlichen politischen und geistesgeschichtlichen Traditionen und Vorstellungen agieren.

Geschichte und Tradition bestimmen die jeweiligen Ziele, die zunächst gewählten Methoden und vor allem den Grad der Hemmungslosigkeit (die Verneinung der Existenz des »Unschuldigen«) viel stärker als eine allen gemeine revolutionäre Vorlage. Ihr gemeinsamer Entstehungsnenner ist ein sehr kleiner gemeinsamer Nenner: Opposition zu einer bestehenden Ordnung.

Zugleich läßt sich aus der Betrachtung der einzelnen Entstehungsgeschichten der Schluß ziehen, daß die Gleichzeitigkeit der Explosionen terroristischer Gewalt starke Züge von Zufall hat.

Die *palästinensischen Fedayin* gerieten nach der arabischen Niederlage im Junikrieg 1967 zunächst in die Rolle der Hoffnungsträger im Kampf gegen Israel, enttäuschten aber diese Hoffnung, da sie den Forderungen eines militärischen Guerillakrieges nicht gewachsen waren und die entscheidende Voraussetzung, die ausreichende Landbasis im oder unmittelbar am Kampfraum, im September 1970 verloren. Zwischen diesen Jahren ist, mit steigender Einsicht in die Lage, der bewußte Schritt zur terroristischen Aktion jenseits der Grenzen getan worden. Daraus wurden in der ersten Hälfte der siebziger Jahre, durch Fortentwicklung der Methode, die spektakulären Großaktionen, die wegen ihrer Phantasie und Kühnheit bei der Verbreitung des Schreckens und wegen des langsam sichtbar werdenden sozialrevolutionären Unterstroms die rebellischen Teile der Jugend in den Industriestaaten anzog.

Die *studentischen Rebellionen in den westlichen Industriestaaten*, Ausgangspunkt späterer terroristischer Aktionen, entwickelten sich in der *Mitte der sechziger Jahre*, als vor allem drei Entwicklungen in das öffentliche Bewußtsein eingingen: Das Abtreten einer Generation von Politikern der ersten Nachkriegsjahre, die staatliches und gesellschaftliches Handeln zunächst als Gegenteil dessen begriffen hatten, was zur Katastrophe des Weltkrieges geführt hatte; das Entstehen einer hochtechnisierten und automatisierten Welt, in der die Möglichkeit des individuellen Handelns eingeengt wird; die Entthronung traditioneller moralischer und politischer Autoritäten, die angeblich, in vielen Fällen auch tatsächlich, nicht mehr einer Welt entsprachen, die durch den wahrhaft revolutionären Sprung der Naturwissenschaften in eine Epoche äußerster moralischer Unsicherheit trat. Die Zeit schuf sich ihre »Legitimationskrise«. Die Formen, die der zum Terrorismus sich verengende Protest annahm, wurden mit dem Wort »Stadtguerilla« belegt. Das Wort tarnt und enthüllt zugleich die Tatsache bloßer Nachahmung latein-amerikanischer Aktionsarten und Organisationsmethoden.

In *Lateinamerika* hatte sich die *foco*-Theorie – der ländliche Aufstandsherd als Ausgangspunkt der Revolution, strategischer Ansatzpunkt im Guerilladenken des Ché Guevara – festgerannt, und das Beispiel Kuba zeigte sich als das, was es war, nämlich als Ausnahmefall. Ché Guevara trottete wie ein verlorener Infanterist der Revolution durch die Bergwälder Boliviens, wo er *1967* ermordet wurde. Wenige Wochen vor dem Tod Guevaras trat in der kubanischen Hauptstadt Havanna der erste Kongreß der OLAS zusammen (*Organización latino-americana de solidaridad*). F. R. Allemann faßt das Ergebnis der Konferenz so zusammen: »In allen strittigen Punkten machte sich die Mehrheit der Delegierten die Thesen Castros zu eigen, oft gegen hartnäckigen Widerstand der Orthodoxen. Das galt für die Proklamation des revolutionären bewaffneten Kampfes zur ›grundlegenden Linie der Revolution in Lateinamerika‹ wie für die Anerkennung der ›einheitlichen militärisch-politischen Führung‹ als Organisationsprinzip, das die ›einzige Garantie des Erfolges‹ darstelle (was nichts als eine durchsichtige Umschreibung des Verlangens nach der Konzentration aller Befehlsgewalt bei den Partisanen-Kommandos war, also auf eine förmliche Anerkennung der Postulate Debrays hinauslief) ... der lange schwelende, nie wirklich beigelegte

Gegensatz zwischen Fidelismus und Kommunismus war damit in aller Form im kontinentalen Maßstabe institutionalisiert.«[1]

Über die Bedeutung der OLAS als Umschlagplatz strategischen Denkens gibt Régis Debray in seiner späteren Schrift »Kritik der Waffen« Zeugnis: »Das unmittelbare und pragmatische Ziel der OLAS bestand – auch wenn es die Masse der Konferenzteilnehmer nicht aussprechen, ja kaum mitbekommen konnte – darin, Ché Guevara einen politischen, militärischen und psychischen Hilfsapparat zu schaffen, seine politische Isolierung aufzubrechen.«[2]

Die Kürze der Existenz der OLAS kann jedoch nicht über ihre praktische Bedeutung hinwegtäuschen. Debray fährt fort: »Ohne es zu wissen, gab sie einen historisch in Venezuela, Guatemala, Kolumbien – wo die Guerilla auf der Stelle traten – entstandenen Impuls an Gruppen und Organisationen weiter, die dann in Brasilien, Uruguay und Argentinien den bewaffneten Kampf in Gestalt der Stadtguerilla eröffneten. Ohne die OLAS wären weder die uruguayische MLN (wie die ersten Dokumente der Tupamaros *1968* beweisen) noch der chilenische MIR noch die argentinischen Guerillos das geworden, was sie heute sind. Und Marighela in Brasilien hätte nicht die ALN gegründet. Die OLAS war genau in dem Moment aufgetaucht, als sich das Schwergewicht des revolutionären Kampfes von Nord nach Süd, von der Karibik (Guatemala, Venezuela, Santo Domingo, Kolumbien) zum ›südlichen Kegel‹ (Chile, Argentinien, Uruguay) verlagerte – denn sie war Ausdruck dieser vorangegangenen Tendenzen und drückte zugleich den künftigen Entwicklungen ihren Stempel auf«.[3]

Der Übergang von der erfolglosen Landguerilla zur »Stadtguerilla«-Form des Terrorismus entstand aus der Verlegenheit der Erfolglosen, die *1967 und 1968* nicht mehr zu kaschieren war. Die Stadtguerilla-Taktiken dieser neuen Generation lateinamerikanischer Revolutionäre wurden unmittelbar von Terroristen völlig anderer Herkunft in Amerika, Japan und Europa kopiert, weil sie unter den äußeren Bedingungen der Industriestaaten am ehesten anwendbar erschienen. In der Bundesrepublik wurden Auszüge aus Marighelas »Mini Manuale« von 1969 erstmals im Juni 1970 durch die Berliner Anarchistenzeitschrift »Agit – 833« bekanntgemacht. Die erste eigene deutsche Unterweisungsschrift (Verfasser: Ulrike Meinhof) kam unter dem Titel »Das Konzept Stadt-Guerilla« im April 1971 in Umlauf. Massiv eingesetzt wurden die Taktiken gegen Staat und Gesellschaft um die Wende des Jahrzehnts als die Palästinenser aus anderen Gründen das hergebrachte Schema ihres Guerillaversuchs zerbrachen und die irische IRA, wiederum aus anderen Gründen, die heute noch anhaltenden *Troubles* in der Provinz Ulster begann.

Die IRA hatte von 1956 bis 1962 einen halbherzigen und erfolglosen

»Grenzfeldzug« (*border campaign*) aus ihren Schlupfwinkeln in der Republik Irland nach hergebrachter Guerilla-Art geführt. In den Jahren ständiger Erfolglosigkeit wurden wichtige IRA-Führer verhaftet. In britischen Gefängnissen kamen sie in Kontakt mit Terroristen aus anderen Teilen des Commonwealth. Cathal Goulding, später Stabschef der Official IRA, John Stephenson, später Führer der Provisional IRA, und andere IRA-Größen schlossen sich in den Gefängnissen besonders eng an ebenfalls verhaftete Terroristen der zyprischen EOKA an, so zum Beispiel an Nicos Sampson, Führer eines EOKA-Killer-Kommandos in den späten fünfziger Jahren (1974 kurzfristig zyprischer Präsident). Die IRA-Führer studierten im Gefängnis Erfahrungen und Techniken der algerischen FLN und der jüdischen Irgun.

Aber das Ereignis, das den Boden für den großen Ausbruch der nordirischen Wirren 1969/70 bereitete, war das Wirken der Bürgerrechtsbewegung unter der katholischen Minderheit der Provinz Ulster in der zweiten Hälfte der sechziger Jahre. Erst diese politische Aktivierung in der Breite der katholischen Bevölkerung ermöglichte der IRA, die Erfolglosigkeit der Guerilla hinter sich zu lassen; schrittweise ging sie zwischen *1970 und 1971* zur terroristischen Aktionsform über. Die in der Frühzeit geschlossenen Kontakte wurden gepflegt, spielten aber nie eine bedeutende Rolle. Nach Ausbruch der *Troubles* machten sich linksradikale Einflüsse von außen bemerkbar, die sich vor allem auf die Provisional IRA richteten. Die in Großbritannien beheimatete Internationale Marxistische Gruppe (IMG) fand Interesse am nordirischen Konflikt; sie half durch ihre Verbindungen zur trotzkistischen IV. Internationalen in Brüssel das Interesse anderer revolutionärer Gruppen außerhalb Irlands und Großbritanniens zu wecken. Die Provisional IRA teilte mit diesen Gruppen und Grüppchen die scharfe Ablehnung des orthodoxen Kommunismus; Anhänglichkeit an den orthodoxen Kommunismus war und ist immer noch einer der Hauptvorwürfe der Provos an die Officials.

Im Sommer 1968 ging die baskische ETA zur Gewalt über. Der ETA-Führer Dr. Txaki Etxebarrieta, *el cerebro inicial,* erschoß einen spanischen Verkehrspolizisten aus Angst vor Entdeckung. Die Gewalt hatte sich unter einer studentischen Generation vorbereitet, die auf den Universitäten, vor allem in den wirtschafts- und sozialwissenschaftlichen Fächern, die algerischen und kubanischen Beispiele studiert und auf die Verhältnisse im Baskenland übertragen hatte. Der tatsächliche Ausbruch terroristischer Gewalt *1968* war nicht von außen ausgelöst worden, sondern kam aus einem Gemisch von Gründen: Zufall einer Verkehrskontrolle, innere Spannungen der ETA, verschärfter Druck durch die Madrider Zentralgewalt und das unruhige Erwarten eines biologischen Datums, des Todes Francos.

Der Vergleich der Einzelheiten und Einzelzeiten, deren Summe den Eindruck geplanter Gleichzeitigkeit erweckte, erweist den Zufall des Augenblicks. Die Einbettung in das Gesamtklima der Gewalt der Niederen Stufen, das durch die Nachkriegswelt zog und über ihr liegen bleibt, und die zu wenig unterscheidende, auf das äußere Bild starrende globale Berichterstattung, insbesondere des Fernsehens, verstärkten in der verwirrten, ungläubig staunenden Öffentlichkeit den trügerischen Eindruck organisierter Gleichzeitigkeit. Denn gerade um diese Zeit gewann das Fernsehen seine wirkliche Weltweite.

Die Interessen der Dritten

Dem öffentlich gehandelten Verdacht, hinter allem stehe eine gemeinsame steuernde Zentrale der Untergrundgewalt, muß also widersprochen werden. Das heißt nicht, die tätige Existenz »Interessierter Dritter« zu leugnen.[4] Vor allem heißt es nicht, die Möglichkeit zu verneinen, daß eine besonders interessierte Dritte Macht in steigendem Maß eine oder mehrere terroristische Gruppierungen in einer geplanten, zusammengefaßten Operation nutzt, um ihre politischen oder militärischen Machtinteressen zu fördern. Sie ließe dann »Fremde« im stillen und verdeckten Auftrag handeln.

Der mehrfache Vorzug der Nutzung terroristischen Potentials für den Interessierten Dritten liegt darin, daß (1.) der ausführende Terrorist selbst nicht wissen muß, für welche Interessen er als eine Killer-Marionette tatsächlich aktiv wird, während er sein »selbstgewähltes« Ziel angreift und in seinem verzerrten Traumland agiert; daß (2.) der auftraggebende Interessierte Dritte jederzeit jegliche Verbindung mit dem Beauftragten bestreiten, sogar seine Bestrafung verlangen kann; daß (3.) in einer solchen Lage mit verkehrten Fronten »gekämpft« wird, die der Interessierte Dritte über die terroristische Beauftragung dem Angegriffenen aufzwingt. Möglichkeiten und Wirkung der terroristischen Aktion bieten den besten Weg, den Angegriffenen in ein Dilemma zu steuern, dem er nur unter Schaden entgehen kann. Das kann Schaden sein für seine Stabilität, für seine Sicherheit, für seine Glaubwürdigkeit nach außen, für sein Kapital an Bürgervertrauen, für seine Lebensweise bedingter Freiheitlichkeit.

Auch der neuzeitliche grenzüberschreitende Terrorismus braucht die »Basis« als organisatorischen Stützpunkt, als logistischen Versorgungspunkt, als Rückzugspunkt und bis zu einem gewissen Grad als Punkt der psychologischen Rückenstärkung. Staaten haben die Rolle des »Basisgebietes« für den grenzüberschreitenden Terrorismus übernommen.

Eine Flugzeugentführung auf den internationalen oder nationalen Verkehrswegen, eine Geiselnahme oder Gefangenenbefreiung ist nur mit Aussicht auf Erfolg durchführbar, wenn ein sympathisierender Staat da ist, in dem die Maschine landen, die Geisel aufbewahrt, der befreite Gefangene abgesetzt werden kann. Der grenzüberschreitende palästinensische Terrorismus mit seinen international zusammengesetzten und jenseits der eigenen Grenzen stationierten »Kommandos« hätte ohne das tätige Einverständnis zahlreicher arabischer Staaten nur einen Bruchteil seiner Aktionen durchführen und seiner Wirkungen erzielen können.

Aber gerade die Änderungen in der Haltung wichtiger arabischer Regierungen zeigen die Schwierigkeit des Beschaffens und Behaltens solcher staatlicher Basen. Daß die französische Passagiermaschine AF 139 im Juni 1976 schließlich auf dem Flughafen Entebbe in Uganda landete, ist als Ausweitung der Basismöglichkeiten der linksextremen palästinensischen Terroristen dargestellt worden. Die Wahl Ugandas als Aufnahmeland läßt sich auch umgekehrt verstehen: dem Dr. Waddieh Haddad blieb *nur* noch die Wahl Ugandas. Anders ausgedrückt: Wo wäre die französische Maschine gelandet, hätte das Kommando sie am 27. Juni 1972 oder 1973 entführt? Hätte es für die Israeli die Möglichkeit eines militärischen Eingreifens in Kairo, Algier oder Damaskus gegeben?

In dem Bericht des Scheich Yamani über seine Unterhaltungen mit Ilich Ramirez Sanchez während des Irrfluges der österreichischen Maschine im OPEC-Dezember 1975 wird Labilität und Zerfall der anfangs so geschlossenen Reihe arabischer Sympathie- und Zufluchtsstaaten deutlich.

»Ich fragte ihn: ›Wird die Maschine in Damaskus landen?‹, und er antwortete: ›Ich habe Ihnen meine Meinung über die Syrer gesagt. Sie sind von ihrer Linie abgerückt und gefährlich geworden. Ich werde nicht einen Fuß in ihr Land setzen.‹«

Vorher hatte Ilich Ramirez Sanchez die OPEC-Mitglieder in drei Kategorien eingeteilt: die Kategorie der »Kriminellen« mit den Iranern, den Saudis, den Mitgliedern der Delegationen von Qatar und der Vereinigten Arabischen Emirate; die Kategorie der »Liberalen und Halbliberalen« mit Irak, Libyen, Algerien und Kuwait, die Kategorie der »Neutralisten« mit den verbleibenden nichtarabischen OPEC-Mitgliedern.

Auf dem Flughafen Tripoli im »liberalen« Libyen gab es Schwierigkeiten; der Empfang der Terroristen verlief anders als erwartet.

»Das Wetter draußen war regnerisch und stürmisch .. Carlos wurde von Nervosität befallen, und auf den Gesichtern seiner Kollegen zeigte sich Erschöpfung ... Das Mädchen [Gabriele Kröcher-Tiedemann] begab sich in den vorderen Teil des Flugzeuges und brach in Tränen aus, während Khaled unter starken Schmerzen sich übergab ... Als es Mitternacht wurde, konnte Carlos sich nicht mehr zurückhalten und begann damit, die Libyer offen anzugreifen: ›Diese Leute sind nicht diszipliniert, man kann nicht mit ihnen zusammenarbeiten.‹«[5]

Die »wie Techniker, wie Soldaten, wie ein Stoßtrupp in Feindesland« handeln sollen, sind verwirrt, wenn die Interessierten Dritten ihr Interesse zeitweilig leugnen oder tatsächlich verloren haben. Warum verlieren sie ihr Interesse?

Die Regierung der USA hat frühzeitig versucht, eine international verbindliche Rechtshandhabe gegen die Basisnotwendigkeiten des grenzüberschreitenden Terrorismus zu schaffen. Sie legte der Vollversammlung der Vereinten Nationen während der 27. Sitzungsperiode den Entwurf einer »Konvention zur Verhinderung und Strafverfolgung bestimmter Akte eines Internationalen Terrorismus« vor.[6] Artikel I spart alle terroristischen Akte innerhalb eines national geschlossenen Kampfraumes aus. Die vorgeschlagenen Maßnahmen sollen nur dann in Kraft treten können, wenn eine oder mehrere von vier Bedingungen erfüllt wurde: der Akt wird begangen oder zeitigt Wirkung *außerhalb* des Territoriums des Staates, dem der Täter angehört; der Akt wird begangen oder zeitigt Wirkung *außerhalb* des Territoriums des Staates, gegen den der Akt gerichtet ist; der Akt wird weder begangen durch noch richtet er sich gegen einen Angehörigen der Streitkräfte eines Staates während militärischer Handlungen; der Akt wird mit der Absicht begangen, die Interessen eines Staates oder einer internationalen Organisation zu schädigen oder von ihnen Zugeständnisse zu erzwingen. Der amerikanische Vorstoß scheiterte aus den Gründen, die in Kapitel 3 dargelegt wurden.

Die Rückzüge aus der Front der arabischen Sympathie- und Zufluchtstaaten sind nicht aus Respekt vor einem Recht, sondern aus Verschiebungen machtpolitischer Konstellationen und daraus folgender neuer Interessenlagen zu verstehen. In Stichworten: Die Entdeckung der Möglichkeiten des Ölembargos und später der Drohung mit der gestuften Drosselung von Öllieferungen, die Stärkung arabischen Selbstbewußtseins durch die Teilerfolge im Yom-Kippur-Krieg sowie die Schwächung der diplomatischen Stellung Israels wogen ungleich schwerer als alle Versuche zur Mobilisierung des Rechts und Bekundungen der Moral. Der durch Terrorismus bewirkte palästinensische Erfolg ist doppelt ironisch. Da ist der Erfolg der diplomatischen Schwächung Israels: in der Konsequenz lockert sich der Zusammenhalt der arabischen Staatenfront; da ist die erfolgreiche Aufwertung der PLO: sie stieg zum anerkannten Mitspieler im innerarabischen Mächtegegensatz auf und geriet in der Konsequenz sofort und ohne den Besitz wirklicher Stärke in das Räderwerk der krasser werdenden Gegensätze arabischer Interessen. In den Aktionen der linksextremen arabischen Terroristen sind folglich seit dem libanesischen Bürgerkrieg deutliche Anzeichen eines Auftragsterrorismus »revolutionärer« arabischer Staaten gegen die Carlos-Kategorie der arabischen »Kriminellen« und ihre zeitweiligen Partner Ägypten und Syrien zu beobachten.

Die Interessenverschiebungen sind nur bedingt durch außerarabische Einflüsse gefördert oder gesteuert worden. Die Frage handfester Sanktionen der westlichen Industriestaaten gegen die hauptsächlichen arabischen Zufluchtsstaaten ist oft diskutiert und nach jeder spektakulären Aktion heftig verlangt worden. Sanktionsmöglichkeiten sind immer wieder an außenpolitischen Opportunitätserwägungen und wirtschaftspolitischen Abhängigkeiten der westlichen Industriestaaten gescheitert, ganz zu schweigen von den allen Sanktionsüberlegungen zuwiderlaufenden regierungsoffiziellen Bitten, ein arabischer Staat möge Aufnahme für Terroristen gewähren, wenn ein Industriestaat unter terroristische Erpressung geriet.

Die Stichworte lassen so etwas wie unbeirrbare Logik im Verhalten der Interessierten Dritten vermuten. Revolutionäre Leidenschaft, die die rationale Analyse der Lage preisgegeben hat, führt indes zu Absurditäten, die die Verwirrung der terroristischen »Techniker, Soldaten und Stoßtrupps in Feindesland« verständlich machen. Das Libyen des Oberst Ghaddafi, einer der wichtigsten Interessierten Dritten des linksextremen palästinensischen Terrorismus, hat das häufig und nicht nur durch die logischen Abwegigkeiten seiner Wortstrategie bewiesen. Zu einem bestimmten Zeitpunkt nutzte Libyen die südjemenitische Insel Kamaran als Zwischenlager für den Waffennachschub an die Befreiungsfront in Äthiopien (ELF – *Eritrean Liberation Front*), während es gleichzeitig andere Gruppen logistisch unterstützte, die die südjemenitische Regierung stürzen wollten, da sie »kommunistisch« ist – obwohl Dr. Haddad, Terroristenchef der PFLP, ein Operationszentrum in Südjemen hatte und die PFLP zu Ghaddafis bevorzugten Palästinenserorganisationen gehört.

1973 wurde konkrete Hilfe der Libyer für die irische IRA aufgedeckt: Die Flotte der Irischen Republik brachte vor der irischen Küste das deutsche Motorschiff »Claudia« auf (März 1973), das Waffen für die IRA an Bord hatte. Der Abschluß des Waffentransfer war in Tripolis getätigt worden. Noch nicht ein Jahr war seit nach der Aufbringung der »Claudia« vergangen, als die libysche Regierung parallele Hilfe für die UDA, die *Ulster Defence Association* der nordirischen Protestanten, erwog, weil sie als loyalistische Gruppe ein unabhängiges Ulster in Betracht ziehen und folglich als englandfeindliche »anti-imperialistische« Macht gewertet werden könne. In der Tat waren Delegationen sowohl der IRA wie der UDA gleichzeitig in Libyen. Die internationale terroristische Szene, die im Augenblick einer Aktion so präzise kalkulierend und durchorganisiert scheint, ist in Wirklichkeit einem ständigen Geschiebe widerstreitender Vorstellungen, Interessen, Ehrgeizeleien und Phantastereien unterworfen.

Die Interessen von Interessierten Dritten solcher Art können nicht als feste und unveränderbare Größen einkalkuliert werden. Für den grenzüberschreitenden Terrorismus gilt, was Rolf Schroers für seinen »Partisan« feststellte: »Die besondere Schwierigkeit des Versuchs (einer Spezifizierung der Interessen) liegt darin, daß sich innerhalb der Großwetterlage der weltpolitischen Spannung – und diese durchaus beeinflussend – immer wieder ganz inkommensurabele neue Gravitationszentren bilden, auf Grund unerwarteter geopolitischer Konstellationen, auf Grund sozialer Verschiebungen, auf Grund durchbrechender Archaismen, durch personale Veränderung an der Spitze. Das planetare Spannungsfeld ist so hochempfindlich geworden, daß es auf jede Variation heftig reagiert ... Das ist nicht weiter verwunderlich in einem Kriegszustand ohne Krieg, der auf dem Einverständnis beruht, Kriegshandlungen nicht als solche gelten zu lassen.«[7]

Der Hinweis auf die »durchbrechenden Archaismen« ist von Bedeutung für den Terrorismus in den hochtechnisierten Gesellschaften der Industriewelt. Terrorismus ist ein Teilproblem der Gewalt, und Gewalt heute ist nicht notwendig Ergebnis einer auf rationaler Analyse fußenden revolutionären Planung und Eroberungsabsicht. Im März 1977 standen die Parteikommunisten Berlinguers in Italien fassungslos vor der Neuauflage ultralinker studentischer Gewalt in Rom und im kommunistisch regierten Musterstück Bologna, weil sich der Sturm der Hoffnungslosen vor allem gegen die Parteikommunisten richtete. Berlinguer, so schrieb die »Times« in einem Hintergrundbericht über den verwirrten italienischen KP-Chef, »versucht gerade den jungen Menschen beizubringen, daß der Zusammenbruch des westlichen Kapitalismus schlimmer als nur nutzlos sei, wenn er den Kollaps der Zivilisation des Westens mit sich bringe. Er versteht nicht, daß jemand nicht verstehen will, wie sehr die Gefahr eines neuen Zeitalters des Barbarismus drohe.«[8]

Die Kameraderie und das Modell

Die internationale Szene des Terrorismus ist eine Szene größter Unterschiedlichkeiten, verwirrender Vielfalt, widerstreitender Interessen und krasser Abstufungen von Gruppenstärke, Gruppenintelligenz und Gruppenentschlossenheit. Es gibt ein Proletariat des weltweiten Terrorismus, das von den kleinen Gruppierungen in den minder wichtigen Ländern und den politischen Randzonen gebildet wird. Von ihnen wird selten gesprochen und geschrieben. Selbst die Ambonesen in den Niederlanden, die sich mit ein oder zwei großen Aktionen ihrer Vereinsamung entledigen wollten, sind terroristische Eintagsproletarier. Ebenso gibt es eine obere Kaste, die gemeinsam die grenzüberschreitende Faszination und Angst der Angegriffenen auf sich zieht, obwohl die Kaste aus scharf voneinander unterschiedenen Einzelgruppierungen besteht.

Das Denken in den Vorstellungen absolut gewordener Gewalt, die immer stärker die revolutionären Bewegungen der letzten Jahrzehnte beherrschen, schafft ein Bewußtsein weltweiter Kameraderie. Selbst der Proletarier des Territorismus fühlt sich darin aufgehoben; er posiert wie die »Großen«.

In der Kameraderie sind die grenzüberschreitenden, »transnationalen« Zusammenschlüsse nach Organisation und Aktionsart regional und sektoral begrenzt. Das zeigt sich in dem Beispiel, das alle Diskussionen beherrscht: Die Zusammenarbeit der Palästinenser ist in Wirklichkeit eingegrenzt auf die Zusammenarbeit mit den verschiedenen Gruppen der terroristischen Verweigerer aus den Industriestaaten, denen eine Übertragung ihres Denkens und Träumens auf den vermeintlichen »anti-imperialistischen« Kampf der Palästinenser gelang. Schon die Zusammenarbeit der Palästinenser mit den separatistisch-autonomistischen Terroristen ist Gruppenzufall und organisatorisches Flickwerk. Auch die grenzüberschreitende Kooperation der Rechtsextremisten ist entsprechend begrenzt: das erwiesene Zusammenspiel der italienischen *Ordine Nuovo* mit den Restfiguren der früheren OAS in Frankreich, den AAA's (Antikommunistische Apostolische Allianz) Argentiniens und Spaniens und den spanischen Christkönigskriegern ist regional und sektoral eingeschränkt.

Solchermaßen begrenzte Kooperation kann sehr wohl über längere Zeiträume eine scharfe Bedrohung internationalen Zusammenlebens, ein gefährlicher Schnitt in das Gewebe der Zivilisation, sein. Aber die jeweilige Kooperation ist auch einer möglichen zeitlichen Begrenzung unterworfen, sofern der Entschluß, sich der terroristischen Gewaltform zu bedienen, auf eine rationale Zielvorstellung zurückgeht. Ausgangslagen der Motivation können durch politische Lösungen, sogar durch Aussicht auf Lösung entschärft werden, die Interessen von Dritten sich so weitgehend verschieben, daß die äußere Unterstützung zu gering wird.

Die im letzten Jahrzehnt entstandenen grenzüberschreitenden Zusammenschlüsse terroristischer Gruppierungen, die heute oft als festes und dauerndes Organisationsmuster verstanden werden, können also zu irgendeinem Zeitpunkt verfallen, ihre Kerne sich zu ganz anders gearteten Gruppierungen mit veränderten Zusammenhängen, anderen Schwerpunkten und anderen Interessierten Dritten zusammenschieben. Neue

Konfliktzonen, räumlich wie politisch-inhaltlich verstanden, werden neue Gruppierungen hervorbringen, die andere Allianzen eingehen. In den Staaten und zwischen den Staaten bleiben aber, wie immer sich die weltweite terroristische Szene in sich selbst verdrehen und verwerfen mag, die Isolierten, die Hoffnungslosen, die Abenteurer, die »wie Techniker« agieren und dabei auch eine Allianz mit dem organisierten Verbrechen eingehen, weil sie letztlich nicht mehr für ein Ziel, sondern wegen der Aktion da sind, die sich in jede Richtung wenden kann – nach »links«, nach »rechts« und in die reine Bereicherungskriminalität.

Der Terrorismus und die grenzüberschreitende terroristische Kooperation sind zu einem Teil moderner Existenz geworden, weil das Jahrzehnt seit 1967–1968 ein Modell der Gewaltanwendung auf der niedrigsten Organisationsstufe entstehen ließ, das sich den Bedingungen und Möglichkeiten heutiger Existenz in höchstem Maß anpaßt. Es ist das Modell für die Anwendung der

- Gewalt in einer Zeit, für die Gewalt der höheren Organisationsstufen unpraktikabel geworden ist;
- Gewalt, die sich lange verdeckt und unerkannt halten kann, dennoch in der plötzlichen Aktion höchstentwickelte technologische Werkzeuge ohne Rücksicht auf die Risiken einer Eskalation einzusetzen vermag;
- Gewalt, die der räumlichen Nähe zum Konfliktbereich und der Identifizierbarkeit von Opfer und Konfliktgrund nicht mehr bedarf, um Wirkung zu haben;
- Gewalt, die punktuell eingesetzt wird, dennoch durch Ähnlichkeit von Werkzeugen und taktischen Formen wie durch die globale Verbreitungsweise der Medien den Eindruck einer breiten Aggression zu erzeugen vermag;
- Gewalt, die nicht nur im Moment der Ausübung wirkt, sondern die Angegriffenen durch die psychologische Übersetzung des Gewaltaktes zu solch langfristigen Änderungen des gewohnten Verhaltens verführen kann, daß jedes angemessene Verhältnis zu Zahl und Motivation der Täter zerfällt: Gewalt also, die jegliche politische Proportion zu sprengen vermag.

Die Summe terroristischer Gewalttaten des letzten Jahrzehnts ist erschreckend. Das Modell der Gewaltanwendung ist erschreckender als die Summe bisheriger Aktionen.

Art und Zahl derer, die die Möglichkeiten des Modells nutzen, können wechseln und sind kaum voraussehbar. Das Modell ist eine laufende Aufforderung zur Nutzung.

23. Der zweite Argwohn: Verringerung der Freiheit

Begrenzte Entscheidungsfreiheit

Der Kampf gegen den Terrorismus ist heute überlagert vom Kampf um seine Bekämpfung.

Nur vordergründig geht es um die Streitfrage, wie sich Regierungen demokratischer Staaten gegenüber terroristischer Erpressung verhalten sollen: Nachgeben bei einem annehmbaren Preis – Unnachgiebigkeit um jeden Preis? Die Antwort ist scheinbar einfach. Wenn die terroristische Aktion darauf angelegt ist, durch den dramatischen Einbruch in die Psyche unbeteiligter Bevölkerung die Angegriffenen zu einem Handeln zu veranlassen, das ihren Interessen zuwiderläuft, dann muß die Dramatik des Einbruchs und die Dramatisierung des nachfolgenden Geschehens verwehrt und die Teilkapitulation – durch den Entschluß, unter dem Zwang der Situation gegen die eigenen Interessen zu verfahren – dem Gegner verweigert werden. Die Antwort ist theoretisch richtig, aber sie bleibt theoretisch, weil schon die erste Voraussetzung, die Möglichkeit mechanischer Absicherung gegen den dramatischen Einbruch, begrenzt ist.

Gewisse Bereiche, die sich für terroristische Aktionen anbieten, können durch äußere Sicherungsmaßnahmen überwacht werden; wichtigste Personen, wichtigste Objekte, wichtigste Geschehnisse werden extensiv geschützt. Die Techniken der Sicherung durch Polizeien und Spezialeinheiten sind verfeinert worden. Die Olympischen Spiele in Montreal und Innsbruck, eine Fußballweltmeisterschaft in München, der Baader-Meinhof-Prozeß in Stuttgart-Stammheim, allesamt offensichtlich Ziele von Anschlägen, sind Beispiele sicherungstechnischer Erfolge. Nicht gesagt wird, welcher Preis an Geld zu bezahlen ist: Sichtbar ist, welcher Preis an Deformation öffentlichen Lebens entrichtet werden muß. Über die Prozeßfestung Stammheim schrieb Peter Doebel, ein gelassener Beobachter der Justiz: »Selbstbindung des Gerichts an die Sicherheitsvorstellungen der Exekutive. Übermaß der Vorsicht ... Merkt niemand von den

Verantwortlichen, welche Folgen das auf die Dauer bei den Betroffenen haben muß? Im ungünstigsten Fall sammelt sich Ingrimm an. Selbst im günstigsten Fall bleibt der Eindruck zurück, im Hoheitsbereich der unabhängigen Dritten Gewalt gehe es zu wie auf einer Kriminalwache.«[1]

Die Bereitschaft zum doppelten Preis ist dennoch nicht genug. Das mögliche Aktionsfeld des Terroristen bleibt praktisch unbegrenzt, wenn die terroristische Gruppierung, die kriminelle Vereinigung, die Kriminalität ihres vereinten Vorsatzes so weit treibt, daß jeder beliebige Unschuldige zum brauchbaren Mittel der gesteigerten Dramatik wird.

Auch die gelassene Phantasie kann sich Zwangslagen vorstellen, in denen eine Regierung einer Erpressung ohne Ausweg gegenübersteht. Die ad-hoc-Verbreiterung der Verantwortungsbasis durch Einbeziehung der jeweiligen Oppositionsparteien in eine zeitlich begrenzte Allparteienkoalition ändert daran nichts. Diese Allparteienkoalitionen werden in der Bundesrepublik unter dem Etikett des »Krisenstabes« tätig. In der äußeren politischen Neutralisierung einer tatsächlichen Ausnahmesituation liegt die wirkliche Absicht und Bedeutung des Krisenstabes, nicht im technischen Krisenmanagement. Welche Regierung oder welche Allparteienkoalition wird auf einem dogmatischen Nein beharren, wenn Geiselnehmer etwa einen Kindergarten in ihre Gewalt bringen oder mehrere Gruppen gleichzeitig mehrere größere Anschläge verüben oder extreme Terroristen mit einem nuklearen oder bakteriologischen oder chemischen Potential drohen? Nach den Erfahrungen der ersten Phase des technologisch gerüsteten Terrorismus muß jede Abwehr- und Entscheidungsinstanz von der Voraussetzung ausgehen, daß auf längere Sicht in diesem Bereich auch das Undenkbare gedacht werden muß.

Regierungen und Allparteienkoalitionen sind in ihren Entscheidungen nicht frei. Sie sind nicht nur von der Verpflichtung zur Abwendung größeren Schadens abhängig (da ist in der Tat debattierbar, was langfristig den größeren Schaden bewirkt), sondern ebensosehr von der breiten öffentlichen Meinung. Was immer die Öffentlichkeit in den Phasen der terroristischen Nicht- oder Kaum-Aktivität an grimmiger Entschlossenheit öffentlich bekundet haben mag, im Moment eines dramaturgisch wirklich dramatischen Einbruchs würde die Mehrheit der öffentlichen Meinung die Rückendeckung für einen harten Nein-Entschluß verweigern.

Regierungen sind abhängig vom Beispiel anderer Regierungen. Eine einheitliche Haltung der Bedrohten war bisher nicht zu erzielen; sie bleibt eine politische Hoffnung, die für Entschlüsse keine ausreichende Grundlage bildet. Extreme Zwangslagen und außenpolitische Opportunitätserwägungen sind die harten Grenzen für die Einheitlichkeit des absoluten Nein.

Extreme Zwangslage: beim OPEC-Anschlag war die österreichische Regierung für das Leben der Minister von zehn Staaten verantwortlich, deren Organisation für Österreich vor allem Verkörperung wirtschaftlicher Teilabhängigkeiten ist.

Außenpolitische Opportunität: die französische Regierung bewirkte nicht nur im Januar 1977 die Freilassung des verhafteten palästinensischen Terrorismusfunktionärs Abu Daoud, sondern zahlte bereits im März 1973 ein Lösegeld von 100 000 Dollar für ihren entführten Botschafter in Somalia, um Konfrontationen im arabisch-afrikanischen Interessengebiet Frankreich zu entgehen.

Einst feste Haltungen westlicher Regierungen werden stillschweigend modifiziert. In den USA begann das im Sommer 1975. Der amerikanische Botschafter in Tansania ließ sich auf Freilassungsverhandlungen mit Terroristen ein, die eine Gruppe von Forschungsstudenten der Stanford University entführt hatten. Der Versuch des amtlichen Tauschhandels scheiterte schließlich an dem unbedachten Einzelvorgehen von Angehörigen eines Entführten. Der Botschafter wurde wegen des Vorstoßes gegen die stehende Regel der amerikanischen Regierung, unter keinen Umständen einen Handel mit Terroristen anzufangen, zwar später von Außenminister Kissinger gerügt, aber der Zwischenfall löste ein Überdenken der bisherigen Position aus. Im März 1976 wurde auf einer Konferenz in Washington, zu der das State Department Fachleute aus vier Staaten geladen hatte, eine biegsamere Richtung der amerikanischen Exekutive zum erstenmal erkennbar, wenn auch natürlich nicht öffentlich bekundet.

Flexibilität bei der Konfrontation mit Terroristen wird von der Öffentlichkeit selten als Abtasten von Alternativen begriffen, sondern im Augenblick der Erregung und psychischen Verwundung als Entschlußunfahigkeit und verwerfliche Neigung der Regierungen zum Kompromiß aus Schwäche gedeutet. Die Entwicklung der Bekämpfungstechniken hat jedoch, im schrittweisen Reagieren auf die Aggressionsakte, brauchbare Verfahren entwickelt, die immerhin die Möglichkeit einer Alternative enthalten. Das bemerkenswerteste Beispiel ist die Technik der Belagerung und Zermürbung von Geiselnehmern. Noch 1972, beim Überfall des »Schwarzen September« auf die israelischen Sportler im Olympiadorf, galt sie als nicht verwendbare Methode.

Die Möglichkeiten der Belagerungstechnik geben den Regierungen die Chance, das absolute opferfordernde Nein wenigstens bis zur Feststellung der tatsächlichen Ausweglosigkeit herauszuschieben. Damit wird sie nicht nur eine Technik zur Rettung von Geiseln, sondern auch zur Rettung von Regierungen aus dem Dilemma des unwiderruflichen *sofortigen* Entschlusses – entweder dem Terroristen die verdeckte Teilkapitulation zu verweigern und dabei das Leben Unschuldiger zu opfern, oder das Leben Unschuldiger zu erhalten und dabei von der Autorität des Rechts und des Staates ein weiteres Stück zu vergeben.

Hoffen auf Zermürbung

Bei der Technik der Belagerung werden verschiedene Faktoren je nach Lage in verschiedener Dosierung kombiniert: Der Beweis der Bereitschaft zum harten Handeln (die gefechtsfeldähnliche Aufbereitung der äußeren Szene, die den Belagerten zugleich die Isolierung ständig vor Augen führt), der Beweis der Bereitschaft zum zeitweiligen Kompromiß (die Dokumentation der Geduld und die Erfüllung geringfügiger Forderungen), der Beweis der Distanz des Täters zum Sitz der wirklichen Entscheidung (kein direkter Kontakt zwischen Regierungsmitgliedern und Gewalttätern). Kern dieses psychologischen Gegenangriffs, der nach außen den Schein völliger Untätigkeit erweckt, ist die ständige Beeinflussung der Geiselnehmer durch »Diskussion«. Die vorgebrachten Argumente, die Härte der Ansprache oder die nachgiebige Beweglichkeit entsprechen den jeweiligen Zustandsbedingungen der belagerten Täter; im günstigen Fall ist der psychische Zustand der Täter durch elektronisches Gerät zu ermitteln, in jedem Fall durch Fachwissenschaftler zu diagnostizieren.

Die Belagerung des vierköpfigen IRA-Bombenkommandos, das sich im Dezember 1975 nach einer Polizeijagd durch die Londoner Innenstadt in das erste Stockwerk eines Hauses in der Balcombe Street flüchtete und sich durch die Geiselnahme eines älteren Ehepaares gegen das sofortige Nachsetzen der Polizei sicherte, ist ein sprechendes Beispiel für die intelligente und flexible Handhabung der Belagerungstechnik. Die psychologische Beeinflussung des IRA-Kommandos übernahm Detective Superintendent Peter Imbert von einer Scotland-Yard-Sondereinheit, der *Bomb Squad*.

1972 brach die junge IRA-Angehörige Maria McGuire mit dem IRA-Armee-Rat, dem sie nahegestanden hatte, und floh nach England. Imbert war der Scotland-Yard-Mann, der sie eingehend befragte. Seitdem hatte ihn die Geschichte des irischen Republikanismus und besonders der IRA gefangen genommen; er vertiefte sich darin. Seine intime Kenntnis der Tradition, des sozialrevolutionären Untertons, der Personengeschichte und des Gruppendenkens wurde jetzt gegen die vier Mann des belagerten Bombenkommandos eingesetzt. Das Haus 22 b in der Balcombe Street wurde von der Polizei zerniert. In die Polizei-Einheiten mischten sich die Scharfschützen der SPG (*Special Patrol Group* – Antiterror-Einheit der

Polizei); in einem weiteren Kreis, nicht sehr auffällig, warteten die Soldaten der SAS (*Special Air Services* – Sondereinheit der Armee), die zum Teil Zivilkleidung trugen. Unter den Scheinwerfern der Polizei und des Fernsehens liefen die Phasen der Belagerung ab, das Warten, das Aufweichen, das Kontaktherstellen, das Vertrauen-Gewinnen. In diesem Stadium der sechstägigen Belagerung setzte Imbert zum Wortangriff auf das Selbstverständnis der IRA-Leute an. Er unterhielt sich, mal kühl distanziert, mal kameradschaftlich, gelegentlich warnend, dann wieder werbend, mit dem Führer der Gruppe, Harry Duggan, den er wie einen verirrten Freund »Tom« nannte.

Am vierten Tag der Belagerung wurde den Belagerten eine zweite Lieferung Lebensmittel angeboten. Die erste Lieferung hatten sie aus dem Fenster geworfen. Imbert sagte über eine spezielle Telefonleitung: »Hallo, Tom! Kannst du mich hören? Deine Sache, ob du das Essen wieder aus dem Fenster wirfst. Ich werde trotzdem meinen Bossen sagen, sie sollen euch weiter was geben. Aber wenn du's rauswirfst, deine Sache. Bloß dies: alle Fernsehkameras sind auf euch gerichtet. Die wissen, daß ihr Essen für die Geiseln bekommt. Wenn das eure Art ist, die Würde der republikanischen Bewegung zu zeigen, dann tut ihr eurer Sache keinen guten Dienst ... Tom, du hast allen in diesem Land öffentlich gezeigt, daß ihr ein altes Ehepaar aus der Arbeiterklasse ohne Essen laßt. Das schlägt zurück. Das schadet der Bewegung, Tom!«[2] Das Paket mit Lebensmitteln wurde angenommen, erstes Zeichen einer Haltungsänderung. Vierundzwanzig Stunden später ergaben sich die vier Geiselnehmer.

Imberts vier Gegner-Partner waren keineswegs unerfahrene Lehrlinge der Londoner Bombenkommandos der IRA. Die IRA-Führung hatte sie im Herbst 1974, nach dem Hungerstreiktod des Frank Stagg, in die britische Hauptstadt kommandiert. Auf ihr Konto gingen die meisten der schweren Anschläge gegen Hotels, Restaurants, U-Bahn-Stationen, die aufsehenerregendsten Morde der Jahre 1974–1975 (u. a. an dem Schriftsteller Ross McWhirter, dem Krebsforscher Prof. Fairley) und einige verwegene Pläne (Sprengung des Ozeanriesen »Queen Elizabeth II« während einer Kreuzfahrt), die allerdings im Vorbereitungsstadium vereitelt werden konnten. Ihren Anschlägen fielen elf Menschenleben zum Opfer; mehr als dreihundert Personen wurden verletzt. Am 10. Februar 1977 wurde jeder der vier mehrmals zu lebenslänglicher Haft verurteilt.

Die Erfolge müssen bei nüchterner Betrachtung nicht nur als polizeiliche Leistungen, sondern auch als Glücksfälle betrachtet werden. Die Zermürbungskommandos der Polizei trafen bisher auf Terroristen, die zu zermürben waren. Nichts garantiert, daß diese Serie von Glücksfällen anhält. Es gibt Grenzen im individuellen Verhalten der Terroristen, hinter der jede Beeinflußbarkeit aufhört. Die Grenze wird um so eher erreicht, je weniger rational die Motivation der Terroristen, je höher ihr Grad an politischer und menschlicher Isolierung ist.

Die Besetzung der deutschen Botschaft in Stockholm wäre vielleicht zu einem solchen Fall ausgeartet. Die Inkompetenz der Terroristen im Umgang mit ihren Sprengsätzen hat das Extrem verhindert.

Der Argwohn innerhalb des Apparats

Die verschiedenen Aggresionstaktiken der terroristischen Gruppierungen haben jeweils zur Ausformung entsprechender Taktiken der Bekämpfung geführt.

Die steigende Zahl der Flugzeugentführungen brachte die zivilen Sicherheits-Bordkommandos bei mehreren internationalen Fluggesellschaften, den Ausbau der Passagier- und Gepäcküberwachung auf den Flughäfen und den Ausbau der Flughäfen zu Minifestungen im Alltagsleben.

Die steigende Zahl der Geiselnehmer zwang zur Entwicklung der Belagerungstechnik und zum Aufbau von Sondereinheiten, die jenseits der nationalen Unterschiede von Psychologie, Führung und organisatorischer Eingliederung bestimmte gemeinsame Merkmale haben, die letztlich auf die amerikanischen *SWAT-Units (Special Weapons and Tactics Units)* zurückgehen. In der Bundesrepublik ist die Sondereinheit zur Terroristenbekämpfung die GSG 9 (Grenzschutzgruppe 9) des Bundesgrenzschutzes, die in St. Augustin bei Bonn stationiert ist.

Dies sind Notizen und Eindrücke eines Übungstages im Herbst 1976:

Die Kaserne der GSG 9 hat zwölf Millionen Mark gekostet. Um den weiten Platz vor dem Hauptgebäude sind die Fahrzeughallen gelegt. Hinter elektronisch verschiebbaren Toren stehen die Einsatzwagen, startbereit zu jeder Minute. Die nächste Autobahnauffahrt ist in kürzester Frist erreicht. Ein paar hundert Meter weiter dehnt sich der Flugplatz Hangelar.

Vom zweiten Stockwerk des Hauptgebäudes ist der Platz bis in jeden Winkel zu überblicken. Die kurzen Waffen sind mit Zielfernrohr und einer Polaroidkamera ausgerüstet, die das Ziel- und Trefferbild des Übungsschusses zur Kontrolle festhält. Die Schützen haben nicht das Recht, dann zu schießen, wann es ihnen nach Lage der Dinge angemessen scheint. Sie hängen strikt am Feuerbefehl des Truppführers.

Der Truppführer beobachtet die Szene am gegenüberliegenden Garagentor: ein grauer PKW fährt vor, aus dem Halbdunkel der Halle lösen sich drei Gestalten, von denen die mittlere eine weiße, spitze Kapuze trägt. Der Kapuzenträger ist »Golf«. Golf ist das Kennwort des NATO-

Alphabets für G. G heißt Geisel. Die beiden, die Golf an den Armen gepackt halten und zum PKW drängen, sind die »Tangos«. Tango ist das Kennwort des NATO-Alphabets für T. T heißt Terrorist.

Der Truppführer weist über Sprechfunk seinen Schützen die Tangos zu: »1 – Tango mit Hut, 2 – Tango mit blauer Jacke«. Es wird nicht geschossen.

Der Weg von Golf und Tangos dauert genau elf Sekunden. Jede einzelne Sekunde ist eine Bewegungsverschiebung gegenüber der vorhergehenden. Der Truppführer entscheidet von Sekunde zu Sekunde, ob die Stellung der Tangos so ist, daß sie getroffen werden können, ohne daß der Golf gefährdet wird. In der Sekunde 7 gibt er den Schuß frei. Die Gewehrverschlüsse knacken. Kurze Pause. Die Polaroidbilder zeigen, daß der Kopf von Tango 1 genau im Fadenkreuz des Zielfernrohrs lag. Der Kopf von Tango 2 ebenfalls. Theoretisch müßte der Golf jetzt frei sein. Unverletzt.

Hier seien, sagt die Leitung, keine Scharfschützen am Werk, sondern Präzisionsschützen. Eine Worttarnung, um den belasteten Begriff des Scharfschützen zu verschleiern? Nein, sagt die Leitung, der Scharfschütze sei ein militärischer Begriff; vom Scharfschützen werde erwartet, daß er unter militärischen Gefechtsfeldbedingungen sein Ziel möglichst mit dem ersten Schuß treffe. Gelinge das nicht, so sei das unter den militärischen Bedingungen kein besonderes Unglück, denn der Schuß lasse sich wiederholen. Gegenüber Tango gibt es keine Wiederholung. Vom Präzisionsschützen wird verlangt, daß der erste Schuß tödlich ist. Einen zweiten Schuß wird es nicht mehr geben, denn vor dem zweiten Schuß stirbt der Golf. Dies sei kein militärischer Einsatz, sondern eine Polizeiaktion mit besonderen Mitteln, und es komme auf die Rettung von Golf an. Die Rettung von Golf ist die Vernichtung von Tango.

In Marighelas »Mini Manuale« heißt eine Kapitelüberschrift: »Das Schießen – die Existenzbasis.« Ist das die geheime Angleichung der Kämpfer, die nichts anderes kennen, nichts anderes sehen, nichts anderes denken als das Gegenüber, den anderen, den anderen Kämpfer? Lauter junge Gesichter unter kessen grünen Baskenmützen stehen hier zusammen ... *Green Berets* auf deutsch?

Dieser Argwohn keimt spürbar. In den Büros der Bundeshauptstadt jenseits des Rheins leugnet man Existenz und Aufgabe der GSG 9 nicht, aber man spricht auch nicht gern über die 170 Mann von St. Augustin. Das klingt oft, als habe die Verwaltung des Staates ein schlechtes Gewissen, daß sie eine solche Waffe unterhält. Zwar hat die Führung des Staates sie geschaffen (auf Initiative des damaligen Bundesinnenministers Genscher), aber das war im Jahr 1972, als der Überfall des »Schwarzen September« auf das Olympische Dorf Münchens ein akutes Notdenken hervorbrachte und zum erstenmal keinen Zweifel mehr ließ, daß es neutralen Boden nicht mehr gibt.

Führungsmitglieder der Exekutive haben den Argwohn öffentlich formuliert. Der Präsident des Hamburger Landesamtes für Verfassungsschutz, dem die lange Geschichte der Ansteckung durch den deformierten Gegner nicht unbekannt ist, schrieb im Sommer 1976: »Probleme können dadurch auftauchen, daß der Staat gezwungen war, eine Sonderpolizei aufzubauen wie die Mobilen Einsatzkommandos (MEK) in den Ländern und die Grenzschutz-Einheit GSG 9 auf Bundesebene. Diese Spezialtruppen verdanken ihre Existenz einem Sonderfall. Durch ihre Ausbildung, Ausrüstung und die Ansprüche, die im Ernstfall an sie gestellt werden, entwickeln sie notwendigerweise einen *Esprit de Corps*, der in ein falsch verstandenes Elitedenken münden kann. Sie leben überwiegend in Bereitschaft, abgekapselt von der Schutzpolizei und der Kriminalpolizei.«[3]

Die Führung der GSG 9 spürt den Amtsargwohn seit langem, läßt sich aber von ihren Einsatzvorstellungen nicht abbringen. Sie nimmt dabei ein gewichtiges Argument für sich in Anspruch: Sie kennt besser als irgend jemand sonst die Taktiken, die Aktionsformen und Verteidigungsarten ihres Tango. Ihr Tango ist nicht nur der Gewalttäter aus der deutschen Szene, sondern der international tätige Präzisionsterrorist. Die GSG 9 hat jeden bedeutsamen Fall »nachvollzogen«, in den einzelnen Phasen analysiert und ihre taktischen Schlüsse daraus gezogen. Wenn eben möglich, werden Beobachter an den jeweiligen Tatort im Ausland entsandt. Entscheidend sei, sagt der Polizeidirektor und Kommandeur, daß Organisation, Ausrüstung und Ausbildung seiner Truppe ausschließlich »gegnerorientiert« sei. Traditionelles Denken dürfe hier keinen Platz haben, weil der Gegner nicht traditionell denke. Tango kennt keine Konventionen.

Der GSG 9 ist viel gegeben worden: Die völlige Unabhängigkeit des Transports, das Neueste an brauchbarer Technik, Freiheit zur Entwicklung eigener Organisationsformen, besonderer Kampfarten und ungewöhnlicher Waffen. Aber in ebenso hohem Maß ist sie festgebunden worden. Sie kann nicht von sich aus eingreifen, sondern nur, wenn sie angefordert wird. In jedem Fall wird sie unterstellt, entweder der örtlichen oder regionalen Polizeileitung oder dem Bundeskriminalamt, und der jeweiligen politischen Kontroll- und Entscheidungsinstanz. Nur im Rahmen dieser Unterstellung beansprucht der Kommandeur Freiheit in der taktischen Lösung der ihm gestellten Aufgabe. Lähmende Kompetenzkonflikte sind nicht nur abzusehen, sie sind bereits übliche Beigabe des Einsatzes. Geduld ist für einen Mann der GSG 9 so wichtig und lebenserhaltend wie beste körperliche Ausbildung und genaueste Beherrschung neuester Technik. Irgendwann wird sich zeigen müssen, wieweit Geduld beanspruchbar ist. Es hat Fälle gegeben, in denen die Grenze beinahe erreicht worden wäre.

Überbeanspruchte Geduld wird nicht in einer unautorisierten Aktion explodieren. Aber sie schafft Zweifel an der Entschlußfähigkeit der Politik. Der Argwohn auf Gegenseitigkeit hat sich in der Exekutive eingenistet.

Die Erhöhung des Opfers

Der Staat trat seinen Bürgern in den letzten Jahren zunehmend bewaffnet gegenüber. In Zeiten erhöhter terroristischer Gefährdung werden die besonders geschützten Objekte als draht- und postenbewehrte Minifestungen in den Straßen des Alltags sichtbar. So plötzlich geschieht dies, daß hinter der Verwandlung die Dauerpräsenz der Waffe spürbar wird. Diese Bekundung der Bereitschaft wird von den einen mit einer Art Dankbarkeitsgefühl, von anderen mit schneidender Kritik bedacht: »Man schätzt die Situation richtig ein, wenn man in den Hindernissen keinen Schutz gegen Terroristen, sondern gegen eine hysterische öffentliche Meinung sieht.«[4]

Die anhaltende Konzentration öffentlichen Interesses auf die äußeren Sicherheitsvorkehrungen ist nicht überraschend, denn die Verwandlung ist auch so etwas wie ein sichtbar werdendes, miterlebbares Spannungselement in einer großen Kampf-Show. Auf die Straßen der Wirklichkeit treten die Nebenfiguren der Agentenliteratur, in der in immer rascherer Folge die James Bonds mit der amtlichen 007-Mordlizenz die zivilen Hercule Poirots des Detektivzeitalters ablösen. Der äußeren Sicherungstechnik, diesem Zusatzelement der Vorsicht, ist der Rang des beherrschenden, wenn nicht schon des alleinigen Mittels der Vorbeugung zugeschoben und, im Wortsinn, zugeschrieben worden. Aber das verschiebt die Realitäten; die wirksamere Bekämpfung des Terrorismus findet auf anderen Feldern statt.

Die Blickverengung – zu tun, als sei der nicht ansprechbare Verweigerungsterrorist etwa der Bundesrepublik auch die beherrschende Figur der internationalen Szene, folglich jede Bekämpfung über den Lauf der Waffe anzuvisieren – nimmt nicht die Möglichkeiten politischer Beeinflussung durch Änderung der Motivations-Ausgangslagen wahr. Terroristische Organisationen, die den autonomistisch-separatistischen Anspruch der Randregionen mit ihrer Art von Gewalt erzwingen wollen, lassen sich durchaus von der Unterstützung durch die regionalen Bevölkerungen abtrennen, wenn die jeweilige Zentralmacht berechtigten und rational begründeten Forderungen nach innerstaatlichem Machtausgleich entgegenkommt. Ein vernünftiges Autonomiemaß für die baskische Region wird den Boden austrocknen, auf dem die extreme Gewalt-*Asamblea* der ETA steht. Bereitschaft zur Respektierung kultureller Eigenständigkeit, wirtschaftlichen Anspruchs und der Forderung nach regional-kommunaler Planungs- und Entscheidungsbefugnis dürfte das Aufbegehren der Korsen und des okzitanischen Landes, »das leben will«, in Bahnen rechtsstaatlicher Binnendiskussion lenken.

Die Hindernisse sind gewaltig, denn Geschichte steht gegen Geschichte. In Spanien – um bei den Beispielen zu bleiben – blockiert das jahrhundertealte Mißtrauen gegen den Andersgläubigen, der zum »Anderen« säkularisiert wurde, einstweilen den Ausgleich. In Frankreich verkörpert sich die tatsächliche Macht des Staates weniger in Parlament und Parteien als in den geheiligten Elitär-Institutionen der *Grands Corps de l'Etat*, des Staatsrats, der Finanzinspektoren und des Rechnungshofes. Innerstaatlicher Machtausgleich bedeutet hier Änderung von eingewurzeltem Staatsverständnis.

Entscheidender als die jeweiligen Schwierigkeiten ist die *Möglichkeit* der politisch gesteuerten Beeinflussung von Ausgangslagen. Im Fall des palästinensischen Terrorismus wird dies besonders deutlich: Selbst eine politisch annehmbare Minimallösung des palästinensischen Problems dürfte einen Teil des vorhandenen terroristischen Willens und Potentials (etwa nach der Art des situationsgesteuerten »Schwarzen September« der Fatah) austrocknen. Wenn der palästinensische Terrorismus eine grenzüberschreitende Leitfunktion für einige terroristische Gruppen der Industrienationen hat, kann eine solche Entwicklung nicht ohne Rückwirkung auf die isolierten Gruppen der gesellschaftlichen Verweigerer haben: Sie werden erneut abgedrängt, vielleicht in die Schwäche, vielleicht in die vollends sinnlose Aktion, sicher aber in die Suche nach anderen Gruppen mit den Qualitäten, die zur Leitfunktion vonnöten sind.

Im Gegensatz zu häufig vertretenen Auffassungen ist vorbeugende Bekämpfung des Terrorismus immer eine Kombination von politischer Beeinflussung und dem gestuften Einsatz sicherheitstechnischer Methodenvielfalt. Die Beeinflußbarkeit der Gruppierung wird zum Maßstab für die Bestimmung von Bekämpfungsmethoden. Die von der rationalen Begründung der Gewalt am weitesten entferntesten Gruppierungen ziehen naturgemäß den Einsatz der schärfsten Mittel auf sich: die gegenüber jeder Wirklichkeit erblindeten Verweigerer, die Anhänger des Fanon-Sartre-Glaubens an die »Reinigung« in der verbogenen Gesellschaft durch Gewalt und die aktionistischen Condottieri des Terrorismus.

Hier tritt die Steigerungsfunktion der Technologie noch einmal beherrschend in die Sicht. Einerseits: Eben diese Gruppierungen sind durch ihre Intelligenz am ehesten fähig und aus ihrer Hemmungslosigkeit am ehesten bereit, sich der in den letzten zehn Jahren nachgewiesenen Einsatz- und Wirkungsmöglichkeiten der neuesten Technologie zu bedienen. Andererseits: Die wachsenden technologischen Möglichkeiten der Abwehr (Computerisierung der Information, minutenschneller transnationaler Datenaustausch, Mobilität nicht nur der Gejagten, sondern auch der Jäger) zwingt die terroristischen Gruppierungen zur »Vereinzelung«. Der intelligente Terrorist lebt in der Chamäleon-Tarnung der halblegalen Existenz, er wird zum Tagesbürger und Freizeittäter. Seine Logistik, durch das Problem der Entfernung nur wenig behindert, wird ausgefächert.

Die wirklich wichtige Bekämpfung ist damit in die Zone der Aufklärung vorverlegt worden. »Schon damals«, damit meint Horchem das Jahr der Zerschlagung des RAF-Kerns, »reichten die äußeren Fahndungsmittel nicht aus. Bei den heutigen Kerngruppen, deren Mitglieder eine halblegale Lebensweise mit strenger Konspiration in der Aktion verbinden, müssen sie [die staatlichen Organe] sich noch stärker als früher auf Informationen stützen, die mit nachrichtendienstlichen Mitteln gewonnen werden ... Die nachrichtendienstliche Arbeit in anarchistischen Gruppen findet ihre Grenze an der Gefahr, daß Quellen der Nachrichtendienste zum Agent provocateur werden, sich selbst in kriminelle Handlungen verwickeln oder bei ihrer Enttarnung von anderen Gruppenmitgliedern getötet werden.«[5]

Das heißt Ausspähung. Sie wird Spionage genannt, wenn sie gegen einen Gegner jenseits der Grenzen gerichtet ist. Ausspähung ist nicht mehr nur Voraussetzung wirksamer Bekämpfung, sondern bereits Bekämpfung. Sie ist die derzeit wichtigste Bekämpfung. Es geht indes nicht allein um nachrichtendienstliche Arbeit »*in* anarchistischen Gruppen«, sondern zunehmend um nachrichtendienstliche Arbeit *außerhalb* bereits erkannter Gruppen. Die erkannte Gruppe ist Ansatzpunkt für Ausspähung, die sich in den Lebensbereich jener vorschieben muß, die aufgrund von Position und Disposition *denkbare künftige Schuldige* sind. Das ist notwendig wegen der Unbestimmbarkeit des Reservoirs an Sympathisanten und nutzbaren Kontakten in Risikobereichen, die mit der Technisierung des zivilisatorischen Systems an Zahl und Ausdehnung zunehmen. Wenn aber Ausspähung so zur Bekämpfung wird und Bekämpfung in solchem Maß ist, dann geht kein Weg an der Frage vorbei, ob der Staat seine Bürger bekämpfen darf. Der Argwohn, daß er dazu bereits und willens sei, ist da.

Die schleichende Ausweitung dieses Argwohns ist die Gefahrengrenze, an die die nachrichtendienstliche Arbeit in Wirklichkeit stößt. Die Opferfähigkeit, die die angegriffenen Systeme bisher schon um ihrer Sicherheit willen bewiesen haben, wird erst jetzt auf die Probe gestellt werden.

Das technische Verbundsystem der Staaten hat unter den Angriffen des grenzüberschreitenden Terrorismus viel Widerstandsfähigkeit und eine hohe Belastbarkeit seiner technischen Funktionen gezeigt. Auf den internationalen Luftstraßen fliegen die Verkehrsmaschinen nach Flugplan, und in den Wartehallen drängen sich täglich Hunderttausende, die sich in wenigen Jahren an Maschinenpistolen, elektronische Überwachung und amtliches Betasten ihrer Körper gewöhnt haben.

Aber das Bewußtsein fortdauernder tatsächlicher Bedrohung und die tiefreichende emotionale Reaktion auf das unvorhergesehene Anwachsen terroristischer Gewalt hat innerhalb betroffener Staaten solche Wirkungen gezeitigt, daß es einer aufmerksamen Phantasie nicht schwerfiele, die Reportage einer Welt einen Schritt jenseits von »1984« zu schreiben.

Sie brauchte nur nationale Einzelentscheidungen zur Summe zusammenzuziehen, was angesichts einer zusammenrückenden Welt nicht einmal ein unzulässiges Verfahren wäre.

Vier Hinweise:

1. *JAPAN*. Seit 1974/75 sieht sich die Polizei einem schnell zunehmenden Wachsen abgeschotteter Zellensysteme verschiedener terroristischer Organisationen gegenüber. Ende 1975 sprachen amtliche Schätzungen von vier aktiven Hauptvereinigungen (darunter die zeitweilig ins Ausland abgedrängte, jetzt wieder im Inland tätige *Rengo Sekigun*) und 25 weiteren Zellennetzen. Die Zahl der erkannten Terroristen steht in keinem Verhältnis zur Zahl der Nichterkannten. Obwohl sechzig Prozent des Polizeibudgets von Tokio nach vorliegenden Informationen für Infiltration und Aufklärung aufgewendet wurden, konnten die Nachrichtennotwendigkeiten nicht befriedigt werden. Die Polizei plante die Wiedereinführung eines wirksamen Überwachungssystems der ersten Nachkriegszeit (ein spezieller Polizeiposten in jedem Straßenblock). Der Plan traf bisher auf scharfen Widerstand, worauf die Polizei sich vorläufig auf die dringende Bitte an alle Bewohner beschränkte, sie möchten jede ungewöhnliche Aktivität in Nachbarschaft oder Hausgemeinschaft dem örtlichen Polizeirevier sofort melden.

2. *ITALIEN*. Die Automatik des sich ausweitenden Verdachts läßt sich beim Vergleich weniger Zahlen verstehen. Im Jahr 1976 gab es nach einer Aufstellung des Verbandsorgans der italienischen Polizei 2774 Anschläge (von der Kleinbombe bis zum Menschenraub), wobei die Unterscheidung zwischen politischen und kriminellen Akten immer fließender wird. Die Eskalation läßt sich am Vergleich mit dem Jahr 1972 ablesen, in dem 848 Fälle verzeichnet wurden. Von den insgesamt 7700

Anschlägen in den letzten fünf Jahren wurden nach diesen Angaben nur in 722 Fällen die Verantwortlichen identifiziert.

3. *REPUBLIK IRLAND.* Nach dem *Offences Against the State Act* genügt vor Gericht der Verdacht eines der 25 Polizei-Superintendenten, um Angeklagte wegen verbotener Mitgliedschaft in der IRA zu mehrjähriger Gefängnishaft zu verurteilen. 1976 saßen etwa 600 IRA-Mitglieder in irischen Gefängnissen ein; die Mehrheit war nach diesem Verfahren verurteilt worden, in dem der geäußerte Verdacht zum Beweis erhoben wurde.

4. *GROSSBRITANNIEN.* Nach der Welle der Bombenanschläge von 1974 setzte die Regierung im Parlament den *Prevention of Terrorism (Temporary Provisions) Act* durch, der zunächst auf ein Jahr beschränkt, inzwischen unter geringfügiger Änderung jeweils um ein Jahr verlängert wurde. Das Gesetz hat drei Abschnitte: die IRA wird verboten; die Polizei wird ermächtigt, jeden Verdächtigen zu verhaften und für 48 Stunden (zunächst: 96 Stunden) ohne Angabe von Gründen und richterliche Ermächtigung festzusetzen, wobei die Frist um fünf Tage verlängert werden kann, wenn das Innenministerium in einem Verwaltungsakt zustimmt; der Innenminister hat das Recht, jeden Nichtbriten innerhalb von 48 Stunden des Landes zu verweisen, wenn er *glaubt,* der Betreffende sei in die »Ausführung, Vorbereitung von oder Anstiftung zu« terroristischen Akten verwickelt. Nach dem ersten Geltungsjahr (Herbst 1974 bis Herbst 1975) wurde scharfe Kritik laut. Sie richtete sich einmal gegen die von der Regierung angenommene Wirksamkeit: 1174 Personen waren unter diesem Gesetz festgesetzt worden, aber nur 61 wurden schließlich eines Vergehens angeklagt, von denen die meisten, nach Aussage des damaligen Innenminister Roy Jenkins vor dem Unterhaus, »nach gewöhnlichem Polizeirecht vorgenommen worden wären«, hätte es das Gesetz nicht gegeben; andererseits stellte er fest, daß die »*Beschaffung von Information* ... anders praktisch unmöglich« sei. Die Hauptkritik richtet sich bis heute gegen die von Roy Jenkins zugegebene »drakonische, in Friedenszeiten bisher nicht dagewesene« Einschränkung von Bürgerfreiheit, das heißt, gegen die partielle Außerkraftsetzung des zentralen Verfassungsgrundsatzes des *Habeas corpus* auf der Grundlage des amtlichen Verdachts gegen Täter, die noch keine sind, aber als solche gedacht werden können.[6]

Die »drakonischen Maßnahmen« sind ausdrücklich als Vorübergehende Maßnahmen, *Temporary Provisions,* zu einem begrenzten Zweck ausgewiesen. Hier liegt der zu Buche schlagende Unterschied zu den Mühen in der Bundesrepublik Deutschland, der Bekämpfung des Terrorismus die notwendige rechtliche Grundlage zu geben: Die Bundesrepublik ist nicht den Weg des nach Zweck und Zeit eingeschränkten Gesetzes gegangen, sondern hat die gegen die terroristische Gefahr gerichteten Bestimmungen in die allgemeinen Gesetze eingebunden. Dies geschah durch vielfache Änderungen von Einzelvorschriften, die – unbeschadet ihrer jeweiligen Berechtigung – in ihrer Gesamtheit für den Bürger nicht mehr überschaubar sind. So ist der psychologisch notwendige Eindruck, daß ein klares und erkennbares Rechtsinstrument der Abwehr geschaffen werde, verfehlt worden. Spürbar ist ein Argwohn, dem »Staat« sei vornehmlich an einer allgemeinen Verschärfung gesetzlicher und rechtlicher Handhaben gelegen.

Die Bürde der Geschichte und die traumatische Erinnerung an das »Ermächtigungsgesetz« und die Sondergesetze in den Händen der Undemokraten hat den Weg blockiert. Aber ebenso schwer wog die immerwährende deutsche Versuchung, alles mit der höchstmöglichen Zahl von Paragraphen grundsätzlich und auf Dauer zu bewältigen. Dann aber richtet sich ein öffentlicher Argwohn nicht mehr gegen Einzelmaßnahmen, ihre mögliche Fragwürdigkeit, sondern in der nunmehr unausweichlichen Übertragung gegen das gesamte Rechtssystem als Ausdruck staatlicher Intention.

Bisher nicht geäußerter Argwohn ist explodiert. Das geschah, als im Februar und März 1977 der »Lauschangriff« auf den Nuklearwissenschaftler und Atommanager Traube bloßgestellt wurde und die schrittweise Enthüllung ähnlichen Vorgehens in anderen Fällen widerwillig folgte. Es ist bezeichnend, daß die Explosion durch eine Maßnahme im wichtigsten Bekämpfungsbereich, der Ausspähung, ausgelöst wurde, deren rechtliche Eingrenzung sich nur auf die rechtlich korrekte Handhabung eines amtlichen Verdachtsvorgangs beziehen kann. Keine Rechtsvorschrift kann dem amtlichen Verdacht vorschreiben, wer Objekt des Verdachts sein darf, wer nicht und wer vielleicht.

Der öffentliche Argwohn richtet sich trotz des Wunsches nach Schutz und Sicherung gegen das staatliche Hauptinstrument der Abwehr, den verfassungsschützenden Nachrichtendienst. Ihm wird verschleierte Eigenmacht und Eigengesetzlichkeit, dem Staat und seinen Hauptrepräsentanten folglich Schwäche bei der Handhabung des Instrumentes oder, im schlimmsten Fall, geheimes Einverständnis und Komplizenschaft angelastet.

In Wirklichkeit zeigt sich die Ohnmacht des inneren Nachrichtendienstes. Er muß tätig werden in einer neuen Landschaft gerade auch des intellektuellen Verrats an der Kooperation, auf die die industrielle Gesellschaft angewiesen ist. Er arbeitet unter Bedingungen einer hochtechnologischen Zeit, in der die erwiesene Hemmungslosigkeit des Verweigerungsterrorismus mit der extremen Gefährlichkeit der Mittel und der sich steigernden Verwundbarkeit des zivilisatorischen Systems zusammentrifft. Er steht unter dem Zwang der Erkenntnis, daß die Disposition zur Unterstützung von Terroristen unter diesen Bedingungen so gefährlich sein kann wie die Tat, die andere ausführen. Anders als Justiz und Polizei, die in der Erledigung ihrer üblichen Geschäfte den verdächtigen Täter nach begangener Tat suchen, sucht er den Täter ohne Tat. Aber er sucht unter dem öffentlichen Argwohn, das begrenzte Ziel aus den Augen verloren zu haben und bedrohlicher zu sein als jene, die ihn, das Staatsinstrument, zur Suche zwingen.

Da ist Absurdität im Spiel: Der Terrorist zieht sich in den Windschatten des Argwohns zurück, der auf den Instrumenten des Staates lastet, und stellt mit Genugtuung fest, daß eine Phase verminderter Aktivität dem Wuchern des Argwohns Vorschub leistet, weil für einige Zeit der Beweis der Bedrohung vorenthalten wird.

24. Die Gefahr: Bedrohung der inneren und äußeren Sicherheit

Der innenpolitische Sprengsatz

Terrorismus ist ein politisches Waffensystem, das den besonderen Bedingungen der technologischen Welt angepaßt wurde und durch seine Gewalt *mehrfache* Sprengwirkung erzielen kann, wenn es entsprechend seinen besonderen Voraussetzungen und Möglichkeiten überlegt und kontrolliert eingesetzt wird.

Der Sprengsatz Terrorismus zeitigt Wirkungen zunächst auf dem Feld der Innenpolitik. Wo immer terroristische Aktion spürbar vorhanden ist, wird vorgegebene Polarisierung bis zur Spannung verschärft. Polarisierung muß auf die Dauer nicht notwendig entlang parteipolitischer Grenzen verlaufen, obwohl überall – nicht nur in der Bundesrepublik Deutschland – Parteibürokratien als erste dazu neigen, die Frage der Sicherheitsgarantie des Staates für den Bürger im Standardverfahren der parteipolitischen Ummünzung zu Erfolgsanpreisungen der jeweils eigenen Vorstellungen und zu Degradierungen der jeweils anderen Seite zu beschlagnahmen. Das geschieht mit einem beträchtlichen Aufwand moralischer Positionsbehauptungen, die eine unausgesprochene, dennoch erkennbare Verneinung einschließen: Beim politischen Gegner werden, jeweils wechselseitig, Wertüberschätzungen, Standfestigkeit, Liberalität, staatspolitisches Verantwortungsbewußtsein infrage gestellt. Freiheit und Sicherheit geraten in Gefahr, im parteitaktischen Eskalationsverfahren zu Gegensätzen hochgeredet zu werden.

Dahinter steht nicht nur parteitaktisches Denken. Carl Friedrich von Weizsäcker bemerkt: »Eine in allen parlamentarischen Demokratien vorkommende Polarisierung der Besorgnisse tritt heute in der Bundesrepublik mit beunruhigender Schärfe hervor. Rechte und Linke erklären einander, zumal in Wahljahren, wechselseitig zu Gefahren für die Demokratie. Das Beunruhigende ist, daß beide, wie man in vertrauensvollen Gesprächen immer wieder feststellen kann, diese Behauptungen wirklich glauben ... Wenn unsere mit Einschränkungen freiheitliche Regierungsform ihre funktionalen Probleme nicht löst, so rückt die Versuchung nahe, ihr andere, angeblich effizientere oder gerechtere Formen vorzuziehen. Der Schutz der Freiheit gegen ihre auf dem anderen Flügel wahrgenommenen Gegner rechtfertigt dann die Einschränkung der Freiheit zugunsten des eigenen Flügels.«[1]

In dieses Verhalten mischt sich überall auch Betroffenheit, daß man nicht genau weiß, wie man der Bedrohung wirksam begegnen könnte. Entweder scheint es etablierter Macht unmöglich, die politischen Ausgangssituationen so zu verändern, daß dem Terrorismus mit rationalen Zielvorstellungen ein Teil des Nährbodens entzogen wird (dieser Zustand der Handlungsohnmacht besteht gegenüber Nordirland, dem Baskenland, den Regionen Frankreichs usw.); oder aber die Macht will sich selbst überzeugen, daß gegenüber einem Terrorismus, dem ein erkennbares rationales Ziel fehlt (gegenüber dem Verweigerungsterrorismus also) nur der verbundene Einsatz polizeilich-technischer und juristischer Abwehrmittel hilft. Gerade dann aber wird angesichts der psychologischen Struktur der Täter die öffentliche Konzentration auf das Thema der Strafverschärfung zum Gegenmittel: Die einen werden auch verschärfte Strafen immer noch für zu gering halten; die anderen sehen in der Strafverschärfung angesichts der Unbelehrbarkeit und der Unbekehrbarkeit der Täter nur ein verstecktes Anvisieren anderer Ordnungsvorstellungen durch die Befürworter der schärferen Rechtsanwendung. Im schlimmsten Fall wird das Vorhaben, mit Strafentschlossenheit die Machtentschlossenheit des Staates zu demonstrieren, durch das Ergebnis der immer schärferen Auseinandersetzungen innerhalb und außerhalb der Parteien unterlaufen: Die Selbstverständlichkeit des Selbstbewußtseins der Demokratie leidet. Wenn Terrorismus die extremste Form psychologischer Kriegsführung ist, dann bleibt gelassenes Selbstbewußtsein der Demokratie die allererste Voraussetzung der Überwindung der terroristischen Aggression.

Die politischen Auseinandersetzungen um den Terrorismus konzentrieren sich derzeit auf seine Sprengwirkung in der Innenpolitik und Gesellschaftspolitik der angegriffenen Staaten, wobei nur diejenigen, die es im eigenen Land erleben (wie etwa Italien), eine Vorstellung der wirklichen Sprengkraft in Situationen erhöhter sozialer Not und Unrast haben.

Der terroristischen Sprengwirkung im Feld der internationalen Beziehungen wird weniger Beachtung gewidmet.

Im Verbundsystem der Staaten der Industriewelt ist die Unsicherheit eines nationalen Raumes die Sorge aller anderen im Verbund, sei er politischer, wirtschaftlicher oder militärischer Verbund.

Im Verbundsystem der Lebensbereiche, die nicht mehr wie früher streng nach dem Merkmal politischer, wirtschaftlicher oder militärischer Beziehung unterteilt werden können, ist eine wachsende innenpolitische Destabilisierung eines Partners auch die sicherheitspolitisch-militärische Sorge aller anderen Partner. Wenn – ein Beispiel – der aus einer nicht mehr entwirrbaren Mischung von organisierter Kriminalität und politischem Terrorismus entstandene Sprengstoff der Gewalt den italienischen Raum bis zur Instabilität verunsichern sollte, fehlt nicht nur den europäischen Partnern der politisch und wirtschaftlich wichtige Nachbar Italien, sondern dem westlichen Verteidigungsbündnis der Tragpfeiler der südlichen Flanke und die zentrale Basis im Mittelmeer.

Das Beispiel des palästinensischen Terrorismus hat gezeigt, daß Terrorismus internationale Beziehungen tiefgehend beeinflussen und umgestalten kann. Diese neue Erfahrung ist wichtiger als die alte Erkenntnis, daß die terroristische Aktion in bestimmten internationalen Spannungszuständen genutzt werden kann, um internationale Konflikte auszulösen; Sarajevo liegt schließlich länger als ein halbes Jahrhundert zurück.

Die vielfachen Beispiele des neuen Terrorismus, konzentriert im palästinensischen Exempel, beweisen aber vor allem, daß durch die grenzüberschreitenden Möglichkeiten terroristischer Aktion die Verunsicherung und Destabilisierung von wichtigen Räumen *fernab des eigenen Bereichs* durchführbar und erfolgversprechend sind. Staaten kämpfen dort, wo ihre Interessen es verlangen; die Interessenräume liegen nicht mehr im eigenen Vorfeld und entlang der eigenen Grenzen. Eine Macht mit langfristigen aggressiven Absichten im weltpolitischen Rahmen kann nicht daran vorbeigehen, die gesteuerte und kontrollierte Nutzung eines Destabilisierungsmittels zu erwägen, wenn dieses Mittel von Tätern gehandhabt wird, die einen mehrfachen Vorteil haben: Den Vorteil der Vereinzelung im Vergleich zu einer Stellvertreterstreitmacht in Form der Guerilla oder selbst der größeren Bande; den Vorteil einer psychologischen Struktur, die Abschreckung weithin illusorisch macht.

Die NATO hat in dem verbindlichen Dokument MC 14/3 das Strategiekonzept der Mitgliedsstaaten festgelegt. Das Konzept ist von der »Triade« genannten dreifachen Abschreckungsstufung geprägt: Abschreckung durch die konventionelle, die taktisch-nukleare und die strategisch-nukleare Stufe. Das Dokument MC 14/3 geht nicht am Problem des sogenannten Verdeckten Kampfes (*covered actions*) vorbei. Es versteht darunter »alle nicht-nuklearen Operationen..., die so geplant und durchgeführt werden, daß die Identität des Urhebers verborgen bleibt oder abgeleugnet werden kann«. Aber die NATO hat es den Mitgliedsstaaten überlassen, das zu tun, was sie zur Bewältigung der Bedrohungsform des Verdeckten Kampfes für erforderlich erachten – oder nicht zu tun, was sie, aus welchen Gründen immer, für nicht nötig oder nicht durchführbar halten. Es gibt keine für alle verbindliche Gebrauchsanweisung für den Verdeckten Kampf. Hier ist eine spürbare Lücke in der Sicherung der Äußeren Sicherheit, die durch eine unsichere Innere Sicherheit bedroht werden kann.

Das hat politisch-psychologische Gründe, die in der allgemeinen Unsicherheit gegenüber den Begriffen von Subversion und Guerilla liegen. Hier öffnet sich eine Welt, die dem europäischen Nachkriegsbürger trotz der Erfahrungen des letzten Krieges unverständlich fremd und fernliegend erschien, bis das Erlebnis des Terrorismus in der eigenen Mitte in das Bewußtsein einbrach. Aber die darauffolgende Unsicherheit gegenüber dem Terrorismus, seiner Irrationalität, seiner Erscheinungsform als Verbrechen, seinem verdeckten politischen Charakter, macht es besonders schwer, seine hohe Nutzbarkeit im Verdeckten Kampf, das heißt, seine Bedeutung für die Anfangsphasen des zwischenstaatlichen Konflikts zu erfassen. Die terroristische Aktion erweckt immer den Schein, Ergebnis einer innenpolitischen oder gesellschaftspolitischen Zwangslage zu sein; daran ändert die Tatsache nichts, daß die »Zwangslage« ihrerseits ein Ergebnis krankhafter Denunziation der Wirklichkeit sein kann und daß die Denunziation sich in Verbrechen umsetzt.

Einsatz staatlicher Machtmittel gegen terroristische Gruppen, Täter und Aktionen wird immer als innerstaatliche Maßnahme betrachtet, die unter das Polizeirecht fällt. Bekämpfung durch nicht-polizeiliche Einheiten ist mit einem Tabu belegt. Das Tabu hat wechselnde Stärke. Nur wenige Staaten haben die Unbefangenheit, mit der die Schweiz verfährt. »Als Ergebnis eingehender Studien über die mutmaßliche Entwicklung der Umwelt und der militärischen Bedrohung (so der zusammenfassende Bericht der »Neuen Zürcher Zeitung« im November 1975) legt der Bundesrat den eidgenössischen Räten einen Bericht über die Aufgaben vor, die der militärischen Landesverteidigung *im Rahmen der schweizerischen Sicherheitspolitik* in den achtziger Jahren zufallen werden. Aus diesem Leitbild ergeben sich ... Folgerungen für die künftige Armeestruktur, die eine optimale Erfüllung der neuen Erfordernisse erlauben soll, sowie Auswirkungen im organisatorischen, ausbildungstechnischen und materiellen Bereich.«[2]

Nach einer Erörterung von Fragen der konventionellen Kampfführung, Gliederung und Ausrüstung heißt es knapp: »Sodann ist im vermehrten Maß mit *Subversion, Erpressung und Terror* zu rechnen.« Daraus folgert der schweizerische Bundesrat ebenso knapp: »*Für die Verhinderung von Attentaten*, Terrorakten oder der Zerstörung ausgewählter Objekte wären den Armeekorps besondere Verbände zuzuweisen.« Andere westeuropäische Staaten denken ähnlich, einige handeln ähnlich, alle aber führen eine verdeckte Sprache im Hinblick auf den Verdeckten Kampf.

Was sich hier andeutet, sind zunehmende sicherheitspolitische und administrative Reaktionen auf das, was die »Verpolizeilichung« des Krieges genannt worden ist: Die wachsende Wahrscheinlichkeit, daß ein größerer zwischenstaatlicher Konflikt mit einer für beide Seiten kostspieligen konventionellen Kampfführung durch jene gesteuerte Kampfführung unterlaufen werden könnte, die sich der destabilisierenden Mittel der Subversion, der Sabotage und, seit der neueren Erfahrung seiner Wirkung, der terroristischen Aktion bedient. Das sind kampftechnische Mittel und Methoden, die sich dem Zugriff der konventionellen Armee entziehen, denn rechtlich darf sie nicht eingreifen, faktisch könnte sie nicht eingreifen. Armeen, wie sie sind, vermögen kaum den organisierten Guerilla zu überwinden; sie sind unbeweglich gegenüber dem Terroristen in der Vereinzelung, dessen Tatmethode den Einsatz polizeilicher Mittel und Methoden fordert. In den ersten Monaten des Jahres 1977 wurde die britische Armee in Nordirland gewissermaßen in die »Zweite Linie« zurückgezogen, der Haupteinsatz wieder der Polizei übertragen, die in bestimmten Fällen die Armee-Einheiten zur Verstärkung zuziehen kann; selbst die Abschrittsgrenzen der militärischen Einheiten wurden den polizeilichen Revieraufteilungen angepaßt – eine stille Entscheidung, die nicht aus rechtlichen Erwägungen, sondern aus den Erfahrungen der Nichterfolge der letzten Jahre kam.

Die steigende Zuweisung von Rechtlichkeit und Regularität an den Unkonventionellen – den »Guerilla« – durch die neuen Genfer Konventionen stärkt die Tendenz zur »Verpolizeilichung« des Krieges.

Die Stufen der Verschärfung

Im Rechtsdenken und im Rechtssystem der Bundesrepublik Deutschland ist die Bekämpfung der terroristischen Aktionsform strikt Aufgabe der Polizei.

Polizei tritt grundsätzlich nicht einem »Feind« gegenüber; Feindvernichtung ist die klassische Aufgabe der Streitkräfte. Das Gegenüber der Polizei ist derjenige, der die öffentliche Sicherheit und Ordnung stört. Der *Störer* ist kein »Feind«, der vernichtet werden soll, so daß er einen

Kampf nicht fortsetzen kann. Polizei hat also dafür Sorge zu tragen, daß der Störer nicht auf Dauer handlungsunfähig gemacht wird, darf folglich sein Leben und seine Gesundheit nicht beeinträchtigen. Dieser Grundsatz wird auch nicht durch den zur Debatte stehenden »gezielten Todesschuß« aufgehoben, der bei »gegenwärtiger Gefahr für Leib und Leben« (z. B. einer Geisel) gestattet werden und die Rechtsunsicherheit für den Polizisten beseitigen soll; aber die Grenze zwischen »Feind« und »Störer« wird unsicher. Prinzipiell hat Polizei den Störer genannten Gegner in die vom Gesetz bestimmten Schranken zu verweisen und ihn, sofern erforderlich, dem Gericht zur Aburteilung zuzuführen. Für die Polizei gelten also die Grundsätze der Verhältnismäßigkeit der Mittel und des Mindesteingriffes.

Gerade die deutsche Geschichtserfahrung zwingt dazu, die Armee nicht in eine Situation hineingeraten zu lassen, in der sie sich dem Verdacht aussetzen muß, als politisches Instrument gegen einen innenpolitischen »Feind« genutzt zu werden. Insofern liegt in der peinlich genauen rechtlichen Begrenzung des Einsatzes der Bundeswehr ein doppelter Schutz: Schutz von Staat und Gesellschaft gegen einen politischen Mißbrauch der Armee und Schutz der Bundeswehr gegen den nicht mehr sterbenden Verdacht aus geschichtlicher Erfahrung. Das gilt auch in einer Zeit, in der die demokratische Integrität der Bundeswehr nicht mehr bestritten ist.

In dieser Zeit haben sich die Möglichkeiten des Verdeckten Kampfes durch den gesteuerten Terrorismus erweitert. Subversion, Terrorismus, Bandengewalt und Guerilla lassen sich begrifflich unterscheiden, aber sie sind in der Realität nicht nacheinander geschalteter Stufen einer Steigerung von der kleineren zur größeren Aktion. Die Übergänge sind fließend; die einzelnen Formen des Verdeckten Kampfes liegen wie Schichten übereinander und durchdringen sich gegenseitig. Das erschwert ihre Bekämpfung zusätzlich.

Die sich ausweitende Bedrohungsform des Verdeckten Kampfes muß vor dem Hintergrund der sich ändernden Geographie und Lebensform eines Gebietes wie der Bundesrepublik Deutschland gesehen werden. In vierundzwanzig sogenannten Verdichtungsräumen lebt rund die Hälfte der Bevölkerung (45 %). Auf einer Fläche, die nur 7 % des Bundesgebietes ausmacht, leben etwa 55 % der Beschäftigten. Die Verdichtungsräume und Stadtregionen dehnen sich aber immer weiter aus. Entlang den Hauptverkehrslinien vereinigen sie sich zu großräumigen Verdichtungsländern. Je dichter die Bevölkerung, das Wirtschaftspotential und die Infrastruktureinrichtungen konzentriert sind, um so weiterreichend und tiefergehend sind Eingriffe durch Gewalt. Die Verwundbarkeit des zivilisatorischen Systems steigt.

Schon die Wirkungserfahrungen mit dem bisherigen Maß an terroristischer Aktion haben deutlich gemacht, welche öffentliche Verstörung erzeugt und wieviele Polizei- und Ordnungskräfte gebunden werden. Terroristische Aktion in der Bundesrepublik hat noch nicht gezeigt, welches Ausmaß an Lähmung durch die Verwundung des zivilisatorischen Funktionssystems möglich ist, ohne daß die größere und verhältnismäßig schnell als Werkzeug einer fremden Macht identifizierbare Bande oder Guerilla-Einheit eingesetzt wird. Erst recht hat der bisherige Terrorismus in der Bundesrepublik noch nicht demonstrieren können, wie groß seine psychologische, bewußtseinsändernde Explosivkraft ist, wenn die terroristische Tat unter den Bedingungen erhöhter sozialer Not und Unruhe begangen wird. Die beste Sicherung gegen die Wirkungsausdehnung terroristischer Aktionen ist die soziale Stabilität im weitesten Sinn, aber auf sie gibt es keine Garantie. Die Bundesrepublik ist bisher nicht ernsthaft geprüft worden, wie stark ihr demokratisches Selbstbewußtsein ist, das nicht zuletzt auf der sozialen Stabilität beruht.

Die Diskussion über neue Bedrohungsformen und ihre Auswirkungen kann nicht an der Überlegung vorbeigehen, wie ihnen zu begegnen wäre, wenn sie in einer stark verschlechterten sozialen und innenpolitischen Situation eingesetzt werden. Für diese Diskussion bleibt es zunächst gleichgültig, ob die Verschlechterung der Situation durch Vorgänge im eigenen Innenbereich (z. B. steigende Arbeitslosigkeit, Inflation, aber auch hochgetriebene Atomangst) oder durch Auswirkungen entsprechender Entwicklungen im Staaten-Umfeld ausgelöst wird. Verschlechterung der innenpolitischen Lage kann sich bis zur äußersten Verschärfung und zu Spannungen steigern, die die Sowjetunion und ihre Verbündeten zur Nutzung der Situation zugunsten ihrer Interessen einladen müßten. Militärische Intervention und ihre Vorstufen sind unter den Bedingungen des Waffengleichgewichts, auch des Beinahe-Gleichgewichts, dann zu erwarten, wenn auf der Seite der westlichen Staaten akuter Macht- und Autoritätsverfall sichtbar wird. Die Wahrscheinlichkeit einer militärischen Auseinandersetzung ist heute auf das engste mit dem Grad sozialer und gesellschaftspolitischer Festigkeit verbunden: Je geringer der Grad dieser Festigkeit, um so höher der Wahrscheinlichkeitsgrad der Nutzung der Lage durch die Waffe. Die Vorstufen der bewaffneten Intervention, die selbst schon Teil der allgemeinen Kampfführung sind, dienen zuvörderst der Minderung der gesellschaftspolitischen Stabilität.

Die Steigerung der Situationsverschärfung ist in genau abgegrenzte Abschnitte aufgeteilt: Krise, die sich zum »Inneren Notstand« (nach Artikel 91 GG) ausweiten kann; »Spannungsfall«, der zum »Verteidigungsfall« werden kann. Genaue rechtliche Kriterien der Unterscheidung sind geschaffen worden. Die Polizei und der Bundesgrenzschutz als Polizeitruppe sind für die Aufrechterhaltung der Sicherheit und Ordnung im Staatsgebiet verantwortlich, bis der Spannungsfall eintritt, der formell erklärt werden muß. Nach Artikel 87a, Absatz 3, Satz 1 des Grundgesetzes kann die Bundeswehr zwar im Spannungsfall und im Verteidigungsfall das originäre Recht übernehmen, zivile Ojekte zu schützen und Verkehrsregelungsbefugnisse auszuüben, aber nur soweit dies zur Erfüllung ihres Verteidigungsauftrages erforderlich ist. Da dieser Spannungsfall formell erklärt werden muß, kann diese Ermächtigung nicht die vorhergehenden Stufen betreffen. Nach dem dritten Absatz dieses Artikels kann der Bundeswehr der Schutz ziviler Objekte übertragen werden, um polizeiliche Maßnahmen zu unterstützen; im Unterschied zum Absatz 1 muß die Übertragung dieses Schutzes aber durch die zuständige Polizeibehörde ausgesprochen werden. Nach Absatz 4 des Artikels kann die Bundeswehr im Fall eines Verdeckten Kampfes nur dann eingesetzt werden, wenn der Charakter des Verdeckten Kampfes einem Inneren Notstand entspricht und auch *nur dann*, wenn Polizei und Bundesgrenzschutz bei der Bekämpfung nicht ausreichen.

Wo beginnt der Kampf?

Das Bild des »Krieges« verschiebt sich. Bedeutsamer werden die Vorstufen, die unter dem Dachbegriff des »Verdeckten Kampfes« zusammengefaßt sind. Sie halten sich nicht an die rechtliche Unterteilung der Steigerungsstufen der Lageverschärfung. Verdeckter Kampf kann schon in der Krise enthalten, längst vor dem erklärten Spannungsfall im Gange sein. Der Terrorismus tritt, vielleicht in beherrschender Weise, in die Möglichkeiten des Verdeckten Kampfes ein. Dann ist zu fragen, ob die Sicherungsinstrumente dieser Phasen, die Polizei und der Bundesgrenzschutz, in Stärke, Ausrüstung und Einsatzgrundsätzen den möglichen Anforderungen genügen. Daran muß gezweifelt werden, obwohl spezielle Polizeieinheiten geschaffen wurden (MEK – Mobile Einsatzkommandos; SEK – Spezialeinsatzkommandos; PSK – Präzisionsschützenkommandos).

Gleichzeitig aber hat die Neuordnung des Bundesgrenzschutzes vom 1. Juli 1976 die Bewaffnung, Aufgabenzuteilung und Einsatzgrundsätze der 22 000 Beamte des BGS so wesentlich geändert, daß die bestehenden Abteilungen nur noch im begrenzten Umfang zur Bekämpfung von organisierten und entsprechend ausgerüsteten Banden und terroristischen Gruppen eingesetzt werden können. Die 170 Beamten der spezialisierten Sondertruppe GSG 9 in St. Augustin bei Bonn könnten höchstens an zwei bis drei Punkten gleichzeitig die Abwehr von Aktionen der niederen

Organisationsstufe der Gewalt vornehmen. Nach Schätzungen von Fachleuten würden gleichzeitige Aktionen an sechs bis sieben räumlich getrennten Punkten der Bundesrepublik die Reserven aufzehren, wenn sie jeweils länger als drei Tage dauerten. Gewaltsame Demonstrationen werden nur unter Schwierigkeiten so lange von Demonstranten durchgehalten; terroristische Aktionen haben bewiesen, daß sie sich über längere Zeit hinziehen lassen. Die Kombination beider Bedrohungsformen, die in sich scharf voneinander geschieden sind, ist besorgniserregend.

Die Versuchung liegt nahe, etwa nach Schweizer Vorbild eine Möglichkeit zu suchen, »für die Verhinderung von Attentaten oder Terrorakten« den Großverbänden der Bundeswehr »besondere Verbände zuzuweisen«. Das ist aus historischen, politischen und rechtlichen Gründen nicht möglich.

Aber die Lücke im System der miteinander verzahnten Inneren und Äußeren Sicherheit wird erkennbar. Zur Debatte steht nach den Erfahrungen der ersten Terrorismusjahre nicht ein kurzentschlossenes Aufstellen von einigen »besonderen Verbänden« innerhalb der bewaffneten Streitmacht, sondern ein Durchdenken der sich schnell ändernden Formen der »Kriegführung«, in die die Gewalt der Niederen Stufe immer stärker eindringt und die durch jenen Gewalttäter übernommen wird, der noch vor kurzem der »Irreguläre« war und nun zum Kombattanten »verrechtlicht« wird. Die konventionelle Kampfführung gilt noch immer für den Konventionellen Krieg, aber die konventionelle Definition des »Krieges« ist ins Wanken geraten. Die militärischen Konzeptionen stimmen für ein Kriegsbild, das möglich ist, aber aufgrund bestehender Abschreckung nicht Wirklichkeit werden muß. Konzeptionelles Denken für ein Kriegs- oder Kampfbild, das schon Wirklichkeit wird, ist mit einem Tabu belegt. Unter dem Tabu ist es außerordentlich schwer, die neuen unteren Grenzen dessen zu bestimmen, was in der Rechtssprache der Verteidigungsministerien das »militärisch-operative Phänomen« heißt: Wo beginnt der Kampf wirklich? Noch schwerer ist es, einen festen Verbund zwischen militärischer und nicht-militärischer Abwehr und Sicherung zu schaffen, der hinreichend miteinander verzahnt und dessen Notwendigkeit der Öffentlichkeit so deutlich gemacht worden ist, daß er von der Öffentlichkeit akzeptiert wird. Auch das gehört zur Bekämpfung des Terrorismus, denn er ist ein Problem der Äußeren Sicherheit geworden, weil sich Äußere Sicherheit von der Inneren Sicherheit nicht mehr trennen läßt.

In den demokratischen Staaten, die mit jenem Terrorismus konfrontiert sind, der sich vom rationalen Ziel entfernt hat und zum blinden, deshalb leicht zu nutzenden Aktionismus wurde, ist gelassenes Selbstbewußtsein die zuverlässigste Schutzwand gegen die langfristigen Wirkungen dieser Gewalt. Überlegungen zur Rolle des Terrorismus im Verdeckten Kampf zwischen Staaten werden als Spekulation in die Zukunft und als Verzerrung der Dimensionen, mithin als Gefährdung des gelassenen Selbstbewußtseins betrachtet.

An der Geschichte des Terrorismus fällt am meisten auf, daß er immer wieder als Überraschung in die Arena der Zeit trat. Er war jeweils absehbar, wurde aber nicht gesehen. Zu sehr ist versucht worden, mit vorhandenen Formeln des Bestehenden die Formen der unmittelbaren Zukunft zu berechnen. Diese Art der Gewalt aber hat einen Weg durch die Gitterwand der Formeln gefunden: Sie hat die Phantasie gehabt, den Gaukler neben den Soldaten zu stellen und das Denken durch die Angst besetzen zu lassen.

In der Angst schließt man die Augen.

[illegible] gegen die [illegible] Wir [illegible] Übersetzungen [illegible] wollten [illegible] werden [illegible] die Zukunft und [illegible] Schreckensherrschaft.

An der [illegible] [illegible] Übersetzung [illegible] Welt [illegible] zu [illegible] wurde [illegible] worden [illegible] Ohnmacht der [illegible] haben [illegible] Weg [illegible] Gleichung [illegible]

[illegible] Angst [illegible]

Anhang

Kurzangaben zu einigen terroristischen Organisationen des Auslands

Die nachstehenden Kurzangaben sind als Orientierungshilfe während der Lektüre dieses Buches gedacht. Die Zusammenstellung umfaßt nur solche Organisationen, die dem Leser an verschiedenen Stellen der Argumentation und in verschiedenen Zusammenhängen begegnen; sie enthält nur jene aktiven Organisationen, die für den europäischen Raum von unmittelbarer Bedeutung sind.

Die Zusammenstellung bedarf daher des deutlichen Hinweises auf mehrere Beschränkungen:

1. Sie ist *keine* Übersicht der wichtigeren terroristischen Organisationen in der Welt von heute; eine solche Übersicht würde Vorhaben und denkbaren Umfang dieses Buches weit überschreiten.
2. Sie ist *keine* Übersicht über alle Gruppen und die Gruppengeflechte in den aufgeführten Ländern.
3. Die terroristische Szene ist überall ständigem Wechsel unterworfen; ein annähernd vollständiges Bild selbst der genannten Organisationen könnte nur durch jährliche Fortschreibung erreicht werden.

Zu den Einzelheiten des terroristischen Organisationsgeflechts in der Bundesrepublik Deutschland wird auf die zahlreiche Spezialliteratur verwiesen (insb. die jährlichen Verfassungsschutzberichte, herausgegeben durch den Bundesminister des Innern, Bonn).

Irland

IRA

(Irish Republican Army – Irische Republikanische Armee)

Ziel: Einigung Irlands durch Lösung (»Befreiung«) der Provinz Ulster aus dem Staatsverband des Vereinigten Königreiches von Großbritannien und »Wiedervereinigung« mit den Grafschaften der (katholischen) Republik Irland auf föderaler Grundlage. Gesamtpolitische Entwicklung der letzten Jahre rückte Zwischenziel des britischen Rückzugs in den Vordergrund.

Entwicklung: Erste Phase: Vorläufer in den nationalistischen Clubs und Kleingruppen des 19. Jahrhunderts und der späteren *Irish Republican Brotherhood*, IRB. Die IRB war in der Gründungsphase der irische Flügel der irisch-amerikanischen *Fenier*, sah ein Vorbild aber auch in den italienischen *Carbonari* (aus denen später u. a. Mafia hervorging). IRB hing mit der nationalistischen Partei *Sinn Fein* zusammen. Aus der IRB wurde während des irischen Bürgerkrieges 1920–1921 die paramilitärische Organisation der IRA (heute *Old IRA* genannt).

Zweite Phase: Neuere IRA entstand aus einem Bruch in der politischen Dachpartei durch Weigerung größerer Teile, den britisch-irischen Vertrag von 1921 anzuerkennen. Die IRA wurde später zur illegalen Organisation in der Republik Irland wie in Ulster.

Dritte Phase: Bürgerrechtsforderungen der katholischen Minderheit in Ulster führten 1968/69 zu Gewalttätigkeiten, die der Anlaß für die derzeitige terroristische Kampagne der heutigen IRA in Ulster, Großbritannien und in der Republik Irland wurden. Differenzen über Gewalttaktiken führten 1969 zu tiefgehender Spaltung in:

a) *Official IRA* (orthodox marxistisch),
b) *Provisional IRA* (heute dominierend, katholisch-nationalistisch, zugleich offen für sozialrevolutionäre Vorstellungen der »Neuen Linken«; übt hemmungslose Gewalt).

Organisation (s. Diagramm): Oberste Instanz der IRA ist technisch die *Army Convention*, eine Konferenz von Delegierten aller Ebenen, die einen *Army Executive* wählt. In Kampfzeiten tritt die *Convention* nicht zusammen. Sowohl bei der *Official* wie bei der *Provisional IRA* liegt Führungsmacht in den Händen des *Army Council*, dem Abteilungen für den Nachrichtendienst, für Logistik und Finanzen unterstehen.

PROVISIONAL IRA – *Organisatorischer Aufbau:*

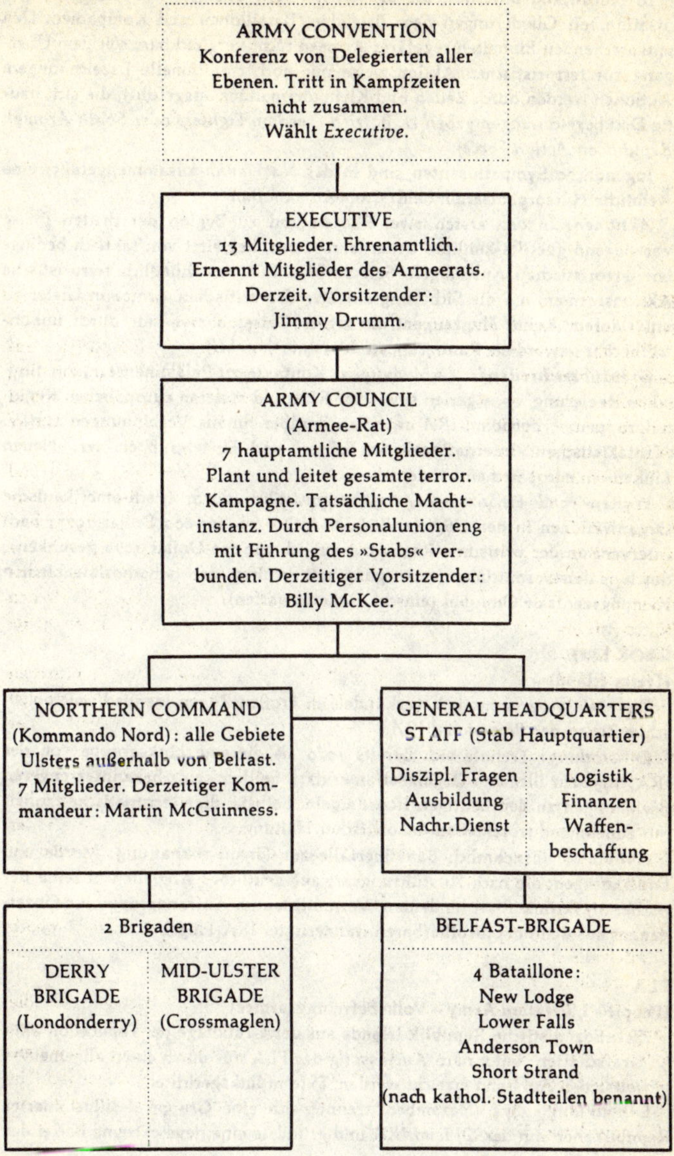

In Nordirland unterhält die *Provisional IRA* eine paramilitärische Organisation mit Gliederungen nach Brigaden, Bataillonen und Kompanien. Den entsprechenden Einheiten regulärer Armeen nicht vergleichbar; seit dem Übergang zur terroristischen Aktionsweise nur noch traditionelle Bezeichnungen. Aktionen werden durch Zellen und Kleinkommandos ausgeführt, die sich häufig Deckbezeichnungen geben (z. B. *Irish Freedom Fighters* oder *South Armagh Republican Action Force*).

Jugendliche Sympathisanten sind in der *Na Fianna* zusammengefaßt; eine weibliche Hilfsorganisation heißt *Cumann na mBan*.

Aktionen: In den ersten zwei Phasen und zu Beginn der dritten Phase vorwiegend guerilla-ähnliche Unternehmungen, begleitet von taktisch bedingten terroristischen Anschlägen. Seit 1970/71 fast ausschließlich terroristische Aktionsformen, um die Sicherungseinsätze der britischen Armee in Ulster zu unterlaufen. Keine Flugzeugentführungen. Geiselnahmen nur durch unkontrollierbar gewordene Randgruppen der *Provisional IRA*.

Grenzüberschreitende Verbindungen: Kontakte zu Palästinensern, zur libyschen Regierung, zu Algerien sowie zur ETA und anderen europäischen Regionalgruppen; *Provisional IRA* unterhält darüber hinaus Verbindungen zur IV. (Trotzkistischen) Internationale in Brüssel und Einzelgruppen der »Neuen Linken« in europäischen Ländern.

Waffen- und Finanzversorgung hauptsächlich durch irisch-amerikanische Organisationen in den USA (z. B. NORAID – rd. 600 000 Dollar 1973; nach Intervention der britischen Regierung auf rd. 100 000 Dollar 1976 gesunken); durch Nahostvermittlung Versorgung mit Waffen der tschechoslowakischen Rüstungszentrale Omnipol (einschl. Raketenwaffen).

SAOR EIRE
(Freies Irland)

Ziel: Nie programmatisch verkündet; in großen Zügen identisch mit politischen Zielen der *Provisional IRA*.

Entwicklung: Trennte sich bereits 1929 als extreme Linksgruppe von der IRA; 1931 zur illegalen Organisation erklärt. Seither keine bekannten engeren Beziehungen zu den heutigen IRA-Flügeln. Selbständige terroristische Einheit mit zunehmend trotzkistisch-maoistischer Haltung.

Aktionen: Vornehmlich Banküberfälle zur Finanzbeschaffung; Morde und Entführungen, die nach Ausführungsart auf deutliches Abgleiten in reine Bereicherungskriminalität hindeuten. Vermutlich auch Auffanggruppe für Einzelgänger aus den unkontrollierbaren Rändern der IRA-Flügel.

PLA
(People's Liberation Army – Volksbefreiungsarmee)

Ziel: Sozialistische Republik Irlands auf der Grundlage der Föderation aller 32 Grafschaften; kann nach Auffassung der PLA nur durch einen allgemeinen gewaltsamen Aufstand erreicht werden. Extrem linksgerichtet.

Entwicklung: 1974 (Dezember) trennte sich eine Gruppe desillusionierter Republikaner von der *Official IRA* und gründete eine neue extreme Partei der irisch-katholischen Seite, die *Irish Republican Socialist Party*, die schnell bemerkenswerte Stärke gewann. Die PLA ist der »bewaffnete Arm« dieser extremen Partei.

Aktionen: Ähnlich der *Provisional IRA*.

PROTESTANTISCH-LOYALISTISCHE GRUPPEN

Ziel: Unbeschadet starker interner Rivalitäten eingeschworen auf kompromißlose Erhaltung des Status quo in der Provinz Ulster (Union mit Großbritannien, Nichtvereinigung mit übrigem Irland, rechtliche und gesellschaftliche Vorrangstellung der Protestanten usw.).

Entwicklung: Gewaltorganisationen und terroristische Gruppierungen der loyalistisch-protestantischen Seite in Ulster sind kaum in einem Organisationsschema zu erfassen, das dem IRA-Schema entsprechen würde.

In den sechziger Jahren bildeten sich Straßen- und Kleingruppen militanter Protestanten, die zu rücksichtsloser Gewalt bereit waren. Auf umfassende Organisation wurde verzichtet, da politische Parteien und politisch-paramilitärische Verbände der Unionisten als ausreichende Rückgratorganisationen angesehen wurden.

Als größere Organisationen sind die UVF (*Ulster Volunteer Force*) und die UDA (*Ulster Defence Association*) anzusehen.

UVF: 1914 als Verband militanter Gegner der britischen Home-Rule-Politik gegründet; Name der inaktiv gewordenen Organisation wurde in den sechziger Jahren von Gusty Spencer übernommen, der während Haft in britischen Gefängnissen einige IRA-Führer kennenlernte und Formen der IRA-Organisation und -Taktik partiell in die neuere UVF einzuführen versuchte.

UDA: Heute unter Führung von Andy Tyrie die stärkere paramilitärische Organisation. Trotz Säuberungsversuchen noch immer stark mit Gangsterelementen durchsetzt. UVF und UDA versuchten 1975 eine lose Dachorganisation, um Mindestkontrolle über die zahlreichen selbständigen terroristischen Kommandos zu erreichen.

Terrorismus der protestantischen Seite blieb trotz dieser Versuche weitgehend Sache von Vigilanten-ähnlichen Kleinkommandos mit teils bizarren Namen (z. B. *Red-Hand-Commandos*).

Aktionen: Vornehmlich Morde, Bombenanschläge und gewaltsame Einschüchterung. Zahl der Opfer nicht genau feststellbar (bis Herbst 1974 mindestens 250 Todesopfer).

Spanien

ETA
(Euskadi ta Askatasuna – Baskenland und Freiheit)

Ziel: Politische Autonomie (Separation) der sieben baskischen Provinzen in Spanien und Südfrankreich auf sozialistischer Grundlage. In den extremeren Richtungen zunächst Übernahme der »antikolonialistischen«-sozialrevolutionären Vorstellungen Algeriens und Kubas; später Annäherung an Theorien der europäischen »Neuen Linken«.

Entwicklung: 1953 Loslösung einer Splittergruppe von der bürgerlichen PNV (*Partido Nacionalista Vasco*). 1959 durch Julian Madariaga u. a. als ETA neu formiert. 1967/68 bis 1971 Spaltung der ETA in zwei Hauptrichtungen, benannt nach der jeweiligen Jahresversammlung (*Asamblea*):

Asamblea V: extrem nationalistisch und »antikolonialistisch«, vertritt Vorrang der Gewalt; seit 1973 in zwei »Fronten« (Militärische und Politisch-Militärische Front) gegliedert.

Asamblea VI: mehrheitlich orthodox-sozialistisch orientiert; lehnt Gewalt nicht ab, räumt aber der politischen Arbeit Vorrang ein.

1977 erneute Spaltung der Gewaltrichtung in Zusammenhang mit Ermordung des entführten baskischen Industriellen Javier Ybarra.

Trotz steigender Brutalität bei Aktionen der Militanten insgesamt starker Rückhalt in der baskischen Bevölkerung.

Aktionen: Gewaltaktionen begannen erst im Herbst 1965 (Überfall auf Geldtransport). 1968 erstes Attentat, führte zu umgehender Ausrufung des Ausnahmezustandes in Spanien. Intensivierung der Gewaltaktionen in den Endjahren der Francoherrschaft. Aktionen gegen »Nichtbeteiligte« blieben Ausnahmen.

Gewaltaktionen im wesentlichen auf Spanien konzentriert. Französisches Baskenland wird als logistische Basis benutzt (dort baskische Hilfsorganisation *Anai Artea* – »Unter Brüdern«).

Grenzüberschreitende Verbindungen: Lockere Kontakte zur *Provisional IRA*, zur Bretonischen Freiheitsbewegung, zu Palästinensern und Kurden. Später zeitweiliges Zusammengehen mit innerspanischen radikalen Linksgruppen (FRAP/GRAPO). Trotz ausgedehnter logistischer Stützpunkte im Ausland, bes. Frankreich, keine wirkliche grenzüberschreitende Aktionstendenz.

FRAP
(Frente Revolucionario Antifascista Patriotica – Revolutionäre Antifaschistische Patriotische Front)

Ziel: Vornehmlich maoistische Organisation mit folgendem Programm: »Zerschlagung des Faschismus, Vertreibung der Amerikaner und Errichtung einer demokratischen und föderalistischen Republik in Spanien.« Gewalt gilt als einzig möglicher Weg zu diesem Ziel.

Entwicklung: 1971 erste Anfänge. 1974 (Januar) formeller Zusammenschluß als Dachorganisation verschiedener extremer Linksgruppen, die sich in den sechziger Jahren links von der illegalen PCE (*Partido Communista de España*) gebildet hatten.

Aus der Dachorganisation FRAP ging die GRAPO hervor (»Antifaschistische Widerstandsgruppe 1. Oktober« – bekanntgeworden durch Entführung des Staatsrats Oriol und des Obersten Militärrichters Villaescusa, Dez. 1976/Januar 1977); GRAPO gilt als bewaffnete Aktionsgruppe der »Wiedergebildeten Kommunistischen Partei Spaniens« (PCE-r; linksorthodoxe Gegengruppe zur PCE Carrillos).

Organisation: Nur auf Studenten und Arbeiter in einigen Großstädten (Madrid, Barcelona, Valencia) gestützt. Im Gegensatz zur ETA kein Rückhalt in der Bevölkerung. Ehrenpräsident: bis zu seinem Tod der frühere republikanische Außenminister Alvarez del Vayo (Genf).

Aktionen: Zunächst geringfügig. Im Juli 1975 auf Geheimtreffen von Vertretern von ETA, IRA und anarchistischen Gruppen wegen Halbherzigkeit bei direkten Aktionen kritisiert; danach verstärkt Attentate vor allem gegen Polizisten und Sicherheitsbeamte.

Grenzüberschreitende Verbindungen: Lockere Kontakte zur IRA bekannt. Engere Kontakte zu radikalen Gruppen der Neuen Linken in europäischen Industrieländern. Offizielles Büro der FRAP in Paris im März 1976 verboten. Konspirative Verbindungen vornehmlich in Frankreich und der Bundesrepublik Deutschland (Schwerpunkte 1975/76 in Berlin, Rhein-Main-Gebiet, Ruhrgebiet mit vermutlich 400 aktiven Angehörigen).

RECHTSEXTREME GRUPPEN

GCR
(Guerilleros del Cristo Rey – Christkönigskrieger)

Ziel: Bekämpfung liberaler und linker, insb. autonomistischer und separatistischer Gruppen; strebt rechtsextreme (faschistische) Internationale gegen Kapitalismus und Kommunismus an. Strikt antiamerikanisch.

Entwicklung: Begann als katholisch-integralistische Gruppe in Opposition gegen wachsende Zahl liberaler und linkstendierender spanischer Kleriker.

1970 Übergang zu Gewaltangriffen gegen nichtklerikale Kritiker des Franco-Regimes, insb. in Madrid und Barcelona.

1975 vornehmlich tätig gegen baskische und katalanische Autonomisten und Separatisten. Zugleich Abspaltung kleinerer rechtsradikaler Gewaltgruppen von den GCR unter Vorwurf mangelnder Aktion; dennoch enge personelle Verbindungen zu diesen Gruppen.

Offizielle Deckorganisation der GCR ist die rechtsextreme Partei *Fuerza Nueva* (Neue Kraft) unter Blas Piñar.

Aktionen: Vornehmlich mit Rollkommandos und Schlägertrupps tätig. Enge Verbindung zur spanischen Polizei (verlängerter Arm der Polizei, sog. »doppelte Militanz«) auch nach dem Tod Francos nicht unterbrochen. Verdacht auf Mordtaten.

GCR-Chef Mariano Sánchez Covisa während Attentatswelle vor spanischen Wahlen vom Mai 1977 verhaftet.

Grenzüberschreitende Verbindungen: GCR gilt als eine der stärksten Gruppen im Umfeld der AAA (Antikommunistische Apostolische Allianz), die der argentinischen AAA (gegründet durch früheren rechtsperonistischen Minister López Rega) nachgebildet ist.

Enge personelle und ideologische Kontakte zu rechtsextremen (neofaschistischen) Gruppen vornehmlich in Italien und Lateinamerika, auch in Frankreich bekannt.

ATE
(Anti-Eta)

Ziel: Unmittelbare Bekämpfung der baskischen ETA.

Entwicklung: Wurde erst 1974/75 bekannt. Gilt in der Bevölkerung als halboffizielle Polizei-Einheit.

Die meisten ATE-Mitglieder kommen aus *Fuerza Nueva* und GCR; rechtsextreme Kleingruppen ebenfalls personell vertreten.

Aktionen: Bekämpfung der ETA ausschließlich durch terroristische Gegenaktionen. Einschüchterung von Familien und Rechtsanwälten von ETA-Mitgliedern. Terroristische Aktionen in Südfrankreich gegen geflüchtete ETA-Aktivisten.

Frankreich

ARC
(Action pour la Renaissance de Corse – Aktion für die Korsische Wiedergeburt)
APC
(Association des Patriotes Corses – Verband Korsischer Patrioten)
FLNC
(Front de Libération Nationale de Corse – Nationale Korsische Befreiungsfront)

Ziel (nach Organisationen unterschiedlich): Weitestgehende Autonomie Korsikas im französischen Staatsverband/Separation.

Entwicklung: ARC 1967 gegründet, um »Identität Konsikas« zu fördern; anfängliche kulturelle, später wirtschaftliche Ziele. Ergebnislosigkeit gegenüber Zentralverwaltung und Verschärfung wirtschaftlicher Verhältnisse, auf »koloniale Abhängigkeit« zurückgeführt, brachten August 1975 ersten größeren Gewaltakt (Besetzung eines Weingutes). Harter französischer Polizeieinsatz; Verbot der ARC.

Konstituierte sich wenige Monate später (Februar 1976) neu als APC. Blieb trotz Radikalisierung bei Forderung nach weitestgehender Autonomie.

Wird inzwischen von FLNC in Zielsetzung (separatistische Tendenzen, sozialrevolutionäre Forderungen) und Bereitschaft zur Gewalt überholt. Wurde ursprünglich als FPLC (*Front Paysan de Libération de Corse*) gegründet (Okt. 1973), bald darauf verboten; seither an Stärke zunehmend. April 1976 neu konstituiert.

Aktionen: Bombenanschläge auf französische zivile und militärische Einrichtungen auf Korsika; Entführungen; Anschläge auf Flugzeuge. Geht inzwischen zu ersten Aktionen (Bombenanschläge) auf französischem Festland über.

FLB
(Front de Libération de la Bretagne – Bretonische Befreiungsfront)

Ziel: Weitestgehend bretonische Autonomie im französischen Staatsverband mit eigenem bretonischem Parlament und bretonischer Regierung. FLB-LNS will darüber hinaus »revolutionäre sozialistische bretonische Regierung« (betrachtet KPF als Verkörperung des »sozialen Chauvinismus«). Hinweise auf Verbindung mit (sprachlich verwandtem) Cornwall.

Entwicklung: FLB ist Sammelbezeichnung für zwei hauptsächliche Gruppen mit Bereitschaft zur Gewalt; Mitgliedsorganisationen des *Comité National de la Bretagne Libre* (Generalsekretär Yann Goulet, in Irland wohnhaft):

FLB-ARB (FLB-*Armée Révolutionnaire Bretonne*) entstand aus einer Reihe nationalistischer/kultureller Gruppen der Bretagne; rechtsgerichtet. Unternahm erste Gewaltaktion Juni 1966.

FLB-LNS (FLB - *Pour la Libération Nationale et le Socialisme*), 1973 bekanntgeworden; erste Aktionen Januar 1974.

Die bretonische Bewegung ist stark zersplittert; verschiedene legale und illegale Gruppierungen übernehmen Hauptbezeichnung. Schneller Gruppenwechsel großenteils bedingt durch unnachsichtige Verhaftungen.

Aktionen: Serie von Bombenanschlägen bereits 1966–1969 durch FLB-ARB. Neue Serie zwischen 1971 und 1973. Größere Anschläge gegen Marine-Einrichtungen in Brest, Fernsehsender und Kernreaktoranlagen 1974–1975.

Grenzüberschreitende Verbindungen: Nach irischen Angaben (Saor Eire) Ausbildung von FLB-Angehörigen in irischen Lagern (1972). Verbindungen zur ETA ebenfalls seit 1972. Nach vorliegenden Berichten begrenzter Waffenaustausch zwischen Irland, Spanien, Bretagne. 1973 (Dezember) gemeinsame politische Erklärung von ETA und FLB-LNS.

Italien

BRIGATE ROSSE
(Rote Brigaden)

Ziel: Zerstörung der bestehenden staatlichen und gesellschaftlichen Ordnung; weitgehende Übereinstimmung mit Zielen der »Rote-Armee-Fraktionen« in der BRD und Japan und verwandten terroristischen Gruppierungen in westlichen Industriestaaten.

Entwicklung: Tauchte 1969 als extreme linke Gewaltgruppe auf. Vor allem in norditalienischen Großstädten und industriellen Ballungsgebieten konzentriert. Rekrutiert sich seit Beginn vornehmlich aus Studentengruppen und Zirkeln junger Intellektueller; hoher Anteil an Frauen.

»Chef« der *Brigate Rosse* Renato Curcio wechselte Ende der sechziger Jahre von extremer Rechten zur extremen Linken; 1977 zu sieben Jahren Haft verurteilt. Bei seiner Verhaftung 1976 Auffindung von Material, das auf Namenswechsel der Organisation hindeutete. Nach Verhaftung neue Rekrutierungswelle unter Nachfolger Corrado Alunni. Dabei »qualitativer Sprung« (lt. italienischen Sicherheitsbehörden): häufigerer Gebrauch von Schußwaffen. (Periodische Veröffentlichung: *Mai più senza Fucile* – Niemals ohne Gewehr.)

Innerhalb gewaltbereiter Linksorganisationen in Italien ähnlicher taktischer Kritik unterworfen wie terroristische Vereinigungen in der BRD.

Aktionen: Morde, Entführungen, Banküberfälle und Bombenanschläge. Erster größerer publizistischer Erfolg durch Entführung des Mailänder Untersuchungsrichters Sossi, Mai 1974. Seither ununterbrochene Aktivität und Intensivierung trotz vielfacher Polizeimaßnahmen. Verbindung zu Banden der Bereicherungskriminalität vermutet. Einschüchterung von Geschworenen bei Prozessen.

Grenzüberschreitende Verbindungen: Kontakte zu terroristischen Vereinigungen in der BRD und zu Palästinensern nachgewiesen. Häufiges Auftauchen in der Schweiz beobachtet (Verhaftungen und Auslieferungen).

NAP
(Nuclei Armati Proletari – Bewaffnete Proletarische Zellen)

Ziel: Parallel zu *Brigate Rosse.* 1975 wie folgt beschrieben: Mitglieder sind »Revolutionäre . . . nicht Marxisten; weder Leninisten noch Stalinisten . . . Wir begraben die Leichen der alten Ideologien.«

Entwicklung: Gründung 1970 in Neapel. Machte sich ab Herbst 1974 als ernstzunehmende Gewaltgruppe bemerkbar. Rekrutierung auch unter Studenten und Dissidenten von Gruppen der linken Fundamentalopposition (z. B. der *Lotta Continua*, die hauptsächlich mit Streikinszenierungen und Gefängnisinfiltration operiert), vor allem aber aus krimineller Bandenunterwelt (Gefängnisse als Rekrutierungszentren).

NAP gilt als süditalienisches Gegenstück zur norditalienischen *Brigate Rosse.*

NAP-»Chef« Antonio lo Muscio, der aus krimineller Bandenunterwelt kam, 1977 in Neapel von Polizei erschossen.

Aktionen: Ähnlich wie *Brigate Rosse;* häufige Aktionen zur Gefangenenbefreiung. Einschüchterung von Geschworenen bei Prozessen.

Grenzüberschreitende Verbindungen: Nicht so ausgeprägt wie bei norditalienischen Gruppen; dafür sehr starke Verflechtung mit kriminellen Banden Italiens (bes. Mafien Sardiniens, Korsikas, Siziliens und von Marseille).

RECHTSEXTREME GRUPPEN
LA FENICE
MAR
(Bewegung der Revolutionären Aktion)
MSI
(Soziale Bewegung Italiens)
ROSA DEI VENTI
ORDINE NERO
ORDINE NUOVO
AVANGUARDIA NAZIONALE

Ziel: Störung und Zersetzung der staatlichen und gesellschaftlichen Ordnung als Vorstufe politischer Machtübernahmen.

Entwicklung: Rechtsextremer Terrorismus begann zeitlich früher als terroristische Aktionsserien der extremen Linken.

Kein einheitliches Organisationsbild. Obengenannte Gruppen sind die bekanntesten und aktivsten. Organisationen und Verflechtung mit amtlichen und politischen Stellen Italiens häufig durch richterliche und polizeiliche Untersuchungen aufgedeckt.

Aktionen: Bombenanschläge, wie bei Aktionen der Linken, ohne Rücksicht auf »Unschuldige«. Morde, Entführungen (Finanzierungsquelle).

Ebenfalls engste Verbindungen zu kriminellen Banden (Renato Vallenzasca, meistgesuchter Bandit Italiens bis zur Verhaftung 1977 in Rom, für rechtsextreme Gruppen tätig).

Grenzüberschreitende Verbindungen: Enge personelle und organisatorische Verbindung zu entsprechenden Gruppen vor allem in Spanien, Frankreich und Griechenland bekannt. Verwicklung in größere kriminelle Handlungen auf internationaler Szene begründet vermutet.

Niederlande

REPUBLIK MALUKU SELATAN
(Unabhängige Republik der Südmolukken – Jugendbewegung für freie Südmolukken)

Ziel: Unabhängigkeit der Südmolukken von Indonesien; Rückkehr der in den Niederlanden ansässigen Molukker.

Entwicklung: 12 500 Südmolukker verließen Indonesien nach Zerschlagung der »Unabhängigen Republik der Südmolukken« durch indonesische Zentralregierung in Djakarta. Südmolukkische Kolonie in den Niederlanden inzwischen auf rd. 40 000 angewachsen; nur geringe Erfolge der Behörden bei Eingliederungsversuchen.

Ältere Generation zunächst gegen Gewaltaktionen. Gewaltakte durch radikalisierten Jugendverband vorbereitet und durchgeführt. Nach den Aktionen von 1975 und 1977 greift Gewaltdenken auch auf Ältere über. Wachsende Spannungen zwischen Molukkern und holländischer Bevölkerung.

Aktionen: Erste größere Aktionen 1970 (Geiselnahme in der indonesischen Botschaft im Haag). Sporadische Aktionen mittleren Ausmaßes bis 1975. Dezember 1975 Doppelgeiselnahme in Beilen (Schnellzug) und Amsterdam (indones. Generalkonsulat); Aufgabe nach Belagerung. Neue Großanschläge 1977: ebenfalls Doppelgeiselnahme in Bovensmilde (Schule) und Assen (Schnellzug); nach ergebnislosen Verhandlungen quasimilitärischer Einsatz gegen beide Objekte.

Grenzüberschreitende Verbindungen: Zunächst bezweifelt. Seit Geiselnahmen 1977 wachsender Verdacht auf materielle Unterstützung aus arabischem Raum.

Nahost

PLO

(Palestine Liberation Organisation – Palästinensische Befreiungsorganisation)

(Die PLO, in sich keine terroristische oder Terrorismus-steuernde Organisation, wird in diese Übersicht aufgenommen, da die Position der einzelnen terroristischen Gruppen der Palästinenser ohne die Zuordnung zur PLO nicht verständlich wird.)

Ziel: PLO fungiert als Dachverband zahlreicher palästinensischer Gruppen, die sich zur Wiedergewinnung des Landes Palästina und der Errichtung eines säkular-demokratischen Staates als Ausdruck der »Palästinität« bekennen, aber nach Ideologie, politischen Bindungen und Auffassung von Strategie und Taktik des politischen und des bewaffneten »Befreiungskampfes« scharf voneinander getrennt sind; ständig wechselnde Allianzen innerhalb der PLO.

Entwicklung: Die Erste Arabische Gipfelkonferenz (Kairo, Januar 1964) beschloß, eine Organisation einer »Palästinensischen Personalität und Wesenheit« zu schaffen. Erste Realisierung vier Monate später durch Gründung der PLO auf dem Palästinensischen Kongreß in Jerusalem (Achmed Shukeiri, Palästinensischer Vertreter bei der Arabischen Liga, erster Vorsitzender; Annahme einer Nationalcharta und einer »Verfassung«).

1969 übernahm die *al-Fatah* als stärkster Einzelverband die Kontrolle der PLO; seither Yassir Arafat als Fatah-Führer zugleich Vorsitzender der PLO.

Oktober 1974 (Arabische Konferenz von Rabat) von zwanzig arabischen Staaten als »alleinige legitimierte Vertretung des palästinensischen Volkes« anerkannt. Im November 1974 Zuerkennung des Status eines Ständigen Beobachters bei den Vereinten Nationen. Im Januar 1976 Aufnahme als Mitglied in die »Gruppe 77« der Drittweltstaaten.

Trotz Anerkennungserfolgen und Institutionalisierung der internationalen Vertretung (durch »Büros« unterhalb der diplomatischen Ebene in über vierzig Ländern) nach wie vor innerlich zerspaltener Dachverband ohne tatsächliche Einheit; Stellung im arabischen Interessengeflecht ist ständigen Veränderungen unterworfen.

Organisation: s. Diagramm.

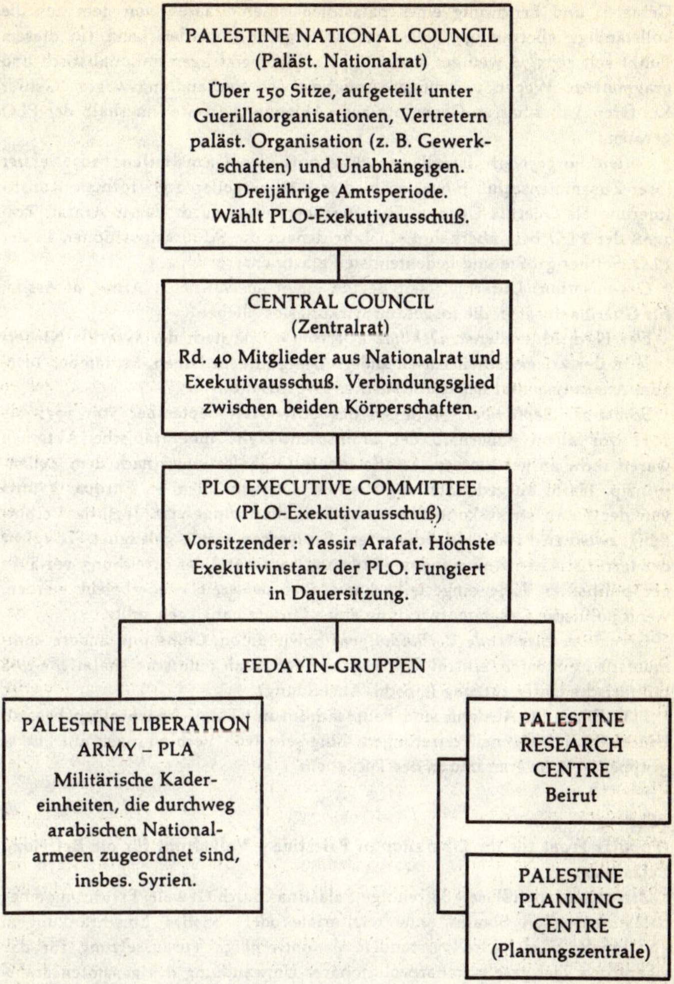

AL-FATAH und SCHWARZER SEPTEMBER

(Harakat Al-Tahir Al-Watani Al-Filistine – Bewegung für die Befreiung Palästinas. Die Umkehrung der arabischen Anfangsbuchstaben ergibt **FATAH – »Sieg« oder »Siegreiche Eroberung«)**

Ziel: Verlangt vollständigen Rückzug Israels aus allen besetzten arabischen

Gebieten und Errichtung eines palästinensischen Staates, von dem aus die vollständige »Befreiung« Palästinas weitergeführt werden kann (in diesem Punkt seit 1975/76 weniger eindeutig). In Ideologiefragen nationalistisch und pragmatisch. Wegen vorläufiger Annahme des Verhandlungsweges (Genfer Konferenz) in scharfen Gegensatz zur »Ablehnungsfront« innerhalb der PLO geraten.

Entwicklung: Nach israelischer Besetzung des Gazastreifens 1956 erster loser Zusammenschluß junger arabischer Intellektueller. 1962 formale Konstituierung als Guerilla-Gruppe; Führungsübernahme durch Yassir Arafat. Trat 1968 der PLO bei; übernahm ein Jahr danach die Schlüsselpositionen in der PLO. Seither größte und bedeutendste Palästinensergruppe.

Organisation: Unterhielt seit Beginn einen »bewaffneten Arm«, *al-Assifa,* für Guerillaeinsätze, die insgesamt wirkungslos blieben.

Der Nachrichtendienst, *Dshihaz al-Rasd,* wurde nach der Guerilla-Niederlage in der kriegerischen Auseinandersetzung mit Jordanien, September 1970, zum Ausgangspunkt der terroristischen Organisation:

Schwarzer September. Aktionen des Schwarzen September von 1971 bis 1974 vor allem außerhalb der arabischen Welt; innerarabische Aktionen waren nicht ausgeschlossen. Straffe innere Organisationen nach dem Zellenprinzip. Hatte ausgedehntes logistisches Netz vor allem in Europa. Wurde von der Fatah strikt kontrolliert und kalkuliert eingesetzt. Jegliche Verbindung zwischen Fatah und Schwarzem September wurde geleugnet. Tätigkeit der terroristischen Kommandos wurde 1974 aufgrund der Erreichung vorläufiger politischer Ziele eingestellt, kann aber jederzeit wiederbelebt werden, wenn politische Gesamtentwicklung einen Einsatz nahelegen sollte.

Grenzüberschreitende Verbindungen: Sowjetunion, China und andere kommunistische Staaten, einschl. Kuba, gaben der Fatah politische, materielle und militärische Unterstützung (einschl. Ausbildung).

PLO-Büros im Ausland sind hauptsächlich mit Fatah-Angehörigen besetzt. Unterhält auch eigene Vertretungen. Ging sehr früh Verbindungen mit Linksgruppen z. B. im Iran und in der Türkei ein.

PFLP

(Popular Front for the Liberation of Palestine – Volksfront für die Befreiung Palästinas)

Ziel: Kompromißlose »Befreiung« Palästinas durch Gewalt; Errichtung eines palästinensischen Staates ohne territoriale oder sonstige Einschränkungen. »Nationales Ziel« wird verstanden als notwendige Voraussetzung für das eigentliche Ziel gesellschaftsrevolutionärer Umwandlung des gesamten arabischen Raums. Sieht das Palästina-Problem ausschließlich als Teilproblem des westlichen »Imperialismus«. Nennt sich marxistisch-leninistisch, geriet aber wegen dauernder terroristischer Großaktionen außerhalb des palästinensischen Kampfgebietes unter offizielle sowjetische Kritik wegen »maoistischen« Verhaltens.

Entwicklung: Ihr derzeitiger Führer, Dr. George Habash, gründete Anfang fünfziger Jahre palästinensische Sondergruppe in der ANM (*ARAB NATIO-*

NAL MOVEMENT – Arabische Nationale Bewegung, zunächst ausschließlich nationalistisch, Nasser nahestehend). Nach Sechstagekrieg 1967 tauchte Habash unter. Im Untergrund politische Positionsänderung zum sozialrevolutionären Radikalismus.

Gründung der PFLP Dezember 1967 durch Zusammenfassung verschiedener ANM-Gruppen, der PFL und der neuen (terroristischen) Habash-Gruppe »Jugend der Rache«. 1969/70 Abspaltung der PDFLP und der PFLP-GC (s. d.).

Habash verlangte 1973 Gründung einer marxistisch-leninistischen »Revolutionären Partei« als Spitze der »Palästinensischen Revolution«. PFLP trat 1971 der PLO bei, zog sich aber 1974 unter Beibehaltung der Mitgliedschaft, aus Exekutiv-Ausschuß wegen Ablehnung des Verhandlungsweges zurück. Formierte Januar 1976 weitgespannte »Ablehnungsfront« unter Einschluß z. B. der PFLO (*Popular Front for the Liberation of Oman – Volksfront für die Befreiung von Oman*).

Ende 1975 (nicht genau belegte) Trennung Habashs von seinem langjährigen Stabschef für terroristische Großeinsätze, Dr. Waddieh Haddad (»Head Foreign Operations Group«), der seither eigene Terrorismusorganisation mit Sitz in Aden zu haben scheint.

Aktionen: Wandte als erste bedeutende Gruppe terroristische Strategie im Großmaßstab außerhalb des palästinensischen Kampfraums an (als Konsequenz aus Versagen der quasi-militärischen Guerillastrategie). Seit 1969/70 verantwortlich für terroristische Großaktionen in aller Welt. Versucht seit etwa 1975 internationale Verurteilung durch (taktisch bedingte) Leugnung der Beteiligung an neueren Großaktionen (OPEC-Wien, Entebbe) zu vermeiden (hier wahrscheinlicher Grund für Trennung Haddads von Habash).

Grenzüberschreitende Verbindungen: Organisierte als erste Gruppe enge Zusammenarbeit mit anderen terroristischen Organisationen in aller Welt (insbes. mit japanischer *Rengo Sekigun*, deutschen, französischen und separatistischen europäischen Gruppen), baute die als Muster geltende internationale Logistik auf und steuerte Fremdterroristen vom Typ »Carlos«. Ausbildungslager der PFLP in Nahost und Nordafrika (Libyen) gelten als hauptsächliche Schulen des Terrorismus.

PFLP wird im arabischen Raum vor allem von Libyen, Algerien, dem Irak und der Volksrepublik Jemen unterstützt. Habash besuchte verschiedentlich China, Nordkorea und Sowjetunion. Seine Führungsübernahe in der »Ablehnungsfront« belastete offizielle Beziehungen zur Sowjetunion.

AL-SAIKA
(Blitzstrahl)

Ziel: Unterstützung der Politik Syriens; unterschreibt Vorstellung eines palästinensischen Staates, lehnt Bildung einer palästinensischen »Exilregierung« ab, weil dadurch syrischer Einfluß in der palästinensischen Gesamtbewegung eingeengt würde. Nationalistisch. Der syrischen Baath-Staatspartei sehr nahestehend.

Entwicklung: Entstand 1968 als militärischer Flügel der *Vanguards of the Popular War for the Liberation of Palestine* (Vorhuten des Volkskrieges für die Befreiung Palästinas), der wiederum 1967 aus palästinensischen Mitgliedern der syrischen Baath-Partei und dem palästinensischen Bataillon der syrischen Armee gebildet worden war. Durch Personalverbund zum syrischen Instrument in der PLO geworden. Betrachtet sich als politischer Rivale der Fatah; in strikter Opposition zu PFLP und anderen palästinensischen Linksgruppen.

Aktionen: In der Frühzeit militärisch aktiv, aber 1970 durch innerparteiliche Säuberung der Baath-Partei geschwächt (Sturz Salah Dshedids durch Assad). Seither wieder gestärkt, aber von Aktionen gegen Jordanien zurückgehalten. Verzichtet nicht auf terroristische Einzelunternehmungen (auch im Ausland), ist aber insgesamt mehr an unmittelbaren militärischen Aktionen interessiert.

Gerät in Konflikt mit PLO und/oder palästinensischen Einzelgruppen, wenn syrische Politik entsprechende Positionswechsel vornimmt (z. B. während Bürgerkrieg im Libanon).

Grenzüberschreitende Verbindungen: Saika-Delegationen besuchen häufiger die Sowjetunion. Ausbildung von einzelnen Saika-Leuten in sowjetischen Trainingslagern bekannt.

PDFLP

(Popular Democratic Front for the Liberation of Palestine – Volksdemokratische Front für die Befreiung Palästinas)

Ziel: Linksextreme Gruppe; nennt sich wie PFLP marxistisch-leninistisch. Ordnet als einzige Linksgruppe den »bewaffneten Kampf« der politischen Aktion unter. Sieht Palästinaproblem ausschließlich als Teilproblem des »westlichen Imperialismus«; erklärt dementsprechend, palästinensischer Befreiungskampf sei untrennbar von Befreiungskampf im übrigen Asien, Afrika und Lateinamerika. Unterstützt trotz tiefer ideologischer Differenzen die von der Fatah bestimmte PLO-Politik.

Entwicklung: Extreme Linksgruppen unter Nayef Hawatmeh (heute Generalsekretär der PDFLP) lösten sich 1969 von PFLP. Hawatmeh beschuldigte Habash, die (gesellschaftspolitische) Arabische Revolution durch Weigerung der Übernahme des »Wissenschaftlichen Sozialismus« nach kubanischem und chinesischem Vorbild zu verraten. Daraufhin heftige Straßenkämpfe mit PFLP in Amman, wobei Fatah als neutralisierende Ordnungsgruppe fungierte. Seither selbständig innerhalb des linken Flügels.

Aktionen: Hat sich offiziell als Gruppe nicht an internationalen terroristischen Aktionen beteiligt; dies berührt nicht Mittäterschaft einzelner PDFLP-Mitglieder. Konzentrierte terroristische Aktionen auf zivile Ziele in Israel und im Grenzgebiet.

Grenzüberschreitende Verbindungen: Einzige palästinensische Guerilla- und Terrorismusorganisation mit Verbindung zu »marxistischen« Gruppen in Israel. Intensive Verbindungen zu Studentengruppen in Europa, Nordamerika und Sowjetunion. Unterstützung durch Libyen und Volksrepublik Jemen, wo ein Büro unterhalten wird. Aktive politische und materielle Unterstützung durch Sowjetunion. China hat PDFLP-Mitglieder ausgebildet; ausgedehnter Delegationsverkehr mit China.

PFLP-GC
(PFLP - General Command)

Ziel: PFLP-GC gehört zur »Ablehnungsfront«; verwirft jede Nahostlösung, sofern nicht ausschließlich auf arabische Forderungen gegründet. Erkennt Formierung einer »Nationalen Autorität« als taktisches Zwischenziel an, im übrigen strikt sozialrevolutionär. Vornehmlich »militärische« Organisation. Generalsekretär Ahmed Dshibril nannte Mai 1974 Überfälle auf Schulen und Dörfer in Israel den Versuch, eine »neue Schule des Kampfes auf der Grundlage des höchsten Grades revolutionärer Gewalt« zu begründen.

Entwicklung: Dshibril, Palästinaflüchtling 1948, danach Offizier der syrischen Armee, bildete 1959 kleine Kommando-Gruppe für Guerilla-Unternehmen gegen Israel. Schloß sich 1967 als »Section B« der PFLP an, löste sich bereits 1969 mit Begründung, PFLP betreibe zuviel Politik, zuwenig Aktion.

Aktionen: Anfänglich an terroristischen Aktionen außerhalb des palästinensischen Kampfraums beteiligt, später Hauptgewicht auf terroristischen Aktionen gegen zivile Ziele in Israel.

Grenzüberschreitende Verbindungen: Auf der internationalen Szene heute von minderer Bedeutung; hauptsächlich unterstützt von Libyen und dem Irak.

Vorstehend aufgeführte Gruppierungen sind die Hauptorganisationen im engeren Bereich des palästinensischen Terrorismus. Das organisatorische Bild wird verwirrt durch die ad-hoc-Belegung einzelner Kommandos, die meist auf eine Hauptgruppierung zurückzuführen sind, mit Eintagsbezeichnungen. Um diese Großgruppen liegt ein Ring weniger bedeutender Zusammenschlüsse, die auf der internationalen Szene bisher keine auffallende Rolle spielten.

Vorderasien

Im weiteren nahöstlichen/vorderasiatischen Bereich sind, u. a. wegen enger Beziehungen zu Palästinensern und wegen Errichtung eigener (politischer) Auslandsgruppen vor allem in westeuropäischen Industriestaaten, zu nennen:

TÜRKEI

THK-C
(Türkische Volksbefreiungsfront)
THK-O
(Türkische Volksbefreiungsarmee) – gebräuchliches gemeinsames engl. Kürzel TPLA (Turkish People's Liberation Army)

Entstanden aus studentischen Rebellionsgruppen von 1968 (*Dev Genc*). THK-C verfolgt sog. »Stadtguerilla-Taktik«, d. h. ausschließlich terroristische Aktion; THK-O zeigt Tendenzen zur quasi-militärischen Taktik der sog. Landguerilla.

TPLA nennt sich marxistisch-leninistisch, spaltete durch terroristische Aktionen die marxistische Linke der Türkei. 1972 konstituiert; sehr bald unnachsichtig verfolgt, konnte aber nicht zerschlagen werden. Erneut starke Aktivität seit 1976. Lose in Zellen organisiert. Aktionen der TPLA führten zur Bildung rechtsradikaler gegenterroristischer Gruppen (»Graue Wölfe«).

Seit 1972 Kontakte der TPLA zu Ostberlin, Korea und der Tschechoslowakei bekannt. Enge Verbindung zu palästinensischen Gruppen, die Ausbildung übernehmen.

Unter türkischen Gastarbeitern und Studenten in westlichen Industrieländern tätig.

IRAN

Iranische terroristische Organisationen wie die *INF (Iranische Nationalfront)*, die *Tscherikhaye Fadda'iye Khalgh* u. a. haben im Ausland noch keine festen Stützpunkte oder Unterorganisationen errichten können, lassen aber politische Ziele und Begründungen für terroristische Tätigkeit durch Flügel der *CISNU*

(*Conföderation Iranischer Studenten – Nationale Union*) vor allem in Industriestaaten verbreiten. CISNU ist ein Dachverband mit Unterorganisationen in Belgien, Bundesrepublik Deutschland, Frankreich, Großbritannien, Österreich, Schweden, Schweiz, Indien, Türkei und USA. Zusammenarbeit der CISNU mit iranischen terroristischen Organisationen geschieht konspirativ.

Verbindungen zu Palästinensern seit längerem bekannt.

Auffallend in den Industriestaaten, einschließlich Bundesrepublik Deutschland, ist Zunahme und Tätigkeitsintensivierung der Gruppierungen der »Neuen Linken« aus den Staaten der Drittwelt unter Gastarbeitern, Gaststudenten und Studenten der Gastgeberländer. Neuerdings stärkere Zusammenarbeit mit Gruppen der »Neuen Linken« in den Gastgeberländern.

Japan

RENGO SEKIGUN
(Japanische Vereinigte Rote-Armee-Fraktion)

Ziel: Die radikal-nihilistische linksextreme Vereinigung will völlige Zerschlagung des staatl. und gesellschaftl. Gefüges. Dem dienen auch die präzise geplanten, straff geführten Auslandsaktionen (Schädigung des jap. Images).

Entwicklung: Ursprüngliche Rote-Armee-Fraktion (*Sekigun*) 1969 formiert; damals Splittergruppe der sog. Kommunistischen Liga (eine von 7 Linksorganisationen, die offiziell als verfassungswidrig galten). Ende 1971 Vereinigung mit anderer Splittergruppe (*Keihin Ampo Kyoto*) zur *Rengo Sekigun*. 14 Fememorde an »Abweichlern« zu Beginn 1972, darauf Polizeigroßeinsatz gegen geheimes Hauptquartier. Abdrängung der Reste ins Ausland; seither enge Verknüpfung (aufgrund vorbereiteter Verbindungen) mit terror. Gruppen in Nahost und Europa. Gleichzeitig Anwachsen des linksradikalen Untergrunds in Japan; heute organisatorisch völlig zersplittert. Starke Differenzen in ideologischen und taktischen Fragen (vergleichbar den Differenzen der nicht-orthodoxen Linken in westlichen Industriestaaten).

Rengo Sekigun wurde im Lauf der Jahre zum Sammelbegriff für japanische terroristische Szene, die heute mehrere Großgruppierungen aufweist. Ursprüngliche *Rengo Sekigun* seit 1975 in drei differenzierende Zweige gespalten (*Prokakuha, Produkuha, Japanese Committee Faction*); Aktionen wesentlich auf Japan beschränkt. Daneben das sog. »Arabische Komitee«, das bereits 1970 Kontakt mit PFLP in Beirut aufnahm und seither Personal für internationale Einsätze stellt; Rekrutierungen für Arabisches Komitee auch aus anderen japanischen Linksgruppen.

Organisation: Zellenstruktur; kleine Kommando-Einheiten. Bereit zu Selbstmordeinsätzen.

Aktionen: Sie begannen 1970 mit Entführung japanischer Verkehrsmaschine nach Nordkorea; Banküberfälle und Entführungen in Japan. Nach Zerschlagung des Hauptquartiers 1972 Verlagerung der Aktionen ins Ausland; erste größere Auslandsaktion PFLP-gesteuerter Überfall auf israel. Flughafen Lod (Mai 1972). Seither an zahlreichen besonders auffälligen terroristischen Aktionen in Europa, Nahost und Asien beteiligt.

Grenzüberschreitende Verbindungen: Neben Palästinensern die Organisation mit den weitestverbreiteten Auslandsverbindungen.

Quellen

Vorwort

1 Fritz René Allemann, *Macht und Ohnmacht der Guerilla*, München 1974.
2 Jean Améry, *Ein einziger ohne Eigentum*, in: *Süddeutsche Zeitung*, 21./22. 6. 1975.

1. Teil. Die Verwirrung

1. Der Terrorist schafft eine Scheinwelt
1 *Süddeutsche Zeitung*, 10./11. 4. 1977.
2 Richard Clutterbuck, *Living With Terrorism*, London 1975, S. 126.
3 Hannah Arendt, *Elemente und Ursprünge totaler Herrschaft*, Frankfurt a. Main 1955, S. 677 ff.
4 zitiert in: G. H. Leggett, *Lenin, Terror and the Political Police*, in: *Survey* (USA), Vol. 21, No. 4, 1975.
5 Isaac Deutscher, *The Prophet Unarmed*, London 1959, S. 85.

2. Der Irrgarten: Gruppen und Gründe
1 Ausführliche Wiedergabe in: *Frankfurter Allgemeine Zeitung*, 7. 11. 1975.
2 Rechtsanwalt Croissant im ZDF, 25. 5. 1976.
3 ebd.
4 Frantz Faron, *Die Verdammten dieser Erde*, Vorwort von Jean Paul Sartre, Frankfurt a. M. 1966. Zitate hier nach der Taschenbuchausgabe: Reinbek b. Hamburg 1969, S. 28 f.
5 a. a. O., S. 30 f.
6 a. a. O., S. 61.
7 Carlos Marighela, *Handbuch des Stadtguerillero* (Originaltitel *Mini Manuale*), zuerst in: *Sozialistische Politik* (hrsg. vom Otto-Suhr-Institut Berlin), Juni 1970. Zitate nach dem Buchabdruck in: *Zerschlagt die Wohlstandsinseln der III. Welt*, Reinbek b. Hamburg 1971, S. 49 f.
8 Rechtsanwalt Croissant im ZDF, 25. 5. 1976.
9 Karl Korn in der *Frankfurter Allgemeinen Zeitung*, 12. 9. 1975.
10 *Deutsche Zeitung – Christ und Welt*, 10. 10. 1975.

3. Das Recht sucht einen Weg

1 *Parliamentary Report*, in: *The Times*, 12. 12. 1975.

2 In diesem Kapitel wurde zurückgegriffen auf:
Andrew J. Pierre, *Coping with International Terrorism*, in: *Survival (IISS)*, März/April 1976.
Robert Linke, *Internationaler Terrorismus als Rechtsproblem*, in: *Österreichische Juristenzeitschrift* (ÖJZ) 1976, S. 230–236.

3 Robert Linke, a. a. O., S. 231.

4 Zahlenangaben des US Department of State, aus: J. Bowyer Bell, *Transnational Terror*, AEI-Hoover Policy Study 17, September 1975.

5 Robert Linke, a. a. O., S. 234.

6 Europarat, Europäischer Ausschuß für Strafrechtsprobleme, XXV. Vollsitzung. 17.–21. Mai 1976: *Vorläufiger Bericht über den Entwurf eines Europäischen Übereinkommens zur Bekämpfung des Terrorismus*, DPC/CEPC/AV (76) 10; deutsche Übersetzung, Straßburg, 24. Mai 1976.

7 Robert Linke, a. a. O., S. 234.

8 Séan MacBride, *Interview by Henry B. Burnett jr.*, in: *Skeptic*, No. 11, Januar/Februar 1976.

4. Der Terrorist ist kein Guerilla

1 Der Begriff *Guerilla* wird hier sowohl für den Einzelnen *(guerillero)* wie für die Kampfart *(guerilla)* verwendet. Das ist nach dem sprachlichen Ursprung nicht korrekt, geschieht aber aus Gründen der Angleichung an den sprachlichen Alltagsgebrauch.

2 Carl Schmitt, *Theorie des Partisanen. Zwischenbemerkungen zum Begriff des Politischen*, Berlin 1963, S. 31.

3 a. a. O., S. 37.

4 Mao Tse-Tung, *Theorie des Guerillakrieges oder Strategie der Dritten Welt*, Einleitender Essay von Sebastian Haffner, Reinbek b. Hamburg 1966, S. 34.

5 a. a. O., S. 20 (Sebastian Haffner).

2. Teil. Drei Wegzeichen

5. Die Strategie: Spirale der Wirkung

1 Friedrich Sieburg, *Robespierre – Napoleon – Chateaubriand*, Stuttgart 1967, S. 142.

2 ebd.

3 a. a. O., S. 182.

4 Richard Nürnberger, *Das Zeitalter der Französischen Revolution und Napoleons*, in: *Propyläen Weltgeschichte*, Bd. 8, Berlin 1960, S. 106.

5 David Fromkin, *The Strategy of Terrorism*, in: *Foreign Affairs*, Vol. 53, No. 4, July 1975, S. 685.

6 Theo Rasehorn, *Jenseits des Rechtsstaates?* in: Rudolf Wassermann (Hrsg.), *Terrorismus contra Rechtsstaat*, Darmstadt und Neuwied 1976, S. 245 ff.

7 a. a. O., S. 260. In einer Anmerkung nennt Rasehorn als Quelle den Bericht *Betrifft: Verfassungsschutz '74*, Hrsg. Der Bundesminister des Inneren, 1975. Rasehorn verweist darauf, daß die im Bericht genannten 37 Sprengstoffanschläge von Terroristen nicht verglichen werden konnten, »da hier eine Gegenüberstellung fehlt«.

8 ebd.

9 a. a. O., S. 261.

10 David Fromkin, a. a. O., S. 693.

11 Hannah Arendt, *Elemente und Ursprünge totaler Herrschaft*, S. 694.

12 David Fromkin, a. a. O., S. 693.

13 David Fromkin, a. a. O., S. 687 f.

14 Robert Taber, *The War of the Flea, A Study of Guerilla Warfare, Theory and Practice*, 1965, S. 131.

15 Vgl. Pierre Broué / Emile Témime, *Revolution und Krieg in Spanien*, Frankfurt a. M. 1968. Zitiert wird nach der Ausgabe der Büchergilde Gutenberg, S. 101 ff.

Vgl. ebenfalls: Hugh Thomas, *The Spanish Civil War*, New York-London 1963.

16 Charles Cagnon, in: *New Left Review*, Nov.–Dez. 1970.

17 David Fromkin, a. a. O., S. 697.

6. Die Geschichte: Dolch und Dynamit

1 Erwin Oberländer (Hrsg.), *Der Anarchismus*, Dokumente der Weltrevolution, Bd. 4, Olten und Freiburg 1972, S. 19. (Im folgenden kurz »Oberländer« genannt.)

2 a. a. O., S. 19; nach Proudhon, *Idée générale de la révolution au XIXe siècle*, 1851.

3 a. a. O., S. 227.

4 Emile Marenssen, zitiert in: Sandra Stencel, *Terrorism: An Idea whose Time had come*, in: *Skeptic*, No. 11, Januar/Februar 1976.

5 Oberländer, a. a. O., S. 59 ff.

6 a. a. O., S. 147 (vollständiger Text der Bakunin-Schrift *Prinzipien und Organisation der Internationalen Revolutionären Gesellschaft*).

7 a. a. O., S. 142.

8 a. a. O., S. 230 (vollständiger Text *Die Aktion* von Carlo Cafieri vom 25. 12. 1880).

Zur Ideengeschichte des Anarchismus s. vor allem:

Joachim Ritter (Hrsg.), *Historisches Wörterbuch der Philosophie*, Bd. 1, Darmstadt 1971, S. 279–294 (Fachbeitrag von U. Dierse).

9 Oberländer, a. a. O., S. 37.

10 Zitiert in: Sandra Stencel, a. a. O., S. 50.

11 Irene Neander, *Grundzüge der russischen Geschichte*, Darmstadt 1970, S. 166.

12 Vgl. Michael Confino (Hrsg.), *Daughter of a Revolutionary*, Alcove Press 1974.

13 Hans Josef Horchem, *Extremisten in einer selbstbewußten Demokratie*, Freiburg i. Br. 1975, S. 34.
14 Hugh Seton-Watson, *Der Verfall des Zarenreiches 1855–1914*, München 1954, S. 61 f.
15 Bernhard K. Johnpoll, *Perspectives on Political Terrorism in the Unites States*, in:
Yonah Alexander (Hrsg.), *International Terrorism – National, Regional and Global Perspectives*, New York/London 1976, S. 32 f.
16 Golo Mann, *Politische Entwicklung Europas und Amerikas 1815–1871*, in: *Propyläen Weltgeschichte*, Bd. 8, Berlin 1960, S. 524.

7. Die Gegenwart: Totaler Krieg und Gewaltexport

1 Alastair Buchan, *Die Zukunft des Krieges*, in: *Das 198. Jahrzehnt*, Hamburg 1969, S. 153.
2 Heinz Magenheimer, *Kriege und Konflikte in unserem Jahrhundert*, in: *Österreichische Militärische Zeitschrift*, 4/1976 (Sonderdruck, hrsg. vom Bundesministerium für Verteidigung, Büro für Wehrpolitik, Wien).
3 Vgl. Fritz René Allemann, *Macht und Ohnmacht der Guerilla*, S. 25–44.
4 Karl Markus Kreis, *Der internationale Terrorismus – Ein unbewältigtes Problem der Staatengemeinschaft*, in: *Europa Archiv*, Folge 11/1976, S. 367.
5 a. a. O., S. 367 f.
6 Frantz Fanon, *Die Verdammten dieser Erde*, S. 58.
7 a. a. O., S. 83.
8 Roberta Wohlstetter, *Terror on a Grand Scale*, in: *Survival* (Hrsg. The International Institute for Strategic Studies, London), Mai/Juni 1976, S. 99. – Dieser Artikel ist die Wiedergabe eines Forschungsberichtes, den die amerikanische Historikerin im Auftrag der Unites States Energy Research and Development Administration erarbeitet hat.
9 Séan MacBride, *Interview by Henry B. Burnett, jr.*, in: *Skeptic*, No. 11, Januar/Februar 1976, S. 11.
10 Washington Post, 9. 7. 1972.
11 Yehoshafat Harkabi, *Palästina und Israel*, Stuttgart 1974, S. 170.
12 Brian M. Jenkins, *International Terrorism: A Balance Sheet*, in: *Survival* (Hrsg. The International Institute for Strategic Studies, London), Juli/August 1975.
13 Hannah Arendt, *Macht und Gewalt*, München 1975^3, S. 45. (Amerikanische Originalausgabe unter dem Titel *On Violence*, New York 1970.)
14 ebd.
15 a. a. O., S. 47.
16 a. a. O., S. 43.
17 Friedrich Engels, *Herrn Eugen Dührings Umwälzung der Wissenschaft*, 1878 (II. Abschnitt, Kap. 3).
18 Hannah Arendt, a. a. O., S. 8.

3. Teil. Technologie und Terrorismus

8. Mobilität

1 Paul Wilkinson, *Terrorism versus Liberal Democracy: The Problems of Response*, Conflict Studies No. 67, London 1976, S. 8 f.

2 Der Bundesminister des Inneren (Hrsg.), *Betrifft: Bundeskriminalamt*, Bonn 1975, S. 8.

3 Michael Baumann, *Wie alles anfing*, Frankfurt a. M. 1976, S. 104 ff.

4 a. a. O., S. 122, 127.

5 Régis Debray, *Kritik der Waffen – Wohin geht die Revolution in Lateinamerika?*, Reinbek b. Hamburg 1975, S. 83 (Originalausgabe: Paris 1974).

6 a. a. O., S. 67.

7 a. a. O., S. 69.

8 Joachim Schickel (Hrsg.), *Guerilleros, Partisanen – Theorie und Praxis*, München 1970, S. 28.

9 Carl Schmitt, *Theorie des Partisanen*, S. 26 f.

10 Paul Wilkinson, a. a. O., S. 7; und:
Colin Smith, *Carlos – Portrait of a Terrorist*, London 1976, S. 105, 122.

9. Waffen und Objekte

1 Roberta Wohlstetter, *Terror on a Grand Scale*, S. 98 ff.

2 *The Times*, 23. 9. 1976.

3 Diese Angaben entstammen u. a. den analytischen Arbeiten von Dr. Hans Rühle (Sozialwissenschaftliches Forschungsinstitut der Konrad-Adenauer-Stiftung, Alfter bei Bonn), über *Neue Dimensionen der Bedrohung*.

4 Brian M. Jenkins, *High Technology Terrorism and Surrogate War – The Impact of New Technology on Low Level Violence*, Rand Corporation, Kalifornien, Januar 1975. Manuskript, S. 17.

5 Fritz René Allemann, *Macht und Ohnmacht der Guerilla*, S. 327.

6 Carlos Marighela, *Handbuch des Stadtguerillero*, S. 71.

7 *The Times*, 23. 9. 1976.

8 ebd.

9 ebd.

10. Kommunikation: Der Transport des Schreckens

1 Vincent Bugliosi, *The Manson Murders, An Investigation into Motives*, London 1974, S. 78 ff.

2 *Terror – The Palestinian Guerilla*. Teil I einer zweiteiligen Dokumentation der BBC-Fernsehserie *Man Alive*, 1975.

3 Joachim Ritter (Hrsg.), *Historisches Wörterbuch der Philosophie*, Bd. 1, S. 287.

4 Rudolf Krämer-Badoni, *Anarchismus, Geschichte und Gegenwart einer Utopie*, Wien-München-Zürich 1970, S. 21 f.

5 Werner Sombart, *Sozialismus und soziale Bewegung*, 1908, S. 50.

6 Gerd-Klaus Kaltenbrunner, *Hinter den Medienkulissen*, in: *Zeitbühne*, Januar 1976.

7 Brian M. Jenkins, *High Technology Terrorism and Surrogate War*, S. 4 f.

8 Robert Taber, *The War of the Flea, A Study of Guerilla Warfare, Theory and Practice*, S. 23 f.
9 Sven G. Papcke (Hrsg.), *Ernesto Ché Guevara – Brandstiftung oder Neuer Friede?* Reden und Aufsätze, S. 145, 147 (Nachwort des Hrsgs.).
10 Rolf Schroers, *Der Partisan, Ein Beitrag zur Politischen Anthropologie*, Köln-Berlin 1961, S. 264.
11 Zitate aus der WDR-Sendung *Das Drama im Bergwald* von Peter Krebs und Rainer Hoffmann. Sendung am 20. Februar 1973. Die WDR-Sendung bestand aus den entscheidenden Phasen der Aufzeichnung der japanischen Direktübertragung vom 28. Februar 1972.
12 Carlos Marighela, *Handbuch des Stadtguerillo*, S. 70.
13 Al-Gumhuriya, Kairo 1972. Wiedergegeben in der Fernsehsendung *Midweek Special: Black September*, BBC 1, London, 6. 12. 1972.
14 *Der Spiegel*, Hamburg, 22. 3. 1976.

11. Geheime Verbündete

1 *Terror*, II. Teil, aus der BBC-Fernsehserie *Man Alive*, London 1975.
2 *The Times*, 11. 2. 1976.
3 Hans-Joachim Müller-Borchert, *Guerilla im Industriestaat – Ziele, Ansatzpunkte und Erfolgsaussichten*, Hamburg 1973, S. 98.
4 Paul Wilkinson, *Terrorism versus Liberal Democracy*, S. 9.
5 *Skeptic*, Januar/Februar 1976.
6 Hans Josef Horchem, *Extremisten in einer selbstbewußten Demokratie*, S. 14 f.
7 *The Times*, 28. 1. 1976.
8 J. Bowyer Bell, *Transnational Terror*, AEI-Hoover-Policy-Study 17, Washington 1975, S. 77.

4. Teil. Terrorismus in den Regionen: Die Last der Geschichte

12. ETA oder: Die Eiche von Guernica

1 Peter Frey, *Widerstand in Euskadi*, in: *Tagesanzeiger Magazin*, Zürich, 28. 8. 1976 (eine umfassende Beschreibung der Lage im Baskenland zu diesem Zeitpunkt).
2 Arnold Hottinger, *Die Spanier und ihre zwei Geschichtsbilder*, in: *Schweizer Monatshefte für Politik, Wissenschaft, Kultur*, 55. Jg., Heft 11, Februar 1976.
3 Hugh Thomas, *The Spanish Civil War*, S. 470 ff.
4 Zitiert bei Peter Frey, a. a. O.

13. IRA oder: Der Panzer der Erinnerung

1 Als Grundlagen für die historische Übersicht wurden vor allem folgende Spezialstudien benutzt:
Richard O'Rorke, *Ulster – Ein Problem der Geschichte*, Manuskript der BBC London, 1973.

Dermot Bradley, *Die historischen Wurzeln der Guerilla und des Terrorismus in Nordirland,* in: Rolf Tophoven (Hrsg.), *Politik durch Gewalt – Guerilla und Terrorismus heute,* Bonn 1976, S. 107–122.

J. Bowyer Bell, *Strategy, Tactics and Terror: An Irish Perspective,* in: Yonah Alexander (Hrsg.), *International Terrorism – National, Regional and Global Perspectives,* New York/London 1976, S. 65–89.

J. Bowyer Bell, *Transnational Terror,* AEI-Hoover-Policy-Study 17, Washington 1975.

2 Dermot Bradley, a. a. O., S. 116.

3 Séan MacBride, *Interview by Henry B. Burnett, jr.,* S. 54.

4 Dermot Bradley, a. a. O., S. 118 f.

5 David Fromkin, *The Strategy of Terrorism,* S. 687.

6 Ciaran Mac an Aili, *The Provisional IRA: Their Origins and Objectives,* in: Ulick O'Connor (Hrsg.), *Irish Liberation – An Anthology,* New York 1974, S. 144 f.

7 J. Bowyer Bell, *Strategy, Tactics and Terror,* S. 79.

8 a. a. O., S. 86.

9 J. Bowyer Bell, *Transnational Terror,* S. 36.

14. Kelten, Korsen und andere

1 David Daiches, *Charles Edward Stuart – The Life and Times of Bonnie Prince Charlie,* London 1973, S. 183.

2 *International Herald Tribune,* 13. 8. 1976.

3 *The Times,* 11. 11. 1976.

4 *The Times,* 23. 4. 1976.

5 Brian M. Jenkins, *High Technology Terrorism and Surrogate War,* S. 24.

6 1970 interviewte der kanadische Fernsehreporter Pierre Nadeau zwei Frankokanadier in einem PLO-Lager. Das Interview begann wie folgt:

Nadeau: Woher sind Sie?
Antwort: Wir kommen aus Quebec, aus Montreal.
Nadeau: Warum sind Sie hier?
Antwort: In erster Linie zur militärischen Ausbildung.
Nadeau: Ausbildung wofür?
Antwort: Zur Durchführung einer sozialistischen Revolution, zunächst in Quebec und dann in Nordamerika. Denn die Revolution kann nie zu Ende gebracht werden, solange es noch den US-Imperialismus gibt.

Vollständiger Interviewtext in der BBC-Fernsehsendung *Terror,* II. Teil, London 1975.

7 *Süddeutsche Zeitung,* 29. 12. 1976.

8 *The Economist,* 20. 9. 1975.

9 *The Times,* 27. 7. 1976.

10 Einer der besten zusammenfassenden Berichte der deutschen Publizistik über das okzitanische Problem erschien am 31. 8. 1975 in der Süddeutschen Zeitung, München: Lothar Bayer, *Okzitanien – wie eine vergessene Kultur wiedererwacht.* Auf diesen Bericht wird verschiedentlich zurückgegriffen.

11 Zitiert von Herbert Kaufmann, in: *Frankfurter Allgemeine Zeitung*, 2. 12. 1976.
12 Lothar Bayer, a. a. O.
13 Ulick O'Connor (Hrsg.), *Irish Liberation – An Anthology*, New York 1974, S. 5.
14 Lothar Bayer, a. a. O.

15. Die regionale Gewalt: Eine Zwischenbilanz
1 *Die Zeit*, 31. 12. 1976.
2 *Die Zeit*, 27. 8. 1976.
3 Hannah Arendt, *Macht und Gewalt*, S. 84.
4 Peter Frey, *Widerstand in Euskadi*, a. a. O.
5 David Fromkin, *The Strategy of Terrorism*, S. 689 f.
6 *The Times*, 14. 9. 1976 (zitiert nach Bandaufnahmen von Gesprächen in der Maschine, ausgestrahlt von der NBC, New York).
7 zitiert in: *The Times*, 1. 10. 1975.
8 zitiert in: *The Economist*, 22. 2. 1975.
9 zitiert in: *The Sunday Times*, 22. 2. 1976.
10 *Parliamentary Report*, in: *The Times*, 2. 7. 1976.
11 *Parliamentary Report*, in: *The Times*, 22. 7. 1976.

5. Teil. Palästinensischer Terrorismus: Erfolg auf Treibsand

16. Die Väter: »Generation des Unglücks«
An Spezialstudien wurden u. a. genutzt:
Yonah Alexander, *From Terrorism to War: The Anatomy of the Birth of Israel;*
Edward Weisband / Damir Roguly, *Palestinian Terrorism: Violence, Verbal Strategy and Legitimacy*, beide in:
Yonah Alexander (Hrsg.), *International Terrorism – National, Regional and Global Perspectives*, New York/London 1976.
J. Bowyer Bell, *Transnational Terror;* AEI-Hoover-Policy-Study 17, Washington 1975.
Yehoshafat Harkabi, *Palästina und Israel*, Stuttgart 1972.
Rolf Tophoven, *Fedayin – Guerilla ohne Grenzen*, München 1975.
Ders., *Palästinensische Kommandos – Israelische Abwehr, Aspekte des Guerillakrieges und der Konterguerilla in Nahost*, in: *Politik durch Gewalt – Guerilla und Terrorismus heute*, Bonn 1976, S. 69 f.
John Laffin, *Fedayeen – The Arab-Israeli Dilemma*, London 1973.
1 *The Times*, 29. 12. 1975.
2 *International Herald Tribune*, 27. 1976.
3 Weisband/Roguly, a. a. O., S. 258.
4 Friedrich Dürrenmatt, *Zusammenhänge – Essay über Israel. Eine Konzeption*, Zürich 1976, S. 162 f.
5 a. a. O., S. 165.
6 Yonah Alexander, a. a. O., S. 214.

7 Yonah Alexander, a. a. O., S. 216.
8 Zitiert im Bericht der Royal Commission, *Command Paper 5479*, London 1937, S. 19 f.; und: Jewish Agency for Palestine, *Documents Relating to the Palestine Problems*, 1945; Hinweise bei Yonah Alexander, S. 217, 252.
9 Yonah Alexander, a. a. O., S. 224.
10 Vgl. Jigal Allon, . . . *und David ergriff die Schleuder, Geburt und Werden der Armee Israels*, Berlin 1971.
11 Yonah Alexander, a. a. O., S. 228.
12 Vgl. Larry Collins / Dominique Lapierre, *O Jerusalem*, München-Gütersloh-Wien 1972, S. 270 ff., 536 ff.

17. Die Söhne: »Generation der Rache«

1 Aus der Fatah-Broschüre *Revolution and Violence: The Road to Victory*.
2 John Laffin, *Fedayeen – The Arab-Israeli Dilemma*, S. 92.
3 Rolf Tophoven, *Palästinensische Kommandos – Israelische Abwehr*, S. 71.
4 Riad N. El-Rayyes and Dunia Nahas (Hrsg.), *Guerillas for Palestine: A Study of the Palestinian Commando Organization*, Beirut 1974, S. 249 f.; zitiert in Weisband/Roguly, *Palestinian Terrorism*, S. 265.
5 Yehoshafat Harkabi, a. a. O., S. 164 f.
6 Daniel Dishon (Hrsg.), *Middle East Record*, Tel Aviv 1968, Vol. 4, S. 400.
7 Weisband/Roguly, a. a. O., S. 267 f.

18. Die Legitimierung der Gewaltorganisation
1 *Record of the Arab World*, Beirut, June 1970, S. 3882. Zitiert in: Weisband-Roguly, *Palestinian Terrorism*, S. 288.
2 Leila S. Kadi (Hrsg.), *Basic Political Documents of the Armed Palestinian Resistance Movement*, Beirut 1969, S. 62.
3 *Arab Report and Record*, Febr. 15–28, Beirut 1973, S. 83.
4 a. a. O., March 16–31, 1973, S. 145–148.
5 Kurt Biedenkopf, in der WDR-Fernsehsendung: *Gewalt ohne Grenzen*, Teil II, Köln, Mai 1976.
6 Weisband/Roguly, a. a. O., S. 279.
7 *Arab Report and Record*, January 16–31, 1973, S. 46.
8 John Laffin, *Fedayeen – The Arab-Israeli Dilemma*, S. 138–141.
9 *Der Stern*, Nr. 9/1977, S. 154–156.

6. Teil. Terrorismus in den Industriestaaten: Gewaltsame Verweigerung

19. Das romantische Brandstifterspiel
1 Bundesministerium des Inneren (Hrsg.), *Dokumentation über Aktivitäten anarchistischer Gewalttäter in der Bundesrepublik Deutschland*, Bonn o. J.; *Dokument 1*, S. 2.
2 a. a. O., *Dokument 12*, S. 67.
3 *Krankheit als revolutionäre Produktivkraft – Erklärung des IZRU*, in: Sozialistischer Heidelberger Studentenbund (SHS) (Hrsg.), *Kleinkrieg gegen*

Patienten – Dokumentation zur Verfolgung des Sozialistischen Patientenkollektivs Heidelberg, Heidelberg 1972, S. 8.
4 a. a. O., S. 8.
5 Rudolf Affemann, *Krank an der Gesellschaft – Symptome, Diagnose, Therapie*, München 1975, S. 59.
6 Richard Löwenthal, *Der romantische Rückfall*, Stuttgart 1970 (überarbeitete Fassung eines Vortrags in Köln, Oktober 1967), S. 15 f.
7 a. a. O., S. 30.
8 a. a. O., S. 31.
9 Hannah Arendt, *Macht und Gewalt*, S. 82.
10 Richard Löwenthal, a. a. O., S. 83.

20. Der Zerfall der Gruppen

1 Interview in der BBC-Fernsehsendung *Terror*, II. Teil, London 1975.
2 Hermann L. Gremliza, *War sie denn unser?*, in: *konkret*, 6/76.
3 Rudolf Affemann, *Krank an der Gesellschaft*, S. 61.
4 Alexander Mitscherlich, *Neuerliches Nachdenken über Aufklärung*, in: *Ansprachen und Festvorträge zur Feier des 150jährigen Bestehens des Bibliographischen Instituts*, Mannheim/Wien/Zürich 1976, S. 34.
5 Manès Sperber, *Die Erben des Herostratos*, in: *Süddeutsche Zeitung*, 20./21. 9. 1975.
6 Irving Howe, *The Ultimate Price of Random Terror*, in: *Skeptic* No. 11, Jan./Febr. 1976 (gekürzt; Originalfassung in: *Dissent Magazine*, New York, Sommer 1975).
7 Michael Baumann, *Wie alles anfing*, Frankfurt a. M. Auflage 1976. (Die verwendeten Zitate finden sich auf den Seiten 50 bis 127; Hervorhebungen in den Zitaten durch den Verfasser).
8 Rudolf Affemann, a. a. O., S. 63.
9 Am 30. November 1976 war der Stand der Verurteilungen wie folgt:

Rechtskräftig verurteilt	118
Noch kein rechtskräftiges Urteil	58
Anklage erhoben	72
Ermittlungsverfahren	240

10 Zitiert in: Bernard K. Johnpoll, *Perspectives on Political Terrorism In The Unites States*, S. 40.
11 a. a. O., S. 41.
12 Alexander Mitscherlich, a. a. O., S. 34.
13 Manès Sperber, a. a. O.

21. Die Allianz der Abenteurer und der Hoffnungslosen

1 Peter Brückner, *Politisch-psychologische Anmerkungen zur Roten-Armee-Fraktion*, in: Wolfgang Dreßen (Hrsg.), *Sozialistisches Jahrbuch 5*, Berlin 1973, S. 82.
2 a. a. O., S. 75.
3 a. a. O., S. 76.
4 a. a. O., S. 77.

5 a. a. O., S. 97.

6 *Informationsdienst zur Verbreitung unterbliebener Nachrichten*, Frankfurt, Nr. 129 v. 12. Juni 1976, S. 2 f.: Beitrag der Frankfurter »Spontis«. Vgl. auch: *Kommunistische Volkszeitung*, Nr. 15 v. 14. 4. 1977. Dieses Organ des KBW schrieb nach der Erschießung des Generalbundesanwalts Buback in einer redaktionellen Anmerkung: »Das Scheibenschießen auf einzelne Bourgeois ist der Ausdruck der äußeren Ratlosigkeit einzelner, die, bevor sie gar nichts machen, eben noch mal zuschlagen. Ab sofort sind sie dann ja auf derFlucht.« Dieser Satz war keine allgemeine Abgrenzung von Gewalt und Mord. Die redaktionelle Anmerkung beginnt mit dem Satz: »Gründe einen Staatsanwalt, einen Richter, einen Regierungspräsidenten oder Polizeipräsidenten zu schießen ... gäb's genug und auch gute.«

7 Pierre Broué / Emile Témime, *Revolution und Krieg in Spanien*, S. 62. Zur Lebensgeschichte des Durutti vgl. auch:
Hugh Thomas, *The Spanish Civil War*, New York / London 1961.

8 *Montreal Star*, 30. 10. 1936; zitiert in: Hugh Thomas, a. a. O., S. 289.

9 Zitiert in: Colin Smith, *Carlos – Portrait of A Terrorist*. (Colin Smith ist Sonderkorrespondent der Londoner Sonntagszeitung *The Observer*. Sein Buch geht auf umfassende Recherchen zurück und ist die bisher detaillierteste Veröffentlichung über »Carlos«.)

10 *Arab Report and Record*, Beirut 1976; deutsche Fassung (Auszüge) in der *Frankfurter Rundschau*, 2. März 1976.

11 *Arab Report and Record*, Beirut 1973, S. 333.

12 Entführungsfälle in Italien:
1970 – 8
1971 – 12
1972 – 20
1975 – 58.
Summe der erzielten Lösegelder 1975: vermutlich 70 Milliarden Lire.

7. Teil. Die Folgen: Eine Landschaft des Argwohns

22. Der erste Argwohn: Internationale Steuerung

1 Fritz René Allemann, *Macht und Ohnmacht der Guerilla*, S. 414.

2 Régis Debray, *Kritik der Waffen*, S. 8.

3 a. a. O., S. 9.

4 Rolf Schroers, *Der Partisan*, S. 249 ff.
Der Begriff des »Interessierten Dritten« wird in diesem Buch sehr genau dargelegt. Die Untersuchung von Schroers befaßt sich mit dem Gestaltwandel der Guerilla nach den Erfahrungen des Zweiten Weltkrieges und der frühen Nachkriegszeit; darüber hinaus enthält sie wichtige Erkenntnisse für das Verständnis des modernen Terrorismus.

5 Scheich Yamani, s. Kap. 21, Anm. 10.

6 United Nations General Assembly, 27th Session, Sixth Committee, A/C. 6/L. 850.
7 Rolf Schroers, a. a. O., S. 250.
8 *The Times*, 22. 3. 1977.

23. Der zweite Argwohn: Verringerung der Freiheit
1 Peter Doebel, *Terroristen vor Gericht*, in: Rudolf Wassermann (Hrsg.), *Terrorismus contra Rechtsstaat*, S. 241, 243.
2 Aus einem Tonmitschnitt der BBC London, auszugsweise veröffentlicht in: *The Observer*, 14. 12. 1975.
3 Hans Josef Horchem in: *Die Zeit*, 30. 6. 1976.
4 Theo Rasehorn, *Jenseits des Rechtsstaats?*, S. 260.
5 Hans Josef Horchem, *Stadt-Guerilla in Deutschland – Wurzeln und Chancen*, in: *Terrorismus contra Rechtsstaat*, S. 112 f.
6 *The Sunday Times*, 2. und 30. 11. 1975, und *The Times*, 21. 11. 1975.

24. Die Gefahr: Bedrohung der inneren und äußeren Sicherheit
1 Carl Friedrich von Weizsäcker, *Wege in der Gefahr – Eine Studie über Wirtschaft, Gesellschaft und Kriegsverhütung*, München-Wien 1976, S. 16.
2 *Neue Zürcher Zeitung*, 7. 11. 1975 (Hervorhebungen im Original).

Register

Hans Herzfeld

Die Weimarer Republik

Herausgegeben von Walther Hubatsch

Ullstein Buch 3846

Weimarer Demokratie 1919–1933 · Errichtung der Republik: Nationalversammlung und Verfassung von Weimar · Friedensvertrag und Friedensschluß · Erste Krisen und Kapp-Putsch 1919–1920 · Reparationsfragen und »Erfüllungspolitik« 1921/22 · Ruhrbesetzung und das »große« Ministerium Stresemann 1923 · Anfänge der Konsolidierung: Dawes Plan 1924/25 · Locarno-Politik und Young-Plan 1925–1929 · Weltwirtschaftskrise und Wendung zum autoritären Staat; die Regierung Brüning 1929–1932 · Auflösung der Weimarer Republik Mai 1932 bis Januar 1933. · Literaturhinweise · Register

Deutsche Geschichte

Thilo
Vogelsang

Die national-sozialistische Zeit

Herausgegeben von
Walther Hubatsch

Ullstein Buch 3847

Deutsche Geschichte

Die »nationale Erhebung« und der Ausbau der innenpolitischen Macht Hitlers (1933–1934) · Die Verwandlung des Staates. Antisemitismus und Rassengesetzgebung. Die wirtschaftliche Entwicklung (1934–1937) · Deutsche Außenpolitik unter Neurath und Hitler (1933–1938) · Das Jahr 1938: Anfänge des militärischen Widerstandes. Das Abkommen von München und seine Auswirkungen. Verschärfung der Rassenpolitik · Das Jahr 1939: Hitlers Weg in den Krieg · Anmerkungen · Literatur · Register

Egmont Zechlin

Die deutsche Einheitsbewegung

Herausgegeben von Walther Hubatsch

Ullstein Buch 3843

Deutsche Geschichte

Der Durchbruch zum politischen Nationalbewußtsein · Einheitsgedanke und Neuordnung Deutschlands 1818/15 · Bürgertum, Burschenschaften und Karlsbader Beschlüsse · Konstitutionalismus. Liberalismus und Partikulismus · Gesellschaft, Wirtschaft, Zollpolitik · Wachsende politische Unruhe und soziale Gärung · Von der Revolution von 1848 bis zum Scheitern der Unionspläne 1850 · Außen- und innenpolitische Probleme des ersten Einigungsversuchs. Kartenskizzen · Literaturhinweise · Register

Winfried Baumgart

Deutschland im Zeitalter des Imperialismus (1890–1914)

Herausgegeben von Walther Hubatsch

Ullstein Buch 3844

Deutsche Geschichte

Der Kurswechsel 1890 · Primat der Innenpolitik? · Innenpolitische Situation der fünf Großmächte · GRUNDZÜGE DER AUSSENPOLITIK: Formwandlung der internationalen Beziehungen · Imperialismus · Weltpolitik · Flottenpolitik · Kolonialpolitik · Weltpolitik und Europapolitik · Europapolitik · PROBLEME DER INNENPOLITIK: Die konstitutionelle Monarchie · Die Parteien und der Parlamentarismus · Die Schwächen der Reichsverfassung · Die Parteien · Interessenverbände · Bevölkerungsentwicklung und gesellschaftliche Strukturen · Die soziale Frage · Literaturhinweise · Register

Andreas Hillgruber

Deutsche Geschichte 1945–1975

Herausgegeben von Walther Hubatsch

Ullstein Buch 3851

Deutsche Geschichte

Inhalt: Vorwort · Von der Kapitulation 1945 bis zur Gründung der beiden Staaten 1949 · Die Einbeziehung der deutschen Teilstaaten in den West- bzw. Ostblock 1949 bis 1955 · Von der Erklärung der »Souveränität« der Bundesrepublik Deutschland und der DDR bis zum Bau der Mauer 1955–1961 · Das »Ende der Nachkriegszeit« 1961–1965 · Jahre des Übergangs 1966–1969 · Im Zeichen der neuen Ostpolitik der Bundesrepublik 1969–1972 · Zwischenbilanz aus der Sicht von 1973 · Ausblick bis Herbst 1975 · Quellen- und Literaturhinweise · Register

Paul Noack

Die manipulierte Revolution

Von der Bastille bis in unsere Zeit. 1978. 312 Seiten. Geb.

Revolution, Konterrevolution und Intervention sind zu fast alltäglichen Erscheinungen in der Weltpolitik geworden. Noack analysiert sie anhand berühmter Fälle in Geschichte und Gegenwart. So entsteht auch ein Panorama aktueller weltpolitischer Ereignisse. Durch seine Verständlichkeit und seinen Informationsgehalt stellt das Buch gleichsam einen Kommentar zur Tagesschau dar.

Aus dem Inhalt: Revolution des internationalen Systems oder Revolution im internationalen System / Definition und Theorien / Technik und Taktik / Die geschichtliche Dimension / Regionen und Strukturen: Afrika – Lateinamerika – Asien / Die Zukunft von Revolution, Konterrevolution und Intervention.

»Unter den Veröffentlichungen, die sich um den Begriff Revolution drehen, ragt das Buch des Professors für Politikwissenschaft hervor... kein Politologen- und Soziologendeutsch, sondern ein konkreter, faßlicher Stil.«
Das Parlament

»Ein kluges und anregendes Buch, das über seinen theoretischen Teil hinaus auch durch die detaillierte Sachschilderung der jüngsten Entwicklungen in Afrika, Lateinamerika und Asien bemerkenswert ist.« Handelsblatt

»...eine Reihe gescheiter und origineller Gedanken, die die Lektüre zum Vergnügen macht.«
Süddeutsche Zeitung

Piper